E. Dühring

Der Wert des Lebens

E. Dühring

Der Wert des Lebens

ISBN/EAN: 9783743331549

Hergestellt in Europa, USA, Kanada, Australien, Japan

Cover: Foto ©Thomas Meinert / pixelio.de

Manufactured and distributed by brebook publishing software
(www.brebook.com)

E. Dühring

Der Wert des Lebens

Vorrede.

Die erste Auflage des vorliegenden Buchs ist seit einiger Zeit vergriffen und grade hierauf die Nachfrage danach besonders lebhaft gewesen. Ein Fehlen im Buchhandel hat sich inzwischen nicht vermeiden lassen. In der gegenwärtigen Gestalt ist das Werk eine fast durchgängig neue Bearbeitung desselben Stoffes und derselben Grundgedanken, mit denen ich zuerst als noch unbekannter Schriftsteller den lebensfeindlichen Weltansichten entgegen- und für eine gesunde Denkweise eingetreten war. Was ich Anfangs der dreissiger Lebensjahre unternommen, darin finde ich mich inmitten der vierziger nur noch mehr bestärkt. Auch hätte die Schrift ganz wohl wesentlich in ihrer ehemaligen Fassung wiedererscheinen können, wenn nicht an eignen Gedanken viel Neues zu verarbeiten gewesen wäre und eine blosse An- oder Einfügung desselben die äussere Wahrnehmbarkeit der sachlichen innern Einheit beeinträchtigt haben würde. Ueberdies musste auch Manches wegfallen, was seitdem in meinen andern Schriften einen passenderen Ort gefunden hat, ursprünglich aber nicht zu entbehren war, da ich mich damals noch nicht auf Ausführungen meines Systems in umfassenden Hauptschriften stützen konnte.

Berlin, im März 1877.

Dühring.

Inhalt.

Erstes Capitel.
Aufkommen lebensfeindlicher Weltansichten.

Zweites Capitel.
Der Materialismus als Fusspunkt höherer humanitärer Lebensschätzung.

Drittes Capitel.
Das Leben als Inbegriff von Empfindungen und Gemüthsbewegungen.

Viertes Capitel.
Der Verlauf eines Menschenlebens.

Fünftes Capitel.
Liebe und Geschlechtsleben.

Sechstes Capitel.

Der Tod.

Siebentes Capitel.

Die physischen und moralischen Uebel.

Achtes Capitel.

Das Loos der Frauen.

Neuntes Capitel.

Wissensmacht, Einzelschicksal und Denkergesinnung.

Zehntes Capitel.

Ausgleichung mit der Weltordnung in Gesinnung und That.

Erstes Capitel.

Aufkommen lebensfeindlicher Weltansichten.

1. Gemeine Gifte zerstören den Körper; aber ekle Vorstellungen von einer vermeintlichen Nichtigkeit des Daseins verwüsten das Gemüth. Die übelsten unter den materiellen Ansteckungsstoffen, durch deren Uebertragung sich die schlimmsten Krankheiten fortpflanzen, sind nicht so arg und wirken bei Weitem nicht so unheilvoll, als der geistige Pesthauch, der von den Stätten der sittlichen Lebensfäulniss ausgeht. Diese üblen Miasmen sind nun freilich nichts weiter als die natürlichen Erzeugnisse von Zuständen und Vorgängen des moralischen Verderbens und müssen als solche, gleich den materiellen Verwesungserscheinungen, naturgesetzlich gewürdigt und praktisch dem gesunden Leben nach Kräften ferngehalten werden. Indessen muss die Art, wie sich der gesunde Sinn gegen die Ankränkelung zu schützen hat, doch von vornherein auf weit mehr abzielen, als blos die äusserlichen Erkennungsmerkmale des geistigen Giftes im Auge zu behalten und etwa nur die Einimpfung pessimistischer Lymphe zu verhindern. Das Gemüth darf es nicht verschmähen, die seine Reinheit und Ruhe bedrohenden Materien genauer zu untersuchen und sogar da, wo dieselben den Sinn für Sauberkeit auch peinlich erregen mögen, dennoch nachzuforschen, unter welchen Umständen der Schmutz zugleich frivoler und mystischer Pessimisterei sich nach gelegentlicher Mode anzusetzen und ursprünglich zu entstehen pflegt.

Es ist ein Stück weltgeschichtlicher Krankheitslehre des Geistes, mit der wir es im Hinblick auf die grösseren, sich durch die Jahrhunderte und Jahrtausende fortwindenden Züge lebensfeindlicher Vorstellungsweise zu thun haben. Die neusten Regungen des Lebensekels, wie sie in unserm Jahrhundert im Gebiet der Philosophie angefacht wurden, sind in Vergleichung mit der gesammten

Ueberlieferung nur als kleinere Nebenspiele anzusehen. Was ein Schopenhauer wieder aufzurühren gesucht hat, ist im Grunde nichts, als der alte, theils buddhaistische, theils christliche Aberglaube, nur mit dem Unterschiede, dass der philosophische Schriftsteller feinerer mystischer Nebel bedurfte, wo das Volk sich ohne Weiteres an der platten Ungereimtheit Genüge thut. Auch musste die Verschrobenheit mit jener Künstelei steigen, welche nöthig wurde, um der abgelebten Jenseitsphantastik einen halbwegs gebildeten oder wohl gar logisch scinsollenden Anstrich zu geben. Die Wirkung eines solchen Philosophirens konnte fast nur darauf beruhen, dass in einem Theil des modern gebildeten Publicums der alte anerzogene Hang zu religiösen Wahnvorstellungen noch mächtig genug war, um mit Behagen in eine neue mystische Verkleidung des alten Adam zu schlüpfen und den Aberglauben, dessen man sich in der volksmässig naiven Gestalt schämte, in der Zubereitung zu einem mystisch feinen Ragout schmackhaft zu finden. Glücklicherweise war zunächst die Persönlichkeit, von der die Abirrung metaphysischer Art mit einer gewissen Nachdrücklichkeit in die Kreise der höheren Bildung übertragen wurde, durch Charaktereigenschaften ausgezeichnet, die über ihr verfehltes System unvergleichlich emporragten und auch manches Vortreffliche gewirkt haben. Einem Schopenhauer gegenüber muss man bedauern, in der Frage der allgemeinen Lebensansichten grade das betonen zu müssen, was er an Verkehrtheit geleistet hat, während seine grossen Verdienste um die gebührende Würdigung des in der Literatur und Gelehrtenwelt Schlechten und sein entschiedenes Eintreten für die Erkennung und Anerkennung des Echten jeder Gattung vorläufig ausserhalb des Gesichtskreises bleiben. Es geht aber nicht an, die geistigen Gesammtströmungen, als deren Organe einzelne bedeutende Individuen mitwirken, nach solchen persönlichen Eigenschaften zu beurtheilen, die an sich mit der Hauptsache nichts zu thun haben. Die metaphysische Fortpflanzung eines religiösen Aberglaubens durch eine Philosophie ist eine Angelegenheit für sich, die in ihrem Kern nicht dadurch geändert wird, dass ein auch trotz der entstellenden Verirrung hochachtbarer, durch mehrere wesentliche Züge einer grossen Gesinnung geadelter Charakter demselben Manne angehört, in welchem jenes System der verfeinerten Superstition Wurzel schlug. Wir können also ohne Unrecht an der Person wieder die Sache ins Auge fassen, und hiebei ist es in der That traurig, im 19. Jahrhundert die Philosophie auf dem rückleitenden Wege zu den finstersten Ausgeburten der Vergangenheit anzutreffen. Doch, wie gesagt, solche Philosophien sind nur Nebenspiele in einem umfassenderen Krankheitsvorgang, der sich durch die Weltgeschichte hinschleppt und in vielen Richtungen zu einem chronisch eingewurzelten Uebel geworden ist.

2. In den religiösen Systemen und Organisationen haben sich die ursprünglichen Verkehrtheiten des Menschengeschlechts, und fast nur diese, verkörpert. Unter allen Fehlgriffen ist aber die Bildung lebensfeindlicher Ansichten der ärgste gewesen, und um den traurigen Ruhm, in diesem Punkte das Aeusserste geleistet zu haben, können sich vornehmlich nur der Buddhaismus und das Christenthum streiten. Hat der eine die lahme Asiatische Welt noch lahmer gelegt, so hat das andere die thatkräftigen Europäer nach Möglichkeit in ihrem Aufschwung gehemmt und, obwohl an sich weniger ursprünglich und weniger bedeutend, doch grade da eine Rolle gespielt, wo die Geschicke der neuern Civilisation zu entscheiden waren. Das Christenthum ist seinem ursprünglichen Kerne nach eine lebensfeindliche Lehre, die von der Bejammerung und dem Elend der Welt zehrte und jedesmal nur da die grössten Triumphe feiern konnte, wo die Menschheit am rohesten blieb und am meisten der Erniedrigung anheimfiel. Auch sind derartige Consequenzen ganz in der Ordnung. Hass und Verachtung des natürlichen Systems der Dinge konnte nicht dazu führen, das menschliche Wesen aufrichten und veredeln zu wollen. Im Gegentheil musste der von Seinesgleichen unter die Füsse getretene und im Elend verkommende Mensch auch das beste Fussgestell für den christlichen Himmelsaufschwung sein. Mit zufriedenen oder gar glücklichen Naturen wäre nichts Entscheidendes anzufangen gewesen. Noth und Jammer mussten erst die Welt gründlich verleidet haben, damit der Glaube an ein Jenseits alles Uebrige im Gemüth verdrängen und die unbefangene Beurtheilung des Lebens gehörig verzerren konnte. Das Christenthum von heute stimmt nicht ganz zu diesem Bilde, weil es bereits realistisch durchsetzt ist und in Beziehung auf die Hauptsache, nämlich auf die Flucht in das Jenseits, das Gepräge der Abgelebtheit seines ursprünglichen Princips an der Stirn trägt. Nur der lebendige Glaube an ein Jenseits kann auf die Dauer einigermaassen zu den weltverächterischen Elendsdogmen stimmen. Auch ist es dieser Glaube, der in irgend einer neuen Maske den Ausgangspunkt der spiritualistischen oder sagen wir lieber gleich spiritistischen Philosophien bildet.

Was im Christenthum Volksdogma war, ist sogar in der nicht eigentlich christlich sondern buddhaistisch gerathenen Metaphysik eines Schopenhauer zur mystischen Hauptlehre geworden. In der Hauptsache kommt wenig darauf an, ob man mehr buddhaistisch den mystischen Zustand eines beseligenden Nichts, oder ob man auf gut christlich gleich einen rechtschaffenen Himmel am Ende oder jenseit der Welt zum Ziel des Strebens macht. Ob man den geträumten Himmel ein Nichts nennt und ob oder wie man ihn decorirt, das bleibt für den entscheidenden Punkt gleichgültig. Die Flucht in ein Nichts, welches zwar nicht das Sein der Welt, aber doch noch immer ein Sein vorstellen soll, ist von dem Eingang in einen Himmel gar nicht zu unterscheiden. Wir brauchen uns daher nicht mit solchen Kleinigkeitsdifferenzen zu befassen und können, ohne uns eines sachlichen Fehlers schuldig zu machen, die metaphysische Nichtsverhimmelung als eine Spielart des allgemeinen Jenseitscultus und überdies als eine Erscheinung ansehen, die ohne die Ueberlieferung und Umgebung des Christenthums auf Europäischem Boden nicht aufgetaucht sein würde.

Eine ähnliche Bemerkung, wie bezüglich der Person Schopenhauers, ist hinsichtlich des Idealbildes erforderlich, welches sich der neuere humanitäre Geist von der ersten Entstehung des Christenthums gemacht hat. Eine jede Aufopferung verdient an sich Achtung und Mitgefühl, auch wenn sie einer Sache gegolten, die sich als fehlgreifende Ablenkung der Menschheit von ihrem wahren Ziel erwiesen hat. Der Irrthum des Einzelnen kann nicht genügen, ein aufopferndes Verhalten an sich werthlos zu machen; der Geist des grosssinnig Menschlichen darf auch da nicht verkannt werden, wo er unter der Verzerrung der unwissendsten Völkerphantastik einem Idol von überschwenglicher Verkehrtheit anheimfiel. Was aber die vermeintlich humanitäre Haltung des Christenthums überhaupt anbetrifft, so lehrt die Zeit der ersten Kirchenväter deutlich genug und kann man es auch aus den gewöhnlichen Urkunden nachweisen, dass eher alles Andere als die Veredlung des natürlich menschlichen Wesens beabsichtigt wurde. Selbstpeinigung und Selbstverstümmelung, Ausrottung der natürlichen Triebe, Ertödtung von alledem, was man am Menschen als Natur und naturgemäss erkannte, — kurz die Vernichtung des Menschen, wie ihn die Natur geschaffen, war das nicht blos eingestandene, sondern nach allen Richtungen hervorgehobene und bethätigte Ziel. Alle diese Feindseligkeit gegen das Menschliche galt der Erzeugung eines spiritistischen Geisterrestes, der nach der Casteiung und Folter des ganzen Lebens zugleich der Welt und der jenseitigen Hölle entflichen und in den jenseitigen Himmel eingehen sollte. Vergleicht man .mit dieser sogenannten Heilsordnung diejenige des heutigen Christenthums, so hat sich das letztere allerdings bequemer und humaner eingerichtet. Es fährt in der Pflege der Himmelsaussicht noch ein wenig fort, aber ist nicht sonderlich aufgelegt, die Welt ernstlich preiszugeben. Es ist in der neuern und neusten Zeit mit zu viel Wirklichkeitssinn versetzt, um die im Unwirklichen hausenden Vorstellungen noch sonderlich lebendig erhalten zu können. Wo sich die Menschen mit Maschinen einlassen, auf Naturgesetze verstehen und den Blitz nicht blos begreifen, sondern ihn in ihrer eignen Behausung selbst machen, da ist das, was wir eine realistische Durchsetzung der ursprünglichen Völkerphantasien nennen, in vollem Zuge, und in dem Maasse, in welchem diese Vertrautheit mit dem Wirklichen sich ausbildet, muss der Hang zum Cultus blos gespenstiger Wesenheiten schwinden. Zunächst entsteht freilich eine blosse Mischung aus beiderlei Bestandtheilen; aber mit dem Zunehmen des Wirklichkeitsbestandtheils vollzieht sich ja eben auch der Verfall der Systeme, die ganz und gar auf die in Rohheit und Unwissenheit möglich gewesenen Völkerphantasien gebaut sind. Noch mehr als das Vorstellen erhält aber das Thun eine andere Richtung; die Interessen der Menschen machen sich mit ihrem Treiben schliesslich ganz von der Veranschlagung jenseitiger Chancen los und wenden sich auch da, wo sie noch äusserlich einen fadenscheinigen Rest des alten Glaubens cultiviren, doch praktisch einzig und allein der Wirklichkeit zu. Mit dieser Verhaltungsart ist aber auch die alte Naturverachtung mit ihren menschen- und lebensfeindlichen Zügen so gut wie zu Grabe getragen und nur eine mumienhafte Wiedervorführung derselben kann gelegentlich da platzgreifen, wo Noth und Jammer, noch mehr aber wo sittliche Fäulniss und Frivolität die Menschen herabwürdigen und in ihrer Ohnmacht und Hohlheit zur Beute eines gespenstisch spiritistischen Zauberglaubens werden lassen.

3. Die lebensfeindliche Metaphysik, die sich in unserer Zeit wieder geregt und in einzelnen Kreisen in den Vordergrund gedrängt hat, darf uns nicht befremden. Sie ist ein Zubehör zu den abdankenden Religionssystemen, die sich in ihrem Greisenalter wieder ihrer Kindheit besonders lebhaft erinnern. Die selbst greisenhafte Metaphysik hat eben für die Religionen die Rolle übernommen,

die Vorstellungen der Kindheit wieder auftauchen zu lassen. Es ist also nur eine einzige Gattung, mit der wir es zu thun haben; aber diese Gattung hat zweierlei Vertreter, nämlich solche, welche sich kurzweg an den Glauben, und solche, welche sich an die mystischen Schwächen der menschlichen Natur wenden. Um nun in der Frage des demoralisirenden Pessimismus gleich bis an die entlegensten Wurzeltriebe zu gelangen und die weltgeschichtliche Erzeugung der lebensfeindlichen Gemüthsgifte von ihrem ersten natürlichen Ursprung her zu begreifen, gehen wir über die Epoche der fertigen religiösen Lebensansichten bis zu denjenigen Ansatzpunkten zurück, wo die Erfahrungen der Menschheit, verbunden mit einer falschen, aus der Unwissenheit stammenden Deutung, zu den verkehrten Handlungen und Ansichten führen mussten.

Vor allem Andern ist das Uebermaass in der Befriedigung oder vielmehr in der Reizung und dem Missbrauch der Triebe der verhängnissvolle Abweg, auf welchem die einzelnen Lebensregungen in eine Art von Gegentheil umschlagen. Die Ausschweifung erzeugt den Ekel, und der letztere ist nichts Anderes als eine gegentheilige, auf Enthaltung gerichtete Regung. Das allereinfachste Beispiel des gemeinen Ernährungstriebes kann hier schon Viel, wenn auch noch nicht Alles lehren. Ueberfüllung und Uebersättigung sind Zustände, in denen das normale und befriedigende Empfinden durch eine widerwärtige Belästigung des Lebensgefühls verdrängt ist. Einfache Sättigung führt nur zum willkommenen Gleichgewicht, also zu einem Ruhezustande, der als mehr oder minder ausgedehnte Pause zwischen dem Spiel der Triebe für das normale Leben ebenso nothwendig als willkommen ist. Die Völlerei aber bringt einen Jammerzustand mit sich, der sich selbst in Unruhe und Ekel anwidert und solange dauert, bis die Selbsthülfe der Natur die schädlichen Ueberlastungen bewältigt und die durch das Uebermaass erschöpften Kräfte wiederhergestellt hat. Der Ekel gegen Speisen und Getränke ist freilich ein sehr triviales, aber darum auch allerseits lehreiches Beispiel. Auf den Ueberdruss am ganzen Leben verstehen sich Wenige; aber was die jämmerliche Körper- und Geistesverfassung nach einem wüsten Gelage zu bedeuten habe, das wissen nur zu Viele. Die Ansicht von den Reizen der normalen Geschmacksempfindungen dürfte nun bei denen, die der Völlerei und wüsten Ueppigkeit huldigen, nicht blos unmittelbar nach dem ausschweifenden Verhalten, sondern auch übrigens keine allzu gesunde sein. Der Missbrauch der Organe lässt auf die

Dauer eine Entartung der Empfindungsfähigkeit zurück. Die Nerven, denen übel mitgespielt worden, verlieren das Vermögen, auf einfache, natürliche und gesunde Reize regelrechte und wohlthuende Empfindungen hervorzubringen. Angesichts dieses Verlustes an Elasticität müssen immer grössere Reizmittel in das Spiel gebracht werden, und schliesslich wird die Abstumpfung oder gar Lähmung so gross, dass die Functionen vielfach ganz den Dienst versagen. Hiemit tritt dann schon die theilweise Auflösung der untersten, aber sehr wichtigen Triebkräfte des Lebens ein und die Gefühle, von denen ein solches Absterben der Thätigkeiten begleitet ist, sind ein Gemisch von übriggebliebenen positiven Regungen, die sich noch befriedigen möchten, und von solchen Empfindungen, in denen nur die Ohnmacht und der Widerwille zum Ausdruck kommen. Eine derartige Desorganisation der gesunden Verrichtungen bringt mit Fug und Recht einen unleidlichen Zustand mit sich. Wer aber den Werth des Essens und Trinkens oder gar speciell des Genusses gesunder Lebensmittel nach den Eingebungen eines verwüsteten Magens und eines durch Narkose abgestumpften Nervensystems beurtheilen wollte, würde ungefähr dasselbe thun, wie derjenige, welcher von blasirten Roués eine richtige Werthschätzung des Geschlechtslebens oder gar der Liebe erwartete. Auf das Raffinement der Wollust mögen sie sich einmal verstanden haben und vielleicht in der spätern Zeit, wo sie ihre nachdrücklicheren Geschlechtsforschungen nicht mehr fortsetzen, sondern nur noch deren theoretische Früchte sammeln können, auch mit den naturwidrigen Spielarten dieses Genres eine ungemeine Vertrautheit bekunden; — diese Virtuosität befähigt sie aber zu nichts weiter, als den Nerven ihrer gleich abgelebten Genossen gelegentlich noch einen Funken von Kitzel zu entlocken. Jedoch will ich hier der Kennzeichnung der unmittelbarsten Gegenwart und ihrer philosophischen Schande nicht vorgreifen und bleibe daher noch bei den Uranfängen des einfach erzeugten, noch nicht mit Romantik versetzten Lebensekels.

Es ist offenbar, dass, in Vergleichung mit den auf die Ernährung bezüglichen Ausschweifungen, die Wüstheiten des Geschlechtsgenusses das körperliche und gemüthshafte Sein des Menschen im allerhöchsten Grade angreifen und der normalen Thätigkeit entfremden. Auch ist dies nicht wunderbar. Eine organische Function, die auf die Fortsetzung der Gattung abzielt und so über das Einzelleben hinauswirkt, muss eine weit grössere Bedeutung

haben, als die blosse Ernährung. Das Fortpflanzen ist in einem
gewissen Sinn ein Schaffen und ist der zerstörenden Gewalt des
Todes entgegengesetzt. Alles, was sich auf die Entwicklung und
den Gebrauch einer solchen schöpferischen Macht bezieht, muss
daher, wo es der Verkehrtheit oder Verdorbenheit anheimfällt,
äusserst schlimm gerathen und in demselben Maasse verwüstend
wirken, in welchem es sonst ein Merkmal des Höhenstandes der
gesunden Lebenskraft und eine Bürgschaft des natürlichen Fort-
lebens ist. Es ist aber noch weit mehr als blos eine organische
Function, was hier in Frage kommt. Der blos organische Hergang ist auch bei der Pflanze vorhanden; aber in empfindenden
Wesen sind Nervenvorgänge im Spiele, deren Rückwirkungen sich
auf das ganze System aller niedern und höhern Lebensregungen
erstrecken. Im Menschen ist die ganze Gemüthsverfassung betheiligt und zwar ist dies auch schon dann der Fall, wenn wir
uns die eigentliche und höher geartete Liebe in der Gestalt einer
allgewaltigen Leidenschaft noch gar nicht eingreifend denken.

Die weltgeschichtlichen Verrücktheiten ascetischer Enthaltung,
Büsserei und Selbstpeinigung, wie sie sich im Indischen Klosterwesen und in den Indischen Säulenheiligen producirt haben, würden
nie möglich gewesen sein, wenn nicht schon ein Uranfang naturwüchsiger Art die Menschen zur Befeindung ihrer missverstandenen
Triebe und Neigungen verführt hätte. Dieser Anfang muss überall
die Ausschweifung oder sonst eine krankhafte Störung gewesen
sein. Späterhin, als die natürlichen Ursachen schon zu religiösen
Praktiken und Einrichtungen geführt hatten, konnten allerdings
auch andere Gründe die Gewohnheiten im Gange erhalten. Das
Klosterwesen diente dann oft nur der Faulheit und wurde ein
Mittel, müssige Leute auf Kosten der übrigen Gesellschaft vegetiren
zu lassen. Auch ging dabei die ascetische Enthaltung oft genug
in die Brüche, und was man wirklich practicirte, war ein Gemisch
von Störung des ordnungmässigen Verhaltens der Naturtriebe
und von gewöhnlichen oder häufiger auch von naturwidrigen Ausschweifungen. Die überschwenglichste Speculation des nichtsthuerisch
beschaulichen Lebens verquickte sich mit den raffinirtesten Verzerrungen und Entartungen der natürlichen Triebe. Diese Früchte
des mönchischen Lebens, die im buddhaistischen Indien zur schönsten Blüthe reiften, haben auch anderwärts nicht gefehlt. Sie sind
auch eine Mitgift des christlichen Mittelalters und überhaupt jederzeit aller derjenigen Einrichtungen gewesen, durch welche das

natürlich Menschliche geächtet und ein Idol von sogenannter Kreuzigung des Fleisches verherrlicht wurde. Die Ausschweifung ist der natürliche Untergrund, aus dem alle solche Missgebilde herausgewachsen sind. Statt sich gegen das Verkehrte und Maasslose der Triebbethätigung zu wenden, hat der Mensch in seiner Verblendung über diese wahre Ursache der Störung seines guten Befindens kurzweg die Triebe und die natürlichen Wurzeln seines Wesens angeklagt und dieselben in den Bann zu thun versucht. Wohin aber dieser kindische Bannstrahl gegen die Natur jedesmal geführt hat, das konnte stets die Untersuchung der klösterlichen oder sonst betbrüderlichen Sittenzustände deutlich genug lehren. Die bekannte, besonders von Mönchen, aber auch übrigens von ehelosen Geistlichen verrathene Neigung, sich in eingehendster Weise mit Erörterung geschlechtlicher Angelegenheiten zu befassen, ist nur die natürliche Frucht der Unordnungen, auf welche sich diese Elemente angewiesen sehen. Wer dem System der Natur entgegenzuarbeiten sich unterfängt, fällt eben einfach denjenigen Naturgesetzen anheim, welche das Schicksal der Missgebilde bestimmen und die naturgemässen Consequenzen der Störungen zum Ausdruck bringen. Nichts ist daher widerwärtiger, als jene bekannte Mischung von Wirkungen eines Lebens der Ausschweifung und des sich dazu gesellenden Beterthums, möge das letztere nun in seiner überall leicht zu beobachtenden weiblichen Gestalt als Betschwesterei auf die höhere oder niedere Prostitution folgen oder in irgend einer bei den Männern üblichen Façon die Oede der für alles Andere erschöpften Natur künstlich zu staffiren bestimmt sein. Die Erscheinungen des alltäglichen Lebens, die Jedem zur Hand sind, lehren dasselbe, was die Weltgeschichte in ursprünglicheren und grösseren Zügen aufweist. Die Ausschweifung ist die Missbildnerin, von welcher zuerst alle lebensekeln Regungen ausgegangen und inmitten von Unwissenheit und Verstandesnebel schliesslich zu ganzen lebensfeindlichen Weltansichten zunächst religiöser und dann abgeleiteterweise auch philosophastrischer Art aufgeblüht worden sind.

4. Das Widerspiel von der Ausschweifung ist die Entbehrung. Nun kann man auf Rechnung der letzteren sehr Vieles setzen, was die Menschen den Jenseitigkeitsphantasien in die Arme getrieben und zu eingebildeten Erwartungen eines besseren Lebens verleitet hat. Was man aber nicht auf die Entbehrung zurückführen kann, ist der eigentliche Lebensekel selbst. Die aus Mangel und Noth entspringende Störung der natürlichen Functionen kann allerdings auch zu

einer Zerstörung werden; aber die Schädigung ist hier nicht von derjenigen Gattung, welche sich an die Ausschweifung knüpft, und kann daher wohl einen Fluch gegen die besondere Einzelgestaltung des Lebens, aber niemals den Widerwillen gegen die natürlichen Lebensreize mit sich bringen. Selbstverständlich haben wir bei Entbehrung an die natürlichen Wirkungen äusseren Mangels und nicht an willkürlich auferlegte Entsagung zu denken. Die Hauptstörung geht daher im Bereich des Unheils, welches auf Entbehrung beruht, von den umgebenden Verhältnissen und nicht vom innern Menschen aus. Nicht die Organe sind zerrüttet und nicht die Lebensreize sind abgestumpft, sondern es fehlt an den äussern Mitteln und Reizen selbst. Wo Noth und Pein ihre weiteren Wirkungen schon entwickelt haben, da wird die Schwäche oder krankhafte Entartung der Organe allerdings auch in Anschlag zu bringen sein und in ihrer letzten Steigerung oft genug die leibliche und geistige Fähigkeit zum Leben entscheidend geschädigt haben. Alsdann ist aber auch der Tod, als natürliche Wirkung der Entziehung der Daseinsmittel bereits in Sicht, und der Betroffene unterliegt dem Hunger, der Sorge oder sonst einer auf Vorenthaltung der normalen Lebensvoraussetzungen beruhenden Schwäche. Solche Schwäche wird aber, so schlimm sie auch übrigens geartet sein möge, doch niemals mit jener ekeln Erschöpfung zu verwechseln sein, die auf der Uebersättigung und dem aufreibenden Uebergenuss beruht. Die Gefühle, von denen das der Entbehrung entstammende Elend begleitet ist, können daher nie jene allgemeine Rückwirkung gegen das Leben erzeugen, die auf Feindschaft gegen die Lebenstriebe selbst hinausläuft. Der Feind, gegen den sie sich wenden, befindet sich anderwärts. Auch wird er nicht fälschlich als solcher angeklagt, sondern die unmittelbare Ursache des Unheils liegt viel zu klar zu Tage, um darüber ein Missverständniss aufkommen zu lassen. Dieser Feind ist im letzten Grunde nie etwas Anderes, als diejenige Macht selbst, welche die Mittel zum Leben vorenthält und die Kräfte der Arbeit hindert, ihre Früchte einzuernten. Doch geht uns diese Seite der Sache hier noch nicht an. Wir wissen genug, wenn wir uns zunächst darüber klar werden, dass ein Leben der Entbehrung, wenn es mit Unwissenheit gepaart ist, wohl den Himmelsglauben als Ausgleichung annehmbar finden, aber nie die Lebensreize und den Lebensgenuss verurtheilen wird. Es mag die Ordnung der Dinge verwünschen, in welcher ihm die Pein des Mangels auferlegt wird; aber es wird sich nicht ungereimterweise versucht finden, das auf die Befriedigung der Triebe

gerichtete Verlangen selbst zu schmähen. Sogar wo das Aeusserste
der Noth und des sich dazu gesellenden Elends eine wirkliche Lebens-
verleidung im Gefolge hätte, würde die letztere nur den Abscheu
vor Gestaltungen bedeuten, in denen das Leben sich selbst und seinen
Trieben nicht Genüge zu thun vermag. Sie würde aber noch immer mit
dem Wunsche verbunden sein, unter günstigeren Daseinsbedingungen
in anderer Weise dem Lebenstrieb folgen zu können, und hiemit begreift sich auch der positive Charakter, den die Himmelsphantasien
bei dem entbehrenden Theile der Menschheit angenommen haben.

Das zweideutige und heuchlerische Nichts, welches den müssigen,
ausschweifenden, übersättigten und abgestumpften Gesellschaftsgruppen
und ihren fast erloschenen, nur noch einer glimmenden Asche glei-
chenden Trieben als jenseitige Perspective so gemäss ist, — dieses
Zwitterding von Nichts und Etwas, worin der Lebensekel, versetzt
mit dem schwachen Schimmer von fauliger Lebensphosphorescenz,
das nach seinem Bilde geschaffene Idol findet, kann nie eine Lockung
für die entbehrenden Theile der Menschheit werden. Der Grad von
sittlicher Verderbtheit, welcher zu jenem Nichtscultus der Abgelebtheit erforderlich ist, findet sich nur da, wo der Uebermuth der Macht
im arbeitslosen Besitz und Genuss die Höhen der Ausschweifung
erreicht und in sich alle Grundlagen des gesunden Fühlens und
Wollens untergraben hat. Der Himmel nach der gewöhnlichen Decoration kann diesen in Lust verkommenen Leuten nicht helfen.
Sie brauchen den Tod, der ihnen auch in rechtschaffener Weise zu
Theil wird; aber sie können ihn in dieser rechtschaffenen Weise
und ohne weiteren Phantasiezusatz nicht ertragen. Nicht blos ihre
Eitelkeit, sondern auch das trübe Flämmchen Leben, welches inmitten
der sonstigen Erloschenheit noch flackert, verlangt nach einer win-
digen Anblasung, und nur im äussersten mystischen Dunkel kann
diese Aufblähung der Nichtszigkeit zu einem trübe schimmernden
Etwas ausgeführt werden. Diese raffinirten Künste zur Bastard-
zeugung eines Lebens, das kein Leben, und eines Todes, der kein
Tod ist, sind aber wirklich nichts, was für Noth und Mangel verführerisch werden könnte. Sie sind eine letzte Zuflucht derer, die
nicht mehr wollen können und doch wollen möchten. Sie sind ein
armseliger Schein, durch welchen sich die erloschene Ueppigkeit über
ihre Grauheit hinauszutäuschen und mit einer jenseitigen, undefinir-
baren Anweisung auf Ausfüllung ihrer Oede zu schmeicheln sucht.

Das wahre und echte Nichts ist der Tod oder, mit andern Worten, die vollständige und keinen Rest lassende Vernichtung des in-

dividuellen Lebensspiels. Mit diesem Tod ist mehr erreicht, als mit jenem Nichts, welches ein Gegenbild des Lebensekels ist, aber dennoch ein Sein, nämlich ein Sein von einer nicht zum Ekel gewordenen und daher unangebbaren Art vorstellen soll. Die entbehrenden Elemente der Menschheit haben nun von Anfang an nur an zweierlei Dingen Interesse haben können, nämlich an der Wirklichkeitsbefriedigung ihrer drängenden Triebe und an der eingebildeten Ausgleichung des im Leben Verlorenen durch eine jenseitige Entschädigung. Auch musste diese Entschädigung selbst als ein Leben gedacht werden, welches mehr oder minder den Zügen des wohlbekannten Daseins, aber in verbesserter Weise entspräche. Lässt man einmal die Phantastik für einen Augenblick gelten, so ist diese im Phantasiereich bekundete Logik eine ganz natürliche und zeugt von einem gesunden Streben. Diese Consequenz zeichnet sich vortheilhaft vor jenem Widerspruch aus, in welchen das sich selbst verleidete Gehaben der üppigen Elemente bezüglich der Jenseitigkeit verfällt. Die grössten Thorheiten sind also nicht aus der Phantasie des entbehrenden Volkes entsprungen, sondern haben ihre Brutstätte in den zerrütteten Nerven der überfeinerten Stände gehabt. Von den beiden grossen Classen, in welche die Menschheit bisher immer zerfallen ist, hat diejenige, welcher die Anstrengungen und Entbehrungen zufielen, zwar durch Rohheit und Unwissenheit die Verbreitung des Aberglaubens begünstigt, aber doch niemals aus sich selbst und aus ihrer eignen Lage jene verkünstelten Zwittergestalten von Zweifel und Aberglauben erzeugt, in welchen die andere Classe luxuriirt hat.

5. Der stumpfe Indier konnte Alles über sich ergehen lassen und so auch die widersprechendsten Gedanken. Indessen glaube man nur nicht, es habe das buddhistische Nichts für die Volksmasse in der mystisch ungereimten Weise existiren können, in welcher es die neusten bei uns hausenden Adepten für die üppigsten und verkommensten Elemente der höhern Gesellschaft zugerichtet haben. Allerdings ist das Volk nie und nirgend ganz von Ausschweifungen und deren Folgen frei gewesen; aber die Ausdehnung derselben war stets so beschränkt und bemessen, dass von einer Vergleichung mit dem Verhalten der obern Schichten gar nicht die Rede sein kann. Nicht blos der Mangel, sondern, was wichtiger ist, das Gegengewicht der Arbeit hinderte an der aufreibenden Ausdehnung eines ausschreitenden Verhaltens. Alles, was man selbst heute an Ungehörigkeiten der Lebensweise in den Volksschichten nachweisen kann, genügt nicht im Entferntesten, die durchschnittliche Gesundheit der

Lebenstriebe in jener Weise zu beeinträchtigen, die bei den blos geniessenden Classen die Regel ist. Das mystische Nichts der Philosophastrik steht daher noch tief unter jenem religiösen Nichts, für welches sich die Masse der Buddhisten zu interessiren vermag. Das Denken mag dabei fehlen; aber der natürliche Zug der Phantasie kann bei der entbehrenden und gedrückten Menge nur die Richtung auf eine positive Ausgleichung annehmen. Man kann daher getrost voraussetzen, dass die buddhistischen Nichtsvorstellungen, soweit sie wirklich den Gegensatz jedes positiven Lebens erfassen wollen, nicht im Bereich volksmässiger Daseinsweise, sondern von den höheren Gesellschaftsschichten her erzeugt worden sind. Sie haben den Ekel am Leben zum natürlichen Ausgangspunkt und dieser Ekel stellt sich nur da ein, wo sich die Ueppigkeit im Leben missbräuchlich ergangen und an den natürlichen Lebensgesetzen vergangen hat. Auch ist es der Sage nach ein Königssohn gewesen, welcher die Asiaten mit jener raffinirten Religion der Blasirtheit beglückt hat, während der christliche Mythus doch wenigstens einen dem Volke angehörigen Stifter aufweist und so zu dem positiven Himmelsglauben, der den entbehrenden und unwissenden Classen eigen ist, ganz wohl stimmt.

Wie grade die einseitig auf üppige Lust gerichteten und den entsprechenden Gesellschaftsschichten dienstbaren Lehren auch in Erscheinungen der Griechischen Philosophie zu ihrem völligen Gegentheil geführt haben, dafür liefert der Cyrenaische Philosoph Hegesias, welcher schon der durch die Folgen des Alexandrismus tief verderbten und zerfahrenen Epoche angehörte, ein entscheidendes Beispiel. Er war einer der spätesten Abkömmlinge der hedonischen, d. h. auf Lebensgenuss gerichteten Schule des Aristippos, dessen Lehren in den üppigen Kreisen des durch Handelsreichthum ermöglichten Wohllebens den meisten Anklang gefunden hatten. Hegesias selbst nun aber sah sich im Gegensatz zu seinen philosophischen Ahnen genöthigt, nicht das Leben, sondern den Tod zu lehren. Er könnte in dieser Beziehung sogar als ein antiker Vorläufer Schopenhauers gelten, wenn nicht das Wenige, was wir von ihm wissen, noch in der Verirrung selbst sich verhältnissmässig rationell anliesse. Er soll nämlich gelehrt haben, dass Minderung des Kummers das einzig Erreichbare und dass in Ermangelung vollkommener positiver Befriedigung der Tod das Beste sei. Die Selbstmorde sollen sich in Folge seiner lebensverzweiflerischen Theorie stark gehäuft und diese Manie sogar das Einschreiten von Regierungen herbeigeführt haben. Wie es sich nun aber auch mit diesen, nur auf spärliche und dunkle Nachrichten hin erkennbaren Ansichten und Vorgängen verhalten haben möge, soviel ist gewiss, dass sich das Programm des Lebensgenusses in das der Todeszuflucht verwandelt hat, dass aber keine Spur davon anzutreffen ist, es sei der Tod von Hegesias selbst nicht im ernsten Sinne vollständiger Vernichtung verstanden worden. Dieser Vorzug vor der buddhistischen und der neusten, am ärgsten gerathenen metaphysischen Verschrobenheit mag auf Rechnung besserer Züge Griechischer Denküberlieferung zu setzen sein und muss uns hindern, in einem Hegesias ein vollständiges Ebenbild Schopenhauers finden zu wollen. Doch in der entscheidenden Hauptsache bleibt der Präcedenzfall ohne Einschränkung maassgebend, indem er lehrt, wie dem erschöpften Lustcultus nichts übrigbleibt, als dem Leben den Rücken zu kehren. Geschieht Letzteres ohne Aberglauben, so ist der freiwillige Tod oder überhaupt die Aussicht auf die ruheschaffende Macht der vollständigen Vernichtung eine sehr natürliche Perspective. Das sich zur Last gewordene, abgebrauchte und so zu sagen lebensunfähige Leben will von sich selbst, nämlich von dem störenden Rest, in welchem es noch existirt, endgültig befreit sein.

So ohne Aberglauben geht es aber der Regel nach nicht ab, und es ist sogar eines der beliebtesten Dogmen des mystischen Nichtscultus Schopenhauerscher Art, dass der Selbstmord nicht zum Ziel führe, weil für den Selbstmörder eine Wiedergeburt in Aussicht stehe. Dieser romantische Zauberglaube, der an die roheste Superstition mehr als blos streift, darf den rechtschaffenen Tod gar nicht kennen, sondern muss sich auf eine raffinirte Lebensverneinung werfen. Die komische Seite der Sache ist aber hiebei die, dass es den Romantikern neusten Schlages auch wirklich mit ihrer tod- und nichtssucherischen Erlösungsmanier nie rechter Ernst ist. Sie brauchen vielmehr ein ihrem Wesen entsprechendes, zwitterhaftes Balanciren zwischen Leben und Tod, und sie finden nur in einer unklaren Mischung von beiden Elementen den Anknüpfungspunkt für ihre zerfahrenen, bald mit dem Leben bald mit dem Tode coquettirenden Velleitäten. Thatkraft und Entschlossenheit bleiben dem verrenkten und durch abseits gerathene Kunstgenüsse auch geistig ausgemergelten Dasein natürlich fern, und so dürfen wir uns nicht wundern, in der romantisch reactionären Gesellschaftssphäre eine ausgeprägte Neigung für die Zwittervorstellungen von Leben und Tod anzutreffen.

Bleiben wir jedoch zunächst bei den Consequenzen der ausschliesslichen Lustdoctrinen, in denen schon die Anlage zum späteren frivol romantischen Cultus der Lebensfeindschaft und Nichtsverhimmelung enthalten ist.

6. Für den allgemeinen Satz, dass die abnorm zugespitzten Sinnlichkeitssympathien bereits den Keim zur romantischen Hinwegsetzung über das Leben und zur religiös metaphysisch verbrämten Nichtsanbetung in sich hegen, fehlt es auch in der jüngsten Zeit nicht an einem bedeutenderen Beispiel. Die Sphäre der Kunst ist bisweilen eine sehr schlüpfrige, und die abnormen Grössen, die auf diesem Boden hingleiten, verfallen den extravagantesten Zuständen und Lagen. Letzteres ist im höchsten Maasse da der Fall, wo nicht der Verstand, sondern die Romantik vorherrscht, und wo eine sogenannte Genialität sich über die natürlichen und gesunden Bedingungen des wirklich schöpferischen Verhaltens willkürlich hinwegsetzen zu dürfen glaubt. Mich geht das specielle Kunstgebiet, in welchem ich den lehrreichsten Fall der bezeichneten Art antreffe, an sich selbst nichts an, und ich schreibe auch nicht für solche, die in derartig künstlerischen Ablenkungen des modernen Lebens aufgehen; aber wohl muss der Zustand der höhern Gesellschaft, der sich in den romantisirenden und philosophelnden Ausgangspunkten der Kunst und speciell der Musik bekundet, von allgemeinem Interesse für alle diejenigen sein, welche die neuste Krankheitsgeschichte des Geistes verstehen wollen.

Die Sinnlichkeitslehre von Ludwig Feuerbach, die an sich selbst in der Richtung auf das Gesunde angelegt und nur zu einseitig ausgefallen war, empfing eine der interessantesten Huldigungen dadurch, dass der Vertreter der sogenannten Zukunftsmusik seine ästhetische Hauptschrift „Das Kunstwerk der Zukunft" jenem freisinnigen Philosophen widmete und sich als Anhänger von dessen Lebensansicht bekannte. Nun hat eben derselbe Richard Wagner, der zur Zeit der Freiheitsregungen nicht nur die Feuerbachsche Sinnlichkeit adoptirte, sondern auch republicanische Zukunftpolitik im Sinne trug, sich bald soweit rückwärts entwickelt, um ein Anhänger der weltüberwinderischen Romantik Schopenhauers zu werden, und ist schliesslich consequenterweise dabei angelangt, auch die politische Reaction gutzuheissen. Was uns hiebei besonders angeht, ist aber nur der Fortschritt von den Sinnlichkeitssympathien zu deren scheinbar völligem Widerspiel. Indessen ist dieser Vorgang gar nicht von anderer Art, als ihn das allgemeine Naturgesetz mit sich bringt.

Die Ueberschwenglichkeiten der sinnlichen Lebensbehandlung müssen in einer Mischung enden, die noch einen Rest davon enthält, übrigens aber in irgend einer Art von weltüberspringender Verhimmelung besteht. Wo nun die Nichtsverhimmelung ihre Dienste anbietet, da kann wenigstens die sonst in solchen Fällen ihre Rolle spielende Klippe des directen Katholisirens der bekannten romantischen und künstlermässigen Art umschifft werden. Es erscheint anständiger, mit Schopenhauer Mystik zu treiben und sich mit ihm scheinbar über alle Volksreligion zu erheben, als den gemeinen ausgetretenen Weg der religiösen Reaction zu wandeln.

Die Propaganda, die der Componist Richard Wagner in den seiner Parole folgenden Kreisen für Schopenhauers Anerkennung entwickelt hat, bietet allerdings auch eine gute Seite dar. Nur schade, dass diese gute Seite eine völlige Nebenangelegenheit, ja zum Theil eine von den betreffenden Kreisen gar nicht beabsichtigte Zufälligkeit gewesen ist. Schopenhauer hatte, wie schon oben gesagt, bei aller seiner systematischen Verkehrtheit doch im Einzelnen und im Persönlichen grosse Vorzüge, ja zum Theil echte Verdienste. Er war nicht nur ein unterdrückter Philosoph, der die zu seiner Zeit gangbarsten Fachgenossen, wie die Schelling, Hegel, Herbart u. dgl. an Fähigkeiten und Kenntnissen gewaltig überragte, sondern auch ein Charakter von seltenem Gerechtigkeitssinn und ausgestattet mit dem erforderlichen Sarkasmus gegen einzelne Züge der Corruption, namentlich im Genre des gelehrten Unwesens. Wer die Lectüre seiner Schriften förderte, konnte möglicherweise auch im Sinne dieser günstigen Charakterzüge wirken. Nur sind leider die betreffenden Gesellschaftsclassen nicht danach angethan, für dieses Bessere im Schopenhauerschen Geiste und Charakter empfänglich zu sein. Bei ihnen fehlt die Sympathie für die Gerechtigkeitszüge und für rücksichtslose Enthüllung corrupter Verhältnisse gänzlich. Ja ihnen wäre ein solcher Schopenhauer, der das geistige Kloster der Mystik und die zugehörige billige, nur für die Zustände ohnedies vorhandener Erschöpfung gültige Entsagung mit dem Sinnenraffinement verbunden, übrigens aber alles wirklich Edle zur Seite gelassen hätte, unvergleichlich lieber gewesen, als der Schopenhauer, wie er nun einmal wirklich war, mit seinem Fond wenn auch nur particller, so doch immerhin in mehreren Richtungen echt moralischer Indignation. Die letztere ist gegen den sogenannten guten Ton einer corrupten Gesellschaft, und so hielt man sich denn nur an die schlechtern, wahlverwandten Elemente. Man befasste sich mit Schopenhauer im Punkte des Aberglaubens und goutirte in seinen Schriften das, was der mystischen Verschrobenheit sowie der Frivolität und Blasirtheit nur irgend wirkliche oder vermeintliche Nahrung zuführen konnte. Man wollte über die gewöhnlichen Rücksichten des bessern Verhaltens dadurch hinweggehoben werden, dass man sich in der Betrachtung der allgemeinen Schlechtigkeit der Welt das eigne Gewissen erleichterte und für die eigne Nichtswürdigkeit in dem mystischen Nichts noch schliesslich eine Zufluchtsstätte fände. Man zog die Schopenhauerschen Vorstellungen in den Kreis der eignen Erbärmlichkeiten hinein und reducirte sie demgemäss hinreichend, um die Forderungen der abgelebten Ueppigkeit mit ihnen verträglich zu machen.

Wenn also der Zukunftsmusiker den Weg von der realistischen Zukunftsphilosophie Feuerbachs zur romantischen Vergangenheitsphilosophie Schopenhauers zurückgelegt hatte, so waren die üppigen Gesellschaftskreise, die sich auf den neuen Nichtscultus einliessen, instinctiv dazu geneigt, sich ebensosehr mit den Praktiken des ausschweifenden Lebensgenusses als mit den aus dem Jammer und der Erschöpfung entspringenden Gegenregungen theoretisch stimuliren zu lassen. Der ganze Zustand hat, wie man sieht, eine Bedeutung, die weit über die persönlichen Vermittlungen und Zufälle hinausreicht. Die Beschaffenheit der verderbten höhern Gesellschaftsgruppen brachte und bringt solche geistige Strömungen mit sich. Die Geneigtheit zu mystischen Verschleierungen und zur Untertauchung der eignen Misere in ein zweideutiges allesverschlingendes aber doch die eigne Eitelkeit noch ein wenig conservirendes Nichts ist diesen corrupt conservativen Gesellschaftselementen ganz angemessen. Sie können für ihre Misere ein Stück Aberglauben nicht entbehren und fallen in ihren Nichtigkeitsvorstellungen jenem Naturgesetz anheim, welches auf den Lebensmissbrauch den Widerwillen der Blasirtheit folgen lässt.

Um wieder zu Herrn Richard Wagner selbst zurückzukehren, so soll hier nicht unmittelbar der Charakter seiner Tondichtungen, sondern nur derjenige seiner zugehörigen Wortdichtungen und zwar als Merkmal für den Zustand des pessimistisch verdorbenen Geschmacks in Frage kommen. Was in der höhern Gesellschaft an ästhetischer Zerfahrenheit möglich ist, dafür legen die Wagnerschen Dichtungen ein mehr als genügendes Zeugniss ab. Sie sollen mit den Tondichtungen aus einem Gusse und wollen daher weit mehr

sein als gemeine Operntexte, bei denen man an ein gewisses
Maass Albernheit gewöhnt war, und die man als solche niemals
sonderlich schätzte. Das „Kunstwerk der Zukunft" soll allseitig sein
und auch in der Wortdichtung etwas Grosses vorstellen. In der
That ist es nun aber eine romantische Ungeheuerlichkeit geworden,
in welcher die am meisten kindischen Züge der Sagenwelt noch
durch die besondere Darstellung des vorgeblichen Dichters über-
boten werden. Die Zwerge, Riesen und Drachen tummeln sich in der
wüstesten Ungenirtheit, und wenn einer dieser Gesellen Alberich heisst,
so muss man, um auch in der Beurtheilung diesen schönen Namen
zu ehren, wirklich sagen, dass die Alberichpossen nebst Zubehör,
selbst wenn sie in die Gestalt eines Bilderbuchs übertragen würden,
für Kinder noch eine zu regellos bunte und wüste Decoration
ergeben würden. „Frau Venus", die in der romantisch verhimmelnden Kunst nicht fehlen darf und in den Wagnerschen Dichtungen
ja auch ihre Rolle gespielt hat, müsste freilich für die Kleinen und
Unschuldigen aus dem Bilderbuch der Zukunft wegbleiben. Indessen
in der Romantik der nicht blos erwachsenen, sondern aus dem
Leben beinahe schon herausgewachsenen Gesellschaft spielt sie eine
Hauptrolle auch noch dann, wenn ihr Cultus nur noch durch ungesunde romantische Erinnerungen begangen werden kann. Die
raffinirte Kunstverhimmelung muss nachhelfen, wo das gesunde
Leben bereits vom Schauplatz abgetreten ist. Das Kunstwerk der
Zukunft aber ist, um es kurz zu sagen, ein Monstrum der Vergangenheit, und die Gesellschaftselemente, welche sich von der Physionomie dieses Monstrums angeheimelt finden, haben sicherlich
keine Zukunft.

7. Ein Jahrhundert, welches in seinem letzten Viertel noch
in den eben gekennzeichneten Wüstheiten befangen bleiben kann,
während es in seinem Untergrunde die Ansätze zu gesunden und
kühnen Umwandlungen hegt, kann nur als die äusserst gemischte
Consequenz eines früheren grossen Aufschwungs und eines entsprechend jähen Rückfalls begriffen werden. Das neue Auftauchen der lebensfeindlichen Regungen in ihm muss auf die allgemeine Lage der Gesellschaft und auf die unmittelbar vorangegangenen Schicksale der Cultur zurückgeführt werden. Das
19. Jahrhundert ist in der That an seiner Oberfläche ein rückläu-
figes und nur in seiner untersten Tiefe ein geistig fortschreitendes.
Wer es im Ganzen betrachtet, wie es unmittelbar in die Augen
fällt, wird in ihm, abgesehen von den technischen Vervollkomm-

mungen, fast nur einen grossen Rückfall zu constatiren haben. Die
Literatur des 18. Jahrhunderts war klarer und gediegener und noch
mehr zeichnete sich die Thatkraft desselben, die in der Fran-
zösischen Revolution in weltgeschichtlicher Tragweite hervorbrach,
vortheilhaft vor den entsprechenden Regungen des 19. Jahrhunderts
aus. Auch ist es kein Wunder, wenn die reactionären Wendungen,
mit denen die Geschichte seit jener ersten grossen Aufraffung vornehmlich erfüllt gewesen ist, die Aussicht auf bessere Culturzustände in die Ferne gerückt, die gesundern Elemente der Gesellschaft an entscheidenden Erfolgen verhindert und dem krankhaft
verderbten Treiben das ungenirteste Spiel an der maassgebenden
Oberfläche gesichert haben. Der eine grosse Rückstoss, der vorläufig ein wesentliches Stück Revolution begrub, musste auch für
alle Vorgänge zweiter Ordnung den Grundcharakter bestimmen
und die Reaction zu einer universellen, also nicht blos politischen,
sondern auch literarischen und geistigen machen. Die gelegentlichen Anläufe, die in unserm Jahrhundert in der entgegengesetzten
Richtung genommen wurden, haben allerdings immerhin genützt,
indem sie schliesslich die Tiefen der Gesellschaft mächtig aufregten;
aber sie haben doch im äusserlichen Verfehlen ihrer Zwecke ge-
endet und hiemit den reactionären Mächten vorläufig das Feld
überlassen müssen. Hiedurch hat unser Jahrhundert und unsere
Gegenwart den reactionären Stempel nach allen Richtungen auf-
geprägt erhalten. Die Literatur ist rückläufig in romantischer
Weise verdorben worden. Die Philosophie, und nicht blos diejenige,
die sich im unmittelbaren Knechtsdienst der herrschenden Gewalten
am breitesten machen konnte, ist durch und durch corrumpirt oder
mindestens, wie bei Schopenhauer, in das Widerspiel aller Gesundheit
abgelenkt worden. Sogar die Wissenschaft hat im Laufe dieser Periode
viele nach rückwärts weisende Untermischungen erfahren und ist
gegenwärtig soweit davon entfernt, in dieser Beziehung irgend gesäubert zu sein, dass sie im Gegentheil arg verwüstenden Speculationen inmitten des naturforscherischen Gebiets selbst anheimfällt.
    Die erste Kriegsära, die der Französischen Revolution folgte,
brachte auf geistigem Gebiet die übelsten Erscheinungen mit sich, die
dann weiter in der Sumpfluft des restaurirten Europa vervollständigt
werden konnten. Rohheit und Aberglaube waren, wie immer, mit
den Kriegswüstheiten aufgefrischt und vermehrt worden. Ueberdies
waren es Kriege gewesen, in denen es eine Art modernen Kreuz-
zug gegen das revolutionäre Princip gegolten hatte. Die national-

romantischen Vorurtheile waren hervorgesucht worden, und der
Geist des Mittelalters, den man gegen die sich regende Cultur-
macht der Freiheit beschworen hatte, musste in den gemeinen
literarischen und wissenschaftlichen Strömungen eine gehorsamste
Aufnahme finden. Alle rückläufigen Elemente tauchten empor, um
gegen das 18. Jahrhundert geistig zu reagiren und das Mittelalter
nach Kräften, wenn auch nur zu einem galvanisirten Scheinleben,
zu reactiviren. Die Poeten oder Literatoren im Genre der Schlegel,
nebst der zugehörigen Flucht in den Katholicismus, also die Ver-
quicker gemeiner Sinnenlüsternheit mit der religiösen Verhimmelung,
zu denen sich in ähnlich verdorbener Mischung sogar spiessbürger-
liche Theologen wie der widerwärtige Schleiermacher gesellten,
stellten in der belletristischen Sphäre die Deutsche Romantik vor,
während in der Wissenschaft Deutschthümler der Sprachkunde, wie
die Grimms, mit den conservativen, die historisch philologische
Schule ausbreitenden Juristen sowohl römisch- als deutschrech-
telnder Art in der einen grossen Hauptangelegenheit wetteiferten,
das Mittelalter romantisch zu verklären und in der Gegenwart soviel
als möglich zur Geltung zu bringen. So stimmte Alles in der
Deutschen Romantik, die übrigens nur eine Frucht des allgemeinen
Europäischen Rückfalles war, dahin zusammen, die Gesundheit des
Denkens und Fühlens sowie die Frische und Natürlichkeit des
Wollens zu untergraben. Man coquettirte mit der positiven Religion,
wie man jetzt sich an ein mystisch philosophisches Surrogat derselben hält. Auch war es jene restaurativ romantische Sphäre, in
welche die Ausbildung und die ersten umfassenden Conceptionen
Schopenhauers fielen. Auch ihn hatte die dumpfe schwere Luft
gedrückt, und wir können mit Sicherheit annehmen, dass ohne den
Einfluss jener romantisch verderbten Zustände der Philosoph in
keine gleich verkehrte Richtung gerathen wäre. Doch lassen wir
ihn; er fand damals noch nicht die mindeste Beachtung; er gehörte
zu den Spätesten und war innerhalb des allgemein romantischen
Geistes doch noch im Speciellen ein arger Ketzer. Die eigentlichen
Faiseurs der öffentlichen Philosophie, also namentlich ein Schelling,
hatten bei dem Publicum das privilegirte Zwangs- und Bannrecht.
Ihre tollen und wüsten Ausgeburten secundirten der übrigen
Romantik und stellten bei dem allgemeinen Gelage derselben die
Wirkungen der grössten Uebernommenheit und am meisten spiritua-
listischen Umnebelung dar.

Lassen wir jedoch die Deutsche Romantik zur Seite, um

andere Folgen der Europäischen Luftverdickung und Freiheitsein-schnürung in Erinnerung zu bringen. In England hatte die Wuth gegen die Französische Revolution im Uebergang zu unserm Jahr-hundert den ärgsten Druck und fast eine völlige Erstickung der gewöhnlichsten Freiheitsrechte mit sich gebracht. Die bevor-rechteten Classen fieberten dort bei dem Gedanken an die grossen Regungen jenseit des Canals, und in diesem Geisteszustande war es denn auch, dass eine nicht blos volks-, sondern lebensfeindliche Lehre, nämlich die der Bevölkerungseinschnürung und Ehen-beschränkung, durch einen geistlichen Herrn, den jetzt mehr be-rüchtigten als berühmten Malthus, in die Welt gesetzt wurde. Sie war nicht nur lebensfeindlich, sondern auch übrigens sittenverderb-lich, indem sie echt priesterhaft in der natürlichen Geschlechtsver-mehrung eine Sünde fand, die mit den ökonomischen und socialen Strafen des Verhungerns, des Krankheitselends und der gegen-seitigen Kriegsaufreibung der überschüssigen Elemente bedroht wäre. Vor allen Dingen sollte es das eigentliche Volk sich nicht einfallen lassen, seine Kopfzahl in der bisherigen Weise zu ver-mehren. Die grössten Schrecknisse ständen in Aussicht, wenn das Gedränge zunähme; nur die wohlsituirten Classen oder sonst im Voraus gesicherten Elemente hätten das Recht oder vielmehr das Privilegium, Gäste an den Tisch des Lebens zu schicken. Die Andern aber, für die keine Couverts belegt wären, könnten sich davonmachen. Diese Malthusische Verweisung vom Bankett des Lebens, die den privilegirten Classen und Gelehrten meist als eine recht liebenswürdige Gefälligkeit für ihre guten Rechte erschienen ist, darf nirgend fehlen, wo von den lebensfeindlichen Velleitäten unseres Jahrhunderts die Rede ist. Sie hat eine eminent sociale Bedeutung und macht noch jetzt das eingestandene oder geheime Dogma der nationalökonomisch Rückständigen oder der gesellschaft-lich in bewusster Weise Rückläufigen aus.

8. Seit der Mitte der sechziger Jahre ist im Herzen Europas und grade da, wo die Cultur nach einem langen Frieden die frischesten Aussichten hatte, eine neue Kriegsära eingeleitet worden, deren bisheriger Verlauf als eine Art verwandter Parallele zu der vorher gekennzeichneten Epoche angesehen werden muss. Aller-dings haben die äussern Vorgänge nicht gleiche Dimensionen er-reicht; aber die Rohheit und Wüstheit, die mit und nach den Kriegen umsichgegriffen hat, ist wahrlich nicht geringer aus-gefallen, sondern, Angesichts der erweiterten Culturansprüche, nur

noch fühlbarer geworden. Der Gegensatz zwischen den Cultur-
zielen und der herrschenden Brutalität ist sogar principiell im
reactionären Sinne so schroff als nur irgend möglich ausgebildet. Auch
ein neues Stück Romantik hat sich demgemäss angefunden und ist
in Dienst genommen, um Alles zu entstellen, was den gesunderen
und edleren Auffassungen des menschheitlichen und nationalen Berufs
entspricht. Freilich ist diese geistige, nach rückwärts weisende
Infection zu einem grossen Theil nur ein trüber Widerschein von
denjenigen Vorgängen, die schon der ersten Kriegsära des 19.
Jahrhunderts entsprossen waren. Dieser geistig abgeleitete und
abgeschwächte Charakter ist aber auch ganz in der Ordnung;
denn Alles, was man seit den fünfziger Jahren erlebt hat, ist ja
nur eine Copie im verkleinerten Maassstabe gewesen. Sowenig im
Allgemeinen der Rückstoss gegen die Bestrebungen von 1848 mit
dem gegen die von 1793 eine auch nur entfernt gleiche Bedeutung
in Anspruch nehmen kann, ebensowenig hat das zweite Bonapartistische Regime an sein Urbild herangereicht, wofern man nämlich
nach den positiven Kraftäusserungen und nicht nach dem Grade
der Corruption fragt. Die Demoralisation macht eben inmitten der
allgemeinen Schwäche die ungemischtesten Fortschritte, und zu
ihrer Verbreitung bedarf es keiner besondern Stärke. Die Erbschaft dieser Zustände ist schliesslich Deutschland zugefallen und
hat sich dort noch etwas mehr mit dem Geist der nackten Brutalität
versetzt, so dass die Nachahmung der Nachahmung und der Ableger
des Ablegers in Rücksicht auf die Sitten allerdings einen etwas andern
Charakter annehmen musste. Da aber geistig die Impotenz eine
vollkommene blieb, so suchte man von dem alten romantischen
Kram, der sich nach 1815 so breit ausgelegt hatte, alle Sächelchen
zusammen, die sich heute nur irgend mochten anbringen lassen.
Demgemäss ist die Denkweise zurückgeschroben und die literarische
Aufmerksamkeit auf Alles gelenkt worden, was sich nur irgend in
rückständiger oder rückläufiger Weise an die Romantik anlehnte
oder als mit ihr verwandt erwies.

Dies Alles würde aber auf geistigem Gebiet wenig gefruchtet
und bei der kläglichen innern Schwäche nur ganz bedeutungslos
die ihm äusserlich gesicherten Plätze ausstaffirt haben, wenn nicht
wissenschaftliche Regungen von anscheinend modernem Anstrich,
aber stark mit demoralisirenden Vorstellungen versetzt, der Verherrlichung der Brutalität und der Verhöhnung der Humanität zu
Hülfe gekommen wären. Was konnte es helfen, aus Schopen-

hauers nachzüglerischer Romantik und Lebensverleumdung etwas pessimistisches, gegen die Humanität gerichtetes Gift zu saugen, oder was konnte gar die Wiederanpustung des Schellingschen Windes, mit welcher sich der in Reclame grösste Philosophast, Herr v. Hartmann, neuromantisch aufspielte, irgend helfen, wenn nicht erheblichere Hülfsmittel zur Verwirrung der Gemüther aufgefunden wurden? Aus dem verkommensten Gebiet des Geistes, nämlich aus der mystisch spiritistisch entrenkten und völlig haltungslosen Philosophie konnte die Hauptunterstützung nicht kommen. Mit den abgelebten Speculationsresten war wohl in den raffinirten Kreisen der höhern Gesellschaft einiger Unfug anzurichten; aber für die weitern Kreise, in denen man sich doch auch auf einen sogenannten Fortschritt etwas zu Gute that, musste, bei dem heutigen Ansehen der Naturwissenschaft, eine wieder speculativ abseits gerathene Naturforscherei in starker Versetzung mit demoralisirenden Lehren der Ausgangspunkt für die Glorificationen der Brutalität werden.

Hiezu eignete sich vortrefflich der sogenannte Darwinismus, der seit 1859 seine Tour begonnen hatte. Sein wissenschaftlicher, den 50 Jahre älteren Leistungen des Franzosen Lamarck entlehnter Bestandtheil, nämlich die allgemeine und einheitliche auf die Arten des Thierreichs und überhaupt auf die Organismen bezogene Entwicklungs- und Umgestaltungslehre, würde allem Anschein nach in der Darwinschen Fassung, auch unabhängig von besonders begünstigenden äusseren Umständen, die ihr gebührende Verbreitung endlich gefunden haben. Allein das Umsichgreifen der übrigen und namentlich der unwissenschaftlichsten Bestandtheile des Darwinismus würde unerklärlich bleiben, wenn man nicht daran dächte, dass diese schlechteren Lehren von den ihnen entgegenkommenden Brutalitätsgrundsätzen begierig aufgenommen und im Dienst der wahlverwandten Mächte des Tages grossgezogen wurden. So ist denn heute der Darwinistisch vorgestellte demoralisirende Daseinskampf zum populären Schlagwort und zum theoretischen Beschönigungsmittel des frechsten Egoismus geworden. Das eigne Dasein auf die Vernichtung des fremden Lebens gründen, — das ist das Princip, welches sich in cynischer Nacktheit aus der Daseinskampftheorie entpuppt hat. Die Uebertragung dieses Princips auf alle privaten und öffentlichen Verhältnisse der Einzelnen und der Völker ist gegenwärtig das Hauptmittel, durch welches die universelle Demoralisation am bewusstesten fortschreitet. Die lebenscompromittirende Corruption, die alles Vertrauen des Menschen auf den Menschen untergräbt, hat das theoretische Gift, dessen sie zur geistigen Ergänzung ihrer sittlichen Verwüstungen bedarf, hauptsächlich in dieser Lehre vom Kampf um das Dasein herausgefunden und verwerthet es im Leben und in der Literatur nach allen Richtungen.

Der Kampf um das Dasein soll einen Fortschritt mit sich bringen; aber es kann auch eben nur der Fortschritt von Gewalt und List sein, was nach dieser Ansicht zu triumphiren hat. Jedes Wesen kämpft gegen die andern für sein und gegen das fremde Dasein und Wohlleben; es bestrebt sich daher, den Weg zum Ziele von aller fremden Concurrenz zu säubern, und wenn ihm dies gelingt, so hat es sich nach der herrlichen Theorie sogar ein Verdienst um die Vervollkommnung seiner Art erworben; denn die Vorzüge, die ihm zum Siege verhalfen, mögen sie nun in dem Gebrauch der Gewalt oder der List oder in der Befähigung zu irgend einer Niedertracht bestanden haben, können sich nun fortpflanzen, während die Eigenschaften der Besiegten mit ihren Trägern untergegangen oder wenigstens unterdrückt und an der Entwicklung verhindert sind. Hienach ist das erste Gebot, stets der Stärkere und Ueberlebende zu bleiben. Die Rolle des Unterdrückenden bietet die wahre Fortschrittschance. Ohne die Aufzehrung des fremden Lebens und Wohlseins zur Steigerung der eignen Macht kann in diesem herrlichen System die Cultur nicht gefördert werden. Die schönsten Blüthen der letztern werden grade dadurch gezeitigt, dass der Stärkere den Schwächeren niedertritt. Diese mehr als brutale Consequenz erinnert lebhaft an die neue Rechtfertigung, welche aus der Daseinskampflehre jedem Raubmörder zu Gebote stände, wenn er nur mit dem, freilich für seinen einfachen Standpunkt zu hoch gegriffenen Gelüst coquettiren wollte, sich auch einmal moralisch zu glorificiren. Er hätte nur nöthig, all' seine Raub- und Mordgeschicklichkeit in die Waage der neumodischen Gerechtigkeit zu werfen und dabei bemerklich zu machen, wie bedeutend ihm diese Eigenschaften im Kampf um das Dasein begünstigten und wie Aussicht vorhanden sei, durch allmälige Fortpflanzung die allerschönste Species zu erzielen, der einst Alles, was ihr am Wege in die Hände fiele, tributpflichtig werden müsse. Im Bereich der spiessbürgerlichen Denkweise hat man sich über die Höllenuhren entsetzt, welche die Aufgabe hatten, Schiffe sammt der lebendigen Ladung auf offener See zu sprengen und jede Spur davon zu vernichten, damit so der Versicherer sein Sümmchen bei der Asseeuranzgesellschaft in aller Ruhe als stille Mordprämie eincassiren und die Frucht seines genialen Anschlags einheimsen könnte. Nun waren offenbar solche Leute, die ja in der „bessern Gesellschaft" lebten und dort durch die Erträge der neuen Geschäftspraktik ihre Ehrenstellung noch erweitern wollten, doch nur Erfinder und Benutzer eines vervollkommneten Mittels im Kampfe um das Dasein. In einem Gesellschaftszustande, welcher im Punkte der Verbrauchung des fremden Lebens für den eignen Nutzen von Scrupeln so ungewöhnlich frei ist, sollten jene Höllenuhren kein besonderes Aufsehen machen, und in der That ist auch der grösste Theil der Sensation, den ein in Bremerhafen verunglücktes Unternehmen dieser Art gegen Ende 1875 erregt hat, auf Rechnung jenes Wechselbalgs moralischer Entrüstung zu setzen, welches grade unter den corrumpirtesten Verhältnissen so gern untergeschoben wird. Nur der geringere Theil des Lärmens mochte einem wirklichen Schauder entsprechen; aber auch in dieser Richtung bekundete sich ein Mangel an Verständniss darin, dass man nicht begriff, wie derartige Vorgänge zu der maassgebenden moralischen Denkweise der Daseinskampflehre im Allgemeinen stimmen und nur eine besonders in die Augen fallende Consequenz der moralischen Corruption darstellen.

Man kann die moralische Seite des Darwinismus zum Theil als eine Verallgemeinerung des Malthusianismus ansehen. Der letztere wollte die Fortpflanzung, Ausbreitung und Machtsteigerung der höhern und bemittelten Gesellschaftsclassen nicht durch die Bevölkerungsentwicklung im Bereich der niedern und unbemittelten Schichten gestört wissen, und sein praktisches System richtete sich auf Unterdrückung des Lebens in der einen Richtung, damit die andere an sich mächtigere um so leichter auch ferner triumphiren könnte. Der Stärkere sollte noch stärker werden und der Schwächere immer mehr der Einschnürung und Schwäche anheimfallen. Aus dem Malthusschen Gedränge und der Malthusschen Art von Gestaltung der Daseinsconcurrenz hat nun Darwin zunächst ein allgemeines zoologisches Gesetz und alsdann eine Theorie gemacht, welche in den menschlichen Verhältnissen das sogenannte Recht des Stärkern animalisch zu Ehren bringen und als culturgeschichtliches Fortschrittsmittel verherrlichen sollte. Was die eignen Ausführungen Darwins in dieser letztern Richtung noch etwa haben fehlen lassen, das ist durch die Breittretungen untergeordneter

Schüler und zwar namentlich auf Deutschem Boden auch für die blödeste Auffassung unverkennbar gemacht worden. Hiebei haben sich auch die politisch und gesellschaftlich reactionären Wendungen in hellstes Licht gestellt, so dass man es nunmehr mit Händen greifen kann, wie die Daseinskampflehre ihrem Wesen nach nicht blos moralische Corruption, sondern auch jede andere Gattung von Culturrückschritt zu beschönigen geeignet sei. Ihre Haupteigenschaft aber, um deren Willen wir sie eingehender kennzeichnen mussten, ist ihre Verwandtschaft zu den das Leben compromittirenden, den Menschen zur Verachtung des Menschen und alles edleren Daseinsgehalts anreizenden Grundsätzen der Inhumanität. Ihr Schicksal wird das des Malthusianismus sein, indem der Geschichtschreiber der Sitten in nicht allzu langer Frist zwar noch ein berüchtigtes Capitel aus der heutigen Denkweise, aber nicht mehr eine als wissenschaftlich geltende Theorie vorzuführen haben wird.

9. Den Gefährdungen des gesunden Wollens entsprechen die nebenhergehenden Auflösungen des Verstandes. Wer das Leben überhaupt mit sich selbst entzweit, kann auch den Verstand nicht unzerrüttet lassen. Wo die Menschen mit ihren sittlichen Angelegenheiten in Verwirrung gerathen, da wird auch der Verstand in das trübe Element der Mystik hinabgezogen, und es kann sich unter 'diesen Umständen sogar der gespenstergläubige und geistercitirende Spiritismus bis in die sogenannte Wissenschaft hinein breitmachen. Für dieses Eindringen des Spiritismus in das Bereich, welches sonst Wissenschaft heisst, giebt es sogar ein ansehnliches Beispiel. Wallace, ein Schriftsteller, der gleichzeitig mit Darwin den theoretischen Kern des Darwinismus formulirte, also so zu sagen der wissenschaftliche Doppelgänger Darwins, ist nicht etwa blos ein geistergläubiger Leugner der Materie, sondern figurirt auch mit seinen Schriften in den spiritistischen Kreisen als Hauptautorität. Nun bleibt der Spiritismus bekanntlich nicht bei dem Geisterspukglauben stehen, sondern 'findet seine Hauptaufgabe in der Geistererscheinungspraxis und in der zugehörigen Herstellung der Verbindung des diesseitigen mit einem jenseitigen Seelenreich. Dieser blühende Unsinn und arge Trug, der nicht blos in Amerika und England, sondern auch in Deutschland ansässig ist, kann freilich nicht als Maass des durchschnittlichen Geisteszustandes der gebildeten Classen, wohl aber als Anzeichen dafür gelten, dass wenigstens die ihm verwandten, nur überhaupt mystischen, aber in

dieser Eigenschaft doch noch nicht sofort zur rohen Gespenster-
praxis aufgelegten Neigungen in grossem Umfange vorhanden sind.
Das Leben für unbefriedigend erklären und die Fähigkeit zum
festen endgültigen Wissen leugnen, —. das sind zwei Dinge, die
naturgesetzlich zusammengehören. Der Pessimismus würde noch
wunderlicher und unlogischer gerathen, als er ohnedies ist, wenn
sich in seinem das Leben anfeindenden Bereich eine entschiedene
Freundschaft für die positiven Verstandes- und Wissenskräfte vor-
fände. Auch sind in der That Schopenhauers Auslassungen über
diesen Punkt bestimmt genug gewesen, um erkennen zu lassen, dass
sich schon bei diesem, doch noch verhältnissmässig wissensreichen
Philosophen zu der Verächtlichmachung des Lebens überhaupt auch
eine grundsätzliche Herabwürdigung der menschlichen Verstandes-
fähigkeiten gesellte. Auch stimmt hiezu sein schliessliches Versenken
der angeblich unzulänglichen Philosophie in individuelle Mystik.
Die dunkelmacherische Gefühlsverwirrung, in welcher hauptsächlich
das mystische Verhalten besteht, ist der grade Gegensatz des aufklärenden und ordnungschaffenden Verstandes. Wer daher den
Lebensekel allseitig erfassen will, wird in ihm die Wissensblasirtheit
als integrirenden Bestandtheil vorauszusetzen haben. Wirklich ist
auch die Confusion, die im Wollen und in den Sitten, und diejenige,
welche im verstandesmässig seinsollenden Denken platzgreift, sichtbar genug aus einem Gusse. Zerfahrenheit und Abschwächung im
Wollen und Thun gehen Hand in Hand mit der skeptischen Preisgebung des absoluten Denkens und überliefern die Menschen den
zugleich wüstesten und plattesten Narrheiten und Eitelkeiten sogenannter philosophischer Speculation.
Die Philosophie, welche den Vorzug hat, sich da, wo sie gesund
ist, am höchsten erheben zu können, hat auch zugleich den Nachtheil, am tiefsten sinken zu müssen, wo sie einmal auf sumpfigen
Untergrund gerathen ist. Sie verliert sich alsdann selbst; man erkennt sie nicht mehr, und an ihrer Stelle machen sich Masken
breit, die von ihr nichts als einige nebensächliche Manieren aufzuweisen haben und übrigens nur zu Mystificationen des Publicums
dienen. Die gesellschaftliche Fäulniss begünstigt solch philosopha-
strisches Maskenspiel, indem die frivolen Sitten nach mystischen
Stimulationen jener Art verlangen, die wir schon oben als Zubehör der abgelebten Ueppigkeit gekennzeichnet haben. Nun hat es
zu allen Zeiten von den entsprechenden mystischen Vorstellungen
in irgend einem verlorenen Winkel der Gesellschaft immer einen

gewissen Vorrath gegeben; aber es kommt nicht darauf an, dass
derartige wüste Confusionstheorien überhaupt existiren, sondern
dass ihnen in einer Zeit hinreichend ausgedehnte Neigungen bestimmter Gesellschaftselemente entgegenkommen. Im letzteren Falle
wird das, was sonst nur in sich selbst ein versäuertes Dasein geführt hätte, in die Breite ausgezogen und kann sich dann an die
trüben, gleich ihm verdorbenen Elemente wahlverwandt ansetzen.
Auf diese Weise kommt dann auch gelegentlich wohl der Anschein
zu Stande, als wenn es sich um die Verbreitung eines neuen Systems handelte, während in der That nur die ganz gemeine Sittenfäulniss nach einem ihr genehmen Mittelchen gegriffen hat, welches
sie über ihr chronisches Siechthum beschönigend hinwegtäuschen
und ihr die mystischen Opiumfreuden der Nichtsverhimmelung verschaffen soll.

Im Gebrauch der Wunderdoctoren und Universalmittel sind die
Leute bekanntlich nicht wählerisch. Der Zufall der augenblick-
lichen Laune bringt dies oder das in Mode und lässt es solange
floriren, bis es, nicht etwa durch bessere Erkenntniss, sondern in
Folge der Abstumpfung und als etwas Altes abgedankt wird. Die
Reclame leistet in solchen Angelegenheiten allerdings die grössten
Dienste; aber sie würde ohnmächtig sein, wenn nicht eine Menge
Leute schon ohnedies in sich die Antriebe hegten, auf welche die
Anpreisungen speculiren. So ist denn auch beispielsweise die my-
stisch spiritistische und reactionäre Reclamephilosophastrik, die von
Herrn v. Hartmann im Anfang der siebziger Jahre in Scene ge-
setzt wurde, wahlverwandten Medien begegnet, und da, wo ein
Schopenhauer viel zu gut war und viel zu hoch stand, hat der
platte Schellingianer mit seiner oberflächlichen Servirung des Lebensekels weit besser reüssirt. So mancher völlig blasirte Roué
hat sich bei der Lectüre der Geschlechtsforschungen, die in der
Philosophie oder vielmehr Spiritistik des „Unbewussten" in der
widernatürlichsten Richtung die Hauptrolle spielen, noch gekitzelt
gefunden, und solche schriftstellerische Leistungen, aus denen auch
die Pfleger der ungesundesten Wollustpraktiken für sich etwas Sympathisches zu entnehmen vermochten, sind allerdings als Charakteri-
stiken für die sie goutirende Gesellschaft einiger Auszeichnung werth,
wenn auch übrigens ihr rapides Aufkommen nur die Schande der
Philosophie bedeutet hat. Diese Schande ist überdies bezüglich der
fraglichen Verstandesauflösung und Wissenschaftsverunstaltung
mindestens ebenso gross als in Rücksicht auf Verleugnung und Ver-

kehrung sittlicher Grundsätze. Die intellectuellen Albernheiten sind der moralischen Versumpfung ebenbürtig, und die projectirte Abschaffung der Welt durch Beschluss einer dereinst spiritistisch gewordenen Menschenmajorität überbietet noch die Erzeugnisse der ordinären Gehirnerweichung. Vollends komisch nimmt es sich aber aus, wenn solche des Cretinismus würdige Ausgeburten von Fachgelehrten mit ehrsamster Miene in den Kauf genommen und die zugehörige, nicht weniger verschrobene Philosophasterei nicht etwa blos als zurechnungsfähig, was schon viel zu viel wäre, sondern sogar als etwas Bedeutendes besprochen wird. Hier zeigt sich dann eben der ganze Skandal, der nicht darin besteht, dass solche Verkommenheit in einem vereinzelten Speculationsmonstrum, wie die Hartmanniade eines vorstellt, überhaupt möglich, sondern dass die Verstandesabstumpfung bei einer Menge von Gelehrten soweit gediehen ist, an so etwas keinen Anstoss zu nehmen, ja zum Theil daran Geschmack zu finden.

10. Wir sind in der Umschau nach den lebensfeindlichen Regungen von allgemeinen naturgesetzlichen und weltgeschichtlichen Voraussetzungen ausgegangen, haben die in dieser Richtung besonders begünstigenden Charakterzüge des 19. Jahrhunderts untersucht und sind schliesslich bis an die sumpfigsten Niederungen gelangt, wo ein weiteres Eindringen sich durch den Sinn für Sauberkeit verbot. Erheben wir uns nun aus diesem von trüben Dünsten überlagerten Grunde zu den Höhen und Gipfeln, wo die reine Luft echten Geistes und wahren Genies ihre Stätte gehabt hat. Dort ist das zu finden, was kräftiger und gediegener, als der allgemeine Zug des Jahrhunderts selbst, über das letztere im Wesentlichen emporragte und nur theilweise von dem Zeitelement, in welchem es seinen Fusspunkt hatte, in krankhafte Mitleidenschaft gezogen wurde. Wenn irgend wo die pessimistischen, aus den Zuständen entsprungenen Anwandlungen der gedrückten nachrevolutionären Kriegs- und Restaurationsära eine würdige Gestalt angenommen haben, so ist dies in Byrons grossen Dichtungen geschehen. Sein Harold und sein Don Juan spiegeln nicht etwa blos die Doppelnatur des den thatsächlichen Rückstoss und den idealen Drang zum Fortschritt einschliessenden Jahrhunderts, sondern zeigen uns mehr als dies, nämlich die Kraft eines persönlichen Wollens, welches zwar von den das Leben anzweifelnden Gedanken tief ergriffen wird, aber doch immer über sie triumphirt. Byron giebt weder den Gedanken noch die That preis; seine Energie verliert sich nirgend,

mag er dem Aberglauben oder den äusseren Fesseln ihr Urtheil sprechen. So sehr er von der Misere des geistigen, politischen und gesellschaftlichen Daseins erregt wird und so verächtlich ihn dieser Jammer gelegentlich stimmen mag, so gestalten sich seine trübsten Zweifel doch nie zu einer endgültigen Verzweifelung oder gar zu einer stumpfen Entsagung, sondern verwandeln sich im Gegentheil stets wieder in das starke positive Wollen und in die feste Ueberzeugung, wie sie dem prophetischen Genius eigen ist. Sind auch seine Dichtungen in der Form dem gemischten und regellosen Treiben des Jahrhunderts theils unwillkürlich theils absichtlich angepasst, so ist doch der rothe Faden, der sich durch sie hindurchzieht, für Jeden wahrnehmbar, welcher den persönlichen Lebens- und Freiheitsdrang einer gewaltigen, keiner pessimistischen Anwandlung erliegenden Natur zu verstehen vermag. Byron hält sich auf der Höhe des gesunden Lebens auch da, wo er mit dessen Trübungen romantisch zu spielen scheint. Sein im tiefsten Grunde wurzelnder Ernst überwindet die sich anmeldende Frivolität der Zeit, und die absichtliche Leichtfertigkeit in den Allüren der Charakteristik dient nur dazu, die verderbte Gesellschaft um so entscheidender zu treffen.

So ist es denn ein Dichter gewesen, der den Vorzug für sich hat, in der Repräsentation episodischer Lebensanzweifelung die Philosophen in den Schatten zu stellen. Verglichen mit einem Schopenhauer zeichnet er sich durch die Freiheit von Aberglauben und rückschrittlicher Gesinnung entschieden aus. Bei einem Byron wird das „zweite Gesicht" gebührend verspottet, während ein Schopenhauer grade in solchen superstitiosen Uebernatürlichkeiten sympathisch zu Hause ist. Der brittische aber zugleich internationale Dichter kann daher eine Quelle für diejenigen werden, welche die pessimistischen Anwandlungen in lebendiger Gefühlsstärke ausgedrückt haben wollen, es aber nicht lieben, in eine ungesunde Philosophie unterzutauchen. Wenn man überhaupt in den lebensanzweiflerischen Regungen einige zeitweilig und bedingterweise berechtigte Elemente anerkennen will, so wird man alles das, wozu das menschliche Gemüth, Angesichts einzelner Jammergestaltungen des Daseins, versucht zu werden gleichsam ein Recht hat, in den echten und aufrichtigen, aller Heuchelei feindlichen Gedanken- und Gesinnungsäusserungen der Byronschen Poesie antreffen.

Fragt man danach, warum grade der einzige Byron die natürlich pessimistischen Rückwirkungen des Jahrhunderts in einer übrigens gesunden Weise zur Darstellung bringen konnte, so ist diese Thatsache auf die überlegene Kraft zurückzuführen, mit welcher der wirklich freie Geist auch davor bewahrt bleibt, ein Diener seiner Zeit zu werden und von den secundären Strömungen derselben seine Richtung zu empfangen. Letztere Knechtschaft ist das Loos nicht etwa blos des gemeinen Trosses, sondern auch derjenigen, die ungeachtet ihrer höheren Capacität doch in den Ideen und Willensrichtungen befangen bleiben, welche in mehr oder minder zufälligen Zuständen ihren kurzlebigen Ursprung haben. So verhielt es sich mit den bessern Opfern der oben gekennzeichneten Romantik, und insoweit philosophische Regungen von dieser romantischen Luft entscheidend beeinflusst wurden, konnten sie, wie im Falle der Schopenhauerschen Weltverachtung, nur als abgeleitete Erzeugnisse gelten. Die Byronsche Poesie ist aber, trotz der Berührung mit einigen im Allgemeinen romantisirenden Formen und Zügen, doch im Wesentlichen über die Romantik erhaben geblieben und hat so auch in diesem Punkte die Ueberlegenheit der persönlichen, überwiegend realistischen Kraft über die falschen Ablenkungen der Zeit bewährt.

Beträchtlich tiefer als ein Byron steht Heinrich Heine mit seinen gelegentlichen Nachahmungen des brittischen Dichters und mit seinem fragmentarischen sogenannten Weltschmerz. Er blieb lange in der Romantik stecken und verfiel, als er sich von ihr emancipirt hatte, späterhin immer mehr in ein ordinäres Genre, welches mit der nobeln Haltung Byrons gewaltig contrastirte. Doch kann man sich auch mit den Abgerissenheiten Heines noch einigermaassen versöhnt finden, wenn man bedenkt, dass trotz alles wahren oder auch nur coquetten Weltschmerzes der natürliche Lebensgenuss gegen „das dunkle Hirngespinnst, das uns Lieb' und Lust verleidet", nachdrücklich in Schutz genommen wurde. Ueberdies haben wir auf Deutschem Boden in unserm Jahrhundert keine Gelegenheit, wählerisch zu sein; denn wenn wir den einzigen Dichter von erheblichem Talent, den diese öde Epoche im Bereich der Deutschen Sprache aufzuweisen hat, gänzlich verwerfen, so muss das Volk von Uebersetzungen zehren, und diese können zwar, wie im Falle Byrons, noch durch den sachlichen Gehalt gewaltig wirken, sind aber in Rücksicht auf die unmittelbar sprachliche Verkörperung der feinern Gefühlsnüancen nur ein schwaches Surrogat der Ursprünglichkeit. Zugleich mag diese poetische Sachlage eine Erinnerung für uns sein, dass wir auf die Deutschheit im Bereich der Dichtung

für das 19. Jahrhundert nicht sonderlich pochen können, da unser
einziger Dichter, in welchem unsere speciellste und eigenste Misere
wenigstens einen sprachlich Deutschen Ausdruck erhielt, ein Jude
war. Es ist also nur die weitere Europäische Perspective, die uns
in der hohen Gattung etwas Entsprechendes bietet, und der uns
sprachlich fremde Byron ist uns der innersten Natur nach verwandter, als was wir nach den grossen Erscheinungen des 18. Jahrhunderts auf unserm Boden als den am meisten poetischen Ausdruck des modernen Lebens und der zugehörigen Zerrissenheit aufzuweisen gehabt haben.

11. Das Aufkommen der lebensfeindlichen oder in der gesundern Richtung doch wenigstens lebenszweiflerisch gerathenden
Regungen hat im Allgemeinen diejenigen Ursachen, die wir in ihrer
naturgesetzlichen Wirkungsart als Erschöpfungszustände der müssigen
Ueppigkeit gekennzeichnet haben. Die Rückwendung des ausschweifenden Lebensgenusses zu den, um mit Byron zu reden,
aus der „ekeln Sattheit" entspringenden Ansichten und Aussichten
ist ein natürlicher Vorgang, der nur noch da einer besondern Erklärung bedarf, wo er in einem ungewöhnlichen Maass in den Vordergrund tritt. Letzteres ist nun einerseits in den früher erwähnten
Religionsbildungen weltverächterlicher Art und andererseits in den
geistigen Zersetzungsvorgängen unseres Jahrhunderts geschehen.
Jener weltgeschichtliche Hintergrund und diese neusten Anwandlungen lassen sich nun aber auf gleiche Weise begreifen. In beiden
Fällen sind es gesellschaftliche Stauungs- und Zerrüttungszustände,
die das Anheimfallen an falsche Lebensauffassungen mit sich brachten
und bringen. Der Unterschied ist nur der, dass in jenen alten
Epochen der Uebergang zu verkehrten Lebensauffassungen und
entsprechend verzerrten Lebensordnungen für eine lange Zeit ein
endgültiger wurde, während wir heut eben darin begriffen sind,
das durch die Umstände begünstigte Wiederaufglimmen der alten
Thorheiten als eine, der gemischten Uebergangsphase angehörige
Rückfallsregung für immer unschädlich zu machen. Unser Jahrhundert hat die idealen Culturvorstellungen seines Vorgängers nicht
gänzlich vergessen, presst sich aber unter dem Druck von Zuständen, die unter der Beleuchtung durch das bessere Wissen nur
noch unerträglicher werden. Diese arge Spannung beruht nicht
sowohl auf einem Fortschritt des Elends als auf demjenigen des
Uebermuths, und rührt weniger daher, dass die Summe der Gebrechen und Unzulänglichkeiten etwa an sich grösser geworden,

als vielmehr davon her, dass die volksmässige Erweiterung des
Wissens Verhältnisse und Zustände, die sonst unter der Herrschaft
der Einbildung als selbstverständlich erschienen, nun als unleidliche
Thatsachen kenntlich macht. Die dem Aberglauben gemäss weltgeschichtlich verzerrten Lebensordnungen passen nicht zu jener
Aufklärung, die uns das 18. Jahrhundert hinterlassen hat. Es bestehen demgemäss zweierlei Bestrebungen. Die eine derselben sucht
die Gedanken und Gefühle an die überlieferte verzerrte Lebensordnung durch obscurantistische Zurückschraubung wieder anzu-
passen; die andere will die Lebensordnung dem erleuchteten Gedanken und bessern Wollen gemäss umgestalten und so an Stelle
der verlornen, auf Täuschung beruhenden Einheit eine wahre und
dauerhafte Ausgleichung herstellen. Der erstern rückläufigen Bestrebung gehören, wenn auch freilich nur heuchlerischerweise, auch
alle Interessen an, die, obwohl von der Unhaltbarkeit der alten
Einbildungen überzeugt, doch für ihr Treiben noch wenigstens eine
armselige Frist gewinnen wollen.

Kriege hat es in allen Jahrhunderten gegeben; aber wo sie im
19. Jahrhundert bei den entwickeltsten Völkern platzgreifen, haben
sie eine ganz neue Bedeutung erlangt. Sie erscheinen nämlich den
am meisten heimgesuchten und zugleich doch schon vielfach aufgeklärten Schichten der Gesellschaft nicht mehr als selbstverständlich, und ihre Wüstheiten und Wirkungen werden um so lebhafter
empfunden, als man an ihre Zwecke einen andern Maassstab als
früher legt. Byrons Grundgedanke, nur noch Kriege um die
innere Freiheit als menschlich gelten zu lassen, spriesst naturwüchsig grade in den breitesten Schichten der Gesellschaft lebensfrisch auf, und der Widerwille, der in gleichem Maasse gegen die
aufgezwungenen Völkerkämpfe wächst, wird zu einer die Gemüther
immer mehr beunruhigenden Macht. Sehen zu müssen, wie unter
den Wirkungen der Kriege Menschenfleisch immer mehr im Werthe
sinkt, und zugleich zu wissen, dass diese lebensfeindliche Verachtung
der Menschennatur nur aus den alten Systemen der Einbildung und
Täuschung ihre Kraft zieht, — das erzeugt jene empörende Spannung der Gefühle, der gegenüber sich die gesicherten Elemente des
Wohllebens in ihrer Blasirtheit an die Reste der Superstition klammern, um für sich selbst wenigstens den Standpunkt der Nichtsver-
herrlichung zu retten, dem Volke aber den bisherigen unverfeinerten
Aberglauben als das ihm gemässe Opiat wieder nachdrücklicher zu
verabreichen. Die Ungenirtheit in letzterer Beziehung ist soweit

gediehen, dass sich Leute in amtlichen Stellungen und Lehrer der
universitären Jugend nicht gescheut haben, es unverblümt öffentlich
auszusprechen, für das Volk sei der Glaube, den sie selbst nicht
hätten, um der socialen Ordnung willen erforderlich. Ein solches
Anzeichen des Verfalls in den gebildeten Regionen ist werthvoll;
denn es deutet auf einen Cynismus, wie er ärger nicht gedacht
werden kann. Oder sollten die Betreffenden meinen, ihre redliche
Zumuthung, zu glauben, was sie selbst nicht glauben, werde dem
breiteren Publicum verborgen bleiben? Die alten Glaubenstäu-
schungen als eine Zurüstung gebrauchen, um die Massen in der
überlieferten politischen und socialen Knechtschaft und zum Frohn-
dienste wohl gar willig zu erhalten, — das ist ein Anschlag, den
der natürliche und gesunde Sinn nur mit intellectueller Verachtung
und moralischem Ekel betrachten kann, und auf den die praktische Antwort sich in der bewusstesten Abwendung der Massen
von der Religion schon nach und nach in vollerem Umfang einfindet. Die Preisgebung des Lebens in den Kriegen und überhaupt die ganze Leib- und Blutsteuer wird in Folge der Aufklärung nicht im Heiligenschein einer mysteriösen Pflicht, sondern
äusserst nüchtern als eine Angelegenheit betrachtet, für welche in
jedem besondern Fall vollwichtige Rechenschaft zu geben ist. Fehlt
es nun an wirklich guten Gründen für solche gewaltige Opfer, und
sieht man sich einer immer geringer werdenden Schätzung des
Menschenlebens gegenüber, so muss diese Lage die übelste Rückwirkung auf den Lebensmuth ausüben. Die so entstehende Ge-
drücktheit der Gemüther führt nun aber im Bereich der gesunden
Elemente zu keiner Lebensfeindschaft oder allgemeinen Lebensanzweifelung, sondern macht im Gegentheil geneigt, sich an die gewaltigen Gegenregungen zu klammern, die in starken Geistern zum
Durchbruch kommen und der übrigen Menge die Auswege aus
solcher Lebensklemme zeigen.

12. Nach einer andern, noch wichtigeren Seite hin ist im
19. Jahrhundert die Unsicherheit des Lebens, nämlich dessen Abhängigkeit von der Nahrungsfrage, fühlbar geworden. Die Macht
des Besitzes ist mit der Entwicklung der Maschinenära noch gewaltiger als sonst gestiegen, und die Ausnutzung, der die mittel-
losen Elemente anheimfallen, ist durch die wissenschaftliche Aufklärung immer deutlicher in das Bewusstsein getreten, und dieses
Wissen hat sich innerhalb der am meisten betroffenen Schichten
auch am durchgreifendsten geltend gemacht. Es ist weniger die

Menge des Elends an sich selbst, als das Bewusstsein von demselben und die Kenntniss besserer Möglichkeiten, was zugenommen hat, und hierin liegt eine Bürgschaft, dass die auf diese Weise gegensätzlich stark gespannten Gefühle eher auf alles andere als auf lebensfeindliche Ansichten gerathen werden. Was den alten Wust der gegen das Leben von vornherein eingenommenen Lehren anbetrifft, so erscheint er nur bei denen wieder, die selbst gar nicht mit dem Elend, sondern nur mit der Ueberfülle zu schaffen haben. Diese Leute coquettiren mit Uebeln, die von ihnen selbst weder unmittelbar noch im Mitgefühl irgend empfunden werden. Das wahre Uebel, unter dem sie wirklich leiden, ist der Ueberdruss, und für den letztern ist es immerhin doch noch wieder ein neuer Reiz, oberflächlich ein wenig über das Elend theoretisch hinzustreifen und sich in der eignen Uebersättigungsmisere durch die Aufzählung des übrigen und allgemeinen Weltjammers genugzuthun. Hiezu hat unser Jahrhundert nun viel in die Augen fallendes Material geliefert, und so erklärt sich, dass grade die ungesunden Auffassungen und rückläufigen Interessen aus den Zuständen Nahrung für Lebensfeindlichkeit und Jenseitigkeitsflucht ziehen konnten. Eben dieselben Ursachen aber, welche diesen rückwärts weisenden Tendenzen besondere Gelegenheit zur Bethätigung boten, treiben vermöge der Vollziehung ihrer ganzen Consequenz zu dem völlig entgegengesetzten Standpunkt hin, auf welchem eine Lebensanzweifelung für immer unmöglich wird. Nur die mannichfaltige Mischung der einander durchkreuzenden, theils rückläufigen, theils fortschreitenden Geistesströmungen ist es, wodurch der einfache, vorher gekennzeichnete Sachverhalt so leicht verdeckt und der zutreffenden Beurtheilung entzogen wird.

Die materielle Unsicherheit des Lebens, die sich zu der aus dem unnatürlichen Kriegszwang entspringenden Geringschätzung der Person gesellt, ist ein fundamentales Uebel, welches in seiner groben Realität mit den raffinirten Ungelegenheiten oder auch blossen Scheinübeln contrastirt, an welche die metaphysischen Verleumder des Lebens fast ausschliesslich zu erinnern pflegen. Schlimmer ist aber noch die von den letztern gar nicht empfundene Corruption der wichtigsten menschlichen Gegenseitigkeitsverhältnisse moralischer und rechtlicher Art. Namentlich gehört der zunehmende Mangel an Vertrauen, auch nur für die Erlangung der gemeinsten Gerechtigkeit gegen die Parteilichkeiten der Classenselbstsucht gesichert zu sein, zu den am meisten demoralisirenden

Umständen. Die Neigung, das Schlechte vorauszusetzen, also jene
Art des Pessimismus gesunder Naturen, die nichts mit allgemeiner
Lebensfeindschaft und mit verschrobenen Theorien gemein hat, muss
wachsen, wenn die Thatsachen selbst die entsprechende Physionomie zeigen. Auch besteht grade die edlere Haltung des Gemüths
darin, gegen die moralischen Schäden zu reagiren. Nun wird aber
nicht blos dieser unschuldige, ja wohlthätige, sondern auch der ver-
giftete Pessimismus in der zunehmenden Verderbtheit seinen Anknüpfungspunkt haben; ja man kann sagen, dass im schlechten
Sinne des Worts der Pessimismus nicht nur der natürliche Begleiter,
sondern auch der Vervollständiger der Corruption sei. Er ist es,
der in seiner völligen Herabgekommenheit und Frivolität an keine
Gerechtigkeit glaubt und dieselbe da theoretisch und grundsätzlich
verachtet, wo sie im Leben doch nur in den besondern Fällen ver-
höhnt wird, in denen sie zu einem übermächtigen Parteiinteresse
nicht stimmt.

Aus Allem, wodurch unser Jahrhundert in besonderm Maasse
gedrückt wird, ergeben sich als gesunde Rückwirkung nur Gefühle
und Bestrebungen, die sich auf eine von Grund aus vorzunehmende
Abstellung der Missstände richten. Nur die krankhaften und rückständigen Affectionen sind es, die dem Lebensekel zum Theil wirklich anheimfallen, zum Theil aber auch mit der nie ganz ernstlich
gemeinten eigentlichen Lebensfeindschaft coquettiren, was, nebenbei
bemerkt, im Gebiet der Theorie und müssigen Speculation grade
am meisten der Fall ist. Der theoretisch modische Lebensekel
nun, der sich mit einem jenseitigen Nichtscultus gattet, muss schliesslich dem Publicum, soweit es noch Elemente mit einigen gesunderen
Fasern in sich hegt, selbst zum Ekel werden. Der Ueberdruss
wird sich den Ueberdrüssigkeitslehren gegenüber bald genug einfinden, und die Feindseligkeit gegen das frivole Spiel mit speculativen Feindseligkeiten gegen das Leben wird nicht ausbleiben. Es
ist das Schicksal der verderbten Theorien, an sich selbst die Verderbniss zu erproben und so den weiteren Wirkungen derselben cor-
rumpirenden Macht anheimzufallen, aus der sie herausgeboren sind.
Ihre Wiege wird auch ihr Grab; denn ihr Lebenselement war ja
von vornherein moralische Verwesung und Tod.

Die Auseinandersetzung, die auf diese Weise zwischen Fäulniss
und Gesundheit platzgreifen muss, wird hauptsächlich auf der
Trennung beruhen, die sich zwischen dem alten phantastischen
Regime der Einbildung und Täuschung und den neuen Grund-

sätzen einer von allen Jenseitigkeiten und gespenstischen Wesenheiten befreiten Natur- und Menschenbetrachtung vollzieht. Die praktisch und theoretisch lebensfeindlichen Thatsachen und Regungen haben bisher ihren entscheidenden Stützpunkt in der religiösen Ueberlieferung gefunden, und solange diese letztere Art von geistigem Regime die Lebensordnung thatsächlich verzerrt und entsprechende unnatürliche Lebensansichten begünstigt, werden allerdings auch Philosophastereien der verkehrtesten Art gelegentlich, je nach Umständen, immer wieder für eine Zeit lang auftauchen und die in Verwirrung gehaltenen Gemüther noch mehr verwirren können. Inzwischen werden jedoch wenigstens die Einzelnen und Gruppen, welche sich von dem Alp der Ueberlieferung befreien, auch in der Lage sein, die fauligen pessimistischen Infectionen, mit denen sie etwa in Berührung kommen, bei sich selbst völlig unschädlich zu machen, indem sie sich vor allen Dingen die rein intellectuelle Pflege der Verstandesgesundheit angelegen sein lassen. Diese letztere ist nun in der gemeinen Philosophie, wie sich dieselbe in der gegenwärtig vorherrschenden Ueberlieferung gestaltet hat, nicht im Entferntesten zu finden. Auch in der Wissenschaft überhaupt fehlt sie vielfach, und in völlig reiner Gestalt soll sie eben noch erst von ihrer Umgebung gesondert und in dieser Sonderung völlig bewusst angeeignet werden. Einen Anknüpfungspunkt zu ihrem Verständniss und zugleich einen ersten Beitrag zum Ziele bildet jedoch die sogenannte materialistische Weltanschauung, welche derjenigen der gemeinen Philosophie und Wissenschaft die Stirn zu bieten angefangen hat und die, wenn sie auch keineswegs zureichend ist, doch für das Weitere wenigstens als ein gediegenes Fussgestell gelten darf.

Zweites Capitel.

Der Materialismus als Fusspunkt höherer humanitärer Lebensschätzung.

1. Eine richtige Auffassung des Lebens ist nur möglich, wenn alle Bestandtheile desselben in ihrem reinen Wirklichkeitscharakter erkannt werden. Solange man zu den Thatsachen noch Einbildungen hinzufügt, kann von einer absoluten Würdigung des Daseinsgehalts nicht die Rede sein. Die Mischung der Wirklichkeit mit den Phantastereien des Aberglaubens ergiebt für die subjective

Vorstellung eine Welt, die sich durch die Hinzufügung eines Ge-
spensterreichs entstellt findet, und in welcher daher der Werth des
Lebens nur relativ unter Veranschlagung des Einflusses jener gespenstischen Trübungen beurtheilt werden kann. Da indessen der
Schrecken, den der jenseitige Gespensterglaube mit sich bringt, für
das getäuschte Gemüth wenigstens eine Empfindungsrealität ist, die
als solche trotz der illusorischen Natur des Gegenstandes so gut
wie jeder üble Traum zu den Elementen des Befindens gehört, so
wird die umfassende Schätzung des Lebens im Allgemeinen auch
mit den Irrthümern zu rechnen haben. Hieraus folgt aber nicht,
dass wir nicht das Recht hätten, eine absolute Schätzung da eintreten zu lassen, wo es sich um die aufgeklärten und starken
Geister der Gegenwart und noch mehr da, wo es sich um die in
viel grösserem Umfang und schliesslich überall zu erleuchtende Zukunft handelt. Auch müssen wir schon um der Einfachheit willen
die absolute Schätzung, die sich nach dem reinen Wirklichkeitsgehalt richtet, der relativen Veranschlagung, die auch den Einbildungen Rechnung trägt, zu Grunde legen; denn die letztere muss
sich aus zwei Bestandtheilen, einem wahren und einem falschen,
zusammensetzen, während die erstere ausschliesslich von der Voraussetzung der wahren Beschaffenheit der Welt und des Menschen
abhängig ist. Die Wendungen des Irrthums und der Einbildung
sind nun mannichfaltig, und entsprechend bunt gerathen denn auch
die Trübungen der wahren Lebensschätzung und bringen eine
Menge von Kreuzungen oder Ablenkungen der gesunden Vorstellungsart mit sich. Die rein thatsächliche Beschaffenheit ist aber
nur eine einzige und einheitliche, und ihr gegenüber wird daher
auch die Würdigung des Lebens einen festen und unzweideutigen
Charakter zeigen.

Um nun den ungemischten, einbildungsfreien Gehalt der Dinge
zu gewinnen, giebt es keinen andern Weg als den, das gesunde
Wissen mit allen seinen Folgerungen zur Geltung zu bringen. Die
Gespenster, mit denen Natur und Menschenwesen durchsetzt sind,
müssen ausgetrieben werden, damit sich die Vorgänge zwischen
Geburt und Tod, wie sie wirklich sind, darstellen, und damit an
beiden Grenzen, namentlich aber bei dem Endvorgang des Einzellebens, keine Nebelgestalten möglich bleiben. Der wüsten Phantasie,
die im Dienst der falschen Furcht ebensosehr wie in demjenigen
des falschen Hoffnungsreizes arbeitet, muss der Spielraum für die
Fictionen nicht nur überhaupt verengt, sondern in der grundsätzlich

überwirklichen Richtung völlig entzogen werden. Keine ausserweltliche oder übernatürliche Conception kann noch platzgreifen, wo die gesunde wissenschaftliche Betrachtung einmal ernstlich die Fäden zwischen den Dingen und den ausserdinglichen Imaginationen abgeschnitten hat. Es ist nun die Aufgabe der redlichen Untersuchung, mit allem Schein zu brechen und den Menschen auch da, wo er schmeichelnde Idole hegt und pflegt, aus diesem falschen und schliesslich immer unheilvollen Zauberkreise zu befreien. Allerdings will die Verblendung nicht enttäuscht sein, und die Scheu vor der nackten Wahrheit ist bei denen sehr begreiflich, die ein Leben führen, welches nach Maassgabe der Einbildungen verzerrt und auf diese Weise mit den Unwahrheiten verwachsen ist. Auch mag unter Umständen der in der Täuschung Befangene einen gewissen Anspruch haben, dass er aus Mitleid mit seinem Schicksal, welches ihn nun einmal für einen entscheidenden Theil seines Lebens mit der Einbildung hat rechnen lassen, nun damit verschont bleibe, nachträglich die falschen Opfer zu erkennen, die er den Idolen gebracht hat. Ebenso kommt es nicht darauf an, dass diejenigen, welche für bessern Trost unempfänglich geworden sind, ihre erdichteten Hoffnungen aufgeben. Wohl aber handelt es sich darum, in allen Angelegenheiten, die noch in bestimmbarer Weise der Zukunft anheimfallen, das absolute Maass der Wahrheit geltend zu machen. Rücksichten auf einigen vorübergehenden Schmerz können hier ebensowenig, wie bei wohlthätigen chirurgischen Operationen, davon abhalten, für das künftige dauerhaft bessere Befinden zu sorgen. Ja der Einzelne hat im Allgemeinen nicht einmal ein Recht, im Wahne zu verharren; denn sein falsches Denken schädigt die Gemeinschaft, indem es die Täuschungen stützt, die ihr zum Unheil gereichen. Nur in den vorher angedeuteten Ausnahmsfällen mag de zarte Rücksicht auf ein Leben, welches in gutem Glauben und ohne bewusstes Unrecht den Wahnvorstellungen angepasst und ihnen auf diese Weise zur Beute wurde, diejenige Schonung gebieten, die ohne Verlust für die Sache der Menschheit unter besondern Umständen möglich ist.

2. Die Scheu vor den klaren Natur- und Lebensvorstellungen wird bei der Menge auf künstliche Weise von denen unterhalten, die an dem Nacht- und Nebelzustande des Geistes ein gewerbsmässiges Interesse haben. Die gemeine Philosophie mit ihrem obscurantistischen Servilismus hat demgemäss in jüngster Zeit das Wort Materialismus als Scheltwort gebraucht, um grade die

gesundesten und aufklärendsten Ideen, die seit der Mitte des vorigen Jahrhunderts zu einem ersten Durchbruch gelangten und seit der Mitte des unsrigen wieder in neuer Gestalt hervortraten, in einen, freilich fast nur in den eignen Kreisen der Priester der Philosophastrik wirksamen Verruf zu bringen. Die Wörter Pantheismus und Atheismus konnten in den von den Philosophieprofessoren abhängigen Kreisen den fraglichen Dienst nicht mehr leisten. Denn die verworrene Rückständigkeit des Pantheismus, die früher noch als ein solcher Fortschritt erschien, dass sie sich zur Verketzerung eignete, hat im Publicum jetzt zu viele Vertreter, als dass sich hierauf noch die alte Verrufsspeculation gründen liesse. Der Atheismus aber hat zu vielerlei Bedeutungen; je nach der mehr oder weniger groben Gottesvorstellung, die durch ihn verneint wird, ist er den verschiedensten Kategorien angehängt worden, und die Orthodoxen haben den blassesten armseligsten Religionsliberalismus schon so oft Atheismus genannt, dass letztere Bezeichnung durch den mannichfaltigen Gebrauch abgenutzt worden ist und die Eigenschaft verloren hat, stets etwas unzweideutig Arges auszudrücken. Während nun so die Atheismusbeschuldigung bei dem gebildeteren Publicum nicht mehr recht verfangen will, ist als Aeusserstes die Hinweisung auf Materialismus in die Mode gekommen. Freilich ist auch die Kraft dieser Denunciation schon stark im Abnehmen begriffen; denn die Scheu der mit der Sache nicht gehörig vertrauten Elemente des Publicums legt sich in dem Maasse, als sie von denjenigen Ansichten Kenntniss erhalten, die von den Philosophiebeamten als unofficiös signalisirt werden. Ueberdies ist das Ansehen der vom Staat besoldeten Philosophie sogar durch die Bemühungen von Gegnern des Materialismus stark gesunken und sinkt gegenwärtig vollends, seitdem den mehr ideologisch gerathenen Schopenhauerschen Angriffen auf die Universitätsphilosophie nunmehr völlig realistische Kennzeichnungen des universitären Treibens überhaupt und auch speciell der Philosophastrik gefolgt sind. In letzterer Beziehung glaubt sich der ja auch von den Philosophieprofessoren einfach zum Materialisten gestempelte Verfasser dieser Schrift mit seinen übrigen Arbeiten einige Verdienste erworben zu haben. Für die Abrechnung mit dem, was sich amtlich für Philosophie ausgiebt, waren die ideologischen Vorhaltungen Schopenhauers, wie sie sich in dessen zu den „Parerga" gehöriger Abhandlung über die Universitätsphilosophie zusammengefasst finden, nicht ausreichend. Ausserdem war

der Standpunkt Schopenhauers als eines Metaphysikers, der sich
von dem Philosophieprofessor Kant nicht genug emancipirt hatte,
nicht dazu angethan, mit den universitären Zubereitern einer der
Religion dienstbaren Philosophie durchgreifend zu verfahren und
diese Leute in ihrem vollen Wirklichkeitscharakter zu zeigen. Alle
Romantik, die in der Kennzeichnung und in der Hinweisung auf
Besseres seitens Schopenhauers noch mit unterlief, wird völlig abgethan, sobald man der philosophastrischen Kaste gegenüber den
Standpunkt wirklich geltend macht, den sie dem Publicum so gern
als Teufel an die Wand malt, und der sie nun mit vollem Recht
beim Worte nimmt und erscheint.

Der Materialist im Sinne der amtirenden Philosophirer braucht
nur das Scheltwort als eine Ehre hinzunehmen und dem Publicum
das wahre Wesen von dem zu zeigen, was unter dieser Benennung
verrufen werden soll, und die beste Abrechnung mit der philosophischen Fäulniss ist fertig. Bei einer entsprechenden Ziehung der
Grenzlinie giebt es alsdann nur noch Materialisten auf der einen
und philosophastrische Debitirer von metaphysisch verwässerten
und staatsmässig zugerichteten Religionsdogmen auf der andern
Seite. Die Bezeichnung der letzteren als Priester zweiter Classe
dürfte das wahre, auf den Universitäten obwaltende Sachverhältniss
am kürzesten ausdrücken. Die eigentlichen Theologen oder
Priester erster Classe haben in den fraglichen Philosophirern eine
Art Ableger abgezweigt und in das Bereich der Wissenschaft ver-
pflanzt. Auch die äussere Genealogie ist noch heute leicht nach-
zuweisen; denn es sind meist liberal verdorbene Theologen, die in
der sogenannten philosophischen Laufbahn ihre Versorgung suchen
und finden. Der Priester erster Classe soll dem Volk die gröbere
Speise, derjenige zweiter Classe den gebildeteren und studirenden Elementen der Gesellschaft das metaphysisch verfeinerte Gericht serviren.

3. Die Scheu vor dem Materialismus, die in einigen Theilen
des Publicums künstlich unterhalten wird, muss nicht etwa nur
schwinden, sondern sich in Sympathie und Anhänglichkeit verwandeln, sobald der wahre Sachverhalt in sein volles Licht tritt.
Sogar der eigentliche Materialismus, der sich selbst so nennt und
nichts weiter sein will, als was im 18. Jahrhundert von den
Lamettrie und Helvetius, im 19. aber von den Moleschott, Vogt
und Büchner vertreten wurde, ist stolz darauf, eine besondere
Stellung ausserhalb der Philosophie d. h. ausserhalb jenes Treibens
zu haben, welches kurzweg mit jenem Namen bezeichnet wird und

unmittelbar oder in abgeleiteter Weise den universitären Stempel irgend einer Art von Religionsdebit oder eines metaphysisch allegorisirenden Religionssurrogats an sich trägt. Mit welchem gerechten Hohn ist nicht aus dem Lager des Materialismus auf die Versimpelung und Cretinenhaftigkeit hingewiesen worden, die im Bereich der sich Philosophen nennenden Personen und namentlich in den Literaturproducten der Lehranstalten in reichem Maass zu Tage gekommen! Dennoch ist Alles, worauf die erwähnten Kreise des naturwissenschaftlichen Materialismus das Publicum aufmerksam machen konnten, nur ein geringer Theil von derjenigen Verzerrung gewesen, die wirklich existirt und nur demjenigen geläufig sein kann, der den fraglichen Armseligkeiten genauer auf die Spur zu kommen durch die besondere kritische Richtung seines philosophischen Studiums in der Lage war. Die neuern Materialisten haben sich mit Recht wenig um die eigentlichen Speculationen gekümmert und daher dasjenige Gebiet, von dessen Albernheiten sie schon an der Grenzscheide einen Begriff bekamen, in Beziehung auf seine innern Verhältnisse zur Seite liegen lassen. Auf diese Weise hat sich zwischen den auf gesunder Grundlage fussenden Ansichten auf der einen, und der sich Philosophie nennenden Caricatur auf der andern Seite eine ähnliche Demarcationslinie gebildet, wie diejenige zwischen dem aufgeklärten Publicum und der Theologie. Niemand, der auch nur einen Begriff von echter Wissenschaft hat, denkt daran, in der Theologie etwas zu sehen, was zum gebildeten Geistesleben noch irgend einen Beitrag zu liefern hätte. Die Theologen können sich verabschieden, und man wird darin nie einen Verlust für die Wissenschaft oder auch nur für die höhern Bildungsvorstellungen zu bedauern haben. Auch ist der thatsächliche Rückzug des ganzen theologischen Gelehrsamkeitsapparats unverkennbar. Im höher gebildeten Geistesleben bemerkt man diese immer mehr aus den Augen entschwindende Truppe kaum mehr; aber wohl ist noch ihre Arrieregarde in Sicht, die den Rückzug decken und die Vernichtung noch eine Zeit lang hinhalten soll. Diese Arrieregarde der Theologie heisst kurzweg Philosophie, und man wird den paar Geistern, die im 19. Jahrhundert, wie August Comte und Ludwig Feuerbach, mit der Philosophie etwas Anderes gewollt haben, kein Unrecht thun, wenn man heute jenes Wort ohne weitern Zusatz in dem fraglichen, auf die Rückendeckung der Theologie bezüglichen Sinne braucht. Die thatsächliche Rolle, die eine Sache in der Breite des Daseins spielt, ist nicht nach ein paar Höhen zu bemessen, wo sie sich im

Gegensatz zu ihrem vorherrschenden Gepräge völlig anders gestaltet hat. Wir können also getrost sagen, dass es seit den fünfziger Jahren wesentlich nur zwei Lager giebt, nämlich dasjenige
des Materialismus und dasjenige der Philosophie. So sehr Manchen
diese Gegenüberstellung überraschen möge, so ist sie doch in der
Natur der Sache und in dem heute von den Philosophastern selbst
beliebten Sprachgebrauch wohl begründet. Der Materialismus ver-
höhnt die übrige sogenannte Philosophie als unzurechnungsfähig,
und die letztere schliesst wieder den erstern derartig aus, dass er
nicht als Philosophie gelten soll. Hiemit wäre also die schönste
Uebereinstimmung erzielt, und die Philosophie in dem hier maassgebenden Sinne des Worts kann sich demgemäss immer mehr aus
den Kreisen der Gebildeten entfernen und der Flucht der Theologie
folgen. Die Philosophen in diesem Sinne, also, wie wir sie lieber
nennen, die Priester zweiter Classe, können abtreten und der ganze,
von ihnen geübte, mit etwas unfruchtbarer Gelehrsamkeit verbrämte
Cultus kann aussterben, ohne dass die Wissenschaft oder auch nur
die Bildung irgend etwas verliert. Im Gegentheil könnte der reine
Tisch, der auf diese Weise gemacht würde, mit bessern Schüsseln,
als den verschiedenen metaphysischen Kohlgerichten, besetzt werden.

Der eigentliche Materialismus ist nach dem Vorangehenden in
scharfer Absonderung von seinem praktischen Widerspiel als ein
Standpunkt gekennzeichnet, dem gegenüber die verschiedenen Ab-
arten der heutigen Philosophie nur eine einzige rückläufige Gruppe
bilden. Nun ist aber das, was überhaupt dem in viel weiterem
Sinne gebrauchten Scheltwort Materialismus entspricht, durchaus
nicht auf die vorher erwähnten naturwissenschaftlichen Regungen zu
beschränken, die zuerst in den fünfziger Jahren einen Einfluss aus-
übten. Ja es ist noch weniger blos das, was im 18. Jahrhundert
in dieser Richtung gedacht und angestrebt wurde; vielmehr fällt
unter das denunciatorische Wort Alles, was im Gegensatz zum
religiösen Regime des Denkens und Wollens eine höhere und edlere
Auffassung der Welt und des Menschenwesens sowie eine dieser
höhern Schätzung entsprechende Lebensordnung durchsetzen will.
Es ist also wirkliche Philosophie und zwar Philosophie der idealsten
Richtung, — es ist diejenige Philosophie, die sich nicht blos des
Bessern echter Vorbestrebungen aus der gesammten Geschichte
erinnert, sondern lebensfrisch für das absehbar Höchste der Zukunft
arbeitet, was unter dem denunciatorischen Wort Materialismus gesucht werden muss. In diesem Sinne kann man sogar sagen, dass

der Materialismus das Idealste sei, was die Gegenwart an Geistes-
erhebung hervorgebracht hat.

4. Der eben angegebene doppelte Sinn, den die Bezeichnung
als Materialist einschliessen kann, wird Niemanden in Verlegenheit
setzen, wenn er sich nur die Mühe giebt, die Beziehungen der
neuen Standpunkte kennen zu lernen Für die Wirklichkeitsphilo-
sophie, für welche die Ausmerzung der überlieferten Völkerphantasien eine Grundvoraussetzung bildet, ist der bisherige, im engern
Sinne des Worts verstandene Materialismus nur ein Piedestal, auf
welchem die höhere Welt- und Lebenslehre noch erst aufgestellt
werden musste. Diese Rolle als Fussgestell, die in meinem System
den materialistischen Wahrheiten angewiesen wird, dürfte doch
wohl nicht als Ueberschätzung erscheinen, da eine unumgängliche
Unterlage, ja selbst ein eigentliches Fundament nicht mit dem
darüber errichteten Bau selbst verwechselt werden darf. Zugleich
liegt aber in der Anerkennung der fundamentalen Wahrheit des
Materialismus eine unzweideutige Bürgschaft dafür, dass hier jede
Unbestimmtheit ausgeschlossen und jede Zumuthung, auch nur den
eigentlichen und von allen andern Erkenntnisselementen isolirten
Materialismus in irgend einer Weise zu verleugnen, entschieden
ferngehalten wird. Es sind zwei Dinge, die sich in meiner Wirklichkeitslehre vereinigt finden. Erstens enthält sie die gesichtete
Wahrheit, die in verneinender oder positiver Weise der bisherige
Materialismus klargestellt hat, und dieser Bestandtheil mag, wenn
überhaupt hier zahlenmässige Vergleichungen etwas sagen können,
etwa ein Zwanzigstel ihres Inhalts vorstellen. Zweitens ist sie mit
ihren übrigen neunzehn Zwanzigsteln eine positive und selbständige
Welt- und Lebens- sowie Wissenschaftstheorie, deren hochideale
Haltung durch ihren materialistischen Fusspunkt nicht beeinträchtigt,
sondern im Gegentheil hiedurch erst recht sicher gemacht wird.
Grade durch letztern Umstand unterscheidet sie sich von luftigen
Ideologien, deren Ausgangspunkt und Norm nicht die materielle
Wirklichkeit, sondern irgend ein Stück transcendentaler Phanta-
stik ist.

Da, wie schon oben angedeutet, die richtige Lebenstheorie und
mithin die zutreffende Schätzung des Lebenswerthes nicht ohne
eine verlässliche Kenntniss von den allgemeinen Grundlagen der
gesammten Weltanschauung angeeignet werden kann, so muss hier
der Materialismus nebst seinen moralischen Folgerungen näher in
das Auge gefasst werden. Auch wird eine solche besondere Um-

schau den Vortheil haben, die Vorurtheile zu zerstreuen, die theils
dem Materialismus selbst gelten, zu einem grossen Theil aber daher
rühren, dass dieser Inbegriff von ersten Elementen zur Welt- und
Lebensanschauung für eine ganze und vollständige Welt- und
Lebenslehre genommen und bisweilen auch wohl von den eignen
Vertretern dafür ausgegeben wird. Der theoretische Materialismus
besteht wesentlich in drei Verneinungen, welche sich gegen den
alten spiritualistischen Aberglauben richten, und beruht positiv auf
einem Satze, welcher den Träger und Inbegriff alles Seins kenntlich macht.

Was zunächst die Verneinungen anbetrifft, so richtet sich die
erste und fundamentalste derselben gegen das spiritualistische
Seelengespenst. Sogar das Wort Seele ist durch den allgemeinen
Sprachgebrauch mit Vorstellungen verknüpft, die der Materialist
völlig verwerfen muss, und ein Schriftsteller, der auf Unzweideutig-
keit und Angemessenheit der Bezeichnung hält, wird sich hüten,
jenen Ausdruck überhaupt noch für irgend etwas Wirkliches zu
gebrauchen. Das Wort ist einfach die Verkörperung einer falschen
Völkerphantasie, derzufolge im Leibe eine Psyche hausen und diese
Behausung bei dem Tode wieder verlassen soll. Ja auch selbst
ohne diese bestimmte Vorstellung schliesst der Ausdruck Seele noch
immer den Gedanken ein, als wenn ein dingliches Princip der
Lebenserscheinungen existirte. Diese selbständige Verdinglichung
wird ebenfalls abgewiesen und kann kaum den Dichtern nachge-
sehen werden. Wenigstens wird eine erleuchtetere Poesie späterer
Zeiten solcher unwahrer Wendungen entrathen können, ohne den
Empfindungs- und Gemüthsgehalt des Wirklichen irgend zu ver-
ringern. Im Gegentheil tritt das, was im menschlichen Innern
lebendig wirkt, nur um so reiner und kraftvoller hervor, wenn es
ohne den täuschenden Zusatz einer besondern Verdinglichung betrachtet wird. Das Feuer verliert dadurch nichts an seinen Eigenschaften, dass man ihm keine besondere Feuerseele oder einen als
Ding gedachten Feuergeist unterlegt. Ebenso ist die Flamme des
Lebens im Menschen darum nicht weniger eine Flamme, weil sie
nach der richtigen Anschauungsweise als ein Vorgang und nicht
als ein Ding angesehen wird. Die Beseitigung des Seelendinges
ist nun aber eine Folge der gereiften Erkenntniss, die nicht nur
den negativen Fortschritt gemacht hat, die gespenstische Phantastik
des kinderhaften Vorstellens der Menschheit zu durchschauen,
sondern auch positiv erkannt hat, wie die Empfindungs-, Gemüths-

und Erkenntnissthätigkeiten von den Organen und deren thatsäch-
lichem Fungiren abhängig sind. Nicht blos das Bewusstsein, sondern
jede Lebensregung beruht auf Functionen, die ohne Nahrung für
ihr Spiel gleich der Flamme erlöschen. Die Verrichtungen des
Stoffwechsels und der Ernährung sind die Grundlage für alles
organische und um so mehr für das bewusste Leben. Die Be-
wusstseinserscheinungen selbst aber beruhen Element für Element
auf den Wirkungen besonderer Theile des Gehirns. Die Sinnesempfindung und Sinnesenergie erstirbt sogar schon mit den betreffenden Nervenausläufern. Die Vernichtung eines jeden Stücks
des Apparats bedeutet auch die Abwesenheit bestimmter Lebensregungen und die einfache Folge hievon ist die, dass wir in dem
ganzen Inbegriff der letzteren, also kurzweg im Leben selbst, nur
eine organische Function, nicht aber ein Ding oder auch nur die
Aeusserung jener erdichteten, Seele genannten Dinglichkeit vor uns
haben. Dieser Fundamentalsatz, welcher mit dem natürlichen
Denken ebenso wie mit der eingehendsten Wissenschaft zusammen-
stimmt, ist der Eckstein für die materialistische Auffassung des
Menschen und zugleich der Ausgangspunkt für die sonstige
materialistische Weltvorstellung. Zunächst ist in ihm bereits die
zweite Verneinung, nämlich diejenige der Seelenunsterblichkeit enthalten; denn wo überhaupt keine besondere Seele vorhanden ist,
da kann auch nicht von ihrer Sterblichkeit oder Unsterblichkeit
die Rede sein. Eine Function erfüllt ihre Zeit, — die Flamme
leuchtet und bethätigt damit ihr ganzes Wesen, — das ist Alles
und übrigens auch genug. Das Spiel des Lebens ist ein Vorgang,
der sich nach bestimmten Erregungsgesetzen vollzieht und damit
seinem Wesen entspricht; es ist aber keine Darstellung eines Dinges
oder Persönchens, welches sich in ihm gleichsam zur Schau sehen
liesse und dann wieder hinter die Coulissen zurückzöge, um seine
Schauspielerei anderweitig fortzusetzen. Auch die Stücke der
Seelenwillkür, durch welche die Willensbestimmungen den Naturgesetzen des Wollens entzogen vorgestellt werden, verschwinden
selbstverständlich, wo der Urheberin des ganzen Zauberspuks die
Thür gewiesen wird.

5. Auf eine ähnliche Weise, wie die Menschen dazu gelangt
sind, ihrem Wesen eine gespenstische Seele und eine grundlose
Willkür anzudichten, haben sie sich auch verleiten lassen, hinter
der ganzen Welt ein Etwas vorauszusetzen, welches noch ausser
der wahrnehmbaren Wirklichkeit vorhanden wäre, und dieses Etwas

obenein mit Eigenschaften auszustatten, die es dem Menschen in irgend welchen gröbern oder feinern Beziehungen ähnlich machen. In der Voraussetzung eines solchen Etwas besteht nun der Gottesglaube, mag er auch noch so fein sublimirt und von groben Bestandtheilen gesäubert sein. Schon die Annahme, dass eine Person oder ein Geist oder, philosophischer geredet, überhaupt ein Wesen über die Natur verfüge, mit ihr schalte und walte, für die Menschen sorge, allerlei Fügungen hervorbringe und dergl. mehr, — eine solche Annahme, wie sie auch eingekleidet sei, ist stets eine Gottesvorstellung und wird vom Materialismus unter allen Umständen verneint. Ja auch wenn der vorgestellte Gott, statt jenseit der Natur seinen Platz zu erhalten, mitten in die Welt hineingesetzt und von ihm gesagt wird, dass er in Allem und nicht ausser Allem anzutreffen sei, — wenn also ein solcher Gott und die Welt als eine untrennbar zusammengehörige Einheit und schliesslich als völlig einerlei vorgestellt werden, so ist hiemit der irrthümliche Gottesglaube zwar an seine äusserste Grenze gelangt, aber noch immer nicht verschwunden. Es steckt in dieser Vorstellungsart, die bekanntlich Pantheismus heisst, nicht nur eine Menge trüber Verworrenheit, sondern auch der Hauptfehlgriff, dass die Eigenschaften des jedesmal fraglichen Gottes auf die Natur oder Welt übertragen und so die Dinge in dem falschen Lichte irgend einer Vergöttlichung gezeigt werden. Es giebt so viele Pantheismen als es Theismen giebt; der jüdische, der christliche und der muhamedanische Gott liefern, jeder nach seinen Eigenschaften, eine besondere Allgottvorstellung. Auch innerhalb der christlichen Ansichten wird sich der Pantheismus nicht einmal übereinstimmend gestalten; denn nur, wer beispielsweise seinem Gott allseitige Güte und Fürsorge beigelegt hat, wird, wenn er jenem Uebergangsstadium der Einerleisetzung von Gott und Welt anheimfällt, auch die Natur in jeder Beziehung mit jenen wohlwollenden Vorsehungsabsichten ausstatten. Der Pantheismus ist hienach die letzte Station im allgemeinen Verfall des Götter- und Gottesglaubens. Es ist eine Ungereimtheit, das Wesen der Welt oder Natur anders als unmittelbar aus ihr selbst entnehmen zu wollen. Alle Götterconceptionen sind ja nur falsche Auslegungen des Sinnes der Wirklichkeit gewesen, und man wird daher nicht den Umweg durch diese Phantasmen zu nehmen haben, um sich den wahren Gehalt alles Seins zugänglich zu machen. Der Atheismus, welcher demgemäss im Materialismus enthalten ist, bedeutet nichts weiter, als dass der

Inbegriff alles Seins unmittelbar aus der gegebenen Wirklichkeit und nicht durch die Vermittlung gespenstischer Wahnvorstellungen, also ohne Untermischung mit gewöhnlichem oder höherem Gespensterglauben zu erkennen sei.

Wer die eben gekennzeichnete dritte Verneinung, die zu derjenigen der Seele sowie deren Unsterblichkeit und Willkür hinzutritt, etwa in einer, von den alten Denkgewohnheiten noch übriggebliebenen Anwandlung von fehlgreifendem Gemüthscultus nicht sofort selbstverständlich finden sollte, der möge sich den Sinn derselben etwas näher überlegen. Er wird alsdann finden, dass auch dem Gemüth nichts verloren geht, worauf es einen natürlichen und gerechten Anspruch hat. Das System des Seins bleibt, was es ist, gleichviel ob ein Götterwahn seine bunten Gebilde hineindichte oder nicht. Der Mensch hat seine Götter ausnahmslos nach seinem Bilde geschaffen; dies gilt vom jüdischen und christlichen Gott nicht minder, als von den in jeder Beziehung menschlich geformten Griechischen Göttern. In den letzteren war nur die volle Consequenz der Phantasie zum Ausdruck gelangt, während die abstracteren Gottesgebilde den Menschen mehr in Excerpten als in seiner Totalität darstellten. Leidenschaften und Affecte haben aber überall eine Rolle gespielt, und es ist auch dem Kindheitsstandpunkt der Menschheit gemäss, sich mit mehreren oder einem vermeintlichen Wesen auf Du und Du in Verkehr zu setzen. Von diesem Verkehr nun, der auf einer vorausgesetzten Mitempfindung für das menschliche Ergehen und einer als zum Helfen oder Schädigen bereit vorgestellten Macht beruht, — von diesem innern Cultus ist, selbst nach Abstreifung aller äusseren Handlungen und Opfer, oft genug noch ein Ueberbleibsel vorhanden, mit welchem das menschliche Herz am schwersten fertig zu werden pflegt. Diese angeerbte und anerzogene Neigung kann einigermaassen fortbestehen, wenn Verstand und Wissen längst mit den phantasiemässigen Formen der Religion gebrochen haben. Um aber die volle Consequenz und Einheit des Denkens und Fühlens herzustellen, ist es durchaus nothwendig, auch diesen so zu sagen gemüthshaften Gottesglauben aufzugeben. Er steht der Wahrheit und höheren Menschlichkeit ebenfalls im Wege, und das, was an seiner Stelle errungen werden kann, ist auch für die Wirkung auf das Gemüth unvergleichlich heilsamer. Wer in der Welt und Natur durch unmittelbare Erforschung der Wirklichkeit Züge erkennt, die ihm dauerhaft und ohne Gefahr einer Enttäuschung befriedigen, wer also etwas von

der Ordnung der Dinge weiss, was den natürlichen Bestrebungen
seines Gemüths gesunde Nahrung giebt, der ist wahrlich besser
daran, als wer auf Wahnvorstellungen hin, die blos geglaubt werden
sollen, die Welt oder das Sein mit Eigenschaften ausstattet, die als
Voreiligkeiten einer fehlgreifenden Phantasie mit dem Lauf der
Thatsachen nicht zu stimmen vermögen und daher das menschliche
Bewusstsein immer wieder von Neuem mit sich verunreinigen. Die
wahre Ruhe ist nur da zu finden, wo sich ohne jede vorgefasste
Gottesvorstellung unmittelbar ergeben hat, dass der Gehalt und die
Gesetze der Natur den unverkünstelten Gemüthsansprüchen genug-
thun. Die Darlegung eines solchen freien Ergebnisses ist auch
unsere specielle Aufgabe; denn wer den Werth des Lebens von
einem Gottesdasein abhängig machen wollte, würde seine ganze
Rechenschaft, anstatt auf die volle Wirklichkeit, im günstigsten Falle
auf einige Züge gründen, welche eben jener Wirklichkeit durch die
Phantasie theils richtig theils falsch entnommen und in Untermischung mit allerlei widersprechenden Elementen zu haltungslosen
Wahngebilden zusammengesetzt worden sind. Wenn also der Pantheismus eine verstandesmässige Halb- oder Dreiviertelsconsequenz
des Verfalls des Gottesglaubens ist, so muss das, was man nach
unserer Kennzeichnung den Gemüthstheismus nennen könnte, die
letzte Phase sein, in der die Gefühle noch eine Zeit lang befangen
bleiben, wenn auch schon übrigens jede Gottesvorstellung aus dem
Denken gewichen ist. Dieser blosse Gefühlsgott wird aber ebenfalls
beseitigt, sobald die echte Wirklichkeitshaltung des Gemüths platzgreift und nicht blos für das Einzelleben, sondern auch für die Gemeinschaft ihre heilsamen Früchte zeitigt. Eben um die Gefühle
und um das Gemüth wieder in Freiheit zu setzen und mit aus-
reichender Nahrung zu versehen, ist es nothwendig, auch jene letzten
schwachen Fädchen zu zerreissen, die unter dem Einfluss der Aufklärung noch übriggeblieben sind. Der unklare und haltungslose
Gemüthstheismus, der inmitten des Verfalls des Gottesglaubens in
dem Einzelnen ein wenig glimmt, ist eine so dürftige und unver-
lässliche Sache, dass sich das Gefühl Glück wünschen kann, wenn
es je eher je lieber von diesem schattenhaften Etwas losgemacht
und auf einen wahren Gegenstand hingelenkt wird. Ist Letzteres
einmal geschehen, so ist hiemit jenes ganze Schattenspiel abgethan,
in welchem die letzte Phase der Götterära besteht. Die Macht
der Verstandesaufklärung hatte die Gottesvorstellungen ausgehöhlt,
und in dieser hohlen Beschaffenheit mussten sie für Kopf und Herz

völlig unbefriedigend sein, ja weit schlechter den Bedürfnissen des menschlichen Sinnes entsprechen, als die ursprünglich naiven, aber noch mit dem vollen Fleisch und Blut der Phantasie ausgestatteten, noch nicht zu abstracten Gerippen gewordenen Götter. Die Verneinung des Gottesglaubens ist hienach nicht einmal ein Attentat auf eine lebensfrische Existenz, sondern räumt nur da völlig auf, wo nur noch ein lebensunfähiges Ueberbleibsel den Sinn beengt und an seiner freien Bethätigung verhindert. Die neue positive Aera der Weltbetrachtung, die dem Erlöschen der Wahngebilde zu folgen hat, entwickelt nicht blos die lange unterdrückten Energien des Verstandes, sondern auch die durch das alte Regime zuerst abseits geführte und dann, durch die Untermischung mit der Aufklärung, an ausgehöhlten Gegenständen selbst hohl gewordene Kraft des Gemüths zu gediegener Wiederbethätigung an dem Ganzen der reichhaltigen Wirklichkeit.

6. Die Positivität des Materialismus hat sich bisher auf den Satz beschränkt, dass die Materie der Träger und Inbegriff alles Wirklichen sei. Zunächst sind es die Kraftverhältnisse, die mit der Materie einunddasselbe unzerstörliche Medium bilden, aus welchem alle Gestaltungen hervorgehen, und in welches sie auch wieder untertauchen. Die neue Erkenntniss von der Unzerstörlichkeit der mechanischen Kraft hat der materialistischen Grundanschauung ein neues Beweismittel zugeführt; denn das Medium von Materie und Kraft kann nunmehr auch von denen, die sich an eine abstracte todte Stoffvorstellung gewöhnt haben, leichter als eine lebendige Einheit begriffen werden. Uebrigens ist es aber für die Hauptsache gleichgültig, ob man sich über die Art, wie die Materie Alles in Allem ist, sofort besondere Vorstellungen bilde oder nicht. Entscheidend bleibt nur die Grundidee, dass es für jegliches Wirkliche keinen andern Träger und keinen andern Ursprung giebt, als die Materie im allgemeinen Sinne der Körperlichkeit. In diesem Sinne sind nämlich alle Kraftverhältnisse miteingeschlossen, und dieser Sachverhalt ist ja auch derjenige, welcher sich vor aller Abstraction als natürliche Einheit aufdrängt. Eine gespenstische Kraft, die ausserhalb aller Materie zu sein vermöchte, wäre dem Seelendinge ähnlich und kann daher nur in einer metaphysisch oder sonst abergläubisch inficirten Behandlung der Naturwissenschaft platzgreifen. Einen deutlichen Begriff von der Materie als von dem Gegenstande, der sich uns in aller Körperlichkeit und in den an der letzteren hervortretenden Eigenschaften darstellt, haben wir ohne

Weiteres, und nur die interessirte Unredlichkeit der in scholastischen Abstractionen verkommenen Gelehrten kann sich den Anschein geben, als wenn noch erst in irgend einer, nur ihnen zugänglichen Tiefe nach einem Begriff von der Materie zu suchen wäre. Wenn alle Welt weiss, was mit der Benennung eines Gegenstandes gemeint werde, so ist dies genügend. Auch wird der materialistische Hauptsatz niemals missverstanden, wo und wenn man ihn nur verstehen will. Fühlen und Denken sind Erregungszustände der Materie, und ohne den Leitfaden der Materialität giebt es innerhalb des Wirklichen überhaupt gar keine Beziehungen. Ja dieses Wirkliche kann eben selbst nicht deutlich vorgestellt werden, wenn es nicht als materielle Körperlichkeit gedacht wird.

Hienach bedeutet der positive Satz des Materialismus schliesslich auch nichts weiter, als dass jeder Zauberglaube an übermaterielle Wesenheiten zu verbannen und das Denken unmittelbar auf den natürlichen Gehalt der Dinge zu richten sei. Wort und Vorstellung von der Materie vermitteln hiebei nur den Gedanken der zugleich reinen und vollständigen Wirklichkeit, die der Inbegriff aller beharrlichen Zustände und wechselnden Vorgänge, aller bewusstlosen Thatsachen und aller bewussten Gedanken ist. Es hat keine Schwierigkeit, sich mit diesem Ausgangspunkt der von Erdichtungen freien Welt- und Lebensbetrachtung vertraut zu machen. Man hat nur das Naturganze zu nehmen, wie es ist, und die einzige Anstrengung, die erforderlich wird, besteht darin, die von der Materie abschweifenden, unter mannichfaltigen Verkleidungen umgehenden Phantastereien fernzuhalten. Der positive Satz des Materialismus liefert allerdings weit mehr als den Inhalt jener drei gekennzeichneten Verneinungen; aber eben aus den letzteren selbst kann er schon in einigem Maasse erläutert werden. Seine besondern Züge bekunden sich erst in den weiteren wissenschaftlichen Gestaltungen der Welt- und Lebensbetrachtung.

Der bisherige Materialismus ist, wie schon angedeutet, wesentlich bei seinem positiven Hauptsatz stehengeblieben und namentlich nicht dazu gelangt, den reichern Gehalt der innern Naturbeziehungen im Sinne eines lebendigen Verständnisses der Natursystematik darzulegen. Auch hat er sich nur wenig auf die moralischen Gesetze der Menschennatur eingelassen und sogar bei seinem zweiten einseitig naturwissenschaftlich gerathenen Auftreten in den fünfziger Jahren eine gewisse Kahlheit bekundet, die denen besonders unbefriedigend erscheinen musste, die mit den falschen

Elementen der Erdichtung nicht auch die menschliche Anlage zu einer wahren dichterischen Auffassung von Welt und Leben aufgeben wollten. Es fehlte jenen neusten Vertretern des Materialismus an dem universellen Sinn für die verschiedenen Richtungen des menschlichen Wesens und für den vollen Gehalt der auch in ihrer Kunst und Systematik nicht gleichgültigen Gesammtnatur. Diese Mängel aber, sowie auch die vorläufige Unbekümmertheit um eine der gereinigten Weltanschauung entsprechende Neugestaltung der Moral, stempeln den bisherigen Materialismus wohl zu einer Unzulänglichkeit, die einer sehr erheblichen Ergänzung bedarf, aber keineswegs zu einer Unwahrheit. Auch ist dieses Unzureichende der ersten grundlegenden, an die Naturwissenschaft angeknüpften Aufstellungen sehr begreiflich; denn die neue Weltanschauung ist erst seit dem 18. Jahrhundert zum Bewusstsein gekommen und hat daher nur eine sehr kurze Geschichte, wenn man die Zusammenfassung der zwei Epochen ihrer ersten und unvollkommenen Geltendmachung überhaupt schon als Geschichte bezeichnen will. Nur im Gegensatz zu dem spiritualistischen Spuk neuerer religiöser oder philosophischer Weltansichten und auf Grundlage moderner Wissenschaftlichkeit ist die materialistische Weltanschauung in das Bewusstsein getreten, und das Alterthum hatte nur sehr entfernte Annäherungen daran und überdies nur solche von blos oberflächlicher Aehnlichkeit aufzuweisen. Der Materialismus ist eine Errungenschaft der allerneusten Zeit und demgemäss erst in seinen rohesten Grundlagen festgestellt und popularisirt worden. Dieser bisherige Mangel an Entwicklung war ein Uebelstand, welcher der Scheu vor der ganzen Sache Vorschub geleistet hat, aber gegenwärtig sich durch unsere Ausführung einer umfassenden Wirklichkeitslehre im Wesentlichen beseitigt findet. Die Unfertigkeit und Einseitigkeit der ersten Ansätze durfte daher bei dem Durchbruch zu einer so völlig veränderten Welt- und Lebensansicht nicht befremden. Die Weiterentwicklung ist noch rasch genug, ja den Rückständigen viel zu rasch gekommen. Die Vollziehung der Umwälzung der Welt- und Lebensbetrachtung ist so energisch vor sich gegangen, dass man daran die Sicherheit und Kraft bemessen mag, welche der erste materialistische Ausgangs- und Fusspunkt zu bethätigen gestattet hat.

Was der Materialismus vorstelle, ist in dem Vorangehenden durch die Hinweisung auf seine hauptsächlichsten Verneinungen, auf seinen positiven Hauptsatz und auf das, womit er sich nicht beschäftigt hatte, wohl hinreichend gekennzeichnet. Indessen wird das Publicum von denen, die an der Entstellung und Verwirrung der Sache ein Interesse haben, noch vielfach getäuscht und durch Speculanten, welche, obwohl selbst Spiritualisten, den Gegenstand als Modethema zweideutig ausbeuten, bisweilen recht arg geprellt. Es ist nämlich schon dahin gekommen, dass selbst echte Universitätsstreber sich soweit mit dem Materialismus einlassen durften, um sich in weitschichtigen Büchern mit dem immer mehr rege gewordenen Interesse des Publicums ein coquettes Spiel zu erlauben und sich den Anschein zu geben, als wenn sie wirklich den materialistischen Lehren durch eine gewisse Anerkennung gerecht werden wollten. So hat der 1875 verstorbene Marburger Professor A. Lange mit seiner sogenannten Geschichte des Materialismus ein moralisch widerwärtiges Doppelspiel getrieben, indem er das, was er mit dem einen Satz ausgesprochen hatte, mit dem andern wieder jesuitisch zurücknahm. Bei ihm ist nicht ein einziger klarer Begriff vom Materialismus zu finden, sondern Alles verliert sich in jene trübe Verworrenheit, die nicht nur das unwahre Spiel begünstigte, sondern auch nur die Einheimsung von allerlei, zu neun Zehnteln gar nicht das Thema betreffendem, aus der ganzen Geschichte der Philosophie entlehntem Stoff ein wenig verdecken konnte. Auch bestand seine Versatilität, die er in einem ein wenig modernisirten Zuschnitt über die Durchschnittsfähigkeit eines gewöhnlichen Professors hinaus besass, eben darin, nach allen möglichen Richtungen zu liebäugeln. Hierin durchlief er die ganze Skala, von den Theologen bis zu den Socialdemokraten. Für die Universitätsphilosophirer suchte er sich als sogenannte eigne Ansicht ein Stückchen, grade in diesen Kreisen wieder aufgetauchtes Kantisiren anzueignen, was ihm aber bei seinem Mangel an Verständniss für die subtileren Theile der Kantischen Gedanken schlecht gelang und worin er sogar, was doch schon viel sagen will, unter dem gewöhnlichen Maass der universitären Auffassung blieb. Gleich angenehm machte er sich den liberalisirenden Theologen auf der einen und der Marxistischen Sippe der Socialdemokraten auf der andern Seite. Kirchenzeitungen erklärten, sein Buch dürfe in keiner theologischen Bibliothek fehlen, und das officielle Marxistische Organ der Deutschen Socialdemocratie hat ihm die Diener, die er literarisch vor Herrn Marx gemacht, mit einer Aufnahme in den stehenden Kanon der dem Volk empfohlenen Schriften und mit andern Verherrlichungen, natürlich unter Verhehlung seiner wahrlich nicht volksmässigen Gesinnung, redlich vergolten.

Ich würde dieses Musterexemplar von verworrener und trügerischer Mischung halbversteckter Glaubensperspectiven und gefallsüchtiger Materialismusdarstellerei gar nicht erwähnt haben, wenn diese Gattung dem Publicum nicht besonders gefährlich wäre und dem letztern auch für andere Fälle eine Hinweisung darauf nützlich werden könnte, wie in der angeblichen Geschichte des Materialismus zwar allerlei gemeine Philosophiegeschichte aus dem Alterthum und der neuern Zeit, aber kein ehrlicher Aufschluss über den Materialismus und auch sonst nur Zweideutiges und Untergeordnetes anzutreffen sei. Es ist nämlich die Zeit da, in welcher der Materialismus nicht mehr blos durch Verrufserklärungen angefeindet, sondern auch schon durch angebliche aber entstellende Rechenschaft in dicken Büchern verunstaltet wird. Man verschweigt dabei sorgfältig seine ernsthaften Kämpfe mit dem Köhlerglauben und schiebt ihm überhaupt ein Wechselbalg unter, welches ihn in der mehr als zweitausendjährigen Geschichte der Philosophie physionomielos und verschwommen schon seit Thales repräsentiren soll. Diese Manier ist die letzte Gegenwehr der Vertreter des spiritualistischen Spuks. In den zwanziger Jahren stand es noch anders; damals wurde der Privatdocent Beneke, auf Betreiben des Philosophieprofessors Hegel, unter der in diesem Fall noch nicht einmal zutreffenden Anschuldigung des Materialismus, von der Berliner Universität entfernt. Noch in den fünfziger Jahren mussten sich die Hauptvertreter des Materialismus, theils formell gezwungen, theils ohnedies, von den Deutschen Universitäten zurückziehen. Jetzt ist auf den letzteren unter den Philosophieprofessoren selbst bereits das Handwerk ansässig, mit materialistisch aussehenden Ansichten derartig zu coquettiren, dass hiedurch die Entstellungsproceduren auch für die dem Materialismus geneigten Theile des Publicums maskirt werden.

7. Eine neue Weltanschauung in das Volk einführen, bedeutet weit mehr, als überhaupt ihre ersten Grundlagen formuliren. Die praktischen Folgerungen treten hiebei in den Vordergrund, und die Frage, wie das Leben im Sinne der neuen Vorstellungen aufzufassen und zu behandeln sei, wird entscheidend. Nicht was man blos zu denken, sondern was man zu thun hat, lässt schliesslich erkennen, wohin die neuen Errungenschaften weisen. Nun giebt es in den Bestrebungen unserer Zeit einen Grundzug, der zunächst gar nichts

mit dem theoretischen Materialismussystem gemein zu haben scheint, aber doch vielfach als praktischer Materialismus bezeichnet wird. Es ist dies das Vorwalten der materiellen Interessen, die im Jahrhundert der Technik zunächst das ganze Treiben der bürgerlichen Classen ausgefüllt und nunmehr auch der erste rohe Anknüpfungspunkt des Socialismus geworden sind. Das Schelten auf diese Art von Materialismus ist meist ebenso verkehrt, als dasjenige, welches sich gegen die blos theoretische Weltanschauung richtet. Es geht gemeiniglich von rückläufigen Elementen aus und ist obenein heuchlerisch; denn diejenigen, welche das Streben nach materiellem Genuss und nach materiellen Gütern am meisten verlästern, pflegen sich in ihrem eignen Verhalten nur dadurch von dem angefeindeten zu unterscheiden, dass sie die Gehälter für speculatives Nichtsthun und den zugehörigen Lebensgenuss für moralisch verdienstlicher halten, als die Befassung mit der materiellen Production. Die priesterliche Sonntagsarbeit und Alles, was ihr an sonstigen Functionen oder Manipulationen ähnlich ist, versteht den Lebensgenuss in dem Sinne, dass sechs Siebentel des Lebens der Bevorzugten dem Müssiggange geweiht sein können, wenn nur dafür gesorgt ist, dass die Masse mit ihrer sechsfachen und überdies drückenden Arbeit die Verächter der materiellen Erdengüter comfortabel ernähre. Diese schielenden Angriffe auf das materielle Streben, die aber stets mit der sorgsamsten Eintreibung der Zehnten und ähnlicher Emolumente verbunden gewesen sind, haben ihren Nachhall auch bei andern speculativ müssigen Gesellschaftselementen gefunden; indessen lohnt es nicht, heute noch auf solche Kundgebungen zu achten. Die industriellen Classen sind mit ihrer Sinnesart mächtig genug, und ihnen konnte der Vorwurf des praktischen Materialismus nur in einem ganz andern Sinne wirklich zur Last fallen. Wenn es sich nämlich auch von selbst versteht, dass die Erfüllung der materiellen Lebensbedingungen die Grundlage von allem Uebrigen bildet, und dass ein Leben im Allgemeinen keine Haltung und keinen Werth haben kann, für dessen materielles Piedestal nicht gesorgt ist, so wäre es doch eine ähnliche Verkehrtheit, wie wir sie bezüglich des theoretischen Materialismus gekennzeichnet haben, wenn man den Ausgangspunkt und zunächst zu erfüllenden Zweck mit dem ganzen Ziel und vollen Inhalt des Lebens verwechseln wollte. Die neuste Zeit hat vollkommen Recht, wenn sie mit deutlichem Bewusstsein die materiellen Angelegenheiten zur Grundlage alles Strebens macht; aber sie hat Unrecht, wenn sie es bei dieser Grundlage bewenden lassen will. Ich rede hier nicht von dem gewaltigen Unterschied, der trotz der Gemeinsamkeit in der Betonung der materiellen Interessen zwischen den besitzenden und den arbeitenden Elementen besteht. Der Hauptpunkt, auf den es hier ankommt, ist die grundsätzliche Bejahung des materiellen Strebens. Für beide Theile ist der an die materiellen Erfolge geknüpfte Lebensgenuss das unumwunden eingestandene Ziel, und die finstern Ansichten, welche dem Menschen das Leben im Sinne der Büsserei und der Enthaltung von einer vermeintlich sündlichen Bejahung der natürlichen Antriebe verleiden, haben der neuen Denkweise weichen müssen. Wenn aber ein Vorwurf oder Mangel am Platze ist, so kann er ebenfalls auf beide Gruppen angewendet werden. Es ist roh und verkehrt, die materiellen Interessen für mehr als eine blosse Grundlage der menschlichen Existenz anzusehen und sie demgemäss, wie das vorherrschende Regime, zum einzigen Gegenstand zu machen, dessen Cultus alle zu entwickelnden höhern Lebensregungen verschlingt. Es ist aber nicht weniger roh, wenn auch eher entschuldbar, in den gesellschaftlichen Fortschrittsbestrebungen auf die reine Ernährungsfrage bornirt zu bleiben und die Entwicklung der menschheitlichen Ziele zu einer politischen Kunst blosser Magenfüllung zu degradiren. Man sieht aus dieser Andeutung aber auch, dass der praktische Materialismus des Lebens, wie er heut verstanden wird, seinem positiven Gehalt nach nicht unwahr ist und ähnlich, wie der theoretische, nur durch das fehlt, was ihm abgeht und was sich durch die fernere Entwicklung ergänzen und berichtigen wird.

Auf den ersten Blick scheint die Moral dem praktischen Materialismus noch entfremdeter zu sein, als dem theoretischen. In Wahrheit ist sie aber mit dem ersteren so gut wie mit dem letzteren mehr als blos vereinbar. Sie kann nämlich eine gesunde Gestaltung nur dann annehmen, wenn sie auf die natürlichen Vorbedingungen des Lebens und Denkens gegründet wird. Nur die entartete Moral wird den Verzicht auf die materiellen Lebensreize zum Grundsatz erheben und das Widerspiel aller natürlichen Bestrebung zur Norm machen können. Derartige lebenuntergrabende Principien sind ungeheuerliche Ausgeburten der moralischen Corruption, aber nicht Bekundungen einer naturwüchsigen Sittlichkeit. Die ganze Lebensordnung würde in sich zusammenbrechen, wenn man ihr das Fundament der materiellen Production entzöge. Auch wird uns ein tieferes Gesetz noch lehren, dass die Grundgestalt alles Lebens auf der Nothwendigkeit von Kraftäusserungen beruht, durch die irgend welche Widerstände zu überwinden sind. Nun ist der materielle Widerstand eine Hauptgrundlage alles Lebensspieles und die Kräfte, welche sich auf die Ermöglichung der rohen Existenz richten, sind gleichsam nur eine Fortsetzung der Naturarbeit, deren ganzes Stufensystem, von den unorganischen Regungen der Materie bis zum erkennenden Gedanken hinauf, eben nur die Production des Lebens zum Ziel hat. Indem sich der Mensch materiell so gut als möglich einrichtet, schafft er nur die Grundlage aller weitern Cultur. Die gröbern Bedürfnisse wollen vor den feinern befriedigt sein, und es ist an sich selbst wahrlich nicht unmoralisch, sondern im Gegentheil ein moralisches Hauptgebot, die Sorge für das Futter nicht zu vernachlässigen. Läge die Futterfrage für die heutige Gesellschaft nicht so im Argen, so würde es den grössten Theil der thatsächlich vorhandenen moralischen Corruption gar nicht geben. Die Futterknechtschaft ist die Ursache, dass so Viele bezüglich aller andern Rücksichten zu Bestien werden, indem sie genöthigt oder freiwillig den übrigen Gehalt der Menschlichkeit für eine materielle Ausstattung preisgeben. Derartige Jammerverhältnisse würden nicht möglich sein, wenn die natürliche Ordnung der Interessen auf die gehörige Weise zu ihrem Recht käme. Man klage also den Interessenmaterialismus nicht an sich selbst, sondern nur diejenigen Wirkungen desselben an, die grade aus dem Mangel der systematischen und allseitigen Wahrnehmung der materiellen Angelegenheiten stammen. Auch die Vergewaltigung, die im Bereich des materiellen Erwerbs platzgreift, hat mit der Interessenrichtung an sich selbst nichts Entscheidendes gemein. Die Ausbeutung der Besitzlosen durch die Besitzenden ist noch grösser gewesen, als der Jenseitigkeitscultus noch lebendig war und der Schwerpunkt des Lebens noch nicht ausschliesslich im Diesseits gefunden wurde.

Es ist etwas Anderes, den natürlichen materiellen Bedürfnissen entsprechend seine materiellen Interessen überhaupt wahrnehmen, und wiederum etwas Anderes, sich auf diese Interessengattung borniren und nie zu etwas Edlerem emporsteigen. Letzteres ist offenbar für den Einzelnen wie für die Gesellschaft ein moralischer Mangel, während Ersteres an sich selbst und ohne Beziehung auf diesen Mangel sogar als der erste Schritt zur Begründung eines Reichs guter Sitte angesehen werden muss. Ebenso ist zwischen der materiellen Interessenbejahung, die der Natur durch Arbeit Erfolge abgewinnt, und derjenigen Interessen förderungzu unterscheiden, die nur mit Verletzung und auf Kosten des Nebenmenschen von statten geht. Jene Art ist unschuldig, diese aber im höchsten Maasse schuldig. Die Verübung von Ungerechtigkeit ist aber ein Vorgang, der in der Sorge für die materiellen Interessen nicht mitenthalten zu sein braucht, obwohl er sich thatsächlich damit in reichem Maasse verbunden findet. Egoismus und Interessenbejahung sind zweierlei Dinge, so sehr sie auch miteinander verwachsen erscheinen. Der Egoismus ist das ungerechte Suchen des eignen materiellen Nutzens mit dem Schaden Anderer; fällt diese Ungerechtigkeit fort, so bleibt nur die unschuldige Wahrnehmung des eignen Wohls übrig, die für jedes Wesen Naturgesetz ist und auch in der erhabensten Moral als nächster Ausgangspunkt aller weitern Bestrebungen anerkannt werden muss. Die Schätzung des Lebens wird also in keiner Weise dadurch erniedrigt, dass man den reinen Kern des praktischen Materialismus gelten lässt. Dieser Kern ist in Wahrheit nur ein Protest gegen das ausserweltliche verhimmelnde Scheinstreben, welches die Menschen wenigstens theilweise von den wahren auf eingebildete Sorgen abgelenkt und sie verleitet hat, sich mit Traumgesichten und Zauberkünsten helfen zu wollen.

8. Das Reden von der Moral oder, wie man sich jetzt unvolksmässiger auszudrücken beliebt, vom Ethischen gehört gemeiniglich zur landläufigen Heuchelei, die gegenwärtig in und ausser der Gelehrtenwelt stark betrieben wird. Es ist daher nichts widerwärtiger, als in die Lage zu kommen, sich über die Bedingungen der Aufrechthaltung der Moral verbreiten und so ein Feld betreten zu müssen, welchem die Spuren der Unwahrheit überall eingedrückt sind. Glücklicherweise ist aber das, was ich hier noch bezüglich einer auch materialistisch fortbestehenden, ja sogar noch besser zu begründenden Moral zu sagen habe, im Sinne der ethischen Schauspieler höchst unethisch. Zunächst muss ich nämlich hervorheben, dass der gesammte Materialismus, in welchem Sinne man auch das Wort nehmen möge, also der ihm entsprechende Bestandtheil der Weltanschauung und Lebensbehandlung, an dem nichts schlecht macht, was in der bisherigen Moral wirklich gut war. Die materialistische Grundlegung des Wissens und Wollens hegt in sich selbst auch nicht die geringsten Anknüpfungspunkte, welche zu Lastern oder Verbrechen führen könnten. Sie streitet mit keiner sonstigen naturgemässen Bestrebung, durch welche der Mensch sich selbst veredeln und mit Seinesgleichen nicht blos auf gerechte, sondern auch

auf wohlwollende Weise verkehren mag. Sie schafft freilich nicht solche Bestrebungen unmittelbar; aber eben darum ist sie auch gar nicht im Stande, dieselben, soweit sie vorhanden sind, wegzuräumen oder zu beeinträchtigen, wie die Anfeinder ihr vorwerfen. Die religiösen Welt- und Lebensansichten, die, soweit sie nicht schon ohnedies im letzten Stadium des Verfalles sind, allerdings durch den Materialismus völlig unmöglich gemacht werden, sind ebenfalls nur fälschlich als Schöpfer der Moral ausgegeben worden. Die Sittenbildung ist vor und neben ihnen von statten gegangen, und der Umstand, dass beide Gestaltungen miteinander verwachsen sind. hat der reinen Menschlichkeit nur geschadet. Derjenige Zustand der Moral ist der elendeste, in welchem sie so dargestellt und vorgestellt wird, als wenn sie von den religiösen Meinungen und von religiöser Furcht oder Hoffnung abhängig wäre. Es heisst also, die Moral wieder in ihre Rechte einsetzen und sie mit ihrer natürlichen Selbständigkeit ausstatten, wenn man das verkehrte Band zerreisst. womit sie der Unverstand an die Religion geknüpft und hiemit in der That compromittirt hat. Die Naturgesetze des menschlichen Handelns entwickeln sich culturmässig dadurch, dass der Mensch mehr Einsicht in sein eignes Wesen, mehr Mitgefühl im gegenseitigen Verkehr und mehr Macht im geordneten Zusammenwirken über die Natur und über seine eignen Antriebe erlangt. So bilden und wandeln sich die Sitten. Die religiösen Decorationen aber, die solange noch hinzukommen, als die Religionsära nicht vollständig abgeschlossen ist, sind ein sehr gleichgültiges Beiwerk der fehlgreifenden Imagination, wenn sie auch in Folge ihrer beständigen Verbindung mit den moralischen Grundsätzen schliesslich für wesentliche Grundlagen des sittlichen Thuns gehalten oder ausgegeben werden.

Das wirkliche Handeln der Menschen zeigt uns, wie die grössten Verbrechen oft grade von den religion- und gottvollsten Individuen begangen werden. Die ärgsten Schufte sind auch häufig die religiösesten und zwar Letzteres nicht etwa blos vorgeblich; denn die Religion hat stets den von ihr geleiteten Gewissen allerlei Mittel an die Hand gegeben, sich mit den jenseitigen Mächten abzufinden und irgend welchen Ablass zu erhalten. Da wo der gröbere Cultus mehr innerlichen Proceduren gewichen ist. haben die Leute sogar gelernt, ihre Sünden sich selbst zu vergeben und sich mit ihrem Gotte auszugleichen. Von der Religionsheuchelei, die in den Zeiten des Religionsverfalls die Regel ist, will ich gar nicht reden; denn sie ist ja selbst das Widerspiel aller Moral. Aber auch die wirklichen Religionsreste machen den Schurken nicht besser, wohl aber gefährlicher; denn er besitzt an ihnen noch ein besonderes Mittel, schädlich zu werden und sich von den natürlichen geistigen Rückwirkungen seiner Unthaten auf sein eignes Innere künstlich zu entlasten. Religiosität ist daher nicht die geringste Bürgschaft für Moralität, sondern im Gegentheil eine Eigenschaft, die, wenn sie sich mit der Ungerechtigkeit und dem Verbrechen gattet, den menschlichen Verkehr erst recht unzuverlässig macht.

Die Handlungen stammen aus dem Einzelcharakter und aus den gesellschaftlichen Gesammtverhältnissen, unter denen er sich bethätigt. Der Schurke bleibt Schurke, gleichviel, ob in ihm der halbe oder ganze Inbegriff dieser oder jener Religionslehren oder gar nichts davon ansässig ist. Wohl aber haben die Religionen, indem sie zugleich auch Verkörperungen der den jedesmaligen Völkercharakteren und Gesellschaftszuständen entsprechenden Anschauungen wurden, in ihre Urkunden und Grundsätze viel Unmoralität aufgenommen und so den natürlichen Fortschritt gesunder und humaner Sitten gehemmt. Der jüdische Talmud hat hier gewiss ein Anrecht, als Beispiel ersten Ranges zu figuriren; denn er lehrt die Uebervortheilung und Ausbeutung der Nichtjuden, ja im Wesentlichen die Dispensation von allen sittlichen Grundsätzen andern Racen gegenüber als etwas für das auserwählte Volk Selbstverständliches. Aber auch die christliche Religion zeigt in der ihr einverleibten Moral nicht etwa blos Mängel, sondern überhaupt jenen durchaus krankhaften Grundzug der Lebensanschauung, den wir im vorigen Capitel besprochen haben, und der darauf beruht, dass sie dem Boden der jüdischen Corruption entsprossen und zuerst im corrupten Römerreich und dessen gesellschaftlicher Fäulniss Wurzel geschlagen hat. Wenn nun der Materialismus diese Ablenkungen, die der Entwicklung der bessern Menschlichkeit den Weg verlegt haben, unwirksam macht, so wird er zwar hiedurch den schlechten moralischen Anlagen keine guten Früchte abgewinnen, aber doch wenigstens dafür sorgen, dass die guten Eigenschaften nicht durch trübende Untermischungen verschlechtert werden.

Was eben gesagt wurde, gilt bereits von der ersten unvollständigen Grundlage des Materialismus. Es versteht sich, dass die weitern Consequenzen, die in bewusster und positiver Weise die Moral zum Gegenstand machen, der einzige Weg zu humanitären Gestaltungen sind. Wieviel Unheil würde dem Menschen nicht

schon erspart, wenn er mit der Sorge um sein Seelenheil verschont
bliebe. Die geistige Folter in den Gefängnissen, die mit und in
der Einzelzelle an dem Menschen als an einem Candidaten des
Jenseits geübt wird, würde einer natürlichen, nicht unnütz
quälerischen und für den Charakter wohltbätigen Behandlung
weichen müssen, wenn auch aus diesen Regionen erst der Aberglaube an das Seelengespenst verbannt wäre. Der Mensch wird
mit Seinesgleichen im Schlimmen und im Guten nur dann am
angemessensten verfahren und verkehren, wenn er sich als das giebt
und nimmt, was er von Natur wirklich ist, und keinen spiritualistischen Spuk oder entsprechende Zauberkünste einmischt. Auch
muss überhaupt die allgemeine Werthschätzung des Lebens eine
höhere werden, wenn das menschliche Dasein als eine volle und
in sich zulängliche Wirklichkeit, nicht aber blos als das Garderobenstück und wohl gar als die Maske einer auch ohne diese Verkleidung existenzfähigen Seele genommen wird. Die Bedeutung
des Lebens muss mit der Erkenntniss seines absoluten Sinnes
wachsen, und nur im Schattenspiel jenseitiger Perspectiven kann
beispielsweise die Todesstrafe als eine blosse Entziehung des leiblichen Gewandes und als wohlthätige Seelendisciplin dargestellt und
so fälschlich verherrlicht werden. Die wahrhaft menschliche Auffassung versteht Leben und Tod zugleich ernster und milder; in
ihrem natürlichen System kann aber auch die religiös abseits geführte Moral nur Verzerrungen verursachen. Das Gebot, dass der
Mensch den Menschen nicht verletzen, also vor allen Dingen gerecht verfahren, dann aber auch die natürlichen Beziehungen der
Mitempfindung und des wohlwollenden Verkehrs in der Entwicklung des gemeinschaftlichen Lebens pflegen soll, — dieser
einfache Grundsatz wird grade erst da, wo der Materialismus als
Fusspunkt anerkannt ist, zu reinen, phantastisch ungemischten Gebilden guter Sitte führen.

Drittes Capitel.

Das Leben als Inbegriff von Empfindungen und Gemüthsbewegungen.

1. Das gesammte Sein, die Welt, die Natur oder, wie man
es sonst nennen mag, zerfällt in zwei grosse Abtheilungen. Die
eine besteht in dem bewusstlosen Grundgerüst, welches dem Leben

als Unterlage dient; die andere ist das bewusste Sein selbst, in welchem das Ziel aller vorgängigen Regungen und Anordnungen gefunden wird. Die kosmische Welt ist ein System von Stufen, in welchem sich die allgemeine Materie in Kraftbeziehungen gliedert und durch die Arbeit der Naturkräfte immer höhere, das empfindende Leben vorbereitende Formen annimmt. Die mechanischen, physikalischen und chemischen Vorgänge sind Schematismen des unorganischen Treibens. Im Krystall ist noch die starre Form des Gebildes die Hauptsache und auch noch in der Pflanze, wo schon Stoffwechsel, Ernährung und Fortpflanzung statthaben, ja wo man schon von einem vegetativen Leben und Sterben reden kann, fehlt die Empfindung gänzlich. Das pflanzliche Dasein ist noch nichts, was sich selbst zum Gegenstand würde. Nur für die fremde Anschauung bewusster Wesen entfaltet es seine Schönheit und Farbenpracht, und nur für fremde Bedürfnisse wird seine Nützlichkeit in der Reihe der Gestaltungen zu einer wirklich empfundenen. Erst mit den niedrigsten Ausgangspunkten des Thierreichs beginnt das Lebensgefühl und hiemit eine zweite innerliche Welt. Diese neue Welt ist dazu bestimmt, in mannichfaltig sich steigernden Gestaltungen den Gehalt der Dinge zum Bewusstsein zu bringen und das blos gegenständliche, sich sonst nicht fühlende und nicht wissende Dasein in sein letztes Product, die Empfindung von sich selbst, zu verwandeln. Aus dem Schooss der ursprünglich noch nicht im Wechselspiel der Erzeugung von Gebilden begriffenen Materie sind nach und nach die pflanzlichen und thierischen Typen zum Durchbruch gelangt und haben auf unserm Planeten schliesslich den Menschen als letzte Form gezeitigt. Auch der Menschentypus hat sich zu seiner jetzigen Gestalt erst allmälig entwickelt. Es liegt also in der Geschichte wie in dem gleichzeitigen Stufensystem der Gesammtnatur eine Abfolge von Schematismen und Gliederungen zu Grunde, die nicht blos in Bewusstlosigkeit sondern auch in etwas untertaucht, worin selbst die unorganischen Regungen der Materie als ursprünglich nicht vorhanden zu setzen sind. Eine Unzahl von Thätigkeiten kann sich nicht abgespielt haben, und es ist mithin die Arbeit, auf welcher das gegliederte Dasein und schliesslich das empfindende Leben beruht, als eine Bethätigung von Kräften vorzustellen, die im bewusstlosen und unentwickelten, so zu sagen sich selbst gleichen Zustande der Materie ihre Function begonnen haben. Doch wir brauchen hier nicht diesen äussersten Grenzpunkt, sondern nur denjenigen weit späteren Anfangspunkt,

mit welchem das empfindende Leben, also überhaupt das Bewusstsein zur Welt kam. Nicht blos für unsern Planeten, sondern für
alle Weltkörper hat es Zustände gegeben, in denen ein empfindendes
Leben noch nicht vorhanden war. Für diese Urverfassung des
Seins waren Lust und Schmerz noch nicht vorhanden, und man
sieht hieran recht deutlich, bei welchem Punkte überhaupt erst von
einem Werth des Daseins geredet werden kann. Das Leben ist das
Ergebniss einer Arbeit der Naturkräfte, und seine Hervorbringung
wird in der Richtung auf Steigerung und reicheren Gehalt fortgesetzt. Es ist ein kosmisches Erzeugniss, welches wir aber weit
leichter bei seinem Endpunkt und unmittelbar von Innen. als etwa
durch die Reihe seiner empfindungslosen Voraussetzungen verstehen.
Beginnen wir daher unsere Werthbestimmungen mit den Elementen
des Lebensgefühls selbst. Hier ist nicht blos der Ausgangspunkt
zu nehmen, sondern zuletzt auch wieder der Schlusspunkt zu finden.
Die ganze äussere Welt ist nur ein Mittel zum Zweck; dieser
Zweck selbst aber ist das Leben, wie wir es zunächst unmittelbar
betrachten, nämlich das Leben als eine rein innerliche Welt.

2. Das Dasein hat hienach seinen Reiz und seinen Werth
durch die Gesammtheit der Affectionen, in denen es sich entwickelt.
Mit der bewussten Empfindung erlischt Alles, was überhaupt subjectives Sein heissen kann. Ein völlig bewusstloser Zustand liegt
ausserhalb der Sphäre, in welcher von einer Werthschätzung des
Lebens die Rede sein kann. Dagegen kommt es nicht auf den
Grad und die Art des Bewusstseins an, um dasselbe für das Ganze
des Daseins zu einem erheblichen Element zu machen. Die
Empfindungen und die Gemüthsbewegungen, denen wir in den
Träumen anheimfallen, müssen ebensowohl als die Erregungen des
wachen Lebens in Anschlag gebracht werden. Auch bleibt es
völlig gleichgültig, ob eine Affection unseres Gemüthszustandes auf
Irrthum oder Wahrheit beruht. Erheblich ist nur die Thatsache,
dass diese oder jene Affecte uns wirklich einnehmen; die Ursache
derselben bleibt ein gleichgültiger äusserlicher Umstand.

Man könnte versucht sein, das Leben als die Summe der in
das Bewusstsein tretenden Erregungen zu definiren. Allein die blosse
Summation der Elemente ergiebt nicht die thatsächlich vorhandene
Gestalt unseres Gemüthszustandes. Zwischen den einzelnen Bestimmungen findet eine Rangordnung und eine Verschiedenheit
nach Art und Grad statt, welche uns verbietet, an eine blosse
Addition zu denken. Die Erregung des Augenblicks kann eine

Bedeutung haben, welche die gesammten Empfindungen des ganzen Lebens aufwiegt. Es ist daher kein leichtes Geschäft, sich in dem Chaos der mannichfaltigen inneren Bewegungen zu orientiren und ein Maass für die Werthschätzung des ganzen Spieles zu gewinnen. Die verschiedenen Systeme, welche die Vorzeit als Normen der Lebensauffassung aufgestellt hat, sind grade an der Einseitigkeit gescheitert, mit welcher sie diese oder jene Art der Bewusstseinsbestimmungen zum ausschliesslichen Maass der Beurtheilung machten.

Die Epikureer machten die Empfindung zum Ausgangspunkt ihrer Werthschätzungen. Sie vergassen, dass es noch andere Bewusstseinsbestimmungen von einer über die untergeordnete Sensation übergreifenden Bedeutung giebt. Die Stoiker legten dagegen das Gewicht ausschliesslich auf das abstracte Bewusstsein und wollten die concreten Empfindungen, ja sogar die Gemüthsbewegungen nicht als wesentliche Voraussetzungen der Lebensbefriedigung anerkennen. Beide Richtungen hegten einen beschränkten Begriff von dem Wesen des Lebens und gelangten daher in der Theorie zu falschen Urtheilen und in der Praxis zu falschen Maximen. Die Einen jagten den ansprechenden Empfindungen nach, ohne die gewaltige Macht, welche die abstracteren Vorstellungen auf das Gemüth ausüben, gehörig zu beachten. Die Andern bestrebten sich, die Kraft der abstracten Motive über die besondere Empfindung und Erregung in einem Grade zu steigern, wie er den Grundgesetzen der menschlichen Natur nach nicht erreicht werden kann. Sie erkünstelten in Ermangelung wirklicher Kraft einen Triumph über Empfindung und Affect, welcher nicht den innern Sieg bedeutete, sondern nur ein äusserliches Verhalten nach der Schablone ihres Katechismus war. Sie setzten an die Stelle des Affects die Affectation und entwürdigten die menschliche Natur durch ihre Schauspielerei mindestens ebensosehr, als es der beschränkte Standpunkt ihrer Gegner that. Wenn die Anhänger Epikurs die abstracteren Affectionen gar nicht beachteten und das Leben in ein Spiel der gemeinen Lust und Unlust aufgehen liessen, so verzerrten dagegen die Stoiker die höhere und edlere Natur zur Grimasse. Der tiefere Gehalt des Lebens fand also in beiden Philosophien keine Vertretung.

Würden wir das Leben nur nach seinem Inhalt an Empfindungen beurtheilen, so würden wir das Maass einer niedern Stufe des Daseins an die höhern Gestaltungen herantragen und kaum dem

Gehalt des blos animalen Bewusstseins genügen. Nicht einmal das Leben der Thiere besteht in blossen Empfindungen. Es steht unzweifelhaft fest, dass das thierische Bewusstsein in seinen höhern Stufen ein Analogon der Gemüthsbewegungen aufzuweisen hat. Nicht blosse Lust und Unlust, sondern auch Freude und Traurigkeit und zwar besonders den Gram finden wir im thierischen Leben wieder. Man thut daher einer auf blosse Empfindung erpichten Lebensweisheit zu viel Ehre an, wenn man sie als eine Herabwürdigung des Menschlichen zum Thierischen kennzeichnet. Der Mensch sinkt, wenn er einmal sinkt, immer unter das Thier. Er treibt die Abstraction von dem edleren Gehalt des Bewusstseins bis zu einer Stufe der Erniedrigung, welche kein niederes Naturgebilde einnimmt. Mit dem Verzicht auf gewisse Elemente des vollen Lebens ist immer eine Entartung verbunden. So vorsichtig Epikur seine Lehren auch angelegt zu haben scheint, und so wenig seine Philosophie mit dem platteren Römischen Epikureismus zu verwechseln ist, so lag doch in der ursprünglichen Hintansetzung des höheren Geisteslebens bereits der Keim der späteren völligen Entartung. Sobald einmal die abstracteren Bewusstseinsbestimmungen grundsätzlich verleugnet sind, giebt es keinen Anhalt mehr, an dem sich der edlere Typus des menschlichen Wesens vor dem Strudel des gemeinen Spieles von Lust und Unlust bewahren könnte. Lebensansicht und Lebenspraxis fallen dann der durchaus nicht beglückenden Gesetzmässigkeit der blossen Empfindung anheim.

Eine Ansicht, welche die Gemüthsbewegungen zum ausschliesslichen Maass der Lebensschätzung gemacht hätte, ist mir nicht bekannt. Eine solche Einseitigkeit verbietet sich von selbst; denn es ist unmöglich, die höhere Stufe ohne die Voraussetzung ihrer Grundlage zu wollen. Eine solche Forderung würde so viel bedeuten, als das Ganze begehren und die Elemente, aus denen es zusammengesetzt ist, verabscheuen. Die Affecte sind daher niemals sonderlich vor den gemeinen Trieben und Empfindungen bevorzugt worden. Dagegen sind es die abstracten Vorstellungen und die aus ihnen hervorgehenden Gemüthszustände gewesen, in welche man den Schwerpunkt des lebenswerthen Daseins hat verlegen wollen. Nicht blos die vorher berührte Stoische Philosophie bemühte sich, ein abstractes Princip, nämlich das Gleichgewicht des Gemüths, zum ausschliesslichen Maass der Lebensschätzung zu machen, sondern auch unsere ganze moderne Moral findet den

Werth des Daseins in der Uebereinstimmung desselben mit gewissen ganz abstracten Maximen, die eingestandenermaassen ihren Boden nicht im System der Affecte haben sollen. Letztere Meinung, dass es Motive des Handelns und der Gemüthsstimmung geben könne, die ihre Wurzeln nicht in den Empfindungen und Affecten hätten, ist eine Täuschung. Wir haben daher in unserer Lebensauffassung zu den Empfindungen und Affecten kein Drittes hinzuzufügen. Die abstractere oder concretere Natur der Gemüthszustände führt nicht zu neuen Gattungen der Erregung, sondern bezieht sich nur auf die Tragweite der verstandesmässigen Vorstellungen. Ein Affect wird dadurch der Art nach nicht verändert, dass man seinen Gegenstand in eine ferne Zukunft verlegt. Ebensowenig hören die Affecte auf, auch in ihren combinirten Gesammtwirkungen das zu sein, was sie ursprünglich in ihrer Vereinzelung waren. Man tritt aus dem System der Gemüthsbewegungen nicht heraus, wenn man das Ganze desselben als Motiv eines Zustandes oder einer praktischen Bestimmung denkt. Wir werden später den Nachweis führen, dass das Spiel der Affecte auf der Grundlage der niedern und höhern Triebe hinreicht, alle Lebensäusserungen bis zur Production der abstractesten Ideen hinauf begreiflich zu machen.

3. Die Leidenschaften werden gemeinhin als Störer des Lebensglückes betrachtet. Auch ist diese Ansicht völlig richtig, wenn man unter Leidenschaften die äussersten Grade der Affecte versteht. Sieht man aber von einer unmässigen und ausschweifenden Steigerung ab, so sind grade die Arten von Gemüthsbewegungen, welche sich in den Leidenschaften äussern, unentbehrliche Formen eines lebenswerthen Daseins. Der Grad der Lebendigkeit der Existenz hängt von dem freien oder unterdrückten Spiele der Affecte ab. Ein Leben, welches in gleichmässiger ununterbrochener Ruhe hinflösse, wäre kaum mehr ein Leben zu nennen; es grenzte bereits an geistigen Tod. Die Höhen und Tiefen der Empfindung sind für den Lebensgenuss wesentlich. Die starken Affecte belehren uns erst, welcher Gehalt dem Dasein innewohnt. Wer nur die glatte Meeresfläche kennt, kann keinen Begriff von den Reizen des gewaltigen Wogens haben. Der Wechsel, welcher hier eine Höhe und dort eine Tiefe bald bildet, bald zerstört, ist das, was unsere Theilnahme fesselt. Wir würden das Leben als eine langweilige Wiederholung eines unerheblichen Rhythmus, als einen veränderungslosen Zustand verachten müssen, wenn es keinen

Auf- und Niedergang der Erregungen einschlösse. Auch Byron
gab dieser Wahrheit einen Ausdruck in den Worten:

> Weit weniger schlimm des Sturmes Wuth
> Als nimmer kämpfen mit der Fluth.

Man kann daher behaupten, dass die Leidenschaften zum Leben
gehören, und dass abgesehen von ihnen keine wahre Befriedigung
der menschlichen Natur möglich ist. Man entwurzelt alle höhere
Entfaltung des Menschlichen, wenn man ihm die Affecte als die
Störer des Glückes verdächtig macht. Nehmt uns unsere Liebe
und unsern Hass und ihr macht das Dasein zu einer öden Wüste.
Streicht aus dem Plane des Lebens die Möglichkeit, die Affecte
bis zur Vernichtung und Aufopferung ihres Trägers zu steigern,
und ihr werdet bei näherer Betrachtung finden, dass von Lebensenergie nicht mehr die Rede sein kann. Schon ein oberflächlicher
Blick auf das Trachten der Menschen kann uns belehren, dass sie
die gleichmässige Ruhe gar nicht wollen. Sie fliehen einen Zustand,
der ohne Wechsel von Lust und Schmerz ein unbewegtes Gleichgewicht verwirklichen würde, mindestens ebensosehr als den Tod.
Sie suchen die Erregung wenn nicht gar die Aufregung und
glauben das Leben zu verlieren, wenn sie sich nicht in Gemüthsbewegungen ergehen. Ein deutliches Bewusstsein dieses Strebens
nach Störung des Gleichgewichts mag selten vorhanden sein; aber
ein unwillkürlicher Drang treibt überall, die Lust und den Schmerz
gleichsam herauszufordern und sich auf den Wogen der erregten
Gemüthswelt zu versuchen.

Mit Recht hat man gesagt, dass nichts Grosses ohne Leidenschaft vollbracht werde. Wir nehmen diesen Ausspruch nicht nur
für die einzelne That als eine werthvolle Wahrheit, sondern wir
erweitern ihn zu dem Satze, dass das Leben erbärmlich klein sein
würde, wenn in ihm die Leidenschaft fehlte. Das Leben selbst ist
jenes Grosse, welches nicht ohne Leidenschaft vollbracht werden
kann. Wo es sich über das dumpfe Unbewusstsein eines fast
pflanzenhaften Daseins erhebt, da verdankt es seine höhere Gestaltung dem bewegten Spiele der Affecte. Die Gemüthsbewegungen
nicht wollen, heisst das Leben selbst verachten oder es wenigstens
seiner höheren Würde berauben. Es heisst dem Dasein Schranken
setzen, welche es zur Beschäftigung mit den niedrigsten Empfindungen verurtheilen. Von den Leidenschaften abstrahiren, führt
einerseits zur Ascese und andererseits zum wohlberechneten matten
Sinnengenuss. In jeder dieser Richtungen wird Alles, was dem

Leben Werth ertheilt, vernichtet. In der einen, in welcher der
raffinirte und berechnete Sinnengenuss den Schwerpunkt des Verhaltens bildet, wird der Mensch unter das Thier hinabgedrückt;
in der andern, in welcher alles Menschliche gemisshandelt und die
Wurzel alles Strebens ohne Unterschied angetastet wird, ergiebt
sich an Stelle des Menschen ein widerwärtiges Ungeheuer. Wenn
ich die Wahl hätte zwischen dem berechnenden, alle höheren
Erregungen fliehenden Sinnenmenschen und zwischen dem seine
eigne Natur verhöhnenden Asceten, so würde ich ersteren als die
erträglichere Missbildung vorziehen. Denn der eine wendet sich
doch nur gegen einen Theil der Lebensbedingungen, während der
andere gegen den ganzen Inhalt wüthet. Auch sind die Erscheinungen, die wir auf dem Gebiete der Ascese antreffen, weit
hässlicher als die Gestaltung einer sich auf blossen Sinnengenuss
beschränkenden Lebensansicht. Die Leute, welche nicht müde
werden, Ascese und wohl gar Verneinung des Lebens als den
einzigen Weg zum Heile zu empfehlen, pflegen auf den freiwilligen
Tod in reichem Maasse Schmähungen zu häufen. Nun erscheint
aber der gemeine Selbstmord der unbefangenen Betrachtung als
ein verhältnissmässig unschuldiger Act im Vergleich zu jenem
Beginnen, welches die raffinirte Ertödtung nicht eines bestimmten
Lebens, sondern des Wesens der Gattung selbst will. Selbst der
gemeine Mord kann bisweilen als ein geringeres Verbrechen erscheinen,
als das finstere Werk derjenigen Lehren, welche das Leben mit
ihren Anklagen vergiften. Je entarteter eine Zeit ist, um so eher
wird sie die künstlichen und raffinirten Formen lieben und wird
die natürlichen Gestaltungen in einem verkehrten Lichte betrachten.
Diese Wahrheit bestätigt sich ganz besonders in Bezug auf den Tod.
Der natürliche Tod erscheint dem verzerrten Bewusstsein dessen, der
sich selbst und Andere für die Lebenslust gepeinigt wissen will, als
ein gewaltiges Uebel, während der raffinirte geistige Tod, den er
selbst predigt, als das wahre Leben gepriesen wird. Die Verkehrtheit steht allenfalls auch nicht an, das natürliche Urtheil völlig auf
den Kopf zu stellen. Der selbstgewählte wirkliche Tod wird zum
Verbrechen an der Menschheit gestempelt, und die Entwurzelung
alles Grossen und Edlen, die Verhöhnung und Anfeindung aller
humanen Empfindungen und Gefühle, die nicht blos theoretische,
sondern thatsächliche Verkümmerung des Lebensgenusses zu Gunsten
einer die Finsterniss liebenden Weisheit wird als die höchste
Steigerung der rechten Gesinnung ausgegeben. Die Lust an der

Vernichtung der Lebenselemente scheint dann ihre höllischen Orgien zu feiern; im Bunde mit der Ausschweifung und der abgestumpften Ausgelebtheit, unter den Auspicien der blasirten, sich selbst zum Ekel gewordenen Existenz, gehen Religionen und vermeintliche Philosophien dann kühn daran, den Hass des Lebens und des Lebendigen auszusäen. Der Einzelne, dem das Leben irgendwo in der Gestalt des versteinernden Gorgonenhauptes entgegengetreten ist, mag in seiner Unwissenheit entschuldigt werden, wenn er sich dem Kloster oder etwas Aehnlichem zuwendet. Ohne Stütze, ohne Trost mag er in der Einsamkeit die Ruhe suchen, und darauf verzichten, das gestörte und verletzte Gemüth im Lebensdrange selbst wiederherzustellen. Was aber für den Einzelnen eine entschuldbare Ausnahme ist, kann nicht zur allgemeinen Doctrin werden, ohne den Charakter eines intellectualen Verbrechens anzunehmen. Wäre das Band der Menschheit fester geknüpft als es bis jetzt der Fall ist, so würden auch jene traurigen Ausnahmen und der geistige Selbstmord verschwinden. Der Einzelne würde an dem Bewusstsein der Gesammtheit eine Stütze finden. Er würde die Theilnahme für das Menschenloos nie aufgeben, solange er noch im Stande wäre, für dasselbe wirksam zu sein. Das individuelle Geschick würde nicht mächtig genug sein, die Affecte und Leidenschaften, welche sich auf ein grösseres Ganze beziehen, zu erdrücken. Wo die isolirte Selbstsucht der Gewalt des zufälligen Geschicks erliegen muss, würde die innige Verkettung mit dem fremden Ergehen über den Einzelstoss triumphiren. Das Gemüth, dessen Haltung nicht ausschliesslich an das eigne selbstsüchtige Trachten gebunden wäre, würde eine grössere Widerstandskraft entfalten. Es würde an der Allgemeinheit seiner Theilnahme einen Schutz gegen die erdrückende Macht der besondern Erregungen haben. Es würde die erschütternde Bewegung gleichsam auf einen weitern Kreis vertheilen und so im Stande sein, seine Spannkraft auch da unversehrt zu erhalten, wo die Isolirtheit der Beschädigung nicht entgeht. Die Kraft zur Leidenschaft und damit die Wurzel eines lebenswerthen Daseins würde sich erhalten; die Kraft zur Liebe und zum Hasse würde der ertödtenden Macht des besondern Schicksals entgehen.

4. Die eigentlich selbstquälerischen Lehren haben keine Aussicht, eine allgemeinere Verbreitung und ernstliche Theilnahme zu finden. Sie werden stets Ausnahmen bleiben und nur unter ganz besondern Umständen Anklang finden. Die Verhältnisse müssen

gewaltig verkünstelt und corrumpirt sein und die Stimmung muss bedeutend von der normalen Haltung abweichen, damit überhaupt ein gewisser Geschmack an jenen verschrobenen Lehren möglich sei. Die Verzerrung des Menschlichen, welche in der theoretischen oder praktischen Selbstpeinigung liegt, ist kein so gefährlicher Gegner, als die minder anmaassende, den leeren Abstractionen opfernde Moral. Die abstracten Bewusstseinsbestimmungen werden allzu leicht zu Despoten und vergessen den Boden, auf dem sie gewachsen sind. Wir deuteten bereits oben bei Erwähnung des Stoicismus an, wie es möglich ist, irgend eine allgemeine Idee, z. B. die eines ruhenden Gleichgewichts der Vorstellungen, zur Norm des theoretischen Urtheils und des praktischen Verhaltens zu machen und über diesem Idol den Gehalt des Lebens einzubüssen. Unsere Moral ist nun zum Theil ein Götzendienst, welcher die eigentlichen Motive des Handelns einem unlebendigen Formalismus opfert. Da werden denn z. B. das Bewusstsein der Pflichterfüllung oder die Genugthuung, welche ein gerechtes Verhalten mit sich bringe, als maassgebende Zustände eines befriedigten Gemüths angepriesen. Diese Empfehlungen wären in der That vortrefflich, wenn sie nur mehr als äusserliche und oberflächliche Gesichtspunkte enthielten. Der Begriff der Pflicht erhält wie der des Sollens seine nähere Bestimmung erst aus den Trieben und Affecten. Beide Vorstellungen, die der Pflicht und die des Sollens, setzen, wenn sie überhaupt eine Bedeutung in Anspruch nehmen, die concrete Bestimmung dessen, was geschehen soll, als ausgemacht voraus. Nicht dass wir sollen, sondern was wir sollen, ist der erhebliche Punkt; auf den Gegenstand der Pflicht kommt es an. Woher soll nun aber der Inhalt unserer Verbindlichkeiten kommen, wenn er nicht bereits in den Bestimmungen liegt, welche Triebe und Affecte mit sich bringen? Das Unrecht ist wohl das grösste Uebel, welches die Welt kennt, und die Enthaltung von demselben wohl die gewichtigste Voraussetzung eines befriedigten Gemüthszustandes. Allein es hat diese Eigenschaft, nicht, weil es durch eine abstracte Regel als verwerflich gekennzeichnet wird, sondern weil es eine Empfindung mit sich bringt, die ein nach Auflösung strebender Affect ist. Nicht das abstracte Bewusstsein, sondern ein Trieb hat den Begriff des Unrechts geschaffen. Die allgemeine Vorstellung, mit der wir die Verletzung als nicht sein sollend betrachten, ist nur der matte Nachhall der energischen Gefühle, welche die einzelnen Verletzungen begleiten. Wäre der Vergeltungstrieb, wäre die Rache nicht, so würden wir uns vergebens nach einer Begründung unserer Rechtsbegriffe umsehen. Es ist also ein reactiver Affect, auf den die abgezogenen in vager Allgemeinheit verbleichenden Begriffe der Gerechtigkeit und Pflicht zurückweisen. Letztere haben nur insofern für den Verstand einen Werth, als sie mit der Beziehung auf ihre materiellen maassgebenden Grundlagen gedacht werden. Geschieht dies nicht, so sind sie leere Formen, mit denen die Affectation spielen mag. In der That ist auch die Schulmoral, welche sich besonders um jene hohlen Formen bemüht, der Ausartung in ein affectirtes Wesen besonders ausgesetzt. Solange man glaubt, sich nur in Ideen über die Hoheit der Pflicht und des Bewusstseins pflichtmässigen Verhaltens ergehen zu dürfen, um auf den Namen des Moralphilosophen Anspruch machen zu können, solange man es noch für ein Verdienst hält, die Menschen mit dem sich leicht abnutzenden Glanze jener Wörter zu blenden, ist auf eine gesunde Gestaltung des sittlichen Urtheils nicht zu rechnen. Glücklicherweise ist das Leben besser als die entarteten Doctrinen. Das natürliche Streben ergreift die richtigen Motive und handelt im Grossen und Ganzen den Gesetzen der Affecte gemäss, ohne sich um die Leerheiten der abstracten Regeln ängstlich zu bekümmern.

Die Moral will über den Werth der verschiedenen Arten des Verhaltens entscheiden. Wie soll sie nun ihre Aufgabe erfüllen, ohne ein Werthmaass bei der Schätzung der Handlungen und Gesinnungen zu Grunde zu legen? Woher soll ferner dieses Werthmaass anders genommen werden, als aus dem Bereich derjenigen durch die Natur gegebenen unwillkürlichen Bestimmungen, in denen bereits die Form des Sollens enthalten ist? Man bedarf der Triebe und der Affecte als einer Grundlage, auf welcher die Verstandeseinsicht ihr abstractes System von Regeln über das, was sein soll und nicht sein soll, errichten könne. Der rein theoretische Verstand kann aus sich selbst gar kein Sollen hervorbringen; er kann weiter nichts, als die gegebenen Antriebe mit seiner Einsicht ausstatten und miteinander im Sinne der Uebereinstimmung und Harmonie wirken lassen. Aus dem blossen Sein lässt sich nie ein Sollen herausklauben; die reine Erkenntniss dessen, was ist, führt niemals zu einer praktischen Bestimmung. Letztere muss in ihrer rohen Grundlage in der Form des Triebes vorhanden sein; sonst ist sie überhaupt ein blosser Schein. Die Verstandeseinsicht mag die unwillkürliche Naturbasis noch so mannichfaltig ausbilden und gestalten, sie wird nie dahin gelangen, sich von ihr loszureissen.

Es ist daher eine eitle Gleissnerei, wenn man vorgiebt, eine Moral zu kennen, welche über dem System der Affecte soweit erhaben wäre, um nicht etwa einzelne Formen der Bethätigung, sondern das ganze Reich des unmittelbaren Gefühls verurtheilen zu können.

Wenn irgend Etwas, so stehen die falschen Principien der moralischen Werthschätzung einer richtigen Würdigung des Lebens entgegen. Ganz besonders sind es, wie wir gesehen haben, die abstracten Bewusstseinsbestimmungen, welche leicht als trügerisches Maass fungiren. Es ist wahr, dass die abstracten Zustände eine übergreifende Bedeutung haben können. Nicht blos der besondere Affect, sondern auch die allgemeine Gestalt des Gesammtbewusstseins bestimmt die Gemüthsverfassung. Eine niederdrückende Vorstellung kann von sehr abstractem Charakter sein und dennoch das ganze Gemüth in allen seinen Bethätigungsacten lähmen. Ebenso ist der umgekehrte Fall, nämlich dass eine erhebende Idee die ganze Lebensenergie steigere und allen Affectionen eine erhöhte Kraft verleihe, durchaus selbstverständlich. Auch eine gewisse Empfindung der Uebereinstimmung aller Richtungen und Bestrebungen des Gemüths muss als eine abstracte Form der Erregung anerkannt werden. Allein alle diese Zustände beziehen sich regelmässig auf das System der einzelnen Affectionen und sind ausser dieser Beziehung undenkbar. Das Gleichgewicht ist als solches gar kein erheblicher Begriff; es kommt auf die Gattung von Kräften an, die einander die Waage halten, nicht aber auf den äusserlichen Umstand, dass überhaupt gewogen wird. Empfindungen, Affecte und überhaupt alle Gemüthsbewegungen gravitiren in der Einheit des Bewusstseins. Es wäre aber verkehrt, dieser Einheit mehr als eine blos formal vereinigende Kraft zuzuschreiben. Entsteht eine Art Gleichgewicht, so ist dieser Erfolg der Art und besonders dem Maass der einzelnen Momente zu verdanken, welche miteinander eine dauerbare Verbindung eingehen. Es giebt keine abstracte Kraft, welche noch Etwas ausser der Macht zu den besondern Bestimmungen wäre. Es kann daher auch keine Werthschätzung geben, welche sich der Erwägung der einzelnen Bewusstseinsbestimmungen als besonderer Gesichtspunkt nebenordnen dürfte. Die Empfindungen und Gemüthsbewegungen sind der einzige Stoff des Lebens, und es kann sich daher in den Werthbestimmungen im Uebrigen nur noch um die Form der Verknüpfung und um die Mannichfaltigkeit der Combinationen jenes Stoffes handeln.

5. Nachdem wir angedeutet haben, aus welcher Quelle die

abstracten Bewusstseinsbestimmungen Bedeutung und Wirksamkeit erhalten, wollen wir uns ganz im Allgemeinen über einen wesentlichen Unterschied, der im Gebiet der Gemüthsaffectionen statthat, zu orientiren suchen. Die gewöhnliche Ausartung der gemeinen wie der sublim gehaltenen gelehrten Moralsysteme in Doctrinen des Egoismus rührt von der Vernachlässigung der Bedeutung und Tragweite des Unterschiedes her, welcher zwischen den Gemüthsbewegungen, die sich auf den Menschen als Einzelnen, und denen, die sich auf das Verhältniss der Menschen zueinander beziehen, besteht. Wäre Jemand der Einzige auf der Welt, so würde er noch immer einer ausgedehnten Mannichfaltigkeit von Gemüthserregungen zugänglich sein. Sein Verhältniss zu den Dingen und Reizen der Aussenwelt, sowie die eigne Thätigkeit seiner Natur würden ihm Stoff genug zu den verschiedenartigsten Affectionen darbieten. Zunächst würden die gemeinen Triebe und weiter die Eindrücke der Natur ein lebendiges Spiel in seinen Vorstellungskräften anregen. Ausser dem Gefühl der gemeinen Bedürfnisse würde ihn Freude und Traurigkeit mannichfaltiger Art abwechselnd einnehmen, je nachdem sich die Natureindrücke gestalteten. Er würde Schmerzen und Elend aller Art zugänglich sein, und er würde auch eine gewisse Mannichfaltigkeit des Wohlseins und befriedigender Zustände erreichen können. Allein in seinem Dasein würde eine Hauptquelle der Lust und des Schmerzes fehlen. Er würde die sympathischen Affectionen nicht kennen; er würde nichts von Liebe und Hass, nichts von Neid und Rache wissen. Grade die einschneidendsten geistigen Schmerzen, das verletzende Unrecht und die Treulosigkeit, würden ihm unbegreifliche Conceptionen sein. Alle Arten des Mitgefühls, die Mitfreude wie das Mitleid, würden in seiner Welt fehlen. Das beschränkte egoistische Reich dieses Einzigen würde aller Empfindungen baar sein, welche der Mensch nur mit Rücksicht auf den Menschen erfahren kann. Selbst wenn unsere Annahme mit den Grundbedingungen der Wirklichkeit verträglich wäre, was sie in der That nicht ist, so würde die Gattung von Dasein, die sich aus unserm Absehen von der Gemeinschaft ergiebt, eine beispiellos niedere Stufe des Lebens vertreten. Im ganzen Reich der Lebensregungen findet sich kein Fall, wo das Einzelne ausser Beziehung auf Seinesgleichen gedacht werden könnte. Aber freilich besitzt nur der Mensch den Vorzug, an der culturmässigen Entwicklung der sympathischen Affectionen das wesentliche Element seines Lebens zu haben. Der Mensch bedarf nicht blos der Natur, er bedarf vor Allem Seinesgleichen. In diesem Satz liegt die Erklärung aller Wonne und alles Wehs, die unser Geschlecht treffen. Von dem Schmerz, den das unbefriedigte Bedürfniss, welches die blossen Erregungen der Natur zur Ursache hat, mit sich bringt, zu der Pein, welche die Verletzung des Menschen durch den Menschen verursacht, ist ein gewaltiger Sprung. Es ist der Uebergang in eine ganz neue Gattung, wenn wir uns von der gemeinen Noth des Lebens zu den Kränkungen wenden, welche der Mensch nur vom Menschen erleiden kann. Alle Unbilden der Natur, alle Krankheit und aller Mangel erscheinen als erträgliche Uebel im Vergleich zu der Furchtbarkeit des Schmerzes, welche der Mensch durch Rücksichtslosigkeit und Feindschaft, durch Treulosigkeit und Verfolgung, durch Verletzung und Unrecht über den Menschen verhängt. Andererseits sind aber auch keine Freuden so intensiv und gehaltreich, als diejenigen, welche der Mensch nur in Beziehung auf den Menschen empfinden kann. Der Tiefe des Wehs entspricht die Höhe der Wonne. Das zu sympathischen Affectionen erweiterte Leben eröffnet einen neuen Tummelplatz und eine neue Art von Chancen. Die Möglichkeit hat sich unvergleichlich erweitert; die ganze Scala der Lust und des Schmerzes, von der Qual des unbefriedigten gemeinen Bedürfnisses bis zur ertödtenden Pein des verletzten Menschheitsgefühls, von dem Behagen der Sinne und des untergeordneten Begehrens bis hinauf zu der höchsten Befriedigung der Liebe und den erhebenden Vorstellungen der Ehre und des Ruhms, kann durchlaufen werden. Diese ganze Weite des Spielraums wird aber nur dem einzigen Umstande geschuldet, dass der Mensch in seiner Totalität Gegenstand für den Menschen werden kann. Nicht das Einzelne, was wir von einander im Guten und Schlimmen erfahren, sondern die Gesinnung in ihrer feindlichen oder freundlichen Richtung ist es, was uns bis in die Tiefen unseres Wesens bewegt. Die verletzenden oder fördernden Thaten gelten uns nur als der Ausdruck dessen, was innerlich wider oder für uns ist, und grade die Wahrnehmung dieser Beziehungen bestimmt den Zustand unseres Gemüths. Es ist daher ein grober Mangel an Unterscheidungskraft für die Bestimmungen des Menschlichen, wenn man das Elend, welches aus der unmittelbaren Noth des Lebens entspringt, dem Unheil gleichsetzt, welches der Verkehr des Menschen mit dem Menschen möglich macht, und wenn man in der Würdigung des Glücks die Freuden des Mitgefühls und der uneigennützigen, ihren Schwerpunkt ausser dem Selbst findenden Affecte den Wirkungen des egoistischen Genusses gleichsetzt. Eine

wohlfeile Dialektik versteht es freilich vortrefflich, die Aufopferung
zur Selbstsucht zu stempeln und die uneigennützigen Gefühle zu
leugnen. Der unbefangene Sinn wird sich aber nie durch solche
Künste bestechen und den tieferen Gehalt aus dem Leben weg-
sophistisiren lassen. Er wird der albernen Berufung auf den Umstand, dass der Mensch in den sympathischen Affectionen doch auch
nur einem selbstsüchtigen Drange folge, den wahren Gegensatz
zwischen dem, was den Schwerpunkt im Selbst, und dem, was ihn
in der Theilnahme für das fremde Dasein hat, zur Belehrung vor-
halten. Er wird auf den Unterschied hinweisen, der zwischen Neid
und Rache einerseits und Wohlwollen und Liebe andererseits selbst
für die oberflächlichste Betrachtung nicht zu verkennen ist. Mitleid und Liebe haben ihren Schwerpunkt in der Vorstellung des
fremden Wesens; die Rache sucht, wenn auch mit Recht, die Wahrung des eignen Selbst; der Neid ist eine Art des Hasses, welche
den eignen Mangel in Vergleichung mit dem fremden Vorzug vorstellt und letzteren befeindet. Nun frage ich, ob Jemand, der die
eben erwähnten Gegensätze erwägt, noch an der Existenz uneigen-
nütziger Affectionen, die ihren Schwerpunkt ausser dem Ich haben
zweifeln könne. Die Selbstsucht ist für den, welcher sie kennen
will, sehr wohl unterscheidbar. Nur liegt es in der Consequenz gewisser anmaassender Lehren, welche den isolirten Subjectivismus
lieben und noch ausserdem von dem Wahn, es müsse sich eine abstracte Einheit für alle Affectionen des Subjects aufstellen lassen,
getrieben werden, — es liegt in dem Wesen dieser Doctrinen, das
ganze System der Gemüthsaffectionen in ein Reich des Egoismus
aufzulösen. Gegen diese Verirrung, von welcher auch Spinoza nicht
freizusprechen ist, möchte die fundamentale Eintheilung der gesammten Moral in zwei, dem von uns entwickelten Unterschied entsprechende Gruppen von Bestimmungen am Orte sein.

Indem wir die Gemüthsaffectionen in zwei ganz verschiedenartige
Systeme theilen, deren eines sich ausschliesslich mit denjenigen Em-
pfindungen beschäftigt, welche so zu sagen die Waage zwischen
Mensch und Mensch betreffen, gewinnen wir ein neues Maass der
Werthschätzung. Wir entziehen uns der Gefahr, Niederes und
Hohes ungehörig zu mischen, und das, was dem Leben wahrhaften
Werth ertheilt, mit den untergeordneten Bestimmungen des be-
schränkten Genusses zu verwechseln. Tugenden und Laster er-
halten eine grundverschiedene Bedeutung, je nachdem sie sich auf
die sympathischen oder nichtsympathischen Affectionen beziehen.

Die höhere Einsicht in das Wesen des Lebens und die edlere Fassung der Moral hängt davon ab, ob wir das Uebel, welches die ungerechte Verletzung mit sich bringt, angemessen von dem Ungemach zu unterscheiden wissen, welches Zufall und Bedürftigkeit über uns verhängen. Alles was nur der Gesichtspunkt des isolirten eignen Ergehens zum Laster oder zur Tugend gestempelt hat, verschwindet gegen die Bedeutung derjenigen Gattungen des Verhaltens, in welchen der Mensch unmittelbar Seinesgleichen fördert oder verletzt.

6. Im Leben ein System von Empfindungen und Gemüthsbewegungen sehen, kann natürlich nur soviel heissen, als das Dasein von seiner innersten Seite und in seiner letzten, unmittelbar interessirenden Hervorbringung betrachten. Das Wellenspiel der bewussten Regungen ist die Grundgestalt jedes Lebensgefühls und Lebensgenusses; aber die Vorstellung von der Lebensbefriedigung würde äusserst einseitig und unzulänglich ausfallen, wenn sie blos den Gedanken des isolirten Genusses und nicht auch die natürliche Vorbedingung des letzteren einschlösse. Das Lebensgefühl lässt sich nicht von der Kraftbethätigung trennen, durch welche es hervorgebracht wird. Dies gilt nicht blos von den Leistungen der Naturkräfte und von den Thätigkeiten der physiologischen Organe, sondern noch weit mehr von der eigentlichen Arbeit, durch welche der Mensch für sich selbst und im Verkehr mit Seinesgleichen die Grundlagen der höhern und niedern Existenz beschafft. Es ist bereits ein Grundgesetz der leiblichen Organthätigkeit, dass der Genuss an eine gewisse Summe von Kraftäusserung gebunden ist, und dass er nur mit dieser Kraftentwicklung besteht. Die Unterhaltung der Lebensfunctionen im Körper ist eine Art Arbeit der Natur, und wo sich dieselbe nach Aussen richtet, finden sich alle Reize niederer und höherer Art mit der Bewerkstelligung irgend welcher Veränderungen verbunden. Ist beispielsweise im Ernährungszustand eine erheblichere Spannung eingetreten, so kündigt sich diese Differenz, dieser Mangel, dieses Bedürfniss oder wie wir den Sachverhalt sonst bezeichnen mögen, als Hunger oder Durst an. Ueberhaupt stellen sich, welche gröbern oder feinern Beispiele wir auch wählen mögen, stets Empfindungen oder Gefühle triebförmiger Art ein. Nun kann uns schon das Wort Triebempfindung daran erinnern, dass hiebei Triebkräfte, also Ursachen im Spiele sind, die auf eine Veränderung hinwirken. Die Ausgleichung oder Befriedigung besteht in der Ausführung der jedesmal erforderlichen Veränderung, und so ist offenbar

der Lebensgenuss an die Kraftäusserungen geknüpft, welche den einzelnen Lebensfunctionen entsprechen. Schon im Eingang dieses Capitels wiesen wir auf das Stufensystem von Arbeit hin, durch welches die Natur schliesslich zum bewussten Leben aufgestiegen ist. Wir können es nun als eine Fortsetzung dieser Naturarbeit ansehen, wenn der Mensch seine Thatkraft im Sinne der Erhaltung, Ausbreitung und Ordnung des Lebens bethätigt. Er hat hiebei allerlei Widerstände zu überwinden; aber es ist auch das Wesen jeder Kraftbethätigung, irgend etwas, was unter dem Einfluss einer Gegenkraft steht, zu bewegen oder zu gestalten. Der Antagonismus ist die nothwendige Art und Weise, vermöge deren die ihrem eignen Gesetz folgenden-Kräfte sich miteinander combiniren und unter gegenseitiger Einschränkung diejenigen zusammengesetzten Gebilde erzeugen, welche überhaupt ohne Ungereimtheit möglich sind und überdies dem maassgebenden Typus oder Zweck der zu bildenden Schematismen oder des schliesslich hervorzubringenden Lebens entsprechen. Es ist daher nur eine nähere Bestimmung von dem, was schon die gesammte äussere Naturordnung lehrt, wenn der Mensch im Allgemeinen genöthigt ist, den Lebensgenuss und dessen Steigerung in und mit der Bethätigung seiner eigentlichen Arbeitskräfte zu suchen. Das Ebenmaass des Lebensgefühls und mithin auch der echte Genuss werden sofort gestört, wenn jener natürliche Zusammenhang irgendwo künstlich gelöst und ein müssiges Spiel mit den Reizen an die Stelle der gesunden Vereinigung von Arbeiten und Geniessen tritt. Die Einheit dieser beiden Seiten des menschlichen Wesens verbietet es überhaupt, die Befriedigung des Lebens im isolirten Geniessen suchen zu wollen; vielmehr besteht der natürliche Hauptreiz darin, dass der jedesmal fragliche Inbegriff von Empfindungen und Gemüthsbewegungen als Ergebniss der Kraft zum Leben und Schaffen und mithin in der bestimmteren Gestalt von etwas auftritt, was man als Wirksamkeitsgefühl bezeichnen könnte.

Wo das Leben nicht gehaltlos und leer werden soll, muss ein regsames Interesse und irgend ein Reiz vorhanden sein. Stets nur einem wirklichen Interesse folgen, ist der natürlichste Grundsatz von allen, und wo das Leben aufhört, das Werk lebendiger Antriebe zu sein, erlischt es in Stumpfheit und Trägheit. Auf Antrieben zu beruhen, die wiederum in Bedürfnissen wurzeln, ist hienach der normale Charakter alles Lebens. Die Natur hat dafür gesorgt, dass es an Aufgaben nicht fehle, und eben die thatsächliche Nothwendigkeit, in der Gestaltung der Wirklichkeit bestimmten

Antrieben zu entsprechen und Ziele zu verfolgen, die durch die jedesmalige Lage des Daseins als Bedürfnisse vorgezeichnet sind, macht das Leben zu einem Triebwerk, dessen treibende Kräfte zugleich mit dem Vorgefühl der Befriedigung und mit der unmittelbaren Empfindung des Ueberganges zu dieser Befriedigung verbunden sind. Ohne solche Nothwendigkeit würde es dem Leben an Ernst fehlen, und es würde in der That das sein, wofür es Manche fälschlich genommen haben, nämlich ein blosses Spiel. Die absolute Bedeutung der Arbeit, die in und mit dem Vorgang des Lebens verrichtet wird, macht das Bewusstsein von der Existenz erst wirklich gehaltvoll. Der Zusammenhang mit aller Wirklichkeit ist es, der dem Leben seine Souveränetät sichert und es zu etwas macht, was im universellen System der Entwicklung seine Function erfüllt. Das Bewusstsein dieses Zusammenhanges ergiebt in dem Maasse, in welchem es sich auf gesteigerte Wirksamkeit bezieht, auch ein mächtigeres Lebensgefühl.

7. Arbeit und Genuss sind zwei Functionen, die, wie schon angedeutet, physiologisch zusammengehören. Ja man kann behaupten, dass die Trennung des einen dieser Elemente von dem andern zum Unheil führt. Eine Arbeit, die künstlich um die natürliche ihr entsprechende Genugthuung gebracht wird, ist eine lebenverleidende Bürde; ein Genuss aber, welcher sich ohne Arbeit in allen Richtungen auf Kosten fremder Arbeit ergeht, muss sich bald in der Abstumpfung gegen die Lebensreize erschöpfen. Nur eine Art Gleichgewicht von Arbeit und Genuss kann den Menschen zur Ueberwindung der Widerstände tüchtig und für die Wirkung der Reize empfänglich erhalten. Die extremen Gestaltungen in der modernen Gesellschaft liefern die Beispiele für die völlige Aufhebung des Ebenmaasses. Der schrankenlose Genuss der müssigen, aber mit allen Mitteln zum Leben ausgestatteten Elemente wälzt sich in den mannichfaltigsten Situationen raffinirter Reize bis zur völligen Erschöpfung herum, während auf der andern Seite das Uebermaass einer unergiebigen und aussichtslosen Arbeitsbelastung eine andere Art von Erschöpfung mit sich bringt.

Leerheit und Langeweile sind vorzugsweise das Leiden der besser situirten Classen. Indessen fehlt es auch anderwärts nicht an entsprechenden Verödungen ähnlicher Art. Die Interesselosigkeit und der Mangel an Reizen kann eine doppelte Ursache haben. In den höhern Ständen wird das Leben nichtig, weil ihm mit der ungesunden Fülle die natürlichen Aufgaben abhanden kommen; in

den niedern Schichten werden die Kräfte zwangsweise für fremde
Zwecke so absorbirt, dass sich das Leben gleichsam verschnürt
findet und sich in der Richtung auf wahre Reize nicht mehr sonderlich zu regen vermag.

Es giebt auch eine unschuldige Art der Langenweile, die sich
ganz normal da einfindet, wo die Lebenstriebe ohne entsprechenden
Gegenstand bleiben und demgemäss beunruhigend auf das Gemüth
zurückwirken. Hier wird es nicht immer der Mangel an Beschäftigung überhaupt, sondern oft nur derjenige an geeigneter Beschäftigung sein, wodurch jenes Unbehagen erzeugt wird, welches die Zeit
so lang erscheinen lässt. Die eintönige Wiederholung derselben
Verrichtung kann eine sehr schwere Arbeit und dennoch die Ursache von recht entschiedener Langerweile sein. Mitten unter Anstrengungen einzelner Kräfte, ja mitten in aufzehrender Gehirnthätigkeit kann sich der Geist arg gelangweilt finden, sobald nämlich
das, was er treibt, oder vielmehr, was ihn treibt, keinen natürlichen
Reiz für ihn hat, sondern eine künstlich aufgenöthigte Bürde ist.
Ueberhaupt kann uns das Leben in seiner besondern Gestaltung
langweilen, wenn es uns nur mit Ansprüchen und Aufgaben heim-
sucht, deren Hohlheit wir durchschauen und denen wir daher kein
wahrhaftes Interesse abzugewinnen vermögen. Derartige Lagen
sind die Wirkung allgemeiner Missgestaltung, und der Einzelne
kann sich ihnen auch bei der grössten Umsicht oft nur theilweise
entziehen. Dennoch muss es aber sein Grundsatz bleiben, sich
wenn irgend möglich in nichts einzulassen, was vom Standpunkte
natürlicher Menschlichkeit kein lebendiges Interesse zu erregen und
keinen wirklichen Reiz darzubieten vermag. Geht dieser Grundsatz in das Gesammtverhalten der Gesellschaft über, so kann auch
der Widerstreit zwischen dem Einzelnen und der Lage seiner Umgebung nicht entstehen. Die Leerheit des Lebens kann alsdann
nicht vorhanden sein, und die Langeweile, welche meistens die
Geissel verschrobener und verdorbener Zustände ist, wird sich nur
gelegentlich in ausnahmsweise missrathenen Zwischenpausen einstellen. Aber auch in diesen letzteren Fällen, in denen die Langeweile einen ähnlichen, völlig unschuldigen Charakter wie bei be-
schäftigungslosen Kindern hat, wird sie Angesichts eines sonst thatkräftig ausgefüllten Lebens durch die blosse Anregung der Phantasie
zu verscheuchen sein. Man kann also die Verleumdung des Lebens wegen der darin möglichen oder wirklich enthaltenen Langenweile füglich denen überlassen, welche nach ungehöriger Erschöpfung

der Lebensreize nunmehr vom Leben mit Recht gelangweilt werden
und gut daran thäten, sich die Zeit zu verkürzen, anstatt Andere mit speculativen Ausgeburten der Langenweile heimzusuchen.

8. Will man die Grundgestalt aller Lebensreize nicht blos unmittelbar am Spiel der Empfindungen, sondern auch im Zusammenhange des Gesammtsystems der Welt begreifen, so muss man erwägen, dass der Pulsschlag und dass der Rhythmus des Athmens,
worin sich der Typus alles lebenden Daseins bekundet, seine ähnlichen Gegenstücke in allen Naturvorgängen und in der Bethätigung
aller Naturkräfte hat. Das Dasein ist sogar in seinen letzten unorganischen, ja rein mechanischen Regungen in einem weiteren
Sinne des Worts rhythmisch. Die Materie regt und bewegt sich,
wie schon die rein physikalischen Gesetze zeigen, in undulirenden
Erzitterungen, in Zusammenziehungen und Ausdehnungen, ja man
könnte sagen in Hebungen und Senkungen. Periodisch und gleichsam pendulirend durchlaufen die Weltkörper ihre Bahnen; Zu-
sammenpressungen und Wiederausdehnungen der Luft bedingen für
uns das Dasein der Töne; das Licht ist ein ähnlicher Vorgang in
jener feinen, Aether genannten Materie, die wir als alle Räume er-
füllend voraussetzen müssen. Alle Fortpflanzung von Bewegung von
einem Theil der Materie auf den andern kann demgemäss nur als
eine unterbrochene Abfolge von rhythmischen Acten vorgestellt
werden, gleichviel wie die sogenannte Wellenform, die im gewöhnlichen Sinne des Worts nicht immer das rechte Bild ist, sich gestalten möge. Für das Walten der Naturvorgänge ist jener allge-
meinste Schematismus maassgebend, der sich auch in der Hebung
und Senkung von Wachen und Schlafen nicht verleugnet und dessen
Wesen darin besteht, dass Kraft und Gegenkraft, Wirkung und
Rückwirkung, Anspannung und Nachgeben in der Bestimmung des
Geschehens einander ablösen. Es folgt gleichsam jeder Hebung
eine Senkung, und in diesem rhythmischen Wechselspiel ist von
den niedrigsten Stufen des Bewusstlosen bis zu den höchsten Bethätigungen des Gedanklichen hinauf Alles begriffen, was dem sich
selbst gleichen, noch nicht in solche Regungen übergegangenen Ur-
zustande der Materie oder, wenn man es lieber so nennen will,
des Wirklichen entstammt. Der Charakter des Lebens stimmt hienach, wie es sein muss, zu dem Typus alles übrigen Daseins, und
wenn wir hier näher auf die letzte und mithin auch niedrigste, rein
mechanische Grundform des Weltvorgangs einzugehen hätten, so
würden wir specieller nachweisen, dass sich ein Kräftespiel in der

Materie gar nicht anders als in der gekennzeichneten Form denken lasse. Der schon erwähnte Antagonismus ist überall vorhanden, wo selbständige Kräfte wenigstens zum Theil gegeneinanderwirken; ja überhaupt beruht das Wesen der Kraft auf einem Unterschied der Zustände, also auf einer durch Veränderung auszugleichenden Differenz. Die Vollziehung von Veränderungen wird aber der Natur der Sache nach insoweit nicht stetig ausfallen, als die Tendenz zur Beharrung entgegensteht. Ungemischte Veränderung, die ohne jegliche Beharrung wäre, kann es aber schon aus sachlogischen Gründen nicht geben. Es wird also die thatsächliche Form, welche das Triebwerk der Natur uns zeigt, auch aus letzten, so zu sagen naturlogischen Nothwendigkeiten zu begreifen sein. Indessen begnügen wir uns hier mit dem, was wir äusserlich als Haupttypus kennen, indem wir für die weitere Untersuchung der Thatsache unsere Wissenschaftstheorie und überhaupt die Gesammtdarstellung unseres Systems in Bezug nehmen.

Auch schon abgesehen von der letzten Zergliederung und naturlogischen Ableitung ist der Sachverhalt an sich selbst von entscheidendem Interesse. Was kann uns mehr befriedigen, als zu überschauen, wie es eine und dieselbe Ordnung ist, welche die allgemeine Erregungsart der unorganischen Materie und zugleich den Rhythmus unserer Pulse und Athemzüge bestimmt! Dasselbe Gesetz, durch welches die den Ton bildenden materiellen Erzitterungen ihre Grundform erhalten, ist auch für alle Empfindung maassgebend. Das gesammte Gefühlsleben, ja überhaupt das Bewusstsein in allen seinen Elementen ist als auf ähnliche Weise zusammengesetzt anzuschen. Es sind unterbrochene Regungen, die in sehr kleinen, aber doch eine bestimmte Zahl bildenden Acten die Urbestandtheile alles Empfindungslebens liefern. Hebungen und Senkungen können, wie schon gesagt, auch in der Lebensbethätigung nirgend fehlen, und der wache Zustand kann nur unterhalten werden, indem sich die Ruhepause des Schlafs einschiebt. Für das universelle Walten der Natur in der Unterhaltung des Einzellebens ist sogar der Rhythmus von Geburt und Tod als eine Verwirklichung jenes Grundtypus anzuschen, dessen Inhalt das rhythmische Wechselspiel und die hieran gebundene allgemeine Wirkungsform aller niedern und höhern Kräfte sowie schematischen Kraftbethätigungen ist. Die Welt des Bewusstseins ist demgemäss nur ein treuer Ausdruck des im gegenständlichen und bewusstlosen Sein angelegten Lebensgehalts.

9. Wichtiger noch, als die gemeinsame Grundgestalt aller bewusstlosen und bewussten Vorgänge, ist das specielle Gesetz, vermöge dessen sich der Kräftegegensatz und die zugehörige Empfindung steigern. Wie jede wirkliche Kraftentwicklung eine Differenz voraussetzt und in Beziehung auf eine Gegenkraft, je nach der Grösse des Unterschiedes, eine mehr oder weniger intensive Veränderung hervorbringt, so ist auch im Bereich des Bewusstseins die Abweichung der Zustände, die aufeinanderfolgen, ein Maass des dadurch entstehenden Lebensgefühls. Man kann sogar im Allgemeinen davon ausgehen, dass jede Empfindung auf einer Differenz beruht und eben darin besteht, dass der mit dem Reiz erzeugte und mit ihm wieder verschwindende Unterschied des Zustandes in die Sprache des Bewusstseins übertragen wird. Wir wollen jedoch diese letzten Grundlagen hier nicht weiter untersuchen. Das Verständniss des Lebens erfordert nur die Beachtung von dem, was bezüglich des fraglichen Gesetzes Jeder aus der eignen Beobachtung unmittelbar feststellen kann. Schon jede Sinnesempfindung steigert sich, wenn die verhältnissmässig ruhenden Organe in mehr oder minder schnellem Uebergange frischen Reizen ausgesetzt werden. Der Wechsel von Dunkel und Hell bringt eine viel stärkere Erregung mit sich, als wenn dasselbe Maass von Licht da wirkt, wo das Auge schon vorher demselben Reiz ausgesetzt gewesen ist. Aber noch weit entschiedener machen sich die Wirkungen des Unterschiedes fühlbar, wo es sich um Gemüthsbewegungen und allgemeine Lebenszustände handelt. Die Plötzlichkeit, auf welcher der Schreck und zwar auch der freudige beruht, ist bekanntlich ein gefährliches Extrem der Differenz. In einen Augenblick drängt sich soviel Wirkung zusammen, dass nicht blos das Schlimme, sondern auch das Gute durch die Uebermacht des Eindrucks und durch die Spannung der Organe das Leben bedrohen kann. Das gar nicht Erwartete oder noch mehr das gegen die sichere Erwartung in entgegengesetzter Richtung Geschehende entwickelt den hohen Grad erregender Kraft eben durch den Unterschied, der sich in den beiden, rasch aufeinanderfolgenden Zuständen des Gemüths geltend macht.

Keine Lebenslage hat an sich selbst und in ihrer beharrlichen Dauer soviel Reiz, als der Uebergang zu ihr, vermöge dessen sie einen andern Zustand ablöste. Auch ist der Eintritt in neue Verhältnisse im Guten und Schlimmen das, was den höheren Empfindungsgrad mit sich bringt. Auch die Voraussicht anderer Zustände, als die gegenwärtigen, wird ihren Einfluss auf das Gefühl besonders durch die Vorstellung der Veränderung, also durch den Hinblick auf das ausüben, was sich in den erwarteten Lagen neugestalten und von dem Bisherigen abweichen soll. Der Uebergang zu etwas Anderem oder kurzweg die Veränderung ist nicht nur das Gesetz, aller Entwicklung, sondern auch dasjenige der Lebensreize. Gegen die Wiederholung stumpft sich das Gefühl insofern ab, als die Gewöhnung an einen beharrlichen Zustand eine Art Ausgleichung des Verhaltens der empfindenden Organe mit dem umgebenden Medium mit sich bringt. Allerdings muss sich jede Veränderung von der Grundlage eines beharrenden Zustandes gleichsam abheben, und die natürliche Entwicklung von Veränderungen ist nicht mit der Flatterhaftigkeit eines nirgend haftenden Interesse zu verwechseln. Die einzelnen Zustände wollen genügend erfahren und durchlebt sein, und das Interesse muss sich an ihnen vollständig genuggethan haben, damit eine umgestaltende Veränderung ihren vollen Reiz entfalten könne.

Das Gesetz, vermöge dessen die Uebergänge aus einer Lage in die andere am meisten empfunden werden, findet in den entscheidenden Epochen des Einzellebens und der allgemeinen Zustände eine sehr einfache Anwendung. Jedes zurückgelegte Stadium, mit welchem sich eine neue Lebensweise eröffnet, bringt zugleich eine hochgradige Veränderung der sonst gleichförmiger verlaufenden Empfindungen mit sich. Das Gefühlsleben erfährt alsdann eine neue Spannung, die solange dauert, bis die gewohnheitsmässige Ausgleichung den Reizen ihr frisches Wirkungsvermögen wieder entzogen hat. Was übrigbleibt, ist eine Art beweglichen Gleichgewichtszustandes, in welchem zwar die Empfänglichkeit für die gewöhnlichen Erregungen innerhalb der neuen Lage fortbesteht, diese Lage selbst aber nicht mehr als ein in allen Richtungen energisch anregender Gesammtumstand empfunden wird. Es ist hienach natürlich, dass die Form der Entwicklung und des Fortschritts zu neuen Gebilden, die allem Leben im Grossen wie im Kleinen eigen ist, auch in bewusster Weise zum Ziel gemacht werde, und es ist daher durchaus nicht verwerflich, wenn der Mensch in der Gestaltung des Einzellebens sowie der gemeinschaftlichen Lebenseinrichtungen nach Veränderung und Vervollkommnung strebt. Die Natur selbst hat durch Tod und Geburt dafür gesorgt, dass die Auslebung des Einzeldaseins mit dem ihm jedesmal zugänglichen Spielraum an eine Grenze gelange, und dass für das frisch hervorgebrachte, ja erst zu entwickelnde Bewusstsein des neugebornen

Menschen die Welt auch mit dem nur wiederholten und nicht veränderten Theil ihres Inhalts stets wieder neu sei. Es ist bezüglich der allgemeinen Eigenschaften die alte Bahn; aber sie ist für das neue, mit ihr unbekannte Wesen doch grade so reich an Reizen, als wenn sie noch von Niemand betreten wäre.

Man kann so weit gehen, das Gesetz der Differenz, wie wir es gekennzeichnet haben, auf den ganzen schaffenden Vorgang zu übertragen, durch welchen sich aus der Materie die mannichfaltige Ausbreitung und Stufenfolge von lebendigen Wesen entwickelt hat. Soweit die Lamarcksche Entwicklungslehre wahr ist, also abgesehen von der unklaren Vorstellung des Urtypus und eines allgemeinen Urwesens, kann sie dazu dienen, auch die innern Empfindungs- und Gefühlsprincipien zu beleuchten, von denen die Natur im Entwurf der verschiedenen thierischen Charaktere und Bewusstseinsgestaltungen ausgegangen ist. Es kam darauf an, die Scala der Empfindungen zu durchlaufen und eine Mannichfaltigkeit von Gefühlsarten in gleichzeitiger Ausbreitung nebeneinander zu verwirklichen. Gleich der Composition der äusseren Gebilde mussten auch die Empfindungselemente zu verschiedenen Combinationen vereinigt und nach und nach durch allerlei differente Gestaltungen in das Dasein gerufen werden. Die Gesammtabfolge dieser Empfindungszustände, von den dumpfesten und schwächsten bis zu den klarsten und stärksten hinauf, ist als ein grosses System des innern Lebens anzusehen, welches sich auf dem Planeten einheitlich zur Darstellung gebracht und die stufenweise möglichen Veränderungen Schritt für Schritt durchmessen hat. Was jetzt noch an empfindenden Wesen nebeneinander besteht, liefert ein ähnliches Bild der Abstufung und unterschiedlichen Gestaltung der Empfindungen, und so kann man von der innern Welt wie von dem ihr dienstbaren äusserlichen Grundgerüst sagen, dass sich darin ein Princip des allmäligen Zusammensetzens der einfachsten Elemente und ein Typus des durch alle Uebergänge fortschreitenden Aufsteigens zu höheren Combinationen verwirklicht habe. Dieser Vorgang muss von da ab, wo er durch die Darstellung auch nur der schwächsten Empfindung zur Bildung der Bewusstseinswelt gelangte, die innern Lebensreize ganz nach dem Gesetz der Differenz aneinandergereiht und so eine einheitliche Gradation der äussern und innern Entwicklung' mit sich gebracht haben. Das treibende Princip hiebei kann aber nie ein anderes als das der Durchmessung aller Lebensstufen gewesen sein. Fremd ist uns übrigens dies Alles nicht; denn wir selbst sind ja mit

unserm reichhaltigen Empfindungs- und Gefühlsleben der erweiterte
und vervollkommnete Inbegriff aller vorangegangenen oder tiefer
belegenen Gestaltungen.

Viertes Capitel.
Der Verlauf eines Menschenlebens.

1. Was sich zwischen Geburt und Tod in einem Menschenleben entrollt, ist ungeachtet aller Mannichfaltigkeiten doch eine
Reihe von Zuständen und Ereignissen, in welcher die gemeinsamen,
für alle Lagen in irgend einer Weise zutreffenden Züge eine selbständige Betrachtung erfordern. Die Unterschiede nach Geschlecht
und Race sowie diejenigen, welche die Culturentwicklung der verschiedenen Völker mit sich bringt, sind allerdings gross, und noch
mächtiger wirkt innerhalb unserer heutigen Zustände die Spaltung
nach Classen und Berufsständen auf den Gang des Einzellebens
zurück. Das Proletarierdasein entspricht nicht dem Bilde, welches
man sich im Hinblick auf das bürgerliche und durchschnittliche
Familienleben etwa entwerfen möchte. Auch sind die Schicksale
der beiden Geschlechter recht sehr verschieden und weichen von-
einander mehr ab, als man gewöhnlich meint. Ebenso wirken die
Berufsunterschiede und Machtstellungen innerhalb der mittleren und
höheren Gesellschaft so entschieden auf den Lebensgehalt zurück,
dass man sich nur eine sehr unvollkommene Vorstellung von der
innern Empfindungs- und Gefühlswelt der fraglichen Elemente
machen würde, wenn man ihre besondern Verhältnisse nicht in
Anschlag brächte. Trotz alledem wird sich aber ein Kern des
allgemein Menschlichen, wenn auch nur in Verbindung mit dem
Bilde einer besondern Lebensgestaltung, als Grundtypus zur Darstellung bringen lassen, indem man ein reichhaltigeres und voll-
kommneres Schema zum Ausgangspunkt macht, dabei aber nicht
versäumt, die Mängel und Abweichungen nach unten ebenso in
Erinnerung zu bringen, als diejenigen Bestandtheile und Erfordernisse, welche erst einer bessern Ordnung und Ausfüllung des
Lebensinhalts angehören können. Auf diese Weise werden wir es
vermeiden, im Wirklichen auf falsche Art Idealisirungen eintreten
zu lassen, wie sie auf Kosten der allseitigen Wahrheit von Dichtern
und z. B. auch von Schiller in seiner Glocke ausgeführt worden sind.

Unser Einzelleben taucht gleichsam aus der Bewusstlosigkeit auf, und diese erste Thatsache, mit der es im Uebergange zu sehr beschränkten Empfindungsregungen beginnt, erinnert an den Ursprung alles fühlenden Daseins überhaupt. Anfang und Ursprung sind freilich Wörter, vor denen das heute übliche Denken im Gefühl seiner Selbstverstümmelung und Ohnmacht eine heilige Scheu hegt, denen aber eine entschiedene und klare Philosophie mit Festigkeit zu begegnen vermag. Das empfindende Leben und mithin alles Leben, bei dem es sich um eine Werthschätzung handeln kann, hat nicht blos auf dem Planeten, sondern in der gesammten kosmischen Welt irgend einmal seinen Anfang genommen. Einst hat es einen Zustand gegeben, in welchem auch nicht die geringste Spur von Bewusstsein existirte, mag dieser Zustand nun in einer gasförmigen Zerstreuung oder sonst in einem Stadium der blos physikalischen Entwicklung der Materie zu suchen sein. Die thierische Welt, mit welcher die Empfindung beginnt, ist eine spätere Schöpfung, letzteres Wort in jenem natürlichen Sinne verstanden, in welchem es nichts als die Häufung von Veränderungen und zwar diejenige in und an der Materie bedeutet. Das Leben im Sinne der Empfindung und des Bewusstseins ist also zu einem bestimmten Zeitpunkt zur Welt gekommen, und der Zustand, der dem Empfindungsleben voranging, hat alle sonst noch erdenkliche Vergangenheit erfüllt. Die Epoche des Lebens ist hienach eine Phase, die in dem Vordasein auf eine absolute Weise hervorgetreten ist, während der Anfang unseres individuellen Lebens nur eine relative Bedeutung hat. Es ist nämlich ein anderes, ebenfalls empfindendes, also sich bereits bewusstes Leben, von welchem durch die Geburt ein neues Einzeldasein abgezweigt wird. Nur besteht zwischen den beiden Empfindungsbereichen, die sich trennen, kein bewusster, sondern nur ein bewusstlos organischer Zusammenhang. Der wesentliche Unterschied zwischen der Geburt eines zur Lebenskette gehörigen Einzelwesens und dem ersten Ursprung alles Lebens besteht darin, dass jenes nur eine in der Hauptsache gleichartige Fortsetzung eines schon vorhandenen Gebildes ist, während der erste Anfang als die Hervortreibung eines durchaus neuen Elements aus dem Schoosse der Materie betrachtet werden muss. Uebrigens ist es nicht uninteressant, dass wir im Stande sind, uns als Sprossen in einem System von Verzweigungen zu betrachten, für welches Stamm und Wurzeln nicht in die wüste und ungereimte Vorstellung einer Unendlichkeit von vorgängigen Lebensabfolgen auslaufen. Der Hintergrund ist hiemit sicher bestimmt, wenn wir in demselben auch nichts als die Abwesenheit des empfindenden Lebens selbst und die zu dem letzteren noch nicht gesteigerten Regungen der Materie vorzustellen vermögen.

Nach der Lamarckschen Theorie und deren Folgerungen durchläuft der Mensch embryonisch von der Zeugung bis zur Geburt in rein organischer Abkürzung die verschiedenen Entwicklungsstufen, denen die Mannichfaltigkeit des früheren und heutigen Thierreichs bis zur Beschaffenheit des gegenwärtig vollkommensten Culturmenschen hinauf ihr Dasein verdankt. Hienach vollzöge die Natur ihre Entwicklungsarbeit in einem gewissen Sinne immer wieder von Neuem, nur dass sie das Geschehen von Hunderttausenden von Jahren in eine Anzahl Monate schematisch zusammendrängte und ihre Thätigkeit darauf richtete, anstatt den einzelnen Schichtungen und Gebilden selbständiges Dasein zu geben, dieselben sofort als Unterlagen und einzuschliessende Elemente für das Schlussergebniss zu verwerthen. Das berühmte oder auch, wenn man will, populär berüchtigte Affenstadium der Menschheitsentwicklung wäre hienach in dem Fötus durch diejenige Phase vertreten, in welcher derselbe eine nachher verschwindende Behaarung aufweist. Wie es sich nun auch übrigens mit der Genauigkeit dieser Vorstellungsart verhalten möge, so können wir von ihr mit Sicherheit wenigstens das geltend machen, was sich auf den Zusammenhang der Gesammtentwicklung des Menschengeschlechts und der Einzelentwicklung des besondern Wesens bezieht. Ja vom Standpunkt unseres Systems, für welches alle Entwicklung eine kunstvolle Composition bereits vorhandener Elemente zu neuen Gebilden ist, kann die Entwicklungsabbreviatur, an die man bei den stufenweisen Wandlungen des Embryo denkt, nur eine Erinnerung daran sein, wie das in der Geburt hervortretende menschliche Wesen das Ergebniss eines zusammensetzenden Hergangs vorstellt, vermöge dessen sich mannichfaltige Bestandtheile des organischen Vorlebens überliefert und auf eine nur wenig veränderte Weise vereinigt finden.

Von dem Vorleben, welches dem Dasein eines ausgeprägteren Menschengeschlechts und der Culturära voranging, kann man nur Wenig und dieses Wenige nur durch Rückschlüsse aus spätern Zuständen wissen. Die Erinnerung der Menschheit reicht nicht blos nicht zu ihren Anfängen, sondern auch nicht einmal zu jenen Stadien zurück, bei welchen die Völker schon ein deutlicheres

Bewusstsein über sich selbst haben mussten, aber noch der Mittel entbehrten, die Kunde davon sicher fortzupflanzen und den Nebeln unvollkommener, sich mit der wüstesten Erdichtung mischender Ueberlieferung zu entziehen. Die einigermaassen verbürgte Erinnerung des Geschlechts reicht einige Jahrtausende bis zur Grenze der halbwegs beglaubigten Geschichte zurück, und auch dies gilt nur für die in der Entwicklung zuerst in den Vordergrund gelangten Culturvölker. Wollen wir also von einer ersten Kindheit des Menschengeschlechts reden, so ist diese Einleitungsphase für die heutige Menschenwelt noch etwas Fremderes, als jedem Individuum sein Dasein in den ersten Jahren nach der Geburt. Die Erinnerung des Einzelnen kann später in dieses individuelle Vorleben zwar nie wieder eindringen, aber wohl durch den Bericht Anderer gewissermaassen ersetzt werden. Auch fehlt es ja nicht an einer allgemeinen äusserlichen Kenntniss der Züge des ersten Kindeslebens. Wie das letztere aber innerlich beschaffen sei, davon kommt nie und nirgend ein deutliches unmittelbares Bewusstsein zu Stande, und dies ist auch für das Glück des Kindes sehr wesentlich. Bei ihm wechseln die Empfindungen, ohne dass der spätere Augenblick sonderlich von dem früheren wüsste, und diese durch ein zusammenfassendes Bewusstsein wenig verbundene Reihe ist auch da wohl angebracht, wo der mehr passive und machtlose Zustand zu einem Wissen von sich selbst wahrlich nicht angethan ist. Ohne dieses deutliche Wissen ist er aber eine ganz annehmbare Lebensphase, die uns übrigens auch ermessen lassen kann, wie das innere Leben der niedern, nur auf das von Augenblick zu Augenblick abgerissene Spiel schwacher und einförmiger Triebempfindungen angewiesenen beschaffen sein muss.

2. Das erste Stadium der Kindheit ist etwas sehr Unscheinbares und auch in der That in Beziehung auf das innere, wirklich gefühlte und also mehr als blos bewusstlos organische Leben von geringer Bedeutung. Es existirt mehr für diejenigen, die sich, wie die Mutter, am meisten mit ihm zu befassen haben, als eigentlich für sich selbst. Was man auch hineindichten oder sich darüber einbilden möge, so ist dieses ganze Dasein nichts als die Combination von ein paar wiederkehrenden Triebempfindungen und von dem dumpfen Gefühl des Behagens oder Unbehagens, je nachdem Nahrung, Wärme und allenfalls auch Licht den Bedürfnissen mehr oder weniger entsprechen. Die ganze active Kraftäusserung geht

in der lauten Ankündigung der Bedürfnisse auf, und die gesammte
noch zu drei Vierteln in Schlaf versenkte, nur durch Schreien
unterbrochene Existenz dieser Art ist mehr ein pflanzliches Vegetiren, als ein animalisches Empfinden. Von grösserer Erheblichkeit
wird das Kindesleben aber in dem Maasse, in welchem mehr zusammenhängendes Bewusstsein von den einzelnen Zuständen in
demselben aufspriesst und zu haften beginnt.

Wir rechnen die Periode des in einem höheren Grade bewussten Kindeslebens von dem freilich ziemlich unbestimmten Zeitpunkt an, in welchem die Theilnahme an den eignen Zuständen
und die Fähigkeit der zusammenfassenden Kraft des Bewusstseins
bereits so gross ist, um die Erscheinungen des Augenblicks oder
vielmehr deren Bild für eine längere Dauer zu bewahren. Freilich
hat auch schon vorher ein Leben in allgemeineren, über die
Empfindung des Augenblicks hinausgreifenden Vorstellungen statt-
gefunden. Erinnerung und Erwartung haben sich in schwachen
Spuren vorgebildet. Mit einer gewissen Stetigkeit ist der Uebergang von dem nur Monate dauernden dumpfen Empfindungszustande
zu den auf die Objecte bezüglichen Affectionen vollzogen worden.
Die blossen Empfindungen haben nicht lange existirt, sie haben
sehr bald, wenn auch nur in geringem Maasse, angefangen, sich
mit Vorstellungen zu verbinden. Das Unterscheidungsvermögen
hat sich wenigstens in schwachen Kundgebungen angezeigt. Ueberhaupt ist der ganze spätere Reichthum der Entwicklung in seinen
elementaren Grundlagen bereits bemerklich geworden. Allein aller
dieser Umstände ungeachtet ist das, was wirklich existirt, im
Grossen und Ganzen als abgerissenes Gefühlsdasein zu betrachten.
Noch immer wechseln Lachen und Weinen in schneller Folge; die
Spuren der vorangehenden Gemüthszustände verwischen sich rasch,
und das Ideal des leichten Sinnes ist im Kindesleben eine Wirklichkeit.

Alle Abnormitäten und Störungen, welche in das Leben derer
eingreifen, die dem Kinde Pflege und Erziehung schuldig sind, ver-
fehlen nicht, ihre Schatten auch in das kindliche Dasein zu werfen.
Ich denke hier keineswegs blos an Krankheit, Entbehrung und Noth.
Diese Plagen treffen das Kindesleben nur insofern, als sie ihm die
Befriedigung seiner Bedürfnisse kürzen. Das Kind, welches in der
Empfindung des Augenblicks lebt, kennt glücklicherweise den
geistigen Schmerz noch nicht, welcher aus dem Bewusstsein des
Mangels und aus der ohnmächtigen Sorge entspringt. Allein man

würde doch irren, wenn man glaubte, dass das kindliche Dasein so ganz von den Gemüthsaffectionen unberührt bliebe, welchen die Eltern unterliegen. Die fröhliche Miene der Erwachsenen wirft ihren Reflex in das Innere des Kindesbewusstseins. Das Lächeln der ersten Kindheit ist wohl stets nur eine Mitbewegung, und wo ihm eine Empfindung entspricht, ist sie jedenfalls eine Mitempfindung. Diese abgeleiteten Affectionen sind nun nicht bedeutungslos; von ihnen hängt ein grosser Theil der Freuden und Leiden des Kindes ab. Wo eine düstere oder wohl gar widerwärtige Umgebung nicht aufhört, ihren Charakter in das Gemüth des Kindes zu übertragen, da ist wenig Raum für eine gedeihliche Entfaltung der eignen kleinen Welt, und Schlaf oder Isolirtheit müssen als die günstigsten Zustände gelten.

Sehen wir von den Einflüssen ab, die das Schicksal der Eltern auf das Kindesleben übt, setzen wir also einen normalen Zustand voraus, in welchem das Kind einerseits genügende Pflege hat und andererseits keinen störenden Reflexen ausgesetzt ist, so können wir behaupten, dass mit den ersten Regungen des Geisteslebens eine in dem Kindeszustand selbst belegene Ursache von Lust und Pein zur Geltung gelangt. Sobald das Kind auch nur an dem Spiel der Sinnesreize Gefallen findet (und man weiss kaum, ob man diesen Zeitpunkt zu früh voraussetzen kann), ist auch schon die Langeweile vorhanden. Die schwierigste und auch die wichtigste Aufgabe besteht grade darin, diesen Störer des Glücks aus dem Leben der Kindheit zu verbannen. Die Langeweile, welche die Kinder empfinden, ist ein völlig natürliches Gefühl, welches dem Bedürfniss nach spielender Beschäftigung ihrer Fähigkeiten einen subjectiven Ausdruck giebt. Die Sinne wollen mannichfaltig gereizt sein und suchen nach Gegenständen, an denen sie sich in ihren Functionen ergehen können. Vor Allem ist es das Auge, welches so zu sagen nach Arbeit verlangt. Das Ohr ist ein mehr empfangendes Organ und sucht daher die Action weniger aus eignem Antriebe. Uebrigens dringt auf dasselbe ungerufen eine solche Mannichfaltigkeit von Erregungen ein, dass man es nicht befremdlich finden darf, wenn es seine Theilnahme für die bunte Welt der Töne auf eine spätere Zeit verspart. Dagegen ist schon der blosse Lichtreiz und in einem noch höheren Maasse die Welt des Farbigen eine Art Freude für das erste Spiel des höchsten unter den Sinnen.

Wir brauchen wohl nicht im Einzelnen auszuführen, wie überall, wo eine Fähigkeit auch nur in geringem Maasse vorhanden ist, auch eine Beschäftigung dieser Fähigkeit erfordert wird. Die erste Uebung der Muskelkraft ist das Gehenlernen, und schon hiebei kann man beobachten, wie schon die ersten Versuche der Bewährung der sich stärkenden Spannkraft dem Kinde eine erhebliche Freude verursachen. Es ist ein allgemeines Gesetz, dass die unbeschäftigten Kräfte eine Rückwirkung auf das unthätige Wesen üben, indem sie es in eine gewisse Unruhe versetzen. Diese Unruhe ist für die Gesammtheit der Lebensregungen das, was die Langeweile für das besondere Gebiet geistiger Vermögen ist. Die Arbeit ist daher auch hier, wie schon früher erörtert, für den Organismus ein Naturgesetz; sie ist nicht blos objectiv nothwendig, um die Mittel zur Befriedigung der Bedürfnisse zu beschaffen, sondern sie ist auch eine Forderung des subjectiven Lebens, welches dahin strebt, jede Fähigkeit ins Spiel zu setzen. Versteht man die Arbeit in diesem weiteren Sinne, so muss man die Thätigkeit der Sinnesorgane und aller Kräfte, welche sich gegen die Aussenwelt wenden, Arbeit nennen, und man wird behaupten dürfen, dass es eine ernstliche Frage ist, wie man den subjectiven Kräften eine angemessene Arbeit verschaffe. Für die späteren Lebensalter weist die Noth zur Genüge die Richtungen an, in denen der Mensch seine Kräfte gegen die Natur zu versuchen hat. Man braucht nicht sonderlich auf künstliche Reize zu denken; das Leben stellt seine ernsten Aufgaben und gestattet nicht, dass an die Stelle der Arbeit das Spiel trete. Freilich wird die Musse zum Theil auch nur durch höhere oder niedere Arten des Spielens ausgefüllt; die ganze Welt der Kunst ist Nichts als ein freies Spiel des Geistes, und die meisten Unterhaltungen der Menschen laufen auf eine spielende Beschäftigung ihrer Kräfte hinaus. Doch bleibt diese Art der Arbeit für das gereifte Alter stets Ausnahme, während sie für das Kindesleben die Regel und die ausschliessliche Art ist, das Grundgesetz des Daseins, die Beschäftigung der Fähigkeiten, zu erfüllen.

Es ist für das Glück der Kindheit nicht erspriesslich, wenn diejenigen, welche für die Erziehung zu sorgen haben, das Spielen als eine Art unterhaltender Ueberflüssigkeit oder wenigstens als einen unwesentlichen Punkt betrachten. Das Spiel ist die einzige Arbeit des Kindes, und es ist ihm daher ebenso Bedürfniss, als dem gereifteren Alter schaffende Thätigkeit. In beiden Fällen ist der subjective Grund, welcher zur Ergehung der Kräfte treibt, dasselbe Naturgesetz. Nur im letzten Zweck unterscheiden sich beide Gattungen der Arbeit. Die eigentliche Arbeit muss, wenn sie vollkommen befriedigen soll, objectiven Erfolg haben; sie muss die Hindernisse überwinden, welche die Natur dem Genuss entgegenstellt. Dagegen ist der Zweck des Spieles vollkommen erreicht, wenn es unsere Fähigkeiten und Kräfte zur harmonischen Aeusserung bringt und ihnen so die Genugthuung gewährt, sich an den Dingen gleichsam erst kennen zu lernen und zu erfahren.

Will man in diesem Falle durchaus Spiel und Ernst einander entgegensetzen, so muss man behaupten, dass es für das Kinderleben keinen eigentlichen Ernst giebt. Lieber würde ich jedoch von dieser Auffassung des Gegensatzes absehen und das Spiel für die ernsteste Angelegenheit des Kindesdaseins erklären. Wo das Spiel nur als eine Ausnahme den Lauf der ernsten Beschäftigung unterbricht, da wird es durch den Gegensatz in der That zu einer Angelegenheit gemacht, die unsere Theilnahme nur oberflächlich erregt. Wo es dagegen das einzige und ausschliessliche Mittel ist, Unruhe und Langeweile fernzuhalten und dem Lebensbewusstsein einen mannichfaltigen Reiz zu geben, da kann man nicht umhin, den Standpunkt der Kinder selbst für den wahren zu nehmen und anzuerkennen, dass der Ernst des Kinderlebens im Spiele mit Recht seinen Tummelplatz findet. Für das Kind giebt es Nichts als das Spiel, und man darf sich daher nicht wundern, dass fast der ganze Ernst, dessen es abgesehen von der Noth um die Befriedigung des Nahrungsbedürfnisses fähig ist, in Spiel aufgeht.

Es ist anerkennenswerth, dass die humane Richtung sich in unserer Zeit auch dem spielenden Dasein des Kindes zugewendet hat. Man scheint zu begreifen, dass die Leiden und Freuden des Lebens nicht erst dann der Aufmerksamkeit würdig sind, wenn sie die ernsten Aufgaben des reiferen Alters betreffen, sondern dass der Mensch, in welchem Stadium seiner Entwicklung er sich auch befinde, ein selbständiges Recht auf die Achtung der Gesetze seines jeweiligen Zustandes habe. Man fängt an, das unselige Vorurtheil zu verlassen, als bestehe das Leben aus Ueberstürzungen von dem einen Zustand in den andern, und als sei die frühere Daseinsweise Nichts als ein Mittel zur Hervorbringung der späteren. Man erkennt allmälig, dass die Natur auch ihren vorbereitenden Stadien einen selbständigen Werth ertheilt. Man wird bedenklich, wenn überall nur der ausser der Gegenwart gelegene Zweck für das Motiv der Lebensäusserungen ausgegeben wird. Die Charaktere der Natur deuten überall auf eine weitere Erfüllung der jeweiligen Zustände, aber sie zeigen auch mit derselben Klarheit an, wo die selbständige

Haltung und das eigne Genügen des Daseins zu suchen ist. Wir wissen sehr wohl, wo der unbefangene Sinn die Grenze von Mittel und Selbstzweck zieht, und es sind in der Regel nur traditionelle Irrthümer, welche uns über die wahre Bedeutung des Daseins täuschen und uns glauben machen, alle Lebensenergie der Natur sei nur dazu da, ein in ferner Zukunft liegendes Ziel zu erreichen.

Man würde daher erheblich irren, wenn man das Kindesdasein für ein blosses Mittel zur Erreichung des reiferen Lebens hielte. Die Welt des Kindes ist ein selbständiges Reich von Leiden und Freuden und als solches unserer Theilnahme ganz besonders würdig. Die Erziehung hat mit Recht nur die Zwecke des späteren Lebens im Auge; aber vielleicht möchte es einst dahin kommen, dass der Satz eine Trivialität würde, das Kind sei mehr als ein blosses Object der Erziehung. Mit Recht besteht eine gewisse Feindschaft zwischen dem Pädagogenstandpunkt und dem Kindersinn. Der erstere denkt nur immer daran, was er aus seinem Object (schon dieses Wort ist bezeichnend) zu machen habe; der letztere kümmert sich nur um die Gegenwart, d. h. um das was ist und nicht um das was werden soll. In dem Kindessinn liegt eine grosse Philosophie; er fühlt, dass ihm, was er von der Minute des Kinderlebens ausgeschlagen, kein reiferes Alter zurückgeben kann. Auch mögen diejenigen, welche über das Kinderschicksal verfügen, bei ihren allzu ausschliesslichen Bemühungen um die Zukunft bedenken, dass für den Fall, in welchem das Kinderleben durch einen frühzeitigen Tod abgeschlossen wird, der Verlust für das betroffene Wesen und für sie selbst ein um so grösserer ist, je mehr sie sich sagen müssen, die Gegenwart und die unmittelbaren Reize des Kinderlebens für die blosse Zukunft ungehörig zum Opfer gebracht zu haben. Hat sich aber das Kind frei ergehen und die Reize seines Lebensalters erproben können, so ist es, wenn es der Abschneidung seines Daseins anheimfällt, wenigstens nicht um das ihm von der Natur verstattete Stück Lebensgenuss gebracht worden.

3. Wir haben mit unsern Reflexionen über das Spiel bereits in spätere Perioden vorgegriffen. Denn die Zeit des Spielens erstreckt sich von den ersten Regungen der Vorstellungskraft bis in die Epoche des eigentlichen Lernens. Hört auch in letzterer das Spiel keineswegs auf, so muss es sich doch gefallen lassen, den zweiten Platz einzunehmen. Wir unterscheiden also streng zwischen der spielenden und lernenden Thätigkeit und hüten uns, die eine in die andere verwandelt wissen zu wollen. Wird im Spiele Etwas

gelernt, so ist dies eine nebensächliche Folge, die man nie zum
Zweck machen kann, ohne dem Spiele seinen Charakter und seinen
Reiz zu nehmen. Hat dagegen die Arbeit des Lernens den Reiz
des Spieles, wie dies bisweilen in der That der Fall sein kann, so
ist dieser Umstand rein zufällig, und es geht nicht an, das Geschäft
der Aneignung von Kenntnissen und Fertigkeiten von einer gewissen
Anstrengung freizuhalten. Letztere ist aber mit dem Wesen des
Spieles unvereinbar, welches darauf gerichtet ist, die Kräfte sich
frei ergehen, aber nicht, sie sich anstrengen zu lassen. Die Schule
kann daher nimmermehr zum Spielplatz werden; sie muss ihren
Charakter rein bewahren und jenen gesetzten Ernst zeigen, welcher
auf das Leben vorbereitet. Es wäre nun sonderbar, wenn man
aus der eben angegebenen Bestimmung den Schluss zöge, das
Lernen könne keine Befriedigung gewähren und sei keine Quelle
von Lebensfreuden. Im Gegentheil steigert sich mit der Bedeutung
der Arbeit auch der aus ihr hervorgehende Genuss. Die Ueberwindung von Hindernissen und die Wahrnehmung der sich er-
weiternden Macht unserer Fähigkeiten ist offenbar mit einer Freude
verbunden, welche die Lust des Spieles an Vorzüglichkeit und Intensität übertrifft. Nur weil das unreifere Kindesalter noch nicht
zum eigentlichen Lernen fähig ist, muss es sich mit der spielenden
Bethätigung seiner Kräfte begnügen, und kann es auch an keiner
andern Art ihres Gebrauchs Gefallen finden. Versucht man es, die
zarten Keime kindlicher Fähigkeiten in eine feste durch einen Zweck
vorgezeichnete Richtung zu bannen, so wird man unvermeidlich der
Unnatur anheimfallen. Eine entgegengesetzte aber dennoch gleiche
Thorheit würde es dagegen auch sein, sich zu bemühen, der Arbeit
des Lernens ihre Schranken zu nehmen und sie in ein freies auf
jede Anspannung verzichtendes Spiel aufzulösen. Man würde hiedurch dem Lernenden keinen Dienst leisten; man würde ihm vielmehr die Freude verkümmern, welche die rasche und methodische
Ueberwindung der natürlichen Hindernisse der Ausbildung gewährt.

Die Zeit des Lernens erscheint Manchem in nicht allzu rosigem
Lichte, und sie würde gegenwärtig fast regelmässig das reifere Alter
zu einigen Verwünschungen veranlassen, wenn nicht das bekannte
Gesetz, demzufolge die Erinnerung das Unangenehme nicht grade
geflissentlich hervorsucht, dazwischenträte. Die zauberhafte Beleuchtung, in welcher das spätere Alter Kindheit und Jugend erblickt,
ist ein täuschender Schein, der anziehend sein mag, dessen Trug
aber aufgedeckt werden muss, wenn es sich um die wirklichen

Interessen des heranwachsenden Geschlechts handelt. Diejenigen, welche die Schule als den Anfang der Lebensverkümmerung betrachten, haben im besondern Fall, d. h. mit Rücksicht auf gewisse erkünstelte Zustände, unstreitig Recht. Wer von den Plagen des Lebens reden will, darf das Gefängnissdasein nicht vergessen, in welches das Schulleben bisweilen ausartet. Selbst jener Grundtrieb, welcher die Vorstellungen der Erinnerung im Sinne des Erfreulichen anzuordnen strebt, überwindet bei vielen Menschen jene düstern Ideen nicht, welche sich an den Zwang und die widerwärtige Unfreundlichkeit ihrer Lernzeit anknüpfen. Indessen sind es nur abnorme und entartete Zustände des Schulwesens, die auf eine an sich wohlthätige Lebensepoche jene traurigen Schatten werfen. Wir werden nachher auf diese Uebelstände specieller hinweisen, betrachten aber vorläufig die Angelegenheit des Lernens so, als wenn sie ihrer natürlichen Ordnung nicht entfremdet wäre. In dieser Gestaltung ist die Welt des Lernens ungebundener und freier, als die Welt der That. Denn in jener ist nur die subjective Trägheit, in dieser dagegen auch der Widerstand der Objecte zu überwinden. Die Chancen der ersteren hängen mehr vom eignen Willen, die der letzteren überwiegend von fremden Mächten ab. Hieraus folgt, dass zwar die Genugthuung, welche die Aneignung des Wissens und Könnens mit sich bringt, weniger intensiv ausfallen wird, als die Befriedigung im Kampfe des Lebens; aber es folgt auch zugleich, dass jene Genugthuung leichter und in reichlicherem Maasse zugänglich ist. Art und Grösse der Freude stehen im Verhältniss zu Art und Grösse des überwundenen Widerstandes. Die geringste Gattung ist das selbstgewählte Hinderniss, und ihr entspricht die Lust des blossen Spieles. Einen höhern Rang nimmt schon die Arbeit des Lernens ein; denn es ist wenigstens subjective Arbeit, und es fehlt nur die objective Bedeutsamkeit ihrer Hemmungen. Die eigentliche Arbeit ist erst die Thätigkeit des wirklichen Lebens und die Ueberwindung seiner Widerstände; in ihr steigert sich die Empfindung des Gelingens und Misslingens auf den Grad, der überhaupt für das menschliche Wesen erreichbar ist. Alle drei Stufen der Lebensbethätigung haben ihren eigenthümlichen Reiz und ihr eigenthümliches Gesetz; wo sie gegeneinander in der einen Hinsicht zurückbleiben, gehen sie einander in der andern Beziehung vor. Wo sich die innere Kraft der Empfindung weniger steigert, ist das Feld der Bethätigung ausgedehnter und sind die Chancen eines leichten Erfolges günstiger. Mit der höhern Intensität der

Lebensäusserung sind dagegen auch enger bemessene Schranken verbunden, und es bewährt sich das alte Gesetz, dass das Vorzüglichere auch das Schwerere ist.

Man verkennt das eben angedeutete Verhältniss zwischen dem Maasse der Anstrengung und dem Maasse der Befriedigung, wenn man glaubt, die natürlichen Hindernisse der Arbeit des Lernens künstlich vermehren zu müssen. In der That giebt es seltsame Lehrkünstler, die in ihrer Beschränktheit offen eingestehen, es käme ihnen gar nicht darauf an, den Schüler mit Kenntnissen und besondern Fertigkeiten auszustatten. Ob dies oder das wirklich angeeignet werde und ob der Lehrstoff sonst zu irgend etwas nützlich sei, das sei gleichgültig, wenn der Schüler nur überhaupt thätig sein und im Allgemeinen seine Geisteskräfte gebrauchen lerne. Dieser sonderbare Grundsatz, es handle sich nur um das abstracte Arbeitenlernen und um die Uebung der Kräfte, ist in der That eine Ironie auf das Wesen des Lebens. In der Meinung, die Dinge der Schule recht ernst zu nehmen, betrachtet er sie, als wären sie ein Spiel. Er vergisst die gewaltige Bedeutung der natürlichen Hindernisse und geht leichtfertig über den ernsten Zweck aller Aneignung von Fertigkeiten hinweg. Er verliert das Ziel, indem er seinen künstlichen Zweck, die abstracte Ueberwindung der Trägheit, an die Stelle der Aufgaben setzt, deren Lösung das Bedürfniss des späteren Lebens fordert. Was uns aber hier ganz besonders angeht, jener Grundsatz verkümmert den Werth der Lebensthätigkeit, welche im Lernen ihre Befriedigung suchen soll. Indem er von dem Erfolg abstrahirt, d. h. indem er die Vermehrung der Fertigkeiten und Kenntnisse als unwesentliches Beiwerk seiner künstlich hervorgebrachten Anstrengung ansieht, stört er das natürliche Verhältniss von Mühe und Lohn und bringt es glücklich zu einer Pein, der keine sonderliche Genugthuung entspricht. Uebrigens entbehrt er aber auch des unwillkürlichen Humors nicht. Ihm scheint die Aufgabe, welche das Leben an den Unterricht stellt, eine Kleinigkeit zu sein. Von der Höhe seines abstracten Standpunkts aus gesehen, schrumpfen die natürlichen Widerstände zusammen, und er denkt alles Ernstes, aus dem Leben ein Rennen mit Hindernissen noch erst machen zu sollen. Er thut, als hätte die Natur nicht für Hemmungen gesorgt, und als wäre die menschliche Kraft so riesengross, dass sie sich nach Beschäftigung noch erst umzusehen hätte.

4. Die Uebelstände, durch welche die Zeit des Lernens und

überhaupt der Ausbildung heute heimgesucht wird, erstrecken sich durch die Jahre der frischesten Entwicklung und reichen mit ihren verderblichen Wirkungen bei den höheren Gesellschaftselementen bis mitten in die Jugendblüthe hinein, ja oft über diese Grenze hinaus. Die im engern Sinne des Worts studirenden Berufsstände haben von ihnen nicht am wenigsten zu leiden. Das ganze Ungemach lässt sich aber nur dann überschauen, wenn man seine Aufmerksamkeit auf die mannichfaltigen Lern- und Bildungsstätten richtet, die für die verschiedenen Gesellschaftsclassen und überdies nach dem Unterschiede des Geschlechts eine bunte Musterkarte von Verwahrlosungen und Störungen der natürlichen Ordnung zeigen. Der vorher erwähnte falsche Grundsatz trifft allerdings meist nur die abseits gerathene gelehrte Luxusbildung, welche dem eigentlichen Fachstudium vorangeht und sich in letzterem mehr oder minder noch fortsetzt. Hier hat man, um den unbrauchbar gewordenen Kram der herkömmlichen Schulungsstoffe und Studien noch für die Gegenwart zu rechtfertigen, jenen falschen Gedanken, dass es, gleichviel an welchen Gegenständen, nur auf die allgemeine Uebung der Kräfte ankomme, hinterher in Umlauf gesetzt. Wir würden uns jedoch den Gesichtskreis zu eng begrenzen, wenn wir nur diese auf den Höhen der Bildung ihr Unwesen treibenden Ablenkungen würdigen wollten. Zunächst müssen wir uns der niedrigsten Schichten und der Ausgangspunkte aller Bildung erinnern, um den Werth der entsprechenden Thätigkeiten an sich selbst zu veranschlagen.

Es giebt zwei Hauptgebiete der entschiedensten Vernachlässigung einer gesunden, den Lebenswerth erhöhenden Gestaltung des Lernens. Sie sind darum so wichtig, weil durch sie schon das Fundament alles Weiteren für die grössere Zahl der Menschen verdorben und überdies noch für eine ganze Hälfte der Bevölkerung aller Classen die bessere Bildung unzugänglich gemacht wird. Ich meine an erster Stelle das, was man gewöhnlich Volksschule nennt, und an zweiter Stelle diejenigen Einrichtungen, welche zwar in allerlei gesellschaftlichen Abstufungen, aber doch sammt und sonders in völlig unzulänglicher Weise oder nach gradezu verkehrten Grundsätzen auf die Abfindung des weiblichen Schul- und Bildungsbedürfnisses berechnet sind. Das Wort Abfindung trifft für beide Sphären zu; denn das Volk und die Frauen werden in Rücksicht auf Bildung und Erkenntniss mit dem traurigsten Gemisch abergläubischer Ueberlieferung und dürftigster Fertigkeiten

abgefunden oder, wenn man lieber will, abgefertigt. Ausser dem
Mangel an wirklich nützlichem Stoff sind hiebei auch die positiven
Schädlichkeiten der aufgenöthigten Religionsstoffe in Anschlag zu
bringen. Der Sinn des Knaben und noch weit mehr das Gemüth
des Mädchens werden früh theils umdüstert theils in dürrem Formel-
kram ausgetrocknet und an den Widerspruch zwischen Worten
und Thaten, also kurzweg an Leerheit und Heuchelei gewöhnt.
Die heutige Rolle der bereits so gut wie abgestorbenen Religionsstoffe bringt dies unvermeidlich mit sich, und sogar deren gänzliche
Verbannung aus der eigentlichen Schule könnte den jungen Sinn
nicht gegen die Wirkungen verzerrter Welt- und Lebensansichten
sicherstellen. Um das Leben der ersten Jugend in dieser Hinsicht
frei und natürlich zu machen, müsste auch jede Winkelpflege jener
traurigen und naturwidrigen, dem gesunden Dasein feindlichen
Dogmen abgeschnitten werden. Man erinnere sich dessen, was in
unserm ersten Capitel über die Religionen und Philosophien gesagt
ist, und man wird es nicht befremdlich finden, wenn wir Alles,
was auf dem Boden dieser falschen Ueberlieferungen erwächst, nicht
blos als eine Trübung für den Verstand, sondern auch als ein
Unheil für das Gefühls- und Gemüthsleben ansehen. Der religiöse
Impfzwang macht schon den jugendlichen Geist künstlich krank
und zwar oft recht tief krank, so dass selbst bei starken Geistern
ein grosser Theil des nachfolgenden Lebens dazu gehört, die ungesunden Nachwirkungen wieder vollständig loszuwerden. In der
weiblichen Welt ist diese Befreiung aus dem angeschulten Geistes-
dunkel noch weit schwieriger; denn jene künstlich eingeschränkte
Sphäre wird ungleich weniger, als die männliche Jugend oder gar
das reifere männliche Alter, späterhin von dem offenen Leben und
den äusseren Kämpfen berührt, durch welche das Meiste Lügen gestraft
wird, was vom zarten Sinn und Gemüth in naivem Vertrauen als
Wahrheit über die Welt und den Menschen hingenommen wurde.
Das Weib, welches einer naturgemässen Entwicklung des Ver-
standes- und Gemüthslebens von Anfang an am meisten bedürfte,
weil es nachher den berichtigenden Thatsachen des öffentlichen
Lebens ferner steht und durch die geltenden Einrichtungen auch
geflissentlich davon zurückgehalten wird, — grade das Weib wird
schon von seinem jüngsten Dasein her vornehmlich mit Um-
düsterungslehren heimgesucht, denen nicht einmal ein Stück ernsten
Wissens, wie doch in einigem Maass bei der männlichen Jugend,
die Waage hält. Kein Wunder daher, dass ein gut Theil Lebens-

werth in dieser Richtung, und zwar nicht blos für die Betroffenen selbst, verkümmert wird. In der Frauenwelt suchen Aberglaube und Priesterkünste ihre letzte Stütze und von dort her werden auch wieder der Verstand und das Gemüth der aufspriessenden Jugend beiderlei Geschlechts unwillkürlich mit Nebeln umhüllt. Anstatt also das reifere Kindheits- und erste Jugendleben der beiden Geschlechter mit den widerwärtigen Hallucinationen einer unwissenden Urvergangenheit zu beunruhigen oder mindestens, wo glücklicherweise die Lehren gar nicht anschlagen, doch das Gedächtniss mit den jene Unwissenheit beurkundenden Worten zu quälen, hätte ein natürliches, auf die Wirklichkeit und deren idealen Gehalt gerichtetes System die Züge des Weltdaseins und Menschenschicksals, wie sie sind, mitzutheilen. Es hätte sie dem gereiften Sinn und der echten Wissenschaft gemäss in einfachen und volksmässig verständlichen Hauptsätzen niederzulegen und, je nach dem Inhalt, demjenigen Lebensalter zugänglich zu machen, welches für die jedesmal fraglichen Bestandtheile bereits Empfänglichkeit haben könnte. Ohne natürliches Interesse sollte aber auch in diesem Punkte nichts geschehen und daher auch nichts aufgenöthigt werden. Wohl aber bürgt die ganze Beschaffenheit der menschlichen Sinnes- und Gefühlsrichtung in ihrer nicht falsch abgelenkten Entwicklung dafür, dass die natürlichen Fragen nach Welt und Leben sich bei Gelegenheit anmelden und für eine nicht umnebelte Antwort dankbar sein werden.

Indem wir die religiösen Beeinträchtigungen des Lebenswerthes da aufgesucht haben, wo sie an der ersten Jugend, an der Masse des Volks und am weiblichen Geschlecht ihre nachhaltigsten Wirkungen üben, haben wir uns zugleich der Mühe überhoben, diese Art von Verzerrungen des gesunden Lebens noch in die höheren Schulungsgebiete und Bildungsschichten hinein zu verfolgen. Jedes Bereich hat sein eigenthümliches Ungemach, und was in den Niederungen die ersten religiösen Ablenkungen des menschlichen Wesens von der gesunden und natürlichen Haltung sind, das wird auf den oberen Stufen der Bildung durch das gelehrte Gemüll vorgestellt. Das Zusammenfegen des letzteren aus verschiedenen antiken Jahrhunderten hat, besonders bei dem Kehren aus dem Mittelalter in die neuere Zeit hinein, soviel Staub aufgewirbelt und uns heutige Menschen schliesslich in einem so bestäubten Zustande hinterlassen, dass wir noch einige Zeit zu klopfen und zu bürsten haben werden, ehe wir unser gelehrtes und wissenschaftliches

Gewand von ateinischen und Griechischen Staubflecken gesäubert erhalten. Jedoch müssen wir dieser neuen, aber doch auch nur zufälligen und daher abstellbaren Ungelegenheit des Lebens eine besondere Aufmerksamkeit widmen.

5. Ueberdruss, ja bisweilen eigentliche Blasirtheit sind in unserer heutigen Welt nicht etwa erst in späteren Lebensaltern heimisch, sondern oft auch schon bei der reiferen Jugend anzutreffen. Ein Hauptgrund hiefür ist, um an Byrons Worte zu erinnern, „die dumpfe Frohn der Schule", die auch dem grossen brittischen Dichter „den Genuss früh vergällt" hatte. Dieser Widerwille gegen das geistaustrocknende Treiben würde noch grösser sein, wenn es sonderlich mehr als das blosse Gefühl wäre, was sich gegen die Zumuthungen der Lehrkünste und der Schulfrohn regte. Hätte der junge Mensch in den mittleren und höheren Classen des Gymnasiums schon eine klare Einsicht und gewisse Ueberzeugung davon, wie unnütz grade derjenige Lernkram ist, mit dem er am meisten heimgesucht wird, so würde auch der geringe Rest von Befriedigung, den heute noch eine glückliche Unwissenheit über diesen Punkt fortbestehen lässt, völlig verschwinden. Der aufgenöthigte Schulcursus mit seinen lateinischen und Griechischen Drillungsproceduren würde genau als das erscheinen, was er wirklich ist, nämlich als die Entrichtung eines Sperrzolles, von welchem der Eingang in das Reich der privilegirten Stellungen und öffentlichen Aemter abhängig gemacht ist. Diesen Tribut würde man im vollen Bewusstsein seiner Ueberflüssigkeit fortentrichten, aber freilich nur eine Zeit lang; denn ein so allgemein verbreitetes Bewusstsein von der Verwerflichkeit solcher Schulquälereien würde bald dem ganzen geistigen Gefängnissregime, und wäre es zunächst auch nur im Wege der Corruption und der möglichsten Umgehung der Anforderungen, schliesslich aber durch die Gesetzgebung selbst entgegentreten und ein Ende machen. In Wirklichkeit ist es, wie schon gesagt, vornehmlich das unmittelbare Gefühl der Betroffenen, welches reagirt; aber es findet sich auch schon hier und da einiges bestimmtere Verständniss dazu an, welches aus den öffentlichen Erörterungen in das Schulbereich eindringt und die jungen Menschen dann ganz und gar mit ihrer Lage und Aufgabe unzufrieden macht. Im letzteren Falle tritt an den jugendlichen Geist eine Zumuthung heran, wie sie kaum ausnahmsweise für den gereiften Mann erträglich ist. Es soll nämlich grosse Mühe und Arbeit in einer Richtung aufgewendet werden, deren natürliche

Unfruchtbarkeit von vornherein deutlich abgesehen wird; es soll, sage ich, und dieses Soll, welches nur in der Thorheit der Ein- richtungen wurzelt, verurtheilt den Menschen dazu, einen schönen Theil seines Lebens zu verlieren, indem er den natürlichen Wissens- und Bildungsinteressen nicht folgen darf, sondern statt dessen Dinge treiben muss, die er als verbildend verabscheut.

Aber auch abgesehen von der classischen Gefängnisszucht, durch welche das moderne Leben von Licht und Luft des echten Wissens abgesperrt wird, — also auch abgesehen von der Wörter- dressur, welche die Pedanten im Leichenhause der antiken Literatur- reste betreiben lassen, hat überhaupt die heutige Schule etwas an sich, wodurch das Wort Frohndienst mehr als gerechtfertigt wird. Die vielen Stunden, welche der jugendliche Mensch fast ununter- brochen hintereinander sitzend an die Bank gefesselt wird; die dumpfe, an eine schlechte Fabrikatmosphäre erinnernde Luft gar nicht oder unzulänglich ventilirter Räume; die Zusammenpferchung einer grossen Menge, die auf diese Weise schon durch ihre Zahl vor- wiegend zur Passivität verurtheilt ist, da ja eine gehörige active Theilnahme sich schon von selbst verbietet, wenn die Lehrthätigkeit mehr als höchstens ein paar Dutzenden gelten soll; — alle diese Umstände, unter denen die weniger häufigen, wie der Mangel der Fürsorge für halbwegs zweckmässiges Licht, gar nicht besonders aufgezählt sind, bedeuten in der That eine recht eindringliche Lebensverkümmerung. Zu diesem Ungemach gesellt sich noch oft eine Art von Schuldisciplin, die den finstern Ansichten vom Leben und von der vermeintlichen Nothwendigkeit einer Beugung des Willens entlehnt ist oder sonst in scholarchische Tyrannei übergeht. Die eigentlichen Erziehungsanstalten, denen nur Wenige anheim- fallen, sind mit ihrem kasernenhaften Regiment hiebei noch gar nicht veranschlagt; aber selbst die Familie bleibt nicht immer frei von den Ueberlieferungen und Eingriffen des schulherrischen Geistes. Jedoch mögen diese letzteren Schäden oft dem völligen und ebenfalls nicht günstigen Gegentheil, nämlich einer Art Familien- anarchie Platz machen, und es wird alsdann aus der Verbindung des übermässigen Zwanges der Schulsphäre mit den ungeordneten Freiheiten in der Familie eine wahrlich nicht heilsame Mischung hervorgehen. Das jugendliche Leben wird auf diese Weise des- orientirt, völlig widersprechend erregt und in der Haltung unsicher gemacht. Ueber die spätern Folgen dieser Zerfahrenheit wird man sich nicht zu wundern haben; wohl aber wird man im Gegentheil die Festigkeit der Naturen, welche sich trotzdem ein gutes Theil geistiger Gesundheit zu bewahren im Stande sind, nicht gering anschlagen dürfen.

Was wir von der Frohn der Schule gesagt haben, passt zu den gesellschaftlichen und politischen Zuständen. Es wäre wunderbar, wenn die öffentlichen Missstände, welche als eine Erbschaft älterer Zeiten das neuste Leben besonders empfindlich behindern, sich nicht sammt der zugehörigen Corruption bis in die Organisation des Lehrens und Lernens hineinerstreckten. In einer Epoche ist im Guten und im Schlimmen Alles mit der vorherrschenden Signatur gezeichnet, und wenn der normale Gehalt und Werth des Lebens im Grossen und Ganzen beeinträchtigt wird, so fehlen ähnliche Störungen auch in keiner besondern Richtung, und läge die letztere auch scheinbar noch so unschuldig weit von den sichtbarsten Hauptstätten der Verderbniss ab. Das Studienleben, welches der Gymnasialfrohn folgt, gilt als eine durch äusserliche Ungebundenheit und innere Freiheit ausgezeichnete Uebergangsepoche, welche weder von den Schranken der Schule noch von denen des praktischen Lebens eingeengt wird und demgemäss an einer recht idealen Gestaltung nirgend gehindert erscheint. Vieles von dieser überlieferten Meinung trifft auch noch heute zu; aber man hat sich auch nach dieser Seite hin zu hüten, über die fragliche Sphäre allzu romantische Vorstellungen, im Sinne der alten, schon ursprünglich nur halb, jetzt aber noch nicht einmal zu einem Viertel wahren Tradition, unbesehen weiter hegen und pflegen zu wollen.

6. Zunächst ist es für die edlere Lebenssitte ein grosser Uebelstand, dass die Studienjahre, denen für die in der Gesellschaft wichtigsten Functionen noch weitere Vorbereitungszeiten folgen um eine nicht unerhebliche Zeit verspätet werden. Sie fallen meist in die zwanziger Lebensjahre und sollten eigentlich schon vor diesen beendet sein. Wenn der junge Mann nicht bald nach der Grossjährigkeit, die man ja jetzt auch schon mit 21 Jahren eintreten lässt, in die Lage kommt, in seinem Beruf ökonomisch selbständig zu werden und sich einer zulänglichen Lebensstellung zu erfreuen, so sind sittliche Depravationen gar nicht zu vermeiden. Namentlich ist die ausserordentliche Verspätung der Ehen in den nach der verkünstelten Richtung hin entwickelten Civilisationszuständen eine arge Beeinträchtigung gesunder und natürlicher Sittlichkeit. Wie soll aber das universitäre Studium spätestens mit dem 20. Jahr beendet sein können, wenn schon der gymnasiale Vorcursus mit

seiner fremden und todten Wörterweisheit allein 9 schöne Lebensjahre oder unter besondern Umständen gar noch mehr zu verschlingen berechtigt ist! Auch der Gehalt des Studentenlebens an sich selbst wird von der Verspätung der Studien nicht unerheblich berührt. Es ist für politisch mündige junge Männer heute eine seltsame Zwischenlage, von den Professoren einer Hochschule, wenn auch nicht grade in sehr bemerklicher Weise abhängig zu sein, so doch in entschiedener Passivität eine den autoritären Geist athmende verzopfte Gelehrsamkeit und noch dazu in Gestalt mittelalterlicher Vorleserei amtlich über sich ergehen lassen zu müssen. Es würde sich für das gereifte und selbständige Alter weit eher ziemen, sich in freier Weise auf dem Wege der Association die persönlichen Lehrhülfen zu verschaffen, deren es bedarf. In diesem Sinne sind einst Universitäten entstanden; aber sie sind dem Banne von Kirche und Staat und dem Princip der amtlichen, sich auch dem reiferen Alter aufzwingenden Halbschul-Autorität anheimgefallen. Auch besteht die gerühmte Freiheit des Studentenlebens heute nur noch darin, dass unter den vorhandenen Lehrbeamten gewählt werden kann, und dass der wirkliche Besuch der Vorlesungen keiner Controle unterliegt. Wohl aber ist dafür gesorgt, dass der Student keine Freiheit habe, sich der Entrichtung von Studienzoll für aufgenöthigte und in ziemlicher Anzahl lästig fallende Vorlesungen zu entziehen und das Schwergewicht seiner Thätigkeit in das Selbststudium wirklich guter literarischer Hülfsmittel zu verlegen. Er muss nicht etwa dem Examen, was ganz in der Ordnung wäre, sondern den Examinatoren opfern, die ihm ihre Vorlesungen anbieten und recht gut wissen, wodurch ihr Handwerk hauptsächlich im Gange zu erhalten ist. Gäbe es wirkliche Freiheit der Studien, könnte man sich also die für ein Fach erforderlichen Kenntnisse frei und unabhängig von jeder öffentlichen Anstalt auf privatem Wege beschaffen, so würden die hohen Institute bald bis zur äussersten Tiefe sinken und durch Verödung, wie sie den landwirthschaftlichen Akademien begegnet ist, absterben.

Der Studirende, der zwar nur selten die volle Tragweite des eben angedeuteten künstlichen Systems der Zwangsconservirung der Universitäten durchschaut, wird wenigstens von den Wirkungen unangenehm berührt. Ist er blosser Brodcandidat und ohne höhern Sinn, so entschädigt er sich für die Leerheiten, welche der von ihm zu fünf Sechsteln vernachlässigte Cultus des Schlendrians der Vorleserei erzeugt und übrigens, wenn er sich ihm ganz unterwürfe, in

noch grösserem Umfang mit sich bringen würde, durch die um so
emsigere Pflege der sonstigen studentischen Lebensweise. Für den
Lebensgenuss wäre, Angesichts der Beschaffenheit der Universitäten,
eine solche Ausnutzung der Studienjahre wirklich nicht zu bedauern, wenn sie an sich nur mehr mit einer edleren Sitte und
Art des Geniessens stimmte. Diejenigen aber, welche etwas idealer
denken und es nicht blos auf die Erfüllung der unabweislich
vorgeschriebenen Versorgungsbedingungen absehen, müssen sich noch
weit unbefriedigter fühlen; denn sie müssen wahrnehmen, dass bei
dem redlichsten Studium um so weniger herauskommt, je mehr
das herkömmlich Vorgeschriebene in naiver und vertrauensvoller
Weise auch wirklich innerlich respectirt wird. Sie werden bald
durch die abstumpfende Vorleserei wenigstens über den einen Punkt
belehrt werden, dass ihr Geist nach dieser Manier ohne lebendigere
Anregung bleibt und veröden muss, wenn er sich nicht zeitig
emancipirt und selbständig in der Literatur bessere Nahrung sucht.
Freilich ist letzteres nicht leicht; denn grade die grossen Leistungen
der wahren Förderer der Wissenschaften aus den letzten Jahrhunderten werden dem Gesichtskreise der Studirenden geflissentlich
ferngehalten und, wo nicht zum Geistesniveau eben gangbarer Professoren degradirt, mindestens als für die Jugend vorläufig noch un-
nahbare Quellen ausgegeben.

Wenn man daher in heutiger Zeit auch im Bereich des Studentenlebens viel Blasirtheit antrifft, so entspricht diese Erscheinung eben
nur den angedeuteten Uebelständen. Der moralische Muth wird
auch oft bei den Besseren verloren gehen und eine Art Demoralisation in Rücksicht auf Wissen und Wollen umsichgreifen, sobald
keine Bemühung um eine wirklich fördernde Geistesnahrung zu
ihrem Ziel gelangt. Zu den Enttäuschungen über das mehr ver-
wirrende und abstumpfende als aufklärende Wissensgeröll, wie es
herkömmlich geboten wird, gesellt sich auch noch die Wahrnehmung, dass die fragliche Gelehrtensphäre nicht blos ein Erzeugniss des wissenschaftlichen Verfalles ist, sondern auch mit ihrem
ganzen Treiben inmitten einer äusserlichen Corruption steht, vermöge deren eine willige Dienstbarkeit gegenüber religiösen und politischen Anforderungen, aber nicht im Entferntesten reine und wahre
Wissenschaft das erste Gesetz ist. Die Verschlagenheit der Mönche
ist sprüchwörtlich geworden; aber die Ränke und Schliche, die im
Gelehrtenthum der Hochschulen bei einer verderbt zunftmässigen
Vertheilung und Ergatterung der Stellen angewendet werden, können

jeder andern reptilischen Verhaltungsart würdig zur Seite treten. In einer Uebergangsepoche aber, in der auch sonst die Corruption zunimmt, gestaltet sich die Beschaffung des, um im akademischen Jargon zu reden, „geeigneten" Nachwuchses für die Lehrstellen zu einer förmlichen Züchtung und Heranziehung grade solcher Personen, die entweder wirklich rückständig sind oder in Unbekümmertheit um eigentliche Wissenschaft etwas zu leisten vermögen. Die Preisgeber echter Wissenschaft haben alsdann allein Chancen und mit ihrer Gattung wird das gelehrte Feld grundsätzlich angebaut oder, wahrer gesprochen, verwahrlost. Der entsprechende Charakter kann sich nun aber auch im unmittelbaren Lehrbetrieb nicht ganz maskiren, und hier ist der Punkt, wo auch der Studirende etwas von der moralischen Amphibiennatur gewahr werden muss, die in zwei Elementen, nämlich in dem der Wissenschaft und in dem ihrer Preisgebung zu leben verstehen will, in der That sich aber nur sehr selten auf dem solideren Boden anstatt in dem geschmeidigeren Medium jener fremden Dienstbarkeit bewegt. Wenn der Studirende sieht, wie die gröberen Interessen keine höheren und edleren Rücksichten aufkommen lassen, so wird er auch für seine eigne Person entmuthigt und schliesslich der Versuche eines Aufschwungs zum Bessern überdrüssig. Er verzweifelt an der Wahrheit, weil er nur den Eindruck der Unwahrhaftigkeit empfängt, und er büsst den Glauben an die Wirksamkeit des Guten ein, weil er grade das Schlechteste im sichersten Besitz von Einfluss und Herrschaft erblickt.

Die Rückwirkung solcher Zustände auf das ganze geistige Leben einer Nation bedarf wohl nicht erst der besondern Erörterung. Gelehrtencorruption und Studentenblasirtheit gehören zusammen; die letztere ist fast ausschliesslich eine Wirkung der ersteren. Die gesammte Literatur und Wissenschaft muss gewaltig darunter leiden, wenn von den Hochschulen selbst die Desorganisation der gesunden Lebens- und Wissensbestrebungen ausgeht. Die durchschnittliche Charakterlosigkeit des gemeinen literarischen Treibens ist nicht zum geringsten Theil auf den Verfall und die Haltungslosigkeit der gelehrten Anstalten und nicht etwa allein auf den unmittelbaren Servilitätscultus zurückzuführen. Die moralisch ungesunde Nahrung, die so für das Publicum in der Literatur zubereitet wird, trägt wahrlich nicht wenig zur Zerfahrenheit und widerspruchsvoll zerrissenen, schliesslich sich selbst zum Ekel werdenden Gestaltung des Geisteslebens der verschiedensten Schichten der Gesellschaft, namentlich aber der mittleren und höheren Classen bei. Wenn man sich bei diesem Vorgange über irgend etwas zu wundern hätte, so könnte es sicherlich nicht die Ausbreitung des Uebels, sondern nur die Schranke sein, welche ihm, trotz Verfall und Corruption, doch thatsächlich von den gesunderen Triebkräften gezogen wird. Der Fond an Lebensmuth und leichtem Sinn, mit welchem grade die Jugend von der Natur reichlich ausgestattet ist, lässt es nur selten zu dem Aeussersten des Ueberdrusses und zu jener vollendeten Blasirtheit kommen, welche sich fast nur in einem spätern Lebensalter nach vorgängiger Abbrauchung der Genussfähigkeit einfindet. Auch treten in der Bildungsentwicklung die wirklich modernen und aufklärenden Elemente echter und nützlicher Wissenschaft schon einigermaassen befreiend dazwischen und mindern den Druck des gelehrten Alps. Eine solche heilsame Wirkung wahrhaft wissenschaftlicher Emancipation vollzieht sich aber verhältnissmässig am leichtesten da, wo die erstickenden und ablenkenden Mächte am wenigsten Spielraum haben, wo also das weitere Publicum nur mittelbar durch die Literatur von der gelehrten Corruption heimgesucht wird und daher auch mehr mit den modernen Triebkräften des Geistes verkehrt. Diese letzteren können einigermaassen ausgleichend wirken. Neben dem Verfall, den das mittelalterliche Wesen von der Volksschule bis zur Universität hinauf erfährt, und der allerdings keine angenehmen, dem Lebenswerth günstigen Erscheinungen zu Tage fördert, gehen in freier Weise die frischeren, das Dasein mit neuen Reizen ausstattenden Erscheinungen einher, die dem Wissen und Wollen in der Gegenwart feste Anhaltspunkte bieten und als etwas Zukunftsvolles auch schon die besseren Elemente des heutigen Lebens mit unmittelbaren Reizen ausstatten.

7. Es wäre sehr schlimm, wenn die normale Entwicklung eines Menschenlebens ausschliesslich nach der Empfindung derjenigen Uebelstände bemessen werden sollte, die ihr von einer Uebergangsepoche aufgenöthigt oder wenigstens besonders fühlbar gemacht werden. Welchen Reiz hat nicht an sich selbst die Einführung in das Reich des echten Wissens und des edel gebildeten Fühlens! Der jugendliche Mensch wird von all dem Neuen und Bedeutenden, was seiner wachsenden Verstandeskraft und seinem aufblühenden Gefühl entgegenkommt, mit Befriedigung erfüllt und sich der Frische seines eignen Wesens an den Gegenständen erst recht bewusst. Ausser dem Aufspriessen der Liebe giebt es wohl nichts, was mächtiger und tiefer die edelsten Elemente der menschlichen Natur

ergriffe, als grade die erste Erkenntniss von Welt und Leben, wie
sie durch die allgemeine Wissenschaft und bei der Vorbereitung für
den besondern Beruf nahetritt. Die lebendige Theilnahme an den
wirklich genialen Bestandtheilen der Kunst und Literatur ist niemals
in gleich ursprünglicher Frische wieder möglich, wie das erste Mal,
wo der ganze werdende Mensch mit allen seinen nach Gestaltung
ringenden Triebkräften den lebenanregenden Einwirkungen in dem
eignen vorwärtsdrängenden Streben entgegenkommt. Für beide
Geschlechter wird die Zeit der Annäherung an die natürliche Blüthe
auch diejenige sein, in welcher das Interesse an allseitiger Erkenntniss und Bildung einen besondern Aufschwung nimmt. Ist in den
vorangehenden Jahren für eine gehörige Aneignung der ersten Fertigkeiten und Kenntnisse gesorgt, so wird auf dem nunmehr erreichten
Höhepunkt ein entschiedenes Ausblicken in die Weite eintreten und
eine ausserordentliche Lebhaftigkeit in der Erfassung der weiteren
Ziele platzgreifen. Für diese Stufe der Lebensentwicklung beruht
das Glück eben auf jener Tragweite der Vorstellungen, und wenn
sich hiebei auch etwas Schweifendes und Unbestimmtes einmischt,
so gehört auch dieser luftige Stoff zu der Ausstattung, mit
welcher die Natur das ideelle Leben bereichert. Es sind die
Perspectiven, die sich hier der Phantasie darbieten, durchaus nicht
reine Illusionen; denn sie bedeuten mindestens die regsame Fülle
von Lebensmöglichkeit, die an sich vorhanden ist, mag sie auch
immerhin in einem andern Sinn, als in dem ursprünglich und oft
äusserst zufällig vorweggenommenen, zur Wirklichkeit werden.

Halten wir also, ohne uns durch Uebelstände zweiter Ordnung
beirren zu lassen, an der fortschreitend wohlthuenden Entwicklungs-
fähigkeit des sich bildenden Einzelmenschen fest. Die Reize des
Lebens, die sich hier darbieten, werden nicht in jeder Epoche der
Menschheit durch eine theilweise Verleidung der Bildungsgelegen-
heiten beeinträchtigt. Niemals ist es die Menschennatur oder das
Wesen des Wissens und der Bildung an sich selbst, was die Trübungen verursacht. Immer sind es besondere, geschichtlich gewordene und geschichtlich auch wieder vergängliche Umstände,
welche hemmend oder gar quälend eingreifen. Was seitens der
Menschen, wenn auch nicht durch die isolirte Macht des Einzelnen
allein, so doch im entschiedenen Zusammenwirken der Gesellschaft
abstellbar ist, darf nicht als ein natürlicher und dauernder Abzug
vom Lebenswerthe betrachtet werden. Man muss sich darein finden,
wie in einen Zwang, von dem man weiss, dass Zeit und Gelegenheit

für die Kraft, die ihn abschütteln will, nicht ausbleiben. Der Verfall und die ihm entsprechende Corruption, die uns jetzt Wissenschaft, Bildung und Kunst verunstalten und die Entwicklung des Einzelnen oft krankhaft inficiren, würden nicht die gleich widerwärtige Gestalt angenommen haben, wenn nicht schon der Pulsschlag des neuen Lebens sich überall geregt und die Auseinandersetzung mit dem in der bessern Richtung Lebensunfähigen zur Nothwendigkeit gemacht hätte. Was völlig zum Leichnam werden muss, belästigt nun mit seiner abgelebten Halbexistenz das gesund strebende Dasein. In jeder Epoche, die einen entschiedenen Uebergang zu neuen Zuständen vorstellt, werden die verwesenden Bestandtheile, die am halb abgestorbenen und halb erst noch absterbenden Körper der abzudankenden Vergangenheit sich immer mehr ausbreiten, die Berührung mit ihnen unangenehm machen. Ja schon die Nähe derselben und überhaupt die Umgebung ähnlicher Art wird unsere Nerven übel erregen und unsere Kräfte zur Abwehr des Ungemachs oft peinlich anspannen. Indessen wird uns hier immer dadurch eine Entschädigung und Genugthuung, dass uns dieselbe Erkenntniss, durch welche die Missstände besonders fühlbar werden, auch in den Stand setzt, das Bessere in der Zukunft vorauszusehen und in der Gegenwart anzustreben.

Noch ehe die Jugend dazu gelangt, in das Lebensalter der praktischen Berufsthätigkeit völlig einzutreten, wird sie in ihrem männlichen Theil meist recht unsanft an einen sehr allgemeinen Beruf erinnert, dem sie bis zur Zeit der Kraftlosigkeit in irgend einer Form verfallen bleiben soll. Dieser Beruf ist bekanntlich die edle Kunst des Tödtens und die erste Beibringung derselben liefert auch schon einen Vorgeschmack von dem schliesslichen Hauptzweck. Das Volk muss zunächst einige schöne Lebensjahre in der Kaserne zubringen und sich dort, wie man es nennt, erst gehörig erziehen lassen. Es wird gedrillt und, wie es meint, auch nicht wenig geplagt. Einzelne seiner Söhne erliegen bisweilen auf den kräftigenden Uebungsmärschen den Parforceleistungen; andere bereichern die ausserordentliche Sterblichkeits- und Selbstmordstatistik des Militairs. Der Fall, das der freiwillige Tod den Annehmlichkeiten, zu denen sich bisweilen die Erfahrungen dieser Art Erziehung und Schule zuspitzen, entschlossen vorgezogen wird, gehört durchaus nicht zu den Seltenheiten. Nach jenen ersten Jahren bleiben dann noch lange die kürzern Uebungen und der Krieg in Aussicht. Die wohlhabenderen Stände werden freilich nicht so hart betroffen; aber auch wenn wir nicht blos unsere speciellen Verhältnisse, sondern die gesammte neuste militaristische Gestaltung von Europa in das Auge fassen, so ist, um hier ein neues Wort für eine mit der alten Leibeigenschaft nicht ganz vergleichbare Sache zu brauchen, die soldatische Leibeigenheit überall für den Lebensgang um so empfindlicher, als das moderne, edler geartete Culturbewusstsein bereits einen höheren Grad erreicht hat. Allerdings sind die Zeiten des Spiessruthenlaufens vorüber und auch in manchen andern Richtungen hat eine feinere Manier der Härte den Fortschritten der Civilisation auch im Militair Rechnung getragen. Dagegen hat aber auch in diesem Bereich der Charakter der Uebergangsepoche und des zugespitzten Kampfes zwischen dem Alten und dem Neuen zur Verschärfung und Verschlimmerung der Verhältnisse geführt. Die alten Gewalten spannen ihre Sehnen um so krampfhafter an, und ein besonderer, sich wesentlich nur aus sich selbst ergänzender Stand, der im Militair die befehlshaberischen Positionen fast ausschliesslich einnimmt, macht seine Ueberlieferungen dem soldatischen Volk und der sonstigen Gesellschaft gegenüber um so eigenwilliger geltend, als er je länger je mehr den Conflict mit den frischen Antrieben eines sich neu und nicht in seinem Sinne regenden Lebens empfindet. Der jugendliche Mensch aber, der diesem Herrschaftsrahmen zu unbedingtem Gehorsam überantwortet wird, muss es lebhaft fühlen, wie er und sein ganzes Ergehen, einschliesslich seiner Gesundheit, solchen Mächten zu willkürlicher Verfügung steht, die nicht einmal von der Volksgesellschaft, der er angehört, geschweige durch seine .Wahl, ihre mit Leben und Tod schaltende Function erhalten haben. Es ist eine durchaus fremde Gewalt, der er gleichsam auf Gnade und Ungnade anheimfällt, und diese Lage ist nicht geeignet, vom Werthe und der Würde des eignen Lebens einen grossen Begriff zu begünstigen. Indessen auch die störende Erniedrigung oder sonstige Schäden, die hiebei vom heutigen Leben vorläufig noch ertragen werden müssen, dürfen nicht so angesehen werden, als wenn es sich um ein der menschlichen Natur anhaftendes Ungemach handelte. Die Wehrhaftigkeit an sich ist freilich noch unumgänglich; aber in ihr liegt nicht mit Nothwendigkeit eine militaristische Gestaltung. Sogar der unter Umständen nöthige Kampf zwischen Mensch und Mensch wird solange ein wesentliches Element des Lebens und seiner Chancen bleiben, als nicht jenes noch äusserst ferne Ziel erreicht ist, bei welchem die Ordnung und Selbsteinschränkung der sonst einander kreuzenden Antriebe durch innere sittliche Macht den Einzelnen in ein vollkommen friedliches Wesen umgewandelt hat, welches seine Kräfte ausschliesslich der Ueberwindung der Naturhindernisse zuwendet. Bis dahin wird nicht nur die Bereitschaft zum Kampf einen Bestandtheil der Lebensgestaltung bilden müssen, sondern auch die Schätzung des Lebenswerthes davon abhängen, ob der Einzelne und die Gesellschaft im Sinne ihrer natürlichen Rechte zu Wehr und Angriff ausgebildet und ausgerüstet sind. Das Dasein unter den zunächst abschbaren Chancen erfordert, wenn es nicht verkrüppeln und der vollständigen Versklavung anheimfallen soll, grade im Gegentheil eine Festigung aller physischen Bürgschaften für die thatkräftige Geltendmachung des Menschenrechts. Dies gilt für den Einzelnen wie für die Gruppen und Gemeinwesen. Das Dasein stellt eine grössere Energie dar und das gesammte Lebensgefühl muss sich unter den heutigen Umständen steigern, wo man sich sagen kann, über die Fertigkeiten und Mittel zur nachdrücklichen Wahrung seines Rechts zu verfügen. Es wäre also sehr erspriesslich, wenn gleichzeitig mit den letzten Schuljahren auch überall die erforderliche Uebung im Gebrauch der modernen Waffen platzgriffe. Natürlich ist hier nicht an steifes Exercitium oder gar an eigentliche Drillung, sondern nur an das Eine zu denken, was in einem Jahrhundert des Uebergangés am meisten noththut. Auch der eigne Besitz der Kampfmittel setzt wenigstens in den Stand, den Werth des Lebens dadurch zu erhöhen, dass man es unter Umständen theurer verkaufen kann.

8. Wenden wir uns von den zuletzt berührten feindlichen Seiten der Lebensbethätigung wieder zu dem unmittelbar schaffenden Spiel der Kräfte. Hier ist die gereifte Ausübung irgend eines besondern Berufs diejenige Angelegenheit, welche herkömmlich dem Mannesleben sein mannichfaltig gestaltetes Gepräge aufdrückt, während das Weib bis jetzt nicht sonderlich über den allgemeinen Geschlechtsberuf hinauszugelangen vermocht hat. Die gewaltige Kluft zwischen der Daseinsart der beiden Geschlechter gähnt da am weitesten, wo man sich über die unterste Volksschicht erhebt und die Lebenseinrichtungen der mittleren und oberen Classen betrachtet. In der Welt der eigentlichen Arbeit ist auch das Weib nicht wenig belastet. Ausser der Bürde, die ihm sein Geschlechtsberuf, also die häusliche Sorge um den Nachwuchs auferlegt, — ausser dieser, für den ärmeren Theil der Bevölkerung wahrlich nicht geringen Plage kommt auch noch eine Menge von auswärtiger Arbeit hinzu,

die sich sogar im eigentlichen Proletariat zum reinen Fabrikdasein
gestaltet. Von dem sogenannten Ideal des Familienlebens der Mittel-
classen kann also auf dieser Stufe nicht viel die Rede sein. Wohl
aber ist neben dem Uebel, welches die unmässige Belastung im
Gefolge hat, auch das Gute ins Auge zu fassen, was bisweilen hiebei sichtbar wird. Wo das Weib in den untern Ständen ausnahmsweise nicht überbürdet ist, da wirkt die Einmischung anderer
Thätigkeit, z. B. diejenige von Feldarbeit, offenbar wohlthätig. Der
allgemeine Geschlechtsberuf ist eine zu enge und auch dem Lebensalter nach zu beschränkte Sphäre, um das Leben unter gesunden
und freien Verhältnissen ausfüllen zu können. Das Weib will auch
abgesehen hievon etwas sein und leisten; es will nicht als überflüssig gelten, sobald es etwa in die vierziger Lebensjahre gekommen
ist und keine Kinder mehr aufzuziehen hat. Ueberhaupt wird es
durch seine allgemeine Menschennatur getrieben, sich unwillkürlich
gegen diejenige Erniedrigung seines Lebenswerthes zu wehren, die
in der ausschliesslichen Einschränkung auf den besondern Geschlechtsberuf liegt. Nun haben die Verhältnisse ihm die gemischte Gestaltung seiner Thätigkeit freilich nur da gewährt, wo diese Mischung
meist zur äussersten Steigerung der Beschwerden führt. An den
Ausnahmen kann man aber lernen, dass auch für die Frauen die
Thätigkeit nach Aussen eine Wohlthat ist und dass ein gleiches
allgemein menschliches Naturgesetz, welches dem Manne eine
Welt voll mannichfaltiger Beschäftigungen zum Bedürfniss macht,
auch in ähnlicher Weise für die Frauen, wenn auch in der Hauptsache nur gehemmt und daher wenig entwickelt, anzutreffen ist.

Die Spaltung, auf die wir bezüglich des Lebensganges der
beiden Geschlechter eben hinwiesen, ist so wichtig, dass ihre weitere
Erläuterung, sammt den zugehörigen Folgerungen für die Lebensreize, im Zusammenhange dieses, nur auf einen allgemeinen Ueber-
blick angelegten Capitels nicht Platz finden kann. Das Frauen-
schicksal erfordert im Rahmen einer Schrift, deren Thema der
Lebenswerth ist, wahrlich eine besondere eingehende Erwägun
Indem wir also an dieser Stelle von einer Vergleichung der geschlechtlich unterschiedenen Lebensgestaltungen absehen, haben wir
zunächst unsere ganze Aufmerksamkeit auf das äussere Berufsleben
der Männer zu richten. Auch hier sind die Classenunterschiede
nicht zu vergessen; aber es würde überflüssig sein, hiebei die
eigentliche Arbeiterwelt weitläufig in Betracht zu ziehen. Eine Erinnerung an die Beschwerden und an die Ueberlastung kann ge-

nügen. Sobald das Bewusstsein dieser Uebelstände allgemein und hiemit durch die Erkenntniss das reagirende Gefühl lebhafter wird, sind auch die Tage solcher Missgestaltungen schon gezählt. Der Mensch überwindet alsdann das Ungemach mit besserem Muth, indem er seiner eignen Kraft inne wird, mindestens für seine Nachkommenschaft ein auch äusserlich besseres Leben vorzubereiten.

Die Berufsarten, in denen das reifere Alter das Schwergewicht seiner Bestrebungen findet, bestimmen sich durch die culturmässigen Nothwendigkeiten der wirthschaftlichen Versorgungszweige und der öffentlichen Functionen. Die Arbeitstheilung vervielfacht sich mit der fortschreitenden Entwicklung der Völker, und die sonstigen, auf die gemeinsamen Angelegenheiten gerichteten Functionen gliedern sich ebenfalls gestaltenreicher. Hiemit werden auch bei dem Einzelnen specialisirte Gruppen von Eigenschaften erforderlich, und die individuellen Abweichungen der Lebenslage bewegen sich in einem immer grösseren Spielraum. Das Leben wird auf diese Weise im Ganzen und Grossen inhaltreicher, aber zugleich auch weniger einfach, so dass den Spaltungen desselben eine vereinigende, auf die Erhaltung des gemeinsam Menschlichen gerichtete Kraft entgegenwirken muss. Bei der einseitigen Ausbildung der Individualität dürfen die Hauptbestandtheile des vollständigen Menschenwesens nicht verkümmern. Das besondere Berufsgepräge darf die allgemeine Lebensenergie und eine entsprechende Fülle des Lebensgefühls nicht beseitigen. Dieser letztere Uebelstand wird nun zu einem erheblichen Theil da vermieden, wo über die Enge des blos privaten Daseins, also über den Rahmen von Familie und Beruf hinaus, die natur- und culturgemässe Befassung mit den allgemeinsten öffentlichen Angelegenheiten zu ernsterer Geltung kommt. Noch besser müssten sich die Lebensverhältnisse gestalten, sobald die Ausübung der auf das Gemeinwesen bezüglichen Thätigkeiten in einer solchen Art zum Durchbruch käme, dass man grundsätzlich in dem gesellschaftlichen und politischen Leben nur eine wesentliche Energie jedes vollständigen menschlichen Thuns erblickte.

In der That ist das Zusammenwirken mit Seinesgleichen zur Ordnung der gemeinsamen Angelegenheiten nicht etwa blos ein sachliches, sondern auch ein persönliches Bedürfniss, durch dessen Vorhandensein die Lebensthätigkeit an sich selbst mit neuen Elementen bereichert und demgemäss auch das Lebensgefühl erhöht wird. Schliesslich ist ja auch bei dem besondern Beruf die Empfindung der erfolgreichen Wirksamkeit das, was, abgesehen von den speciellen Unterschieden und Zwecken, überall die nachhaltige Genugthuung mit sich bringt. Die Befriedigung muss nun steigen, wo der Mensch thatkräftig in das gesammte öffentliche Triebwerk eingreift und im Verein mit seinem Nebenmenschen nach gleichem Recht für die Bedürfnisse Aller sorgt. Das Bewusstsein von der Fülle und allseitigen Verzweigtheit des eignen Lebens erweitert sich in entscheidender Weise, indem sich mit dem ausschliesslich privaten Theil der Interessen auch die umfassenderen Angelegenheiten verbunden finden. Zur vollen Höhe gelangt dieses Streben und Thun aber erst da, wo es sich zum Verständniss und zur Wahrnehmung der allgemeinen Gegenseitigkeit und Solidarität des menschlichen Verhaltens aufschwingt, und hievon ist in den bisherigen Thatsachen nur erst wenig zu verspüren. Wir wollen daher hier noch nicht in jene Zukunft vorgreifen, welche den Lebenswerth in einer gesellschaftlich und politisch noch höheren Steigerung entwickelt haben wird. Wir bleiben vielmehr bei dem Berufsleben und dem heute noch immer sehr geringfügigen Zubehör von nennenswerther Selbstbefriedigung politischer Bedürfnisse stehen.

Auch Angesichts der eben bezeichneten, nur geringfügigen Möglichkeit eines eigentlichen Gemeinlebens, muss dennoch die Beschränkung auf die Zwecke des einseitigen Berufslebens oder gar nur auf die materiell eigensüchtige Seite desselben als eine arge Versimpelung gelten. Der Werth des Daseins wird hiedurch herabgedrückt; aber freilich sind diejenigen, welche in dieser Erniedrigung ein vegetatives Behagen finden, nicht die Leute, welche sich grundsätzlich über die Existenz zu beklagen pflegen, und so mögen sie denn in ihrer wohlgenährten Sphäre auf ihre Art solange glücklich sein, bis irgend etwas, was jenseit ihres Horizontes vorgeht, ihre Vorstellungen und Interessen kreuzt. So ganz unschuldig ist aber diese um alles Höhere unbekümmerte Lebenseinrichtung thatsächlich doch nicht; denn eben in ihrem Bereich macht sich jenes „Erraffen, Erlisten" breit, welches in Schillers Glocke zu einer uns heute seltsam anmuthenden Verherrlichung gelangt ist. Vergessen wir es nicht, dass der grosse Dichter in seiner Zeichnung des männlichen Berufs jenes gewerbsmässige Erlisten und Erraffen, in welchem jetzt die bessere Anschauungsweise einen Krebsschaden der bürgerlichen Gesellschaft erblickt, als eine Pflichterfüllung hingestellt und in sein vermeintliches Ideal des für die Familie besitzschaffenden Mannes aufgenommen hat. Wir sehen hierin nur ein Denkmal für eine Anschauungsweise, die sich ursprünglich ihrer moralischen Missgestalt noch gar nicht recht bewusst war, aber heute nicht mehr in ihrer halben Unschuld, sondern nur noch im Gefühl ihrer echten Schuld fortzubestehen vermag.

9. Die Sorge für die materielle Existenz ist für den Einzelnen und für die Gruppen von fundamental entscheidender Art. Die spätern, über die erste Jugend hinausliegenden Lebensalter werden oft genug in dieser Sorge aufgehen, ja, meist, wo die Möglichkeit gegeben ist, über den natürlichen Zweck hinausgreifen. In den Classen, bei denen sich der Besitz und die damit verbundene Macht befinden, wird das Streben nach weitern Aufhäufungen zuletzt zu einer an sich schrankenlosen Begehrlichkeit, deren zügellose und rücksichtslose Bethätigung das Leben nicht blos Andern, sondern schliesslich auch der eignen Gruppe verleidet. Die auf das Aneignen gerichtete Gier und der zugehörige Geiz pflegen sich besonders widerwärtig in den spätesten Lebensaltern auszunehmen, ja bei dem Greise noch zu steigern, wenn sie auch schon vorher im Berufsleben der sogenannten productiven Classen ausgiebig genug bethätigt worden sind.

Solange die bisherigen Verhältnisse der Gesellschaft fortbestehen, ist innerhalb der besitzenden Gruppen das Streben nach Erhaltung und Vermehrung des Reichthums eine Fatalität, die da, wo sie mit den dadurch benachtheiligten Elementen in Conflict geräth, nicht verfehlen kann, dem Leben sehr unangenehme Beimischungen einzuverleiben. Die Betroffenen mögen es immerhin versuchen, sich durch den Cultus ihres Geldstolzes für die Verachtung und den Hass zu entschädigen, die ihnen von der ganzen übrigen Gesellschaft her begegnen; sie bleiben mit dieser ihrer gegenseitigen Honorirung doch wesentlich auf ihre Sippe und Gruppe beschränkt und gewinnen höchstens noch den Schein einer Anerkennung von Seiten einzelner Elemente aus den durch Geburt und Standesgewohnheit noch etwas privilegirten, aber geldbedürftigen, nach wohlausgestatteter Heirathswaare ausschauenden Kreisen. Im Uebrigen werden sie je länger je mehr zu einer ausschliesslichen Besitzkaste, der trotz allem Luxus die echten Lebensreize fehlen, und die in der Werthschätzung immer tiefer sinken muss, je mehr das Unheil und die Corruption gewürdigt werden, die mit ihrem Dasein für Andere und für sie selbst verknüpft sind. Wenn diese Art Leben schliesslich auch für den Einzelnen nirgend mehr Befriedigung gewährt, so ist dies in der Ordnung. Die Logik der Thatsachen duldet keine Widersprüche, und wie Missgeburten als lebensunfähig eben einfach dem Tode verfallen, so mag auch alles das, was sein Leben auf die ungerechte Beeinträchtigung anderer menschlicher Existenz gründet, zunächst dem innern Unbehagen und dann weiter auch den äussern Folgen seines Verhaltens getrost überlassen bleiben. Zu bedauern ist hieran nichts; im Gegentheil liegt eine höhere Befriedigung in der Wahrnehmung, dass die Missgebilde nach innern Gesetzen dem völligen Verderben nicht entgehen und so eine Art von Gerechtigkeit durch und in sich selbst zu erfahren haben.

Ausser jener erraffenden und erlistenden Thätigkeit, die den besondern Lebenszweck zu einer Feindseligkeit gegen das allgemeine Menschenrecht verunstaltet, macht sich von gewöhnlichen Antrieben noch die conventionelle, meist missrathene sogenannte Ehre geltend. Es lohnt sich kaum, im Hinblick auf die heutigen Uebergangs-verhältnisse von diesen verkommenen Resten alter Thorheit aus-führlicher zu reden. Die Ehre, die in Ordensdecorationen und Byzantinischem Titelwesen gipfelt, bedarf gegenwärtig keiner kritischen Anatomie mehr, um ihr Gefüge zu zeigen. Sie ist für den, welcher echtes Leben vom Schein zu unterscheiden weiss, bereits ein Leichnam. Auch von der im Zweikampf unberührt zu erhaltenden Gattung von Ehre mag ich nicht mehr reden. Dieser mittelalterliche, feudal geartete und heute noch militärisch privi-legirte Standesrest einer ursprünglichen Selbsthülfe, die mit dem krassesten Aberglauben an die sogenannten Gottesurtheile verquickt war, — dieses Ueberbleibsel des mit Köhlerglauben versetzten Fehderechts der höhern, bewaffneten Stände der Vorzeit ist gegen-wärtig zur reinen Caricatur geworden und fristet sein immer mehr beschränktes Dasein nur noch innerhalb einiger Sondergebiete der Gesellschaft, ja behauptet auch hier nicht mehr eine ungetheilte Anerkennung. Lässt sich auch gegen eine natürliche Selbsträchung des Unrechts nicht der versklavende Grundsatz einwenden, dass überhaupt alle Selbsthülfe durch die öffentliche Gerechtigkeit in jedem Falle ausgeschlossen sei, so ist doch das Duell weit davon entfernt, etwas diesem Gedanken Entsprechendes vorzustellen. Abgesehen von dem vertrackten und ungereimten Comment, ist schon die zu Grunde liegende Vorstellung von der Ehre hohl und ver-kehrt. Allerdings ist dem Menschen nicht zuzumuthen, Verletzungen und Beleidigungen stets unvergolten zu lassen. Im Gegentheil hat der Vergeltungstrieb einen Anspruch auf Befriedigung, und wo die öffentliche Organisation der Rache ihren Dienst versagt, bleibt noch immer das souveräne Individuum mit seinem unveräusserlichen Urrecht der Selbsthülfe übrig, woraus ja auch alle öffentlichen Einrichtungen erst hervorgegangen sind. Hieraus folgt aber keine Duellcaricatur, und hiemit hat jener abseits gerathene Ehrbegriff nichts zu schaffen, für den die persönliche Integrität durch jede Beleidigung als verloren gilt und nun vermeintlich auf dem bekannten Wege wiederhergestellt werden muss. Die echte Ehre beruht auf nichts weiter, als auf dem allgemeinen Geltenlassen oder Anerkennen der sittlich erforderlichen oder auch besonders verdienstlichen Eigenschaften. In dem einen Fall handelt es sich nur um die Wahrung des Rechts gegen Beleidigung oder Verletzung und um die Sicherung des wahren Sachverhalts gegen Verleumdungen. In dem andern Fall ist es die positive Werthschätzung der Leistungen, worauf sich das besondere Streben nach gesellschaftlicher Ehre zu richten hat. Jene erstere Gattung von Ehre muss allerdings vertheidigt werden; aber sie wird es wirksam nur dadurch, dass der wahre Sachverhalt gegen frivole Angriffe geltend gemacht und so eine entsprechende gute Meinung der Menschen aufrechterhalten wird. Die zweite Gattung von Ehre aber, die auf der sichtbaren Anerkennung positiver Verdienste beruht, kann durch nichts weiter gesichert werden, als durch die möglichste Zugänglichkeit unseres Thuns für das allgemeine und öffentliche Urtheil.

Die falsche, blos conventionalistische Ehre, die auf erkünstelten Scheinvorzügen beruht, hat nun nichts mehr zu scheuen, als ein allgemeines Sichtbarwerden des unter ihrer Maske verborgenen Sachverhalts. Sie greift daher auch zu entsprechenden, den Schein rettenden Sicherungsmitteln. Mit ihr uns hier weiter aufzuhalten, ist überflüssig; denn eine dauerhafte, den Lebenswerth steigernde Ehre ist nur da möglich, wo ihr etwas zu Grunde liegt, was auch an sich und vor dem eignen Urtheil ein rechtes Verhalten und ein echtes Verdienst ist. Die Meinung Anderer ist erst das Zweite und von der Sache selbst Abgeleitete. Sie ist zwar durchaus nicht gleichgültig für die mehr oder minder befriedigende Gestaltung des Lebens; denn der Mensch ist darauf angewiesen, in den Rückwirkungen, die sein Thun bei Seinesgleichen erzeugt, einen erheblichen und wahrlich nicht den niedrigsten Theil der Lebensgenugthuung zu suchen. Wohl aber wird eine gediegene Lebenseinrichtung auch hier nur dann platzgreifen, wenn alle die Ehre betreffende Werthschätzung auf das natürlich Gute und Nützliche zurückgeführt wird. Erspriessliche Arbeit und ein entsprechendes

Wirksamkeitsgefühl müssen überall den Ausgangspunkt bilden. Nur mit einer solchen Bethätigung des Berufs, in welcher das eigne und das fremde Interesse einheitlich verschmolzen sind, kann echte Ehre, nämlich begründete Anerkennung verbunden sein. Wo aber eine derartige Ehre künstlich hintertrieben und an deren Stelle ein Wechselbalg von Scheinehre gepflegt wird, da muss allerdings die ganze Rechnung mit der Meinung Anderer eine widerwärtige Gestalt annehmen. Letzteres ist nun gegenwärtig in den meisten Richtungen der Fall, und wir müssen daher die thatsächliche Verwirklichung der Gesetze der wahren Ehre von Zuständen erwarten, die jenseits unserer, an der Zersetzung der falschen Begriffe und Verhältnisse arbeitenden Uebergangsepoche liegen.

10. Diejenigen Lebensalter, in denen man mit Recht eine gewisse Gesetztheit und eine Art Gleichgewicht des Verhaltens zu suchen pflegt, sollen nach der herkömmlichen Ansicht auch diejenigen sein, in welchen die sogenannten Illusionen der Jugend nicht mehr Platz hätten. Diese Vorstellungsart enthält neben einem Stück Wahrheit eine entschiedene Verkennung der bessern Entwicklungsgesetze. Das Leben ist eine Reihe von Zuständen, die eine Einheit bilden und von denen jeder spätere im Wesentlichen das erfüllt, was in den früheren angelegt war. Nach unserm Gesetz der Differenz ist der Uebergang zu den neu entwickelten Gestaltungen mit besondern Spannungen des Lebensgefühls, also mit höheren Graden der Reize verbunden. Das ganze Triebwerk des Lebensganges beruht darauf, dass neue Elemente in den Rahmen des Daseins treten, und die ideelle Vorwegnahme dieser Elemente vor ihrer äusserlich vollständigen Darstellung ergiebt ein Vorstellungsleben, auf welchem ein grosser Theil des Glückes beruht. Der markirteste Hauptunterschied ist nun der von Jugenddrang und einer durch die Jahre gereiften Wirksamkeit. Das praktische Handeln des gesetzten Mannes, woneben man unter bessern Culturverhältnissen auch ein ähnliches Wort für das entsprechende Verhalten des Weibes kennen würde, — jene jetzt nur als männliche Reife zu bezeichnende Eigenschaft contrastirt allerdings mit den raschen und noch vielfach haltungslosen Wendungen der wenig erfahrenen Jugend. Der gewöhnliche Vergleich von Blüthe und Frucht trifft allerdings nur halb zu; aber er sollte doch lehren, dass in dem früheren Entwicklungsstadium bereits das ganze Wesen zu seiner schönsten Entfaltung kommt, und dass in dem späteren nur das in einer andern Gestalt vorgeführt wird, woran

sich nach einer neuen Umwandlung wiederum Blüthen ansetzen.
Wer bei der Frucht nur an ihren Genuss denkt, verkennt das
Wesen jener Vergleichung. Mit dem Blühen der Jugend hat es
seine Richtigkeit; aber die Frucht ist, wenn sie in ihrer Bedeutung
für das Wesen gefasst wird, dem sie angehört, doch nur der
Saame und Anfang eines neuen gleichartigen Wesens.

Zur Frucht im natürlichen Sinne kommt es eben auch schon
bei der Jugend und zwar naturgemäss im unmittelbaren Anschluss
an die Zeit der Blüthe. Die Fortsetzung des Menschen in andern
Wesen ist, wenn wir durchaus die Vergleichung mit der Pflanze
festhalten wollen, schon mehr als blosse Frucht. Sie ist die Hervorbringung eines neuen Lebenslaufes. Dennoch denkt man aber
bei dem Lebensalter, welches der Blüthezeit folgt, weit weniger an
diese Art Frucht, als vielmehr an diejenigen Eigenschaften, welche
ein Ergebniss der längern Erfahrung und des berufsmässigen Verkehrs zu sein pflegen. Eine gewisse Nüchternheit des Thuns
bildet hier in der That häufig den Gegensatz zu dem mehr oder
weniger vorhanden gewesenen Phantasierausch der Jugend. Auch
der Charakter, insoweit derselbe die nach und nach angenommene
und in der selbständigen Führung der Angelegenheiten erworbene Haltung ausdrückt, ist nun erst aus den bestimmbaren
und gleichsam weichen Formen, die er bereits in der Jugend
zeigte, zu markirteren und so zu sagen härteren Zügen fixirt.
Das praktische Leben ist, wenn seine Schule ausgiebig und sein
Schüler nicht grade ein Simpel war, in diesen Jahren wirklich als
einigermaassen erlernt zu betrachten, und eine dieser Lebenserprobung entsprechende Denkungsart oder Gefühlsweise pflegt
auch gemeint zu sein, wenn man von der Umsicht und gesetzten
Haltung der reiferen Lebensalter redet. Der natürliche Höhepunkt
des Lebens ist jedoch offenbar da zu suchen, wo die leibliche und
mit ihr auch zugleich die geistige Vollkraft aller Functionen erreicht
ist, die naturgemäss das menschliche Wesen ausmachen. Diese
Vollkraft erhält sich eine Zeit hindurch, ohne in ihrem natürlichen
Bestand merklich abzunehmen, und entwickelt sich auch noch da,
wo sie als blosse Naturausstattung schon etwas nachzulassen beginnt, durch die culturmässige Bethätigung wenigstens zu einer
Leistungsfähigkeit, deren spätere grössere Bedeutung auf der Vereinigung der natürlichen Anlagen mit der erworbenen Uebung und
Gewohnheit beruht. Es giebt nämlich eine Uebung nicht etwa blos
der speciellen Fertigkeiten, sondern auch der allgemeinen Lebens-

functionen, und diese letztere Art von gewohnheitsmässig erleichterter Bethätigung kann sogar als ein gewisser Ersatz für einiges Zurücktreten der ersten Frische der Kräfteregsamkeit gelten.

Denken wir nun vorzugsweise an die eben gekennzeichnete Zeit, in welcher die Kräfte von Natur weder sonderlich wachsen noch abnehmen, so wird diesem annähernden Gleichgewicht auch eine verhältnissmässige Ruhe oder, mit andern Worten, eine Mässigung der zur Bewegung reizenden Antriebe entsprechen. Das rein Natürliche am Menschen steht sogar scheinbar still und die sogenannte Gesetztheit dieses Zustandes erinnert mit ihrer Bildlichkeit an ein Leben, welches auf seinem Gange zu einem Ruheplatz gelangt ist und sich dort gleichsam niedergelassen hat. Indessen giebt es in Wahrheit kein vollständiges Sichgleichbleiben der natürlichen Grundlagen, und noch viel weniger giebt es ein solches für die in dem Einzelleben sich geltend machende Culturthätigkeit. Wenn sich auch viele Functionen des leiblichen und geistigen Daseins eine längere Zeit ohne erhebliche Veränderung wiederholen, so rastet doch darum die auf immer neue praktische Ziele gerichtete Gehirnthätigkeit keineswegs. Der Sinn wendet sich noch eine länge Zeit mit Energie neuen Combinationen der Lebensaufgaben zu, nachdem bereits alle Stadien der Entwicklung zur natürlichen Vollkraft und zu einer beträchtlichen Bethätigung derselben durchlaufen sind. Um an ein ganz nüchternes Beispiel zu erinnern, so fehlt es dem Geschäftsmann nicht leicht an der Neigung, an weitere Unternehmungen zu denken. Für diejenigen aber, welche am Gedanken- und Gefühlsleben der Gesellschaft unmittelbarer theilnehmen, ist es gar keine Frage, dass auch die reiferen Lebensalter für die höheren Interessen neue Gestaltungen und Reize darbieten.

11. Um so thörichter nimmt sich daher jene Auffassung aus, welcher die Ideale, die zuerst der Jugend in lebendigster Gestalt nahetraten, später als völlig abgethan gelten. Einen wie dürftigen Ausgang hat nicht beispielsweise das Schillersche Gedicht über diesen Gegenstand! „Die Ideale" des philosophisch so stark ausgeprägten, aber in dieser Beziehung auch so unglücklich beeinflusst gewesenen Dichtergenius mussten freilich als „zerronnen" erscheinen, weil sie in einer Weise concipirt waren, die sich mit ihrer Ueberschwenglichkeit über den natürlich möglichen Gehalt und das Ebenmaass der Dinge hinwegsetzte. Zu einem grossen Theil ist für den ganzen Lebenslauf Schillers die Zwitterphilosophie Kants die Ursache jener unhaltbaren Gestaltung des dichterischen Vorstellens gewesen.

Schliesslich hat unser hochsinniger Dichter es noch einige Jahre vor seinem Tode brieflich selbst ausgesprochen, in Kant sei noch immer etwas, was „an einen Mönch erinnert, der sich zwar sein Kloster geöffnet hat, aber die Spuren desselben nicht ganz vertilgen konnte". Auch hat er es nicht an einigen Gedichten fehlen lassen, in denen die Philosophie nicht wenig verspottet wurde; aber diese verächtlichen Gegenregungen gegen das dem Blut einmal Eingeimpfte konnten an der Hauptsache nichts mehr ändern. Ich würde nicht soviel Werth auf dieses Beispiel philosophischer Bestärkung einer ideologisch rückständigen Lebensanschauung legen, wenn nicht das Schicksal des Deutschen Dichters auch der Typus des Denkens und Fühlens aller derjenigen wäre, die sich auf der Scheidelinie zwischen zwei miteinander unverträglichen Anschauungsweisen bewegen. Auch was wir an Idealismus alter Art noch etwa heute hier und da übrig haben, trägt unverkennbar die Züge eines poetischen Einflusses aus jener Quelle. Die trockne, dürftige und haltungslose Metaphysik des Königsberger Professors ist an sich selbst zu ohnmächtig, als dass man ihr unmittelbar eine Verzerrung der Lebensansichten weiterer Kreise zuschreiben könnte. Wohl aber ist der Halbzweifel und überhaupt das zwitterhafte Gebahren, dem sie sich in ihrer Vermittlungsbeflissenheit zwischen alter Unwahrheit und neuer Wahrheit dienstbar machte, durch den Canal der Dichtung ein schädigendes Element geworden, und wer die von dieser Seite her überlieferte Bildung der Deutschen leicht nehmen wollte, würde seine Aufgabe verfehlen. Wo ein ewig Unerreichbares den Trieben des Wissens und Wollens als Ziel vorgehalten wird, da sind Widerspruch und Ungereimtheit auf den Thron erhoben, und das Leben so gut wie das Denken muss unbefriedigt mit sich selbst zerfallen. Ein solcher Widerspruch und Widerstreit ist freilich nicht von einem Professor der Metaphysik in die Welt gesetzt worden, sondern hat sich überall da eingefunden, wo die Menschen in die Lage kamen, von alten Irrthümern der Weltansicht nicht lassen, aber zugleich auch die neuen Wahrheiten nicht abwehren zu können. Das hiedurch entstehende Gemisch der Lebens- und Weltauffassung hat zu Zwischenbildungen haltungsloser Zwitterideale geführt, in denen das Alte nicht sterben und das Neue nicht leben kann. Nimmt der Mensch von vornherein sein Leben und die Welt als eine ungetheilte Einheit, so wird seine Phantasie auch im höchsten Aufschwung nicht den gesunden Stoff verfehlen, und auch die jugendlichen Gewebe dieser hohen Kraft werden nicht so gänzlich bedeutungslos sein, dass sie später sämmtlich wie Zunder zerfallen, mit dem sich höchstens noch ein Funke ohnmächtigen Bedauerns anfachen lässt.

In der That sind die Klagen über die Enttäuschungen des spätern Lebens zu einem grossen Theil auf die falschen Ueberschwenglichkeiten einer zum Verhimmeln, also zur Unnatur verführten Phantasie zurückzuführen. Das natürliche Träumen der jugendlich unerfahrenen Phantasie ist an sich selbst nie so gefährlich, wie jene erkünstelte Steigerung ihrer Conceptionen, welche durchaus die Welt verlassen und Gegenstände finden will, die nie und nirgend im Zusammenhang der Dinge vorhanden sein können. Die Geschraubtheit, um nicht zu sagen Verschrobenheit der Erwartungen wird selbstverständlich in dem spätern Leben nicht befriedigt, und diese Art von Enttäuschung ist demgemäss eine völlig gerechte. Was soll aber das Gejammer darüber, dass ein geträumter Himmel nicht die Liebe in ewiger Dauer conservirt oder dass die Aufhäufung von Reichthum nicht gelungen und auch die Ehre oder gar der Ruhm nicht in der erdichteten Art eine Thatsache geworden ist? Wohin das Schwergewicht des Strebens weist, da werden auch im Allgemeinen einige natürliche Ergebnisse erzielt, mit denen derjenige zufrieden sein wird, der durch keine falsche Ueberspannung verleitet worden ist, Ungereimtheiten von der Art der Jenseitigkeitsvorstellungen verwirklicht wissen zu wollen. Die naturgemäss entstehenden Hoffnungen, wie sie sich im jugendlichen Geist, der religiös und metaphysisch nicht angekränkelt ist, zu regen vermögen, greifen sicherlich hier und da träumend fehl, wenn man es überhaupt einen Fehlgriff nennen will, dass sich die menschliche Phantasie in Möglichkeiten ergeht, die nicht sämmtlich oder im Einzelnen nicht in der vorgestellten Weise zu Wirklichkeiten werden. Indessen sind ihre Versprechungen doch in der Hauptsache nicht leer, sondern werden durch die Entwicklung des weiteren Lebensganges in der bekannten Weise mehr oder minder erfüllt. Was die Zukunft der Liebe sei, weiss alle Welt, wenn sie es auch nicht immer gehörig würdigt und sich die gesunde Gestaltung des höheren und edleren Geschlechtslebens durch schädigende Einrichtungen und ungebührliche Sitten vielfach verdirbt. Die Natur ist im letzteren Falle an den Enttäuschungen nicht schuld, und wir werden später noch besonders untersuchen, was es mit der vermeintlich illusorischen Natur der Liebe für eine Bewandtniss habe. Was aber das äussere Glück der materiellen Lage betrifft, so sind hier die Streber auf diesem Gebiet von den Verhältnissen noch meist zu günstig bedacht und verdienten zu ihrem eignen und anderer Leute Heil, das „Glück mit seinem goldnen Kranz" nicht so leicht auf der Strasse zu finden, als es oft genug geschieht. Diejenigen aber, denen es, wie auch einem Schiller selbst, wahrlich nie eingefallen ist, diesem Idealgötzen zu fröhnen, sollten auch mit der Phrase vorsichtiger umgehen und in diesem Punkte nicht von einer Begleitung reden, die sich auf der Mitte des Lebensweges verloren habe. Der gesund strebende Mensch verlangt nach Erfüllung derjenigen materiellen Ziele, die er sich setzen muss, um überhaupt zu existiren und womöglich eines höheren und vielseitigen Lebensgenusses theilhaft zu werden. Ueber die Aussichten dieses gesunden Strebens macht sich nun wohl auch der jugendliche Geist keine allzu grossen Vorstellungen, und es bringen demgemäss die zugehörigen Erfahrungen auch keine erheblichen Contraste zu den natürlichen Idealen mit sich. Jedoch ist hier eine Angelegenheit in Frage, in welcher das Ungemach des Einzelnen noch keine endgültige Enttäuschung der Menschheit bedeutet. Das materielle Unglück lässt sich da, wo es auf fehlgreifenden Einrichtungen beruht, im Verlauf der gesellschaftlichen Entwicklungen bezwingen, und wo das natürliche Ideal der materiellen Sicherung des Lebens sich für den Einzelnen zum Theil nicht verwirklichen kann, da wird es für die fortlebenden Gruppen und für das ganze Menschengeschlecht zu einem sehr energischen und seiner Erfüllung völlig gewissen Lebensreiz. Wozu also das schwächliche Bedauern anstatt der frisch zugreifenden That?

Im Punkte der Ehre und des Ruhms könnte es vielleicht eher so scheinen, als wenn die Kühnheiten der Jugendideen hier mit Nothwendigkeit durch das spätere Alter herabgedrückt werden müssten. Doch weicht auch dieser Schein, wenn man nur gehörig unterscheidet. Der hohlen Eitelkeit, die sich selbstgefällig spreizt, widerfährt nur ihr Recht, wenn sie zu Schanden wird. Wenn aber der gerechte Anspruch auf besondere Ehre verkannt wird, so ist dies eine der Zufälligkeiten, wie sie auch in allen andern Richtungen dem Triebwerk des Lebens anhaften. Die echte Ehre ist, wie schon oben gesagt, etwas Abgeleitetes und mithin von zweiter Ordnung. Der innere Kern aber, dem sie äusserlich entsprechen soll, besteht in den Vorzügen selbst und in dem eignen Wirksamkeitsgefühl. Nun wird sich da, wo ein wirklicher Fond bedeutender Kraft vorhanden ist, auch normalerweise und abgesehen von der nur als Ausnahme zu veranschlagenden zufälligen Unterdrückung ein grösseres oder geringeres Maass von Bethätigungen jener Kraft geltend machen, gleichviel, ob sich der Ruhm dazugeselle oder nicht. Die Entwicklung kommt also doch zu dem wesentlichen Theil des ihren Triebkräften entsprechenden Ziels. Sie hat keinen Grund, sich als verfehlt anzusehen, weil etwa eine überschwengliche Auffassung den „Ruhm mit seiner Sternenkrone" in allzu widernatürlicher Draperie vorgegaukelt hat. Uebrigens handelt es sich bei dem Ruhme um etwas, was in der höhern Bedeutung des Worts nur Wenigen und in den edlern Richtungen des menschlichen Strebens nachhaltig nur Solchen zugänglich ist, deren Urtheil über die Zufälligkeit der zur Zeit jedesmal erreichbaren Anerkennung erhaben sein muss. Es ist daher eine überspannte, mit dem Lauf der Dinge unverträgliche Idee, dass ein Wechselbalg des echten Ruhmes auf der „gemeinen Stirn" das Ideal zu Schanden mache. Ein Schiller hätte im Bewusstsein der schon während seines Lebens erreichten Anerkennung und im Gefühl des bedeutenden, von den Trübungen unabhängigen Gehalts seiner Dichtungen wohl getrost sein und sich darüber hinwegsetzen können, dass neben ihm auch solche Namen in erster Linie figurirten, nach denen man heute nicht mehr fragt. Das geringere Maass des Ruhmes, wie es grade für die höchsten Leistungen schon unmittelbar von den Zeitgenossen zu haben ist, muss genügen, um das eigne Gefühl einer über dieses Verhältniss weit hinausgreifenden Wirksamkeit auch nach Aussen hin zu ergänzen. Für den selbstgewissen Geist sind die Mischungen seines augenblicklichen Ruhmes mit unwürdigen Seitenstücken nur Erinnerungen daran, was die Arbeit der kommenden Zeitalter neben seinen Leistungen auszumerzen habe, und wie gesäubert bald das Bereich sein werde, in welchem sich seine Strahlen alsdann ungetrübt nach allen Richtungen verbreiten können.

12. Die Höhen des Lebens sind mit ihren Ansprüchen für den durchschnittlichen Verlauf des Daseins nicht maassgebend. Erst wenn man das Maass herabgeminderter Bestrebungen anlegt, wird man auch den gemeinen Erfolgen mit einer richtigen Schätzung zu entsprechen vermögen. Die höchsten Ideale können eben nicht in den Niederungen des Lebens aufspriessen, und es würde die grösste Thorheit sein, das Glück aller Wesen ohne Unterschied nach der Befriedigung von Bedürfnissen bemessen zu wollen, die bei dem grössten Theil derselben gar nicht vorhanden und bei einem andern Theil noch nicht entwickelt sind. Wir können daher die hochgespannten Anforderungen auch da, wo sie nicht mit unnatürlichen

Ueberspanntheiten gemischt sind, nur indirect als Gesichtspunkte einer allgemeinen Werthschätzung des Lebens gelten lassen. Sie haben ihre unmittelbare und volle Berechtigung nur da, wo wirklich die entsprechende Höhe der Entwicklung erreicht ist und nun der veredelte Mensch durch die freiere Umschau in die Lage kommt, sich neue, noch höhere Ziele zu setzen. Gewiss sind diese absehbar weitesten und höchsten Zielpunkte auch an sich selbst die Oerter, zu denen hin sich, der allgemeinen Entwicklungsrichtung nach, alles Leben schon vermöge des natürlichen Triebwerks bewegt. Aber man hat sich zu hüten, die Zwischenstufen für nichts zu achten und mit den entlegensten Idealen unmittelbar die am andern Ende anzutreffenden Lebensgestaltungen niedriger Art ohne weitere Einschaltung in Berührung zu bringen. Fehlt man in diesem Punkte, so kann man leicht einem Gedanken Vorschub leisten, der freilich auf einem andern, durchaus nicht idealen Boden erwachsen ist, aber doch von den edleren Naturen gern im bessern Sinne aufgenommen zu werden pflegt. Die völlig krankhafte Vorstellung, es sei das ganze Leben als eine einzige Illusion zu betrachten, findet nicht selten einige scheinbar gesunde Nahrung in der Erwägung der Kluft, welche zwischen den höchsten Idealen und den niedrigsten Gestaltungen der Wirklichkeit gähnt. Allerdings ist jene Vorstellung von der illusorischen Natur des Lebens nur eine Hinterlassenschaft jener Uebersättigung und jenes Ekels, den wir im ersten Capitel dieser Schrift gekennzeichnet haben. Aus dem wüsten Bereich der Lebensausschweifung stammt der bekannte Jammer, dessen voller Name in der edleren Sprache nicht heimisch ist. Die Sache selbst aber, die noch nicht in gleichem Maasse, wie ihr ordinärer Name, geächtet ist, legt gern die Maske eines vermeintlichen Ideals an, und so geschieht es, dass sich das corrupt verbrachte Leben in seiner schliesslichen Zerrüttung als das Opfer einer allgemeinen Illusion aufspielt. Diese Beschönigungsversuche der Verderbtheit werden unabsichtlich durch jene Klagen besseren Schlages unterstützt, in denen wirklich die Enttäuschung über die freilich missverstandenen Ideale einen Hauptantheil hat.

Fassen wir letzteren, wenn auch nicht gesunden, so doch der edleren Gattung angehörigen Gedanken näher ins Auge. Das ganze Leben soll ihm zufolge eine Illusion sein, weil sich sein Ideal nicht erfüllt. Der Lauf der Wirklichkeit soll nichts weiter bedeuten, als die stufenweise Enttäuschung über die einander folgenden Ideale. So gab auch ein Byron gelegentlich dieser Vorstellungsart nach, indem er die neuen Reize der verschiedenen Lebensstadien mit den bunten Häuten der Schlange verglich und darauf hinwies, wie zwar immer die Zeit einer neuen bunten Haut komme, aber auch diese den Weg der alten gehe. Für den eigentlichen Wahn, durch welchen der wirkliche Gehalt des Lebens unnatürlich gefälscht wird, ist dies auch ganz in der Ordnung. Aber Wahn und Ideal sind nicht dasselbe, so sehr sich auch die falschen Musterbilder aus beiden zusammengesetzt finden. Worauf es also ankommt, ist der echte Wirklichkeitscharakter wahrer Ideale. Wenn Truggebilde zerrinnen, so ist dies nur ein Fingerzeig, wo die nachhaltig mustergültigen Ideen zu suchen sind. Das Verhältniss von Ideal und Wirklichkeit muss in einem andern Sinne, als in demjenigen der unnatürlichen Verhimmelung und des gemeinen, einem geistigen Rausche folgenden Jammers vorgestellt werden. Es ist also der falsche geistige Rausch, dessen widernatürliche Krankhaftigkeit nicht nur die Wirklichkeit ungeniessbar macht, sondern auch schon von vornherein die echten Wirklichkeitsideale und den ihnen entsprechenden nachhaltig höheren Aufschwung ausschliesst.

Die wahren Ideale, die mit dem System der ungetheilten Weltanschauung und mit der entschiedenen Wirklichkeitslehre der neuen geistigen Aera verträglich sind, können nur solche gedanklich erzeugte Gestalten sein, in denen eine irgend einmal erreichbare Thatsächlichkeit durch die schöpferische Phantasie vorweggenommen wird. In dieser Eigenschaft sind sie echte Strebensziele und hiemit zugleich auch Lebensreize höchster Art. Sie wirken im Allgemeinen wie ein untrüglicher Compass; denn wenn sie auch im einzelnen Fall gleich jedem gewöhnlichen Zweck verfehlt werden können, so bleiben sie doch im Grossen und Ganzen die Anzeiger der Richtung, in der sich das Leben im Sinne seiner Werthsteigerung zu bewegen hat. Sie leiten als Musterbilder die Entwicklung von Stufe zu Stufe. Sie verstatten mehr als etwa eine blosse Annäherung, indem ihr Gehalt in den Dingen nach und nach eine vollständige Verkörperung erfährt, nach deren Vollendung neue, höhere Ideale dem Leben der Menschheit wieder frische und erhöhte Reize verleihen. Das Gefühl des Schaffens ist hiebei das Entscheidende. Schon im blossen Spiel der Phantasie hat es hohe Reize, wenn auch die bisherige Aera des Menschengeschlechts dieses Spiel des künstlerischen Gestaltens verhältnissmässig zu hoch angeschlagen hat. Musterbilder der Schönheit in Marmor oder auf der Leinwand vorzuführen, kann offenbar in der Geschichte des Menschengeschlechts

nur ein Vorstadium sein. Die Ideale in Fleisch und Blut hinein-
zubilden und dafür zu sorgen, dass der Mensch aus seiner puppen-
spielerischen Kindheit vollständig heraustrete, um eine wirklich ideale
Arbeit unmittelbar am Naturstoff des Lebens selbst zu vollbringen,
— das ist ein gewaltig höheres und beglückenderes Ziel als das
unaufhörliche Verharren in der gemeinen Kunst. Die letztere bewegt sich stets nur in einem Reich von selbständig mehr oder
minder vervollkommneten Abbildern, die in ihrer Trennung von der
Wirklichkeit ein völlig wesenloses Schattendasein führen würden,
wenn sie nicht durch das Medium der menschlichen Vorstellung
wenigstens indirect eine veredelnde Rückwirkung auf das wirkliche
Verhalten der im Leben zu bethätigenden Empfindungen übten.
Die fragliche Ueberschätzung der Kunst im bisherigen Sinne dieses
Worts hat auch den falschen Idealitätsrausch mit sich gebracht, der
stets nur in einer mit widerwärtigen Gefühlen gemischten Ernüchterung enden kann. Man vermeide es daher wie eine die Lebenskräfte unnatürlich vergeudende Praktik, in den blossen Kunstidealen
eine Wirklichkeit umfangen und die Mängel des thatsächlichen
Lebens dadurch ausgleichen zu wollen, dass man sich mit diesen
Schatten gattet. An dieser Verirrung krankt besonders die gegenwärtige Uebergangsepoche, und hieraus erklärt sich ein grosser
Theil derjenigen Unbefriedigtheit, der auch die Bessern anheimfallen. Was von unwillkürlichem Idealismus heute noch übrig ist,
pflegt in den Conceptionen der Kunst eine Ausgleichung zu suchen,
die doch nur in dem Gefühl einer Wirksamkeit zu finden ist, die
sich unmittelbar auf das Leben, sei es nun sofort das eigne oder
erst dasjenige der entstehenden Geschlechter, richtet und auf diese
Weise die Genugthuung gewährt, nicht blosse Schatten, sondern die
volle Wirklichkeit zu befruchten. Verführt auch der Einzelne in
Beziehung auf den besondern Lebensgang derartig, wie es hier für
das Ganze und Grosse des Menschheitslebens angedeutet ist, so wird
er sich nicht nur mit dem falschen Rausch die üble Ernüchterung
ersparen, sondern auch inne werden, dass es verlässliche, der Wirklichkeit nicht entfremdete Ideale giebt, deren Ausführung innerhalb
der natürlichen und absehbaren Gestaltung der Dinge den edleren
Lebensgenuss ausmacht.

Die Truggebilde der Religion lenken vom wahren Leben auf
lauter wesenlose Nichtigkeiten ab; die schattenhaften Ideale der
Kunst haben zwar in ihrem eignen Bereich einen Werth, können
aber nicht als Ersatz des vollen Lebens gelten; die Wirklichkeits-

ideale allein sind die nachhaltigen Lebensreize, und sie gehören in reiner Gestalt nur derjenigen geistigen Aera an, in welcher die Religion völlig abgethan ist und die Kunst auf die unmittelbare und natürliche Rolle einer frei, aber nur spielartig und in blossen Ideen schaffenden Thätigkeit angewiesen bleibt. Die falsche Flucht in das Reich der blos ästhetischen Kunst hört hiemit auf, und die eine weit höhere Wirklichkeit in sich hegende Kunst der Lebensgestaltung tritt in ihre Rechte. Das wirkliche Dasein mit seinen Störungen erscheint alsdann als der Stoff, der von dem Einzelnen und von der Gattung zu bearbeiten ist. Ungeachtet aller Krankheiten ist das Menschenleben im Ganzen doch nicht krank, und dieser vorwaltenden Gesundheit, innerhalb deren die krankhaften Störungen nur als Abweichungen oder in stärkerer Steigerung gar nur als Ausnahmen auftreten, entspricht auch in Beziehung auf alle andern Uebel ein wesentlich regelrechtes, auf die Befriedigung des Lebensgefühls angelegtes Gefüge. Wir werden die physischen und moralischen Uebel und unter ihnen auch die dem höheren Alter zugeschriebenen Ungelegenheiten noch besonders erörtern, müssen aber zuvor zur Ausführung unseres Lebensbildes auf die zwei bedeutsamsten Züge, die in demselben noch wenig oder gar nicht berührt sind, nämlich auf die geschlechterverbindende und geschlechterschaffende Liebe und auf die für den Rhythmus und die Erneuerung des allgemeinen Lebens unumgängliche Grenzsetzung durch den Tod ausführlicher eingehen.

Fünftes Capitel.

Liebe und Geschlechtsleben.

1. Das Leben der Gattung besteht gleichsam in einem Rhythmus, durch welchen die Individuen als besondere Lebensfunctionen emporgehoben werden, um nach Bethätigung ihres Wesens wieder herabzusinken und in der Auflösung ihres Gefüges ihr Ende zu finden. Das in letzterer Weise durch den Tod begrenzte Dasein des Einzelnen hängt durch das Geschlechtsleben mit dem universellen, über die jeweilige Existenz der Individualität hinausreichenden Fortbestehen zusammen. In der Vergangenheit liegen alle Vorgänge, durch deren Verkettung das jetzt lebende besondere Einzelwesen seine ihm allein eigne Wirklichkeit und seine Eigenschaften erhalten hat. Für die Zukunft kann eben dieses Wesen der Aus-

gangspunkt neuen Daseins und sogar der Fortpflanzung verschiedener Bestandtheile seiner Individualität sein. Die normale und gesunde Gestaltung, der keine besondere Störung entgegentritt, bringt diesen Zusammenhang mit der Zukunft sogar als Grundgesetz mit sich. Wo aber die Entwicklungsreihe ausnahmsweise abbricht, da zeigt sich recht deutlich, dass wenigstens in den Seitenlinien für die Erhaltung und Weiterbildung der ursprünglichen Individualschöpfungen gesorgt ist. Es braucht der Natur nicht darauf anzukommen, dass jeder individuelle Ausläufer ihrer schöpferischen Thätigkeit sich wiederum fortsetze; denn durch die immer reicheren Verzweigungen hat sie es derartig eingerichtet, dass der ursprüngliche Gehalt der Wesen in seinen Bestandtheilen zu neuen Combinationen immer mannichfaltiger zur Verfügung stehe. Was also durch den Tod des Individuums in Ermangelung von Nachkommenschaft verloren geht, kann höchstens eine besondere Fügung des Gebildes, aber niemals der wesentliche Stoff sein, aus welchem sich ähnliche und gleichwerthige Combinationen auch anderwärts und in andern Richtungen ergeben mögen. Das vielgliedrige Gesammtleben kommt also zu seinem Recht, was auch ausnahmsweise die abnormen Schicksale der Einzelnen sein mögen. Aber auch im Hinblick auf die Einzelnen werden wir der Regel nach davon auszugehen haben, dass sie nicht blos rückwärts, wobei eine Ausnahme unmöglich ist, sondern auch vorwärts mit der Kette des Lebens zusammenhängen.

Diejenige Function des Lebens, vermöge deren der Mensch mehr als ein blosses Individuum ist, muss im weitern und engern Sinne des Worts Geschlechtsleben heissen. Jedes Wesen ist dadurch, dass es sich in Seinesgleichen fortsetzt, auch für sich selbst mehr als eine isolirte und abreissende Existenz. Die Empfindung, welche diesem auf Dauerbarkeit angelegten Geschlechtsleben in seinen besondern Regungen, in der ganzen Stufenleiter zwischen den niedrigsten und den höchsten Bewusstseinsformen, entspricht, ist als eine Uebertragung des davon unabhängig vorhandenen Sachverhalts in die Sprache des Gefühls zu betrachten. Das individuelle Sein erfährt gleichsam durch diese Art von Empfindung, dass es zugleich der Träger einer weit über seine eigne Zeitweiligkeit hinausgreifenden Lebendigkeit ist, und dieses in das Unbegrenzte sich erstreckende Wirksamkeitsgefühl hat auch bei dem niedrigsten Wesen einen höhern Charakter, als die auf das ausschliessliche Eigenleben bezogene Befriedigung, wie sie vorzugsweise in der Ernährung und den ihr entsprechenden Empfindungen zum Ausdruck kommt. Die

Lebenslust hat in der thierischen Sphäre ihren Gipfel in denjenigen
Empfindungen, die mit dem Geschlechtsleben verbunden sind.
Dieser Satz gilt auf jeder Sprosse der Stufenleiter und behält auch
noch da seine Bedeutung, wo der durch die Cultur bereits in
höherem Grade vergeistigte Mensch auf den Abweg geräth, die
unterste Grundlage des Hochgefühls der Liebe verkennen und verleugnen zu wollen. Freilich besteht eine gewaltige Kluft zwischen der
gemeinen Wollust und der allein auf den Höhen veredelter Empfindung anzutreffenden leidenschaftlichen Geschlechtsliebe der erhabenen
Art. Dennoch ist aber das ganze System von Empfindungen und
Gefühlen, dessen Steigerungen und Veredlungen mit ihren Unterschieden und Contrasten hier in Frage kommen, völlig einheitlich
angelegt und der Ausdruck eines gegenständlichen Sachverhalts,
der zwar mannichfaltig variiren, nie aber seine organisch functionelle
Natur ablegen kann. Wie hoch auch der Mensch die ideale
Auffassung des Grundverhältnisses emporschrauben möge, so wird
er doch selbst im Stadium der übergeistigtsten Verschrobenheit
unwillkürlich wieder der Natur huldigen müssen und so unfreiwillig
einer verdienten Komik anheimfallen. Uebrigens that es dem
edleren Wesen der Sache keinen Eintrag, dass auch in der Sphäre
der höchsten Empfindungen der Mensch für den Menschen auf
natürliche Weise und entsprechend dem durch die Fortpflanzung
dargestellten Zusammenhang alles Lebens ein Gegenstand der
Genugthuung ist. Im Gegentheil ist nur auf diese Weise das
höhere Gattungsleben verständlich; denn es giebt keine andere
Beziehung, durch welche auf gleiche Weise unmittelbar im Gefühl
das Verhältniss des Einzelnen zum Menschengeschlecht wahrnehmbar würde.

Die Liebe ist an sich selbst die grösste Angelegenheit des
aufblühenden Daseins, und ihre Verkörperung in dem durch die
reiferen und vollkräftigen Jahre fortgesetzten Geschlechtsleben wird
auch äusserlich die Ursache zu den wichtigsten Beziehungen und
Gewohnheiten, welche die Zusammengehörigkeit der natürlich
verbundenen Individuen und die Fürsorge für das neue Geschlecht
betreffen. An die unmittelbare Gestalt der Geschlechtsliebe knüpfen
sich die ebenfalls auf den geschlechtlichen Zusammenhang begründeten Empfindungen, welche dem Nachwuchs gelten und in der
Mutterliebe ihre ausdrucksvollste Vertretung haben. Setzt man
die Familie voraus, wie sie heute in den entwickeltsten Culturländern besteht, so können überhaupt die verschiedenen Arten der

Zuneigung, welche innerhalb dieser Einrichtung statthaben, als
Darstellungen und Verzweigungen der dem Geschlechtsleben im
weitern Sinne zugehörigen Affectionen angesehen werden. Die
Liebe des Erzeugers zu den Kindern beruht freilich weit mehr auf
einem äusserlichen Bewusstsein und auf der erst durch die Gewohnheit befestigten Neigung, als dies bei der Mutter der Fall ist,
welche von vornherein durch unmittelbare Naturempfindung mit
ihren Trieben dem Kinde zugewendet bleibt. Dennoch muss aber
der ganze Zusammenhang des Lebens der beiden Geschlechter und
ihrer Nachkommenschaft als ein in allen Richtungen von der
Natur angelegtes System der Gegenseitigkeit angesehen werden.
Er ist an sich selbst und abgesehen von der besondern Familien-
gestaltung, die er durch die heutige Zwangsehe hat, durchaus nichts
Willkürliches oder gar zufällig Conventionelles. Keine beliebige
Uebereinkunft konnte oder kann die Entwicklung und das Bestehen
eines solchen Zusammenhangs ernstlich berühren. Er wird als
natürliche Familienbeziehung die ungleiche und auf Zwang beruhende Ehe der bisherigen Art überdauern, und es wird sich
überhaupt mit der edleren Entwicklung der Cultur je länger je
mehr zeigen, dass die Affectionen des Geschlechtslebens auch schon
in ihrer rein natürlichen Empfindungsgestalt die entscheidenden
Mächte sind, von denen die Grundformen der unmittelbarsten und
engsten Gesellung des Menschen mit dem Menschen abhängen.

Die mächtige Erregung, durch welche das Band der Geschlechter geknüpft wird, setzt sich, wie wir eben angedeutet haben,
in anderartigen Beziehungen fort, die wie die verschiedenartigen
Neigungen innerhalb der natürlichen Familie das allgemeine Geschlechtsleben in den weiteren Stadien seiner Verwirklichung bis zu
seinem Erlöschen begleiten. Aber auch hiedurch verliert die Liebe
ihren Geschlechtscharakter durchaus nicht. Durch die blosse Ver-
wandlung und Verzweigung gelangt sie noch nicht zu jener verbleichenden Verallgemeinerung, in welcher das Wort da gebraucht
wird, wo überhaupt von gar keinem Geschlechtszusammenhange
die Rede ist. Die Liebe, die man dem Hass entgegensetzt, ist so
allgemein gedacht, dass innerhalb ihres Rahmens jede Beziehung
Platz findet, die auf irgend welcher Sympathie mit fremden Eigenschaften oder auf Dankbarkeit beruht. Ein solcher Begriff von
der Liebe grenzt schon an den blos bildlichen, also auf entlegene
Vergleichungen gestützten Gebrauch des Wortes, und mit dieser
Verblassung des Sinnes rückt unser besonderer Gegenstand, die

eigentliche Geschlechtsliebe, in die Ferne. Vielleicht der aller-
blassesten Art gehört die sogenannte allgemeine Menschenliebe an.
Wo sie nicht, wie üblich, ein von der Heuchelei erdichtetes Gebilde ist, vermittelt sie sich durch eine Anlehnung an besondere
Naturempfindungen des Mitgefühls oder durch die rein gedankliche
Vorstellung, dass in dem Menschenwesen überhaupt etwas liege,
was auch im besondern Falle eine Wohlthat für das davon berührte
fremde Einzelwesen sei. Ohne die Mitempfindung für das Gute,
was im andern Wesen vorgestellt wird, also ohne die Idee von
dem, was die Menschennatur in Frieden und Freundschaft mit
Ihresgleichen zu vereinigen vermag, giebt es keine aufrichtige
Menschenliebe allgemeiner und umfassender Art. Aber auch dieser
sich im ganzen Geschlecht gleichsam verstreuenden Empfindung
liegen unmittelbar sinnliche Anknüpfungspunkte, nämlich die im
besondern Verkehr gebildeten Gefühle zu Grunde.

2. Viele vermögen nicht, in das Wesen der Liebe einzudringen,
wenn man nicht in Anknüpfung an die herkömmlichen Schlag-
wörter vom Sinnlichen und vom Geistigen den Gegenstand näher untersucht. Was ist sinnlich und was ist geistig? Wo haben wir die
Grenze zwischen diesen beiden Eigenschaften zu ziehen? Wer bei
der Sinnlichkeit nur an die roheste Grundlage und an die stets
bestehen bleibende Form der gröbern Triebe denkt, mag mit
Recht zwischen einer rein sinnlichen und einer geistigen Gestalt
jedweder Art von Liebe unterscheiden. Die beiden Stufen, auf
denen die Liebe der Geschlechter auftritt, beruhen auf der Fähigkeit des Menschen, von dem vollen Wesen seiner Natur praktisch
zu abstrahiren und sich einer niedern Sphäre der Gesetzlichkeit,
d. h. der Lust am augenblicklichen Genuss ausschliesslich und un-
bekümmert um den Zusammenhang mit edleren Voraussetzungen
hinzugeben. Man braucht noch nicht bis in die Region hinabzu-
steigen, in welcher nichts als der Kitzel des gemeinen Bedürfnisses
und der schnell vergänglichen Lust seiner Befriedigung ausschliesslich herrscht, um sich im Reich der entadelten Liebe zu befinden.
Das trockne und nüchterne Verhalten, welches den Genuss berechnet und, ohne sich völlig jenem vorhin bezeichneten abstracten
Standpunkt ergeben zu wollen, dennoch die Kraft der edleren
Empfindung durch die Gemeinheit seiner verstandesmässigen Betrachtung verscherzt, ist vielleicht in gewisser Beziehung eine noch
widerwärtigere Missbildung. Die Unwillkürlichkeit der Natur ist
das Gesetz aller wahren und edleren Befriedigung. Allein diese

Unwillkürlichkeit der Natur kennt auch jene Trennung und Verselbständigung des grob Sinnlichen nicht. Es scheint das Vorrecht des specifisch Menschlichen zu sein, willkürlich von der vollen Humanität absehen und sich in untergeordneten Sphären ergehen zu können. Die Freiheit ist hier wie überall die Ursache, dass es eine weite Scala von Bestimmungen giebt, in denen sich der Mensch gleichsam in allen Graden der Höhe und Tiefe versuchen kann. In unserm Fall scheint das untere Extrem, dessen die menschliche Natur fähig ist, noch nicht die schlimmste Gestaltung zu sein. Die Rohheit, welche dem edleren Gehalt der Empfindung gänzlich entfremdet ist, ist doch noch immer Natur. Auch giebt es einen Zustand der Empfindung, welcher als blosse Uncultur, nicht aber als Entartung zu bezeichnen ist. Freilich bilden die unwillkürlichen Regungen, welche unabhängig von Gesittung und Bildung ein reines Erzeugniss der Naturmacht sind, stets und überall den Kern und den edelsten Gehalt unserer Affectionen. Allein wenn auch die Entstehung der edleren und zarteren Empfindungen von den ausser der Natur belegenen Mächten ganz unabhängig ist, so ist es doch nicht die Erhaltung und Pflege jener Keime. Das Dasein muss sich erst zu einer gewissen Gesittung erhoben haben, ehe die Chancen für die Bewahrung des edleren Inhalts der Empfindungen günstig sein können. Das Treiben der mannichfaltigen Affecte und Leidenschaften, deren Interessen einander befehden, erlaubt ursprünglich keine ungestörte Entwicklung dessen, was die Natur nur in einer zarten Weise andeutet. Der Tummelplatz der rohen Gewalt lässt die edlere Menschlichkeit nicht aufkommen. Der Verkehr der Menschen muss eine ruhigere Gestalt gewonnen und muss seine ursprüngliche Plumpheit abgelegt haben, ehe die edleren innern Anlagen zur äusserlichen Entfaltung gelangen. Wir dürfen uns daher nicht wundern, die Aeusserungen aller Triebe ursprünglich immer roh zu finden. Es verhält sich in dieser Beziehung mit der Liebe ähnlich wie mit dem Rechtsgefühl. Beide Mächte wurzeln in Naturtrieben, deren ursprüngliche Aeusserung noch roh und plump sein muss, in denen aber die ganze Fülle der späteren edleren Gestaltung bereits in der unmittelbaren Weise des natürlichen Gefühls angelegt ist.

Eine weit verbreitete und höchst scheinbare Ansicht setzt eine eigenthümliche Beziehung zwischen dem sinnlichen und dem geistigen Wesen der Geschlechtsliebe voraus, eine Beziehung, die man fast einen Gegensatz nennen könnte. Die Steigerung des

Gefühls, welche zu den idealen Conceptionen führt, soll den Hindernissen zu verdanken sein, welche sich zwischen den Drang und sein Ziel einschieben. Mehrere vorzügliche Schöpfungen der Dichtung, in denen die Empfindung der Liebe in erhabener Gestalt erscheint, würden jener Ansicht gemäss nie das Licht der Welt erblickt haben, wenn nicht eine Hemmung den Naturtrieb künstlich bis zur höchsten Kraftentfaltung gesteigert hätte. Nur die unbefriedigte Sehnsucht, nur die Spannung zwischen dem Streben und seinem Gegenstande soll jener Conceptionen fähig sein, in denen sich die hohe Lyrik des Liebesschmerzes bewegt. Es soll ein gewisser Antagonismus zwischen den Conceptionen des Geistes und des Leibes bestehen. Die schaffende Kraft soll nur dann das Reich des Ideals und die Phantasie befruchten, wenn ihr das gemeine Ziel versagt bleibt.

Man wäre versucht, über die eben angedeutete Meinung nur im Scherze zu reden, wenn nicht der simple Umstand, dass alle Bedürfnissempfindungen im Falle der Nichtbefriedigung intensiver werden, ein nüchternes Anerkenntniss forderte. Allein, abgesehen von diesem Körnchen Wahrheit, ist jene Ansicht von der Entstehung der idealen Conceptionen durchaus unhaltbar.

Um einmal in der nüchternen Sprache der Physiker zu reden, so besteht nach jener Meinung ein Aequivalenzverhältniss zwischen der geistigen und der materiellen Zeugung. Dieselbe schöpferische Kraft kann den einen Effect nur auf Kosten des andern erreichen. Ein Aufwand in der einen Richtung verzehrt die hervorbringende Kraft selbst und gestattet daher nicht noch eine zweite Wirkungsart. Wo sich das Verlangen in seiner ursprünglichen Richtung erfüllt, wo es von der Vorstellung zum Gegenstande gelangt, wird es sich nicht an blossen Ideen genügen lassen. Das Spiel der Vorstellungen hört auf, wo die Idee der vollen Wirklichkeit weicht. Diese Ueberlegungen sind fast verführerisch für ein System, welches, wie das unsrige, grade die Differenz und Spannung zur Ursache des gesteigerten Gefühls macht. Sie haben ausserdem besondern Reiz für eine Anschauungsweise, welche überall den mechanischen Analogien nachgeht und es daher annehmbar finden muss, dass verschiedene Wirkungsarten derselben Kraft einander ersetzen. Dennoch können wir jene Ansicht nicht gelten lassen. Wir müssen die Natur gegen die Meinung in Schutz nehmen, dass die abnorme Störung der Schöpfer des Hochgefühls der Liebe sei,

und dass nur die Sprache des Bedürfnisses und des Leidens die
edlere Gattung des Dichtens kennzeichne.

Es ist eine Verleumdung der Natur, wenn man sie beschuldigt,
im System ihres ungestörten Rhythmus keine ideale Erhebung zu
kennen. Es bedarf nicht der abnormen Hemmungen, um auch für
das Gefühl der Liebe eine Welt der Blüthe zu entfalten. Lange
vor jener Epoche, in welcher der ungestümere Drang nach Erfüllung trachtet, hegt das Gemüth zartere Empfindungen und be-
seligt sich in Ideen, welche vor allen andern werth sind, den Gehalt der edelsten Dichtung zu bilden. Die Blüthe ist noch keine
Frucht; ihrer ersten Entfaltung entspricht eine Welt des Geistes.
Der Trieb, welcher die Knospe des Gefühlslebens aufbrechen macht,
befriedigt sich zunächst im Weben der Vorstellung und entzaubert
ein Reich der Ideen, welches herrlicher und harmonischer ist, als
jene Welt der künstlich gehemmten schmerzlichen Sehnsucht, in
der man vergebens nach dem Schmelze des natürlichen Blühens
sucht.

Will man nun Angesichts der ganzen Herrlichkeit, mit welcher
die Liebe ihren Einzug in das Empfindungsleben hält, noch eine
künstliche Nachblüthe? Sieht es nicht wie Raffinirtheit aus, wenn
an die Stelle der natürlichen Erhebung eine erzwungene Anspannung
tritt? Der Natur ist glücklicherweise ein solches Raffinement fremd.
Wo sie die Sehnsucht schafft, da macht sie aus ihr nicht jene krankhaft peinliche Mischung von Wonne und Weh, welche das überspannte
Gefühl einer Liebe kennzeichnet, die dem Manne nicht ziemt, und
welche die Empfindung der ersten Jugendblüthe nicht erreicht,
sondern karikirt. Die Natur mischt ihre Elemente besser als die
abnorme Störung; die Natur versteht es, das Verlangen so anziehend
zu bilden, dass man kaum begreift, wie in ihm ein Element des
Wehs enthalten sein könne. Der leise Zug einer leichten Unruhe,
welcher die Vorstellung über die Gegenwart hinaus zu Conceptionen
seliger Wonne verlockt, ist kein eigentliches Weh. Mit demselben
Recht, mit welchem man das schweifende Sehnen als eine Art der
Pein auffasst, könnte man auch die leisesten Disharmonien einen
Schmerz der musikalischen Empfindung nennen. Allerdings
giebt es in allen Triebempfindungen, so niedrig oder so hoch sie
geartet sein mögen, auch in der normalen Gestaltung, also abgesehen von besonderer Hemmung, einen Empfindungsbestandtheil,
welcher die dem Mangel entsprechende Spannung ausdrückt.
Diese Spannung des Bedürfens, die sich steigert, würde für sich

allein, nämlich ohne Verbindung mit dem Gefühl der Befriedigung, freilich eine Art Schmerz ergeben. Aber der eigentliche Schmerz tritt thatsächlich doch nur da auf, wo jene Spannung einen naturwidrig hohen Grad erreicht und so den normalen Gehalt der Empfindung im Sinne des Gegentheils verdirbt.

Man betrachte irgend einen besondern Trieb in seiner natürlichen Gestalt, d. h. unabhängig von ausserordentlichen Störungen oder Reizungen. Man wird finden, dass das Gefühl, welches der normalen Entstehung des Bedürfnisses entspricht, zwar ein Element enthält, welches den Mangel ausdrückt und nach Befriedigung strebt, dass sich aber das Wesen der Empfindung sogleich ändert, sobald eine abnorme Hemmung die natürliche Entwicklung und den naturgemässen periodischen Uebergang zur Befriedigung stört. Diejenigen Triebe, welche eine vollständige Hemmung nicht vertragen, können hier nicht entscheiden. Sie sind vorzugsweise bestimmt, die Oekonomie des Organismus zu regeln, und werden daher sehr bald schmerzhaft. Dagegen eignen sich die vorwiegend um der Empfindung selbst willen vorhandenen Gefühle, die Mischung der den Mangel und der die Ergänzung anzeigenden Elemente zu verdeutlichen. Das ganze Gefühlsleben hat die Form des Strebens, und man kann in jeder Empfindung einen Bestandtheil unterscheiden, welcher der Befriedigung, und einen andern, welcher dem Bedürfniss entspricht. Je nachdem nun das eine Element das andere überwiegt, wird das ganze Gefühl dem Schmerze oder der Lust näherkommen. Ist das Element, welches dem Mangel entspricht, unerheblich gering, so wird man von reiner Lust, und im entgegengesetzten Fall wird man von eigentlichem Schmerz zu reden haben. Es ist jedoch eine sachlogische Nothwendigkeit, dass, wo ein wirkliches Bedürfniss, d. h. ein Mangel, ohne dessen Ergänzung die Natur im Allgemeinen nicht bestehen kann, zu erfüllen ist, auch in der Empfindung die Anlage eines eventuellen Stachels enthalten sein muss. Den peinigenden Charakter nimmt das Gefühl freilich erst in Folge der abnormen Hemmung an; allein diese spätere Gestaltung der Empfindung ist offenbar nur eine quantitative Steigerung ihrer ersten Regung. Was sich später in grössern Dimensionen zeigt, war ursprünglich schon als zarter Keim vorhanden; aber weder als solcher Keim noch innerhalb einer gewissen Entwicklungsweite wird diese nothwendige Beimischung zum unangenehmen oder gar peinigenden Stachel, sondern ergiebt eben nur den Reiz.

3. Es würde überhaupt nichts Reizvolles im Leben und auch speciell nicht in der Liebe vorhanden sein können, wenn die Beschaffenheit der Triebempfindungen jene Einmischung des dem Bedürfen und einer Art von Spannung entsprechenden Gefühls nicht mit sich brächte. Man kann sogar behaupten, dass der gesammte Gehalt des Weltdaseins nur auf diese Weise zu seinem Rechte kommt. Das Leben sammt allen seinen Voraussetzungen ist die Entwicklung einer ursprünglich angelegten und sich von Stufe zu Stufe bethätigenden Nothwendigkeit des Ueberganges zu neuen Kraftverwirklichungen und veränderten Formen. Es wäre nun ungereimt, wenn diese Nothwendigkeit der Fortsetzung und Veränderung sich nicht im allgemeinen Typus des Lebenstriebes in eine entsprechende Empfindung übertragen hätte. Ja Alles, was im Gefühl das Dasein interessant und anziehend macht, könnte ohne jenes fortdrängende Element des Bedürfens und ohne jene Empfindung eines auszugleichenden Mangels gar nicht bestehen. Es ist also der Lebenskern selbst, der sich in jener natürlichen Mischung der Triebempfindungen darstellt.

Um so seltsamer müssen sich nun, Angesichts der gekennzeichneten Nothwendigkeit, diejenigen Gedankensplitter ausnehmen, in denen, wie beispielsweise bei einem Schopenhauer, der Schmerz als das Hauptsächliche, Ursprüngliche und wahrhaft Wirkliche in aller Empfindung angesehen, die Lust aber als das Gefühl eines blossen Nachlassens des Schmerzes ausgegeben wurde. In der scholastischen Redewendung des fraglichen, welt- und liebevernichterischen Nichtsphilosophen lautete die weisheitsvolle Formel dahin, dass der Schmerz das Positive, die Lust aber stets nur etwas Negatives wäre. Die ganze Thorheit dieses Versuchs, den Kern alles Lebensgefühls als werthlos, ja als etwas so zu sagen unter dem Nullpunkt Verbleibendes, mit einem Anschein von rationeller Ergründung darzustellen, tritt sofort zu Tage, wenn man die hohle und den Nebelhaftigkeiten Vorschub leistende fremde Schulsprache abstreift. Alsdann wird der Schmerz possierlicherweise zu einer Bejahung, und die Lust erhält den Charakter einer Verneinung. In der That ist diese Kopfstellung mehr als blos eine von der Eitelkeit beliebte Paradoxie. Sie ist eine Ausgeburt jenes durchaus verkehrten und schon an der Wurzel geschädigten Strebens, alles Dasein als völlig corrupt und als von vornherein schon in der gesammten Anlage verfehlt auszugeben. Auch ist ihr gegenüber nicht zu vergessen, dass es ein Adept des Hexenglaubens, des thierischen

Magnetismus, der Traumdeuterei und andern unwissenschaftlichen Zauberglaubens war, der diese Ungeheuerlichkeit von lebensverekelnder Auffassung eine Zeit lang auf die Beine gebracht und durch die Untermischung mit einigen Zügen besserer Natur auch Manchen irregeführt hat, der nicht im Entferntesten das ungereimte Hauptstück des ganzen nichtslerischen, lebensfeindlichen Religionssurrogats anerkannte.

Schopenhauer auf die eine Seite und Liebe und Geschlechtsleben auf die andere Seite stellen, heisst soviel, als gegen lebendiges Feuer philosophisches Wasser in Bereitschaft setzen. Der alte Junggeselle von Frankfurt war aber in dieser Beziehung nicht einmal echtes Wasser, sondern stellte eigentlich nur den Stickstoff vor, welcher die Lebensluft verdirbt. Seine ganzen persönlich eigensten Studien über unser Thema waren allem Anschein nach auf die Aufenthalte in Italien concentrirt gewesen, und in den späteren Jahren hat er sich, wie namentlich die Arbeiten des schon überreifen Lebensalters beweisen, mit unverkennbarer Vorliebe auf die Erörterung unnatürlicher Abirrungen des geschlechtlichen Verhaltens eingelassen. Durch und durch ungesund waren aber seine Auslassungen über unsern Gegenstand stets gewesen. Der metaphysisch deutelnde und demgemäss mystisirende Charakter seiner durchaus unwirklichen Auffassung von Liebe und Geschlechtsleben hat sich nirgend zu verleugnen vermocht. Es erklärt sich hieraus auch zugleich, wie sich an diese schlechtesten und verderblichsten Bestandtheile seines Philosophirens corrupte Elemente der höhern Gesellschaft mit Behagen ansetzen konnten. Demzufolge fanden sich denn auch unvergleichlich dürftigere und plattere Philosophaster, wie der schon in unserm ersten Capitel erwähnte Herr v. Hartmann, aufgekitzelt, die Sächelchen im Sinne der frivolen Cameraderie solcher Kreise weit zusagender zu serviren und so das elendeste Gemisch von hellseherischem Dunkel und abgelebten Naturwidrigkeiten gegen Liebe und unverdorbenes Geschlechtsleben zu Markte zu bringen. Letzteres ist in einer Weise geschehen, dass ich mir meine eigne Schrift mit Unsauberkeiten entstellen müsste, wenn ich die betreffenden Auslassungen des Herrn v. Hartmann hier kennzeichnen oder gar wiedergeben wollte.

Um daher auf die unvergleichlich anständigere Erscheinung originaler Art, nämlich auf den aufrichtigen Krieg zurückzukommen, den Schopenhauer der Liebe und Allem macht, was mit dem Geschlechtsleben naturgemäss zusammenhängt, so findet man es in seinen Schriften deutlich belegt, mit welcher besondern Affection er sich für das Schicksal der alten Jungfern erwärmt. Sie haben für ihn einen Anstrich von Heiligkeit; denn sie haben die Welt überwunden und sich nicht an deren sündiger Fortsetzung betheiligt. Sie sind ihm zum Theil eine Art Märtyrer, und diese mehr als klösterliche Auffassung erinnert an den wahlverwandten Charakter des alten Ehelosen, von dem sie ausging. Zwar wird Niemand, der edel denkt, ohne Weiteres in die vulgäre Verurtheilung einstimmen, welche ein Vorurtheil gegen alle diejenigen begründet, die thatsächlich, sei es nun durch eigne Schuld oder in Folge gesellschaftlicher Missverhältnisse, ihren Geschlechtsberuf verfehlt haben. Wohl aber wird er es in der Ordnung finden, dass solche Regelwidrigkeiten der menschlichen Natur nicht dazu berufen sein können, über das Geschlechtsleben ein gesundes Urtheil abzugeben. Der Aerger über geschlechtliche Natürlichkeit ist bekanntlich nirgend grösser, als bei denjenigen, welche ihrer Charaktereigenschaften wegen, sei es nun freiwillig oder gegen ihre Absicht, ehelos geblieben sind. Der Unterschied, der hier zwischen überreifen Jungfern und schrullenhaften Junggesellen wahrnehmbar ist, besteht nur darin, dass die männlichen Exemplare dieses Typus nur äusserst selten wirklich ganz und gar ungeschlechtlich gelebt haben, während die Weiber in den meisten Fällen nicht blos im gesetzlichen sondern auch im natürlichen Sinne des Worts wirklich Jungfrauen geblieben sein mögen. Die Unregelmässigkeiten nun aber, die bei den männlichen Existenzen dieser Gattung mindestens in irgend einer Lebensperiode fast immer vorauszusetzen sind, können zwar die Beschränktheit, wie sie bei dem weiblichen Gegenstück üblich ist, einigermaassen verhindert, werden aber doch im Ganzen den Mängeln der Denk- und Gefühlsweise noch positiv verderbliche Elemente hinzugefügt haben. Es kann also nicht überraschen, wenn aus dieser Sphäre nichts Gescheutes und natürlich Gesundes über die Liebe zu Tage kommt. Es braucht daher ein Urtheil über die Liebe keineswegs von blasirten Roués auszugehen, um sich auf den ersten Blick als unzurechnungsfähig corrupt zu erweisen. Auch die Abnormitäten der vorher gekennzeichneten mönchischen Art genügen, um die Natur auf den Kopf zu stellen, und aus diesem Gesichtspunkt sind grade Schopenhauers Bemühungen um eine Philosophie der Liebe aufzufassen.

Sieht man von der ganz schlechten, nach der Religionsüberlieferung deutelnden Metaphysik Schopenhauers ab, so findet sich

in seiner seltsamen Lehre von der oder vielmehr gegen die Liebe
auch ein realistischer Gedankensplitter, der zu den übrigen Anschauungen nicht recht passen will. An erster Stelle kommt nämlich zunächst jenes ungereimte Stück Aberglauben zur Geltung,
demzufolge die lebenschaffende Geschlechtervereinigung die Erzsünde
des Menschen ist. Alsdann will aber unser mönchischer Philosoph
auch echt weltlich den hohen Leidenschaftsgrad erklären, welchen
die Liebe unter Umständen erreicht. In diesen Fällen, bei denen
besonders an die von den Dichtern verherrlichten tragischen Bethätigungen gedacht werden soll, wäre nach Schopenhauer die um
das Schicksal der Individuen unbekümmerte Tendenz der Natur im
Spiele. Die Natur beabsichtige die Hervorbringung eines bestimmten
Wesens, welche sie nur dadurch bewerkstelligen könne, dass sie
grade zwei ganz besonders ausgesuchte und für diesen Zweck pas-
sende Individualitäten zusammenbringt. Es ist hienach ein Züch-
tungsverfahren, in dessen Interesse die erhabenen und aufopfernden
Leidenschaften von der Natur inscenirt werden. Das Dumme dabei
ist nur, wie wir zur Kritik hinzusetzen müssen, der fatale Fall, dass
die Natur, anstatt noch ein besonders begabtes Individuum auf die
Beine zu bringen, bei der tragischen Lösung sogar um eines oder
zwei kommt, die ihr doch gewiss auch Mühe gekostet haben. So
verliert sie in ihrem Schopenhauerlichen Bestreben, gleich dem
Hunde, der nach dem im Wasser gespiegelten Stück Fleisch
schnappt, auch noch das, was sie hat. Davon, dass die Natur auch
in die üble Lage kommen kann, im Falle nicht gegenseitiger, sondern nur einseitiger grosser Leidenschaft zwei verschiedene Projecte
zu haben und sich in ihrer Schopenhauerlichen Vorsehungsspielerei
selbst zu widersprechen, will ich nicht weiter reden; denn diese
tragischen Angelegenheiten fangen bei dieser Naturdeutung schon an,
grausam komisch zu werden. Der Frankfurter Sonderling hat sich
mit diesem hohen Aufschluss offenbar in ein zu realistisches Gebiet
verirrt, in welchem er der vollen Wirklichkeit gegenüber äusserst
unsichere Schritte that. Andernfalls würde er bemerkt haben, dass
die sachlichen Chancen der Erzeugung und Conception bestimmter
Wesen sich allerdings in der Empfindung nach Art und Grad
widerspiegeln müssen, dass aber so Etwas vom einzelnen Menschen
ausgeht und auch nur für ihn Bedeutung hat. Die Unterschiebung
einer allgemeinen Natur ist hiebei eine Erdichtung; denn das allgemein Wirksame sind eben nur die Gesetze, vermöge deren die
niedrigsten wie die höchsten Empfindungen von Trieb und Drang

unter Voraussetzung bestimmter Kräfte und Reize entstehen müssen. Sind diese Kräfte und Reize gegeben, so entsprechen sie natürlich auch einem gegenständlichen Sachverhalt, und dieser letztere ist es, auf dem die Eigenschaften der neu zu schaffenden Wesen beruhen. Dieses Verhältniss zwischen gegenständlichem Sachverhalt und bewusster Empfindung ist aber nichts Besonderes, was etwa erst im Falle starker Leidenschaften platzgriffe, sondern zieht sich durch die ganze Stufenleiter der empfindenden Welt, und es gilt demgemäss ausnahmslos für die gemeinen wie für die ungemeinen Beziehungen.

4. Nach unserer Wirklichkeitslehre, die sich nicht mit Erdichtungen und Deuteleien verträgt, ist es die Empfindung in ihrer Unmittelbarkeit, was überall und nicht blos im Gebiet des Geschlechtslebens die sachlichen Verhältnisse in ihrer gegenständlichen Beschaffenheit mit allen Schattirungen zur innerlichen Wahrnehmung bringt. Wie uns schon der gemeine Geschmackssinn über chemische Eigenschaften und über Zuträglichkeiten der Ernährung gleichsam physiologisch belehrt, so sind die höher gearteten Empfindungen noch weit ausgiebiger an Andeutungen über das Naturgemässe. Die Empfindung ist, wie schon früher gesagt, eine Sprache, vermöge deren der bewusstlose Sachverhalt in das Bewusstsein übertragen wird. Das Alphabet dieser Sprache ist aber kein willkürliches, sondern es gehört zu jedem einfachen Bestandtheil des äusserlichen Sachverhalts auch ein innerlich entsprechender Ausdruck. Die Empfindung ist kein blosses Zeichen, sondern die Sache selbst, aber freilich nur so, wie sich ein bewusstloser Vorgang in der Form des Bewusstseins fortsetzen und darstellen kann. Sobald die Menschen erst mehr gelernt haben werden, diese Grundlage ihrer Natur gehörig zu würdigen, muss auch die Ordnung des Geschlechtslebens eine befriedigendere Gestalt annehmen. Der Verstand ist dazu da, die Sprache des Gefühls zu ergänzen, aber nicht zu überhören oder gar als etwas sachlich Bedeutungsloses zu verachten. Wer die Anzeigen der Sinne und Gefühle mit Füssen tritt, wird überhaupt im Rahmen der menschlichen Natur nichts mehr übrigbehalten, was für eine verständige Leitung noch Stoff böte. Die Naturgesetze der Empfindung belehren in erster Linie über das, was einstimmend passt und ziemt, oder was einen Widerstreit ergiebt und unleidlich ist. Der denkende Verstand kann ohne diese Materialien nichts ausrichten, und ihm fällt daher nur die Aufgabe zu, in die Welt der Gefühle grössere Klarheit zu bringen

und nach Aussen diejenigen Rücksichten zu nehmen, von denen die Empfindung, ihrer auf das Unmittelbare begrenzten Natur nach, nichts wissen kann.

Das Gefühl ist eine naturgesetzliche Hervorbringung, in der sich die regelrechten und in sich einheitlichen Gestaltungen, aber auch ebenso die Fälle der Störung, Abirrung und des sachlichen Widerstreits bekunden. Unleidliche oder unbefriedigende Empfindungen sind die Anzeige davon, dass irgend etwas in dem eignen organischen Leben oder in den geselligen Beziehungen nicht in Ordnung sei. Die Menschheit hat nun in Bezug auf Geschlechtsleben und Liebe, sei es in der isolirten Entwicklung des Einzelwesens, sei es im grossen Zusammenhange der Völkergeschichte, mit mancherlei Abseitsführungen oder gar vollständigen Verkehrungen der gesunden Natur, gleich wie ja auch sonst mit allerlei Entwicklungskrankheiten, vielgestaltig zu kämpfen. Diese Art Störungen werden in mancher Hinsicht überschätzt und in andern Beziehungen wiederum nachlässig beurtheilt. Die heutige Gesellschaft ist namentlich in ihren höhern Schichten allzu bereit, die Entartungen und corrupten Praktiken des vom gesunden Wege abgekommenen Geschlechtslebens nicht blos gelten zu lassen, sondern auch selbst mehr und mehr bei sich einzubürgern. Um daher den Werth der Liebe, wie ihn gesunde Natürlichkeit und edle Sitte ergeben, mit den Herabminderungen zu vergleichen, die von den Störungen und Verderbungen herstammen, wollen wir in dem ganzen Gebiet der Abweichungen von dem normalen Typus eine Umschau halten und hiebei auch alles das in Betracht ziehen, wozu die Unzulänglichkeiten der Natur selbst die Veranlassung geben.

Die ersten Abirrungen des Geschlechtslebens treten bei dem Einzelnen mit der Entwicklung zur Geschlechtsreife auf. Mindestens wird in unsern Zuständen die Phantasie unverhältnissmässig angeregt und häufig zu einer vorzeitigen Blüthe getrieben. Der geistige Bildungsgang nimmt allerlei vorweg, was zu der Entwicklungsstufe der ersten Jugend noch nicht passt. Hiezu gesellt sich überdies noch die Thorheit jener falschen, ja im Grunde heuchlerischen Sittlichkeitsspielerei, die sich so anstellt, als wenn die ostensible Verleugnung der überall wahrnehmbaren Thatsachen des Geschlechtslebens vor Knaben und Mädchen zu irgend etwas Gutem führen könnte. In der That bringt dieses, auch an sich selbst völlig verwerfliche Verhalten nur das Gegentheil von dem mit sich, was man als erspriesslich würde gelten lassen können. Die erste Jugend soll in ihrer natürlichen Gleichgültigkeit gegen das, um was sie sich bei nicht bereits verdorbenen Triebanlagen gar nicht oder nur äusserlich, ohne jede Empfindungstheilnahme kümmert, ungestört erhalten und mithin nicht künstlich auf Verhältnisse aufmerksam gemacht werden, die sie vorläufig nichts angehen. Dieses Fehlers macht man sich aber schuldig, wenn man geflissentlich die bei Thier und Mensch obwaltenden Thatsachen durch ein ohnmächtiges Verhehlungssystem wegzulügen versucht. Diese ganze Manier sammt ihrer späteren Gestalt, nämlich einschliesslich der heiligen Verschleierung und Scheu, mit der man für die schon über das Kindesalter hinausgelangte Jugend die Angelegenheit unnahbar zu machen vermeint, ist ein Rest der trüben und lebensfeindlichen Religionsauffassung des Gegenstandes. Sie ist weit weniger eine allgemeine Erziehungsrücksicht, als vielmehr der Widerschein derjenigen verkehrten Ansichten, vermöge deren auch die erwachsene und sicherlich geschlechtsreife, wenn auch verstandesunreife Welt die fraglichen Naturverhältnisse wie etwas sündhaft Unheimliches behandelt. Der sittliche Anstand ist etwas ganz Anderes, als die eben berührte widerliche Thorheit. Er verlangt nur, dass nirgend ungehörige Reizungen zur Schau gestellt, und überdies, dass sowohl die zurückhaltende Natur der persönlichsten Vorgänge gewahrt, als auch die Empfindung Anderer von unangenehmer Berührung verschont bleibe. Dieser Anstand ist im Allergröbsten freilich einigermaassen durch die Sitte, ja zum Theil durch Strafgesetze gesichert; aber es fehlt viel daran, dass im privaten und öffentlichen Leben die feineren Folgerungen aus seinem Princip platzgegriffen hätten. Um aber die besondere Frage des Verhaltens gegen die Jugend nicht hinter die allgemeineren Bemerkungen zurücktreten zu lassen, so ist es doch wohl ganz offenbar, dass neben jenem trügerischen System des so zu sagen officiellen Versteckens eine gute Menge thatsächlicher Ungenirtheit in der Familie und in den öffentlichen Schaustellungen einhergeht. Glaubt man vielleicht durch dieses Doppelverfahren mit zwei entgegengesetzten Kundgebungen das Vertrauen der aufwachsenden Generation und deren naive Auffassung der fraglichen Angelegenheiten zu nähren?

Das was man wirklich durch dieses falsche Verhalten nährt, sind die schädlichen Praktiken, die sich mit und nach der Pubertätsentwicklung bei der Jugend beiderlei Geschlechts durch Ueberlieferung verbreiten. Diese Plagen sind irgend einmal ursprünglich entstanden; aber gegenwärtig pflegen sie sich fast nur dadurch zu

erhalten, dass sie so zu sagen Schule machen. Die animalische
Welt kennt allerdings ebenfalls die groben mechanischen Reizungen,
die einen Ersatz der natürlichen bilden. Aber diese Thatsachen
treten bei den Thieren nur in der vollen Geschlechtsreife und nur
dann hervor, wenn künstlich das äusserste Maass von Behinderung
am natürlichen Verhalten statthat. Bei dem unreifen Menschen
scheint weit eher eine blosse Ueberreizung der Phantasie und ein
Cultus von richtigen oder falschen Sinnlichkeitsbildern platzzugreifen,
als dass sich etwa von selbst die groben Manipulationen einfänden.
Dieser Umstand deutet darauf hin, dass die ganze Sphäre dieser
Abirrungen auf Anlernung zurückzuführen sei. Es würde nämlich
auch die Missleitung der Phantasie nicht so rasch von statten gehen,
wenn nicht schon oft die Märchen das zarte Kindesalter mit üppigen
Bildern heimsuchten und so in die Imagination den Keim zur
später sich stärker entwickelnden Reizbarkeit legten. Was aber die
äusserlich körperlichen Reizungen betrifft, so sind diese völlig unnatürlichen Störungen der gesunden Entwicklung ein Erbstück der
Generationen und haben sicherlich einen Ursprung, der schwerlich
auf die eigne Erfindung von geschlechtsunreifen Menschen zurückzuführen ist. Die Unsitten der älteren Lebensalter dürften wohl in
diesem Punkte die ersten Lehrmeister der unentwickelten Jugend
gebildet haben.

Bedenken wir, was in letzterer Beziehung überall da geschehen
sein muss, wo die sogenannte Erotische Liebe zu den verbreiteten
Gewohnheiten gehörte. Diese Naturwidrigkeit, sammt derjenigen,
welche ihr im Bereich des weiblichen Geschlechts entspricht, hat
auch die früheste Jugend in Mitleidenschaft gezogen und mit unnatürlichen Reizungen verderblichster Art bekannt gemacht. Die
hiedurch begründeten Neigungen und Unsitten haben sich physisch
durch die gewöhnliche Fortpflanzung vererbt, durch die Vererbung
von Geschlecht zu Geschlecht gehäuft und als üble Anlagen im
Organismus verkörpert. Hiezu hat sich dann noch die äussere
Schule gesellt, die stets das ergänzte, was den erblichen Abirrungs-
keimen an sich selbst noch fehlte. Ausserdem hat auch sonst wohl
noch oft genug die abnorme Beschaffenheit der Eltern eine ungesunde Entartung der Triebe auf die Sprösslinge übertragen, und
diese falschen Triebe, die im reiferen Leben auf die ärgsten Verzerrungen und Raffinirtheiten erpicht sind, haben sich in der den
ersten Lebensaltern angehörigen Bekundung eben auch als sehr
hässliche Missgestalten zeigen müssen. Diese Schatten, welche die

verderbten Bestandtheile der Civilisation auf jedes junge Geschlecht immer wieder von Neuem werfen, sind nun freilich mit der billigen Moral gemeiner Art oder mit den noch billigeren grauenhaften Schreckbildern, welche die Komik des verständigen Beurtheilers herausfordern, nicht im Mindesten zu beseitigen. Hiezu bedarf es des Lichts wahrer Erkenntniss, welche sich nicht darauf beschränken kann, auf die Jugend wirken zu wollen, sondern die Schäden des grossen Gesammtzusammenhangs in das Auge fassen muss, von welchem die fraglichen Störungen nur Ausläufer zweiter Ordnung sind. Abgesehen von diesem mehr an die Wurzel greifenden Verfahren ist zur Wahrung der natürlichen Jugendentwicklung nichts weiter zu thun, als die Ursachen vorzeitiger Erregung, aber wohlgemerkt ohne Einmischung von Trug, fernzuhalten, die übeln Einwirkungen der schlechten Ueberlieferung ohne Wichtigthuerei zu überwachen, die Muskel- und Gehirnkräfte durch Arbeit oder gediegene Beschäftigung in Anspruch zu nehmen und es sich niemals einfallen zu lassen, durch die Erzeugung einer unverhältnissmässigen Besorgniss über die Folgen der Abirrungen etwas ausrichten zu wollen. Letztere Wendung würde ebenso unheilvoll als unwahr sein; denn sie wäre geeignet, dem jugendlichen Menschen, der sich derartige Vorhaltungen vertrauensvoll zu Herzen nimmt, sein Leben mit düstern Gespenstern selbstquälerisch zu verleiden.

5. Verglichen mit den Missgestaltungen in den spätern Lebensaltern sind die Jugendstörungen des keimenden oder wenigstens noch unreifen Geschlechtslebens durchschnittlich als verhältnissmässig geringfügige Abirrungen zu betrachten. Freilich schädigen sie je nach ihrem Maass die Gesundheit mehr oder minder, und nur bei sehr starken Naturen werden sie ausnahmsweise spurlos vorübergehen, aber als ebenso seltenes Gegenstück hiezu auch nun in den schwächlichsten Körpern eigentlich zerstörende Wirkungen üben. Das reifere Leben des erwachsenen oder doch nahezu erwachsenen Menschen kennt schlimmere Bedrohungen des Organismus und insbesondere seiner Empfindungs- und Vorstellungsfunctionen. Die Entartungen, die sich aus diesem Gesichtspunkt in der übercivilisirten Gesellschaft darbieten, machen mit ihren mannichfaltigen Gestalten ein Reich der geschlechtlichen Corruption aus, in welchem die gewöhnliche Ausschweifung, nämlich das blosse Uebermaass und die Unordnung, noch als verhältnissmässig unschuldige Vorstufen des gefährlicheren Cultus erscheinen.

Will man es mit der Scheidelinie zwischen Gesundem und

Krankhaftem gehörig streng nehmen und die leisesten Abweichungen von der normalen Natur signalisiren, so muss man bereits in jeder unwillkürlichen, gegenstandlosen Bethätigung des Geschlechtslebens ein Stück Unnatur sehen, selbst wenn dieselbe, wie im Schlafe, als von den Naturgesetzen selbst verursacht erscheint. Zwar sind die Physiologen geneigt, das Gegentheil vorauszusetzen; indessen rechnen sie eben auch mit einer Natur, die vermöge der civilisatorischen Anbildungen nicht als völlig intact gelten kann. Ja auch abgesehen von dieser Beeinträchtigung eines an sich normaleren Naturverhaltens müsste man sogar innerhalb der ursprünglichen und reinen Naturthätigkeit das unterscheiden, was daran absolut mustergültig ist und was nur auf einer zunächst unumgänglichen Wirkung der Unzulänglichkeiten der organischen Einrichtung beruht. Die Natur darf weder als unfehlbar nach als allmächtig betrachtet werden. Sie ist ausser uns kein völlig anderartiges Sein als innerhalb unseres eignen Wesens und bewussten Thuns. Sie ist in ihren Entwürfen und Ausführungen an absolute Nothwendigkeiten gebunden. Wie sie nicht machen kann, dass in irgend einem wirklichen Fall $2 \times 2 = 4$ zu sein aufhöre, so kann sie auch die Allgemeinheit ihrer gesetzlichen Veranstaltungen nicht in ungereimter Weise für besondere Fälle wieder aufheben. Es werden sich daher aus den organisch angelegten Functionen unter Umständen auch da Wirkungen ergeben, wo sie dem sonst damit verbundenen äussern Zweck gar nicht entsprechen. Diesen Fehlgriffen zufälliger Consequenzen der allgemeinen und in dieser Beziehung rein schematischen Naturanlagen können nun aber Cultur und specielle Gewöhnung entgegentreten. Der bewussten Erkenntniss stehen eben noch andere Mittel der Regulirung der Gesundheit zu Gebote, als der zunächst nur im Ganzen und Grossen, ja man könnte fast sagen im Groben schaffenden und einrichtenden Natur. Den aus der blossen Naturanlage selbst herstammenden, also naturwüchsigen und nicht erst durch die Cultur erzeugten Krankheitsformen gegenüber befinden wir uns ja wesentlich in einer ähnlichen Lage, und werden etwas darum, weil es durch die rohe Natur selbst veranlasst ist, noch keineswegs für normal und gesund erklären. Die letzte Kritik gehört immer dem bewussten Menschen; denn er erhebt sich mit seinem Wesen über alle Vorstufen der sonstigen, sei es organischen oder unorganischen Natur. Jedoch kann er über die Natur nur da entscheiden, wo er zuvor deren System begriffen und sich so in den Stand gesetzt hat, die wahre Fortsetzung und Ergänzung der

Naturzwecke aufzufinden. Die Cultur hat ebensogut die Fähigkeit, das Natürliche zu veredeln, als es zu verderben. Sie hat die Aufgabe, unter Umständen auch dem unwillkürlich schädlichen Spiel reiner Naturconsequenzen entgegenzuwirken. Ein Vorkommniss ist also nicht immer dadurch zureichend zu rechtfertigen, dass man es als Wirkung einer Naturanlage kennzeichnet. Der Mensch hat von seinem Standpunkt aus zu prüfen und hienach zu entscheiden, was verwerflich und nach Kräften auszumerzen sei. Hiebei werden nicht blos die äussern Zwecke, sondern auch die unmittelbaren Empfindungsgestaltungen und die guten oder schlimmen Rückwirkungen auf das ganze Gemüthsleben maassgebend sein müssen.

Als üble Wirkungen der einmal von der Natur getroffenen Einrichtungen müssen nicht blos jene ziemlich unschuldigen Nebenergebnisse gelten, die dem Schlaf und Traumleben angehören, sondern auch die unvergleichlich bedenklicheren und schliesslich äusserst schuldig gerathenden Ablenkungen der Affectionen auf das eigne Geschlecht. Es ist eine Thatsache, dass innerhalb der männlichen und, wenn auch weit seltener, innerhalb der weiblichen Welt unter Geschlechtsgleichen ähnliche Erregungen vorkommen, wie sie sonst nur zwischen Personen verschiedenen Geschlechts am Orte sind. Auch kennt man im Gebiet dieser Abirrung die leidenschaftliche Liebe mit allen Zeichen und Eigenschaften, wie sie den bei Verschiedenheit des Geschlechts möglichen Gemüthsbewegungen entsprechen. Im Felde der Erotischen Liebe ist ein aufopferndes Verhalten wohl nicht seltener gewesen, als in demjenigen der völlig naturgemäss auf die Reize des entgegengesetzten Geschlechts gerichteten Gemüthserregungen. Nicht blos die antike Sitte oder, besser gesagt, Unsitte, hat derartige Empfindungsblüthen gezeitigt. Auch in der modernen Welt, in welcher das fragliche Verhältniss, sobald es den organisch functionellen Charakter gröberer Entartung annimmt, sogar unter Strafgesetze fällt, sind die fehlgreifenden Tendenzen der Natur keineswegs unthätig. Sie knüpfen bei einiger Altersverschiedenheit in der Jugend so manches Freundschaftsband, für dessen geschlechtlich sinnlichen Charakter die Betheiligten zunächst nicht einmal selbst ein Verständniss zu haben brauchen. Es geht hiebei oft noch unwillkürlicher zu, als in den ersten frühzeitigen Regungen der normalen Jugendliebe, deren Bedeutung und weitere Entwicklung grade bei den unbefangensten und unschuldigsten Naturen am spätesten begriffen wird. Offenbar hat es die Natur nicht vermeiden können, die geschlechtliche Reizbarkeit so einzurichten, dass nur ausschliesslich der Geschlechtsunterschied eine Wirkung übe. In der Kundgebung des sinnlich blühenden Lebens hat sie Reize verkörpern müssen, die auch in der falschen Richtung eine irreführende Anziehungskraft entwickeln, zumal wenn ihnen auf der andern Seite eine erheblichere Spannung des Reizbedürfnisses entgegenkommt. Hiedurch entsteht ein Trug, der, von einem unbefangenen Standpunkt aus betrachtet, an sich selbst und in seiner zunächst unschuldigen Gestaltung eher die Komik, als das bei uns beliebte Entsetzen herausfordern sollte. Bornirtheit und Heuchelei mögen daher ihre moralische Entrüstung, die sie bei der leisesten Berührung dieses Gegenstandes auszuspielen pflegen, für das Schlimmere aufsparen. Aber auch dieses Schlimmere, welches in dem Uebergang zu organisch functionellen Missbräuchen besteht und unter dem antiken Regime der sogenannten Griechischen Liebe wohl eine Sitte im Sinne einer geduldeten und eingebürgerten Gewohnheit, aber doch nicht eigentlich eine als mustergültig oder als edel anerkannte Verhaltungsart gewesen ist, — dieses wirklich Schlimme erhält den Stempel der Verwerflichkeit, ja der Verworfenheit doch nur dadurch aufgedrückt, dass es nicht blos eine Ungereimtheit, sondern die Entwürdigung und gesundheitswidrige Schädigung in Bezug auf die wichtigsten organischen Thätigkeiten und Nervenerregungen betreibt. Hiebei ist es noch immer ausnahmsweise möglich, dass die Natur in allmäliger Abstufung und Entwicklung, also ohne Hinzutreten von widerwärtigem Culturraffinement, die Abirrung selbst bis zum letzten Stadium geleitet habe. Dem gegenüber wäre es nun die Aufgabe des bewussten Menschen, die falschen Antriebe der Natur durch grundsätzliche Abschneidung aller Abwege in Schranken zu halten und durch Bildung fester, sich vererbender Gewohnheiten die normale Richtung des Geschlechtslebens zu sichern. Geschichtliche Erprobungen im grossen Stil liegen hinter uns, und ebenso fehlt es nicht an einer lehrreichen Völkerüberlieferung über das äusserste Maass der Verdorbenheit, welches die falschen Praktiken mit sich bringen.

Die Gegenwart ist ungeachtet aller Strafgesetze an äussersten Entwürdigungen der eben gekennzeichneten Art durchaus nicht arm. Es giebt allerdings keine offen eingestandenen Gewohnheiten, wie im Griechischen und Römischen Alterthum; aber dafür gestaltet sich das schleichende Dasein entsprechender Thatsachen im Dunkel der Gesetzwidrigkeit nur um so ungeheuerlicher. Die Literaturreste der alten Welt bezeugen so Manches über die damalige Sittenfäulniss;

aber die Monstrositäten, welche sich in vereinzelten Fällen der Gegenwart verrathen, sind doch noch ärger und belehren über menschliche Wesensmischungen, denen gegenüber die gesunde Natur bei der ersten Kenntnissnahme allerdings einer Anwandlung von Schauder ausgesetzt sein kann. Doch ist es eben die Aufgabe aller derjenigen, welche ohne Unterschied den Gesammt- und Einzelgestaltungen des Lebens auf den Grund kommen wollen, den Thatsachen auch da fest in das Angesicht zu schauen, wo sie die widerlichste und unheimlichste Physionomie annehmen.

Letzteres ist nun da der Fall, wo nicht etwa blos die des strafgesetzlichen Schutzes sicherlich bedürftige zartere Jugend geschlechtlich ausgebeutet wird, was schon an sich eine grosse Calamität darstellt, sondern wo noch obenein Gelüste hervortreten, die den Schritt von der gemeinen Päderastie zu einem dem weiteren Publicum wenig bekannten Genre bezeichnen. Diese verworfenste Gattung des Verbrechens trägt noch keinen besondern Namen. Sie wurde Ende der sechziger Jahre durch Berliner Vorkommnisse illustrirt, unter denen der Fall Zastrow auch zur gerichtlichen Aburtheilung gelangte. Für eine andere Berliner Unthat, die an Corny, in welcher sich die für das fragliche Genre charakteristischen Schlächterneigungen an dem Opfer vollständig durch raffinirte Zerlegung desselben bethätigt hatten, sind die Urheber nicht ermittelt worden. Diese ganze Classe von Erscheinungen erklärt sich aber aus einer Verquickung der unnatürlichsten Wollust mit einem verwandten Kitzel, der sich schwer kennzeichnen lässt, aber weit schlimmer ist als derjenige, welcher der Blutgier und so zu sagen Blutwollust gewisser Raubthiere entspricht. Die Ausdrücke Mordpäderastie und Schlächterwollust sagen keineswegs genug; es ist eben eine namenlose Verteufelung der menschlichen Natur, um was es sich bei diesen Praktiken handelt. Offenbar geht das Raffinement, welches sich in diesen grade im Rahmen der höhern Gesellschaft ausgebrüteten Ungeheuerlichkeiten bekundet, darauf aus, einen Kitzel hervorzubringen, der die der gemeinen Verzerrung der Wollust entsprechenden Empfindungen durch diejenigen einer höllischen Art von Grausamkeits-, Misshandlungs- und Schlächterwollust steigert. Der Mord wird in diesen Angelegenheiten von dem mit der äussersten Schändlichkeit der Sache unbekannten Publicum als Sicherungsmaassregel gedeutet; dies ist er nebenbei auch; aber es würde ein arges Missverständniss der Hauptsache sein, in den methodisch raffinirten Verstümmelungen und, man möchte sagen, anatomisch studirten

Zerlegungen, denen die Opfer dieser gräulichen Gelüste unterworfen werden, die unmittelbare Ausgeburt eines verworfenen Empfindungs- antriebes und erkünstelten Kitzels verkennen zu wollen. Auch der Umstand, dass sich mit solchen unfläthigen Gefühlen Religiosität und Künstlerthum, wie auch speciell der erwähnte Fall des Malers v. Zastrow gelehrt hat, einheitlich zu gatten vermögen, deutet auf die intime Verwandtschaft, in welcher die verschiedenen Bestand- theile der monstrosen Sinnlichkeit zueinander stehen. Es ist eine sehr gewöhnliche Erscheinung, dass ein religiöses oder meta- physisches Muckerthum aus derselben Wurzel aufspriesst, aus welcher auch die niederträchtigen Gattungen der Wollust ihre Nahrung ziehen. Eben diese Wahlverwandtschaft ist es auch, wo- durch sich das verkommene Geschlechtsleben so gern mit der Mystik verkuppelt. Doch hiemit sind wir schon eine gute Strecke von den äussersten Ungeheuerlichkeiten abgekommen und in das Feld der gemeineren Missgebilde eingetreten. Auch ist diese Entfernung sicherlich sehr wohlthuend; denn wir hatten, Angesichts der völlig- sten Unmenschlichkeiten, bezüglich des Werthes von Leben und Liebe so Arges zu überwinden, dass die blossen Menschenwidrigkeiten, wie man im Gegensatz zu jenen äussersten Entmenschungen die Ausgeburten des blasirten Verhaltens und Urtheils nennen kann, noch als eine verhältnissmässig erbauliche Gegend erscheinen, zumal hier nicht selten schon blosse Komik den Gegenregungen der gesunden Natur gerecht zu werden vermag.

6. Mehr die Komik, als eine mit ehrsamer Miene auftretende Widerlegung ist auch da am Orte, wo das gewöhnliche ausschwei- fende Geschlechtsleben sich über den Jammer beklagt, den es sich zuzieht. Es versteht sich nämlich von selbst, dass schon der allergewöhnlichste Missbrauch, der durch ein übrigens natürliches, aber im Maasse fehlgreifendes Verhalten vorgestellt wird, missliebige Rückschläge der Empfindung, Störungen des Nervenbefindens und unter Umständen auch gradezu Ekel hervorbringe. Allerdings giebt es Leute genug, die in der Meinung befangen sind, es könne sich das Geschlechtsleben gar nicht anders als in einem solchen Wechsel von Lust und übler Rückwirkung bewegen. Diese Meinung ist ein Irrthum, der sich daraus erklärt, dass die normale, innerhalb der völlig gesunden Grenzen verbleibende Verhaltungsart in unsern heutigen Zuständen und Sitten nicht grade begünstigt ist und daher sehr häufig mehr oder minder Abbruch erleidet. Schwächlichkeit oder gar krankhaft geartete Ueberreiztheit genügen allein schon,

um das Gefühl der Befriedigung, welches bei voller Natürlichkeit
und Gesundheit sowie bei Einhaltung der gehörigen Grenzen nie
fehlen kann, erheblich mit entgegengesetzten Empfindungsbestand-
theilen zu untermischen oder auch wohl in der Nachempfindung
völlig in sein Gegentheil zu verwandeln. Ueberdies ist die gesammte thierische Natur in ihrer ursprünglichen Rohheit mehr oder
minder den Ueberschreitungen des zuträglichen Maasses ausgesetzt.
Man darf aber nicht aus dem Bereich der Thierheit erweisen wollen,
dass Niedergeschlagenheit oder ein noch schlimmerer Zustand die
nothwendige Folge der natürlichen Bethätigung des Geschlechtslebens sei. Der Mensch mit seinem deutlichen, voraussehenden Bewusstsein und mit seiner Fähigkeit, die etwa noch vorhandenen
Maasslosigkeiten der unzulänglich begrenzten Naturanlagen auszugleichen, braucht nicht den fraglichen Störungen anheimzufallen.
Er kann sich durch Gewöhnung und edlere Sitte über das erheben,
was übrigens auch bei den Thieren nicht einmal als durchgängige
Regel, sondern nur als häufig beobachteter Fall feststeht. Es ist
also eine der verkehrtesten Annahmen, dass den Bethätigungen des
Geschlechtslebens nothwendig ein Unbehagen, wenn nicht gar jener
jämmerliche Gefühlszustand folgen müsse, der, verglichen mit dem,
was ihm voranging, eine so lächerliche Rolle spielt, dass er mehr
zum Spott als zur Kritik herausfordert. Wer da glaubt, dass die
natürlich wichtigste Seite des menschlichen Verkehrs nur mehr oder
minder unangenehme Rückempfindungen hinterlassen ʼkönne, ist mit
der vollkommen gesunden und maasshaltenden Gestaltung nicht vertraut oder hält die letztere, wenn er sie wenigstens als Ausnahme
kennt, doch nicht für den normalen Fall. Die Werthschätzung der
natürlichen Lebensfunctionen würde aber gewaltig sinken müssen,
wenn eine solche, nur das Missbehagen als natur- und culturgesetzlich
geltenlassende Vorstellung wirklich Recht hätte.

Wäre in der bezeichneten Richtung nur mehr oder minder Un-
annehmlichkeit und keine echte Genugthuung des Gefühls das nothwendige Endergebniss, so wäre dieser Umstand freilich hinreichend,
die ganze Naturgrundlage des Geschlechts- und Gattungslebens zu
verdächtigen. Ehe man sich indessen einer solchen Ungeheuerlichkeit der Auffassung auch nur für einen Augenblick überlässt, hat
man sich zu erinnern, dass ausser den bereits angedeuteten Störungs-
ursachen auch die Formen des menschlichen Gemeinlebens in ihrer
bisherigen Unvollkommenheit und noch mehr in ihrer, der Uebergangsepoche angehörigen Zersetzung die Gelegenheit zu oft mehr

als brutalen Verletzungen der erspriesslichen Verhaltungsart geben.
Ich will hier nicht etwa von den Schäden und Gewohnheiten reden,
welche durch die Prostitution nothwendig begründet und aus diesem
Bereich dann weiter in die Familien übertragen werden. Die
Manieren, die sich auf diesem Tummelplatz der modernen Gesell-
schaft ausbilden, sind hier noch nicht speciell unser Thema; wir
werden diesem Piedestal, auf dem sich die sogenannte civilisirte
Ordnung des Geschlechtslebens erhebt, bei der Besprechung der
Lage der weiblichen Welt eine nähere Besichtigung nicht versagen.
Wohl aber müssen wir schon an dieser Stelle die übeln Rück-
wirkungen der weiblichen Geschlechtshörigkeit oder, mit dem sofort
verständlicheren Namen bezeichnet, die unsittlichen Folgen der
Zwangsehe ein wenig blosstellen.

Es gehört zu den sklavisch entwürdigenden Zuständen, in Beziehung auf das Geschlechtsleben irgend einem Zwange unterworfen
zu sein. Der Umstand, dass ein solcher Zwang ein gesetzlicher ist,
macht das ungehörige Verhältniss sicherlich nicht besser. Wäre die
Macht über das Weib eine blos thatsächliche, so würde Jeder ein
solches Zwangsverhältniss als eine arge Verletzung der freien
Persönlichkeit auffassen müssen. Nun aber, wo wir es mit einer
gesetzlich und polizeilich geschützten Zwangsmacht zu thun haben,
wo also die ursprüngliche Vergewaltigung durch Gewohnheit ein-
gewurzelt und durch das sogenannte Recht bestätigt ist, gehört
allerdings schon etwas zarteres Gefühl und einiger Gerechtigkeitssinn dazu, um die weibliche Leibeigenschaft als solche zu erkennen
und als eine, für ein Musterbild edlerer Sitte unbrauchbare Einrichtung zu verurtheilen. Ich habe jedoch hier die Frage des
ehelichen Leibeigenthums oder, wie der herkömmlichere Ausdruck
lautet, des Besitzes des Weibes noch nicht an sich selbst weiter zu
verfolgen. Ich habe vielmehr an dieser Stelle nur darauf aufmerksam zu machen, was sich aus der ungleichen Zwangsehe an
unmittelbaren Benachtheiligungen des Geschlechtslebens ergiebt.
Wie die gemeine Sklaverei nicht blos ein Unheil für die Knechte,
sondern auch eine Ursache der Demoralisation für die Herren ist,
so muss auch die der Willkür unterworfene Geschlechtsdienstbarkeit
des Weibes nicht blos das letztere selbst degradiren und manchen
Verkehrtheiten, Brutalitäten oder, was noch schlimmer ist, eigentlichen Raffinements aussetzen, sondern auch moralisch schädigend
auf die Männer zurückwirken. Die edlere Gestaltung des
Geschlechtslebens setzt voraus, dass der Mann dem Weibe als

einer freien Persönlichkeit gegenüberstehe, die über sich selbst verfügt und sich nicht von vornherein in das Verhältniss einer erzwingbaren und noch überdies schrankenlosen Geschlechtsunterthänigkeit begeben hat. Wo Zwangsrechte künstlich in Rücksicht auf das geschaffen sind, was der Mensch nie zum Gegenstand der Veräusserung machen sollte, da wird offenbar auf der andern Seite die heilsame und veredelnde Schranke fehlen, welche sich durch die volle Freiheit der weiblichen Persönlichkeit nicht etwa nur den Rohheiten und ärgsten Zumuthungen entgegensetzen, sondern auch zur Ursache einer von vornherein edleren Gestaltung der männlichen Gefühle werden kann. Es liegt in der That etwas Verkehrtes und der edleren sittlichen Gestaltung Zuwiderlaufendes darin, dass sich in die Geschlechtsempfindungen Gefühle einmischen, welche aus dem Bewusstsein der Willkür und Zwangsmacht entspringen. Es ist ziemlich bekannt und war auch Herrn von Goethe, wie der ganz wüste zweite Theil seines Faust lehrt, nicht unbekannt, dass überhaupt der „erzwungene Genuss" besondere Reize hat, die natürlich von unserm Standpunkt aus nur für eine niedrige und frivole Gestaltung des Fühlens und Wollens existiren. Nun war freilich von dem betreffenden Dichter, als er den Euphorion dieses Bekenntniss thun liess und, nebenbei bemerkt, in dieser Person die wahrlich weit edlere Natur Byrons verleumdete, nicht der Zwang in der Ehe gemeint. Dieser Umstand ist aber sehr unerheblich; denn es bleibt ziemlich gleichgültig, wodurch die Möglichkeit geboten werde, von der edleren Gestalt der Triebe auf den Abweg verworfener Steigerungsmittel zu gerathen. Wem die ganz nach der Goetheschen Natur schmeckende Velleität als Beweisgrund für die Thatsächlichkeit solcher niedrigen und auf Entartung hinauslaufenden Stimulationen noch nicht genügt, der mag darüber nachdenken, dass zwischen der hier in Rede stehenden Gefühlspraktik und den freilich noch durch eine weite Kluft getrennten Entmenschungen, die wir oben gekennzeichnet haben, nicht alle Aehnlichkeit fehlt. Es handelt sich hier um einen ziemlich unscheinbaren, ja unter Umständen noch fast unschuldig zu nennenden Anfang, dem sich aber eine Stufenleiter schlimmerer Entartungen anreihen kann, auf welcher auch die Erreichung des Gipfels wirklicher Monstrosität nicht zu den Unmöglichkeiten gehört. Mit der Sicherung einer wahrhaft edlen Sitte wird es demgemäss solange übel bestellt bleiben, als die geschlechtlichen Zwangsverhältnisse, zumal in einer Epoche des Zerreissens früherer sittlicher Scheinbindemittel, die

Ausgangspunkte für eine unwürdige Artung des Gefühlslebens und seiner äusserlichen Bethätigung abgeben.

Wo die Menschen früher noch durch eine Art heiliger Scheu ein wenig gebunden waren, oder wo sie noch jetzt durch Reste abergläubischer Furcht hier und da in Schranken gehalten werden, da kam oder kommt es nicht zur ganzen und voller Consequenz der geschlechtlichen Willkür und Gewalt. Ebenso mag in vielen Fällen ein menschlicheres Streben, welches besser ist, als der ursprüngliche Geist der Zwangsehe, einige Milderung verursacht haben und auch gegenwärtig nicht alle Wirkung verfehlen. Aber der steigende Cynismus frivoler Art, welcher sich in besonderm Maass grade an unsere gesellschaftlichen Uebergangszustände heftet, trägt zusammen mit der Auflösung der alten trügerischen Bindemittel der Moral dazu bei, die Zwangsehe zu so widerwärtigen Consequenzen auszubilden, wie sie sonst durchschnittlich nicht existirt haben. Aus diesem Grunde stellt sich die Aufgabe, eine bessere Form des geordneten Geschlechtslebens zu sichern, mit dem Fortschritt des Culturraffinements immer dringender. Was früher noch verhältnissmässig erträglich war, wird durch die neuen Umstände unleidlich. Auch ist die Herbeiführung einer solchen Sachlage für die Eröffnung besserer Wege günstig; denn man würde bei den alten Missbräuchen beharren, wenn sie sich nicht selbst durch schroffe Ziehung ihrer Consequenzen immer unhaltbarer machten.

Die juristische und polizeiliche Einrichtung, die wir Zwangsehe nennen, ist von uns zunächst hier nur berührt worden, um die Ablenkungen des Geschlechtslebens vom edleren Verhalten auch da zu kennzeichnen, wo sie durch die Gesetze nicht blos geschützt, sondern gradezu verursacht sind. Diejenigen, welche sich über Unbefriedigtheit beklagen und den Werth des geschlechtlichen Gemeinlebens bemängeln oder gar vollständig leugnen, sind auf einem durchaus falschen Wege, wenn sie die Natur und das anklagen, was den Menschen auf dem Wege der Sittengestaltung erreichbar ist. Sie mögen sich lieber gegen die Unvollkommenheit der abänderlichen Einrichtungen wenden und vor allen Dingen einsehen, dass in diesem Gebiet die unwürdige Gestaltung des Geschlechtslebens und damit zugleich der Verderb der entsprechenden Gefühle und Erfahrungen eine nicht zu unterschätzende Förderung finden.

7. Bisher haben wir hauptsächlich diejenigen Beeinträchtigungen des Geschlechtslebens betrachtet, welche sich auf seine allgemeine Bethätigung unmittelbarer Art beziehen. Hiebei durfte die höhere

Gestaltung der Liebe noch nicht eingemischt werden; denn es handelte sich noch gar nicht um jene Gipfel des Gefühlslebens, von denen aus das Geschlechterverhältniss erst in seiner ganzen Bedeutung sichtbar wird. Die ersten Regungen der Geschlechtsliebe, im Sinne einer das ganze menschliche Wesen ergreifenden Gemüthsbewegung, bringen in den edleren Naturen, zumal wenn jene Empfindungen sich zur Stärke einer aufopferungsfähigen Leidenschaft steigern, ein schönes Blüthenreich von glückseligen und allesverheissenden Vorstellungen mit sich. In diese Vorstellungen, deren anschauliche Schilderung mehr dem Dichter als dem Denker ziemt, mischt sich nun freilich Mancherlei, was durch Ueberschwenglichkeit aus den Grenzen des Möglichen heraustritt. Die sogenannte Ewigkeit, mit welcher sich das augenblickliche Gefühl schmeichelt, ist allerdings ein Wahn, aber doch nicht ausschliesslich ein solcher, wie er mit jeder natürlichen oder denkbaren Entfaltung der Liebe verknüpft sein müsste. Es ist ein Fehler im Wissen und im Gebrauch des Verstandes, wenn die Phantasie zu falschen Zukunftsdecorationen verleitet wird. Die Empfindung selbst ist aber nicht unwahr und hat auch sachlich eine Bedeutung, die es wohl rechtfertigt, wenn im Bewusstsein die lebendige Vorstellung eines schrankenlosen Lebens platzgreift. Dieses schrankenlose Leben existirt wirklich in den unabsehbaren Consequenzen, welche die Vereinigung der Geschlechter für das Dasein neuer Individuen mit sich bringt. Es ist kein Verhältniss des Augenblicks, welches sich in den Gefühlen der Liebe zum Ausdruck bringt; ja es ist auch kein Verhältniss, welches sich blos auf die Spanne Zeit bezöge, die dem Einzelmenschen zugetheilt ist. Die Angelegenheit, um die es sich in den gegenseitigen Gefühlen der fraglichen Art handelt, ist das grosse in seiner Tragweite nicht begrenzbare Gattungsleben selbst. Nicht ein Zweck ist es, durch den die Empfindungen zu höherer Steigerung bestimmt würden; denn ein solcher Zweck kann auch, wie im Pflanzlichen, durch die bewusstlose Natur vermittelt werden. Es ist vielmehr eine einfache Wirkung des Gehalts der Sache, wodurch das Gefühl jene übermächtige Spannung erfährt, vermöge deren es sich bisweilen mit unwiderstehlicher, ja unter Umständen seinen eignen Träger aufopfernder Energie bethätigt. Die Macht jener Art von Liebe, die gleich einer Flamme wirkt, stammt aus einem Reich von Beziehungen, über welches der Tod keine entscheidende Gewalt hat. Es ist also kein Wahn, wenn die leuchtende Gluth der Liebe das zukünftige Leben schrankenlos miterfasst und so das sonst begrenzte Individualdasein etwas fühlen und wahrnehmen lässt, was auf andere Weise nie unmittelbar in seinen Gesichtskreis gelangen würde. Auf dieser Theilnahme an etwas, worin sich die Wirkungen der ganzen Vergangenheit mit den Lebensaussichten der fernsten Zukunft vereinigen, beruht das erhabene Element, welches in der höhern Gestaltung der Leidenschaft seine äusserlich wohlbekannte, wenn auch innerlich wenig verstandene Rolle spielt. Das Weltdasein kommt in der Liebe zu seinem unmittelbar höchsten Ausdruck, und wollten wir die entsprechenden Gefühle auf ihre einzelnen Bestandtheile näher untersuchen, so würden wir finden, dass überhaupt alle Züge des Lebensbildes mit seinem schöpferischen Drang, mit seiner Genugthuung über das Errungene, ja auch mit seinen spannenden noch unentschiedenen Möglichkeiten darin anzutreffen sind. Es ist ein doppelter Triumph, der auf diese Weise gefeiert wird. Die Empfindung bezieht sich sowohl auf das, was als Erzeugniss des Vorlebens der Generationen unmittelbar gegenwärtig ist, als auch auf das, was als weitere Bürgschaft eines den Tod überdauernden Seins in die Zukunft weist.

Der in falschen Ueberschwenglichkeiten thöricht spielende Wahn ist die Kehrseite jener Wahrheit, auf die wir eben hinwiesen. Was hat dieser thörichte Wahn nicht für Ungereimtheiten an das Hochgefühl der Liebe zu knüpfen gesucht! Da sollen nicht nur, anstatt der natürlichen Entwicklung, die spannenden Reize des ursprünglichen Knospens und Blühens beharrlich festgehalten und gleichsam einbalsamirt werden, sondern es soll auch den Empfindungen, die sich mit einem Zukunftsparadies decorirten, in der spätern Gestaltung des Geschlechtslebens buchstäblich eine noch reizvollere und höhere Glückseligkeit entsprechen. Wenn diese Albernheiten einer unwahr verhimmelnden Phantasie, die sich selbst um das wahrhaft Wirkliche betrügt, nachher nichts finden, was dem Opiumrausch der falschen Ideologie sachlich irgend entsprechen könnte, so wird die Liebe eine Illusion gescholten und im günstigsten Falle als ein schöner Wahn ausgegeben. Unserm Standpunkt gemäss können wir diesen Ausgang, welchem der durch Jenseitigkeitsgewohnheiten irregeführte Scheinidealismus anheimfällt, nur gerecht finden. Auf die unwahre Ueberspannung folgt eine Abspannung, die nicht fähig ist, den edleren Gehalt der Wirklichkeit zu erfassen. Die Dichtung hat jedoch wesentlich nur da jenem Götzen einer in der falschen Richtung verhimmelnden Liebesauffassung geopfert, wo sie durch

Religion oder Philosophie zu diesem Cultus verleitet wurde. Am unglücklichsten hat sie sich aber da gestalten müssen, wo sie von einer halb zweiflerischen, halb gläubigen Zwitter- und Missphilosophie erst auf dem Wege des Trug- und Scheinidealismus bestärkt wurde, dann aber aus eignem Urtheil einigermaassen wieder davon zurückkam. Die einem solchen Zustande entsprechende Gemüthsverfassung war ganz geeignet, zwischen einem falschen Ideal und einer wenig gewürdigten Wirklichkeit das Dasein einer unausfüllbaren Kluft poetisch bedauern zu lassen. Schon früher haben wir im Allgemeinen diesen Zug als der Schillerschen Auffassung des Lebens angehörig erkannt und auf ein leider nicht genug überwundenes, dem Dichtergenius unsäglich schädlich gewordenes Kantisiren zurückgeführt. Bezüglich der Liebe hat nun unser grosser Dichter grade in seiner Idealschilderung des bürgerlichen Lebens, wie sie sich am ausgeprägtesten in seiner Glocke findet, eine schlimme Scheidelinie hervorgehoben.

Schiller ist so sehr in dem Glauben an die Ordnungsmässigkeit der überlieferten Einrichtungen befangen, dass er nicht nur die Hochzeit die schönste Feier des Lebens nennen, sondern auch unbedenklich von ihr sagen kann, dass sie auch den Mai des Lebens endige. „Mit dem Gürtel, mit dem Schleier reisse der schöne Wahn entzwei", — das ist das dichterische Eingeständniss, welches, wenn es auch nur halb gültig sein sollte, ein vernichtendes Urtheil über das herkömmliche Verhältniss von Liebe und Ehe in sich schlösse. Hienach wäre nämlich der Mai des Lebens jene unnatürliche Vorgestaltung, in welcher sich die Liebe in stetem Hinblick auf die durch das Gesetz verbotene Frucht in reiner Uebergeistigkeit nach Herzenslust ergehen kann, um dann sofort mit der Ehe durch eben jenes Gesetz feierlich bestattet zu werden. Erst die künstliche Trennung und Spannung, ja das fast komisch zu nennende, jedenfalls aber mit der unbefangenen naturwüchsigen Entwicklung nicht vergleichbare, bürgerlich ehrsame Brautstandsspiel, und alsdann zur Ergänzung des ersten Stücks Unnatur noch ein zweites in der Gestalt ehelicher Zwangspflicht! Man wird, wenn man sich durch das gewohnheitsmässige Ansehen der überlieferten Polizeiform des Geschlechtslebens nicht beirren lässt, hier offenbar erkennen müssen, wie das ganze Schicksal der juristisch veräusserlichen Liebe darin besteht, aus dem einen Zwangszustande in den andern überzugehen. Auf das Verbot folgt sofort die Forcirung, — und diese herrliche Sittenblüthe soll die Grundlage für

ein gesundes Urtheil über die Natur der Liebe und des dauernden
Geschlechtslebens sein! Da ist denn freilich wohl das Schillersche
„Ach" am Platze, und es hätte zu dem Jammer über das schnelle
Hinschwinden der Liebe auch noch derjenige über die Verkümmerung derselben im vorehelichen Stadium des legalen Brautver-
hältnisses hinzugefügt werden können. Die Thorheit des „schönen
Wahns", der nachher zerreisst, ist zu einem grossen Theil eben
eine Schöpfung jener künstlichen naturwidrigen Stauung, durch
welche die ebenmässige Entwicklung der Liebe in eine falsche
Ueberspannung verwandelt und auf die Abwege der Verschrobenheit angewiesen wird. Doch auch ganz abgesehen von diesem
Nebenumstand, der nur für die höhern Energien der Leidenschaft
eine entschiedenere Bedeutung erlangt, muss es sich für den natürlichen Sinn sonderbar ausnehmen, dass die dauernde Gemeinschaft
des Geschlechtslebens durchaus den Charakter der Enttäuschung
an sich tragen soll. Wirklich illusorisch ist nur der erkünstelte,
vom Wege der natürlichen Entwicklung abgekommene Wahn,
und für den Menschen, welcher sich im Element der Wahrheit und
Wirklichkeit zu halten vermag, giebt es seitens der Natur gar keinen
solchen Trug. Die normale, nämlich nicht durch die herkömmlichen
Veräusserungs - und Unterjochungseinrichtungen schon von vornherein in der Entwicklung behinderte und missleitete Liebe führt ohne
falsche Spannungen schliesslich zur natürlichen Ehe und Familie, in
welcher sie zwar mit der Zeit, aber nicht so rasch, wie man sonst
vorauszusetzen hat, die Gattung ihrer ursprünglichen Reize wandelt.
Diese Wandlung ist aber keine Enttäuschung, sondern im Gegentheil eine Erfüllung von dem, was die Natur in den ersten blühenden Regungen gleichsam versprochen hat. Die Frucht der Verbindung in einem dauernden, aus der Liebe entwickelten Geschlechtsleben ist nicht etwa blos die künftige Generation, sondern
vor allen Dingen für die unmittelbar Betheiligten ein Verwachsen
der gegenseitigen Neigungen und des beiderseitigen Ergehens zu einem
Zusammenhang, wie er fester in keinem andern Verhältniss begründet
werden kann. Dieses durch die Natur selbst gewirkte Band muss
sogar die Mittel und Reize überdauern, durch welche es um die einander sonst fremden Wesen ursprünglich geschlungen und in deren
Individualität immer mehr befestigt wurde. Grade die Dauer ist
es, die hier erst die wohlthätigsten Lebensverhältnisse schafft und,
anstatt einen vermeintlich unwillkürlichen Trug zu zerstören, vielmehr das erst vollständig mit sich bringt, was in den lebhaften

Reizen der ersten Liebe gewissermaassen nur vorweggenommen und als etwas Zukünftiges vorempfunden wurde.

8. Die Beobachtung, dass der gewöhnliche Lauf der Dinge sehr häufig die Ehe zum Grab der Liebe werden lasse, hat einen Rousseau veranlasst, für die Musterzöglinge seiner Erziehungsideale auch das weitere Leben durch einen besondern Rathschlag vor allzu rascher Abnutzung sichern zu wollen. Das vorgeschlagene Mittel ist ein wenig künstlich gerathen; aber an dieser Künstlichkeit trägt weniger die Absicht des genialen Schriftstellers, als der vorausgesetzte Zustand die Schuld. Von Beginn der Ehe an soll nämlich auf jede Geltendmachung eines Zwangsrechts oder einer sogenannten Pflicht verzichtet werden. Die Verheiratheten sollen einander oder vielmehr, was die Hauptsache ist, der Mann dem Weibe so begegnen, wie wenn sie zwei Liebende wären, die in ihrer Freiheit nur nach Aussen beschränkt und demgemäss zur Treue verpflichtet, aber übrigens zu nichts verbunden sind, als was die freie Gunst jedes Theils dem andern ohnedies gewähren will. Rousseau stützt sich hiebei auf die Thatsache, dass sich die Liebe in den freieren Verhältnissen, ungeachtet aller sonstigen hiemit verbundenen Nachtheile, meist länger als in der Ehe erhalte.

In der That ist das erwähnte Mittel an sich selbst nicht blos zweckentsprechend, sondern auch edel geartet; aber es hat einen grossen Fehler, der einfach darin besteht, dass es durchschnittlich unanwendbar bleibt. Abgesehen von Ausnahmefällen, in denen ein besonders gesteigertes Zartgefühl und ein gleichermaassen bedeutender Charakter im Manne zusammenwirken, wird der Rath, im Widerspruch mit der wirklichen Situation zu verfahren, allenfalls die Frucht der Heuchelei, aber nicht eine in sich wahre und gescheute Ordnung des Geschlechtslebens mit sich bringen. Was das Weib in Freiheit für sich selbst zu thun hat und was so auch dem Manne zum Heil gereicht, lässt sich nicht durch einen künstlichen, gleichsam in der Luft schwebenden und ganz ohne Bürgschaften bleibenden Verzicht ersetzen. Eine derartige Verzichtleistung muss regelmässig zu hohlem Schein werden. Das Falsche, was einmal in der Einrichtung des Zwanges liegt, lässt sich hinterher durch keinen blossen Wunsch unschädlich machen. Ueberdies muss sich aber auch die Ohnmacht jenes künstlichen Versuchs noch dadurch steigern, dass der gesetzliche Zwang zwar in dem gegenseitigen Verhältniss durch moralisches Belieben abgethan werden, aber doch zugleich nach Aussen bestehen bleiben soll. Dies ergiebt eine seltsame Freiheit, der es an aller Folgerichtigkeit fehlt. Wo die Möglichkeit des Versagens eine ernsthafte Bedeutung haben soll, muss sie auch die Entscheidung über das Gewähren unverkürzt einschliessen. Man kann daher in Rousseaus Bestreben, die Gewohnheiten der Zwangsehe zu verbessern, nur einen unabsichtlichen Beitrag zur Kritik dieser ganzen Institution anerkennen. Nur in diesem Sinne hat sein Vorschlag eine Bedeutung, während er übrigens in das Bereich der auf Selbsttäuschung auslaufenden Spielereien gehört.

Es bleibt hienach eine Störung des edleren Geschlechtslebens in unserm heutigen Gesellschaftszustande vorläufig bestehen, weil dieser Zustand einen höheren Grad von Freiheit ausschliesst. Die Umgestaltung der Zwangsehe in die freie und gleiche Ehe von natürlich und sittlich höherer Vollkommenheit ist nur in Vereinigung mit der vollen wirthschaftlichen Selbständigkeit und materiellen Existenzsicherung des Weibes durchführbar. Ohne die Erfüllung dieser unumgänglichen Voraussetzung würde grade das höchste Ideal der freien Sittlichkeit zur ärgsten Caricatur verzerrt werden müssen. Was sich jedoch selbst unter den heutigen Verhältnissen unmittelbar für eine bessere Gestaltung des Eherechts thun liesse, könnte sich nur auf Angelegenheiten zweiter Ordnung beziehen. Es würde im äussersten Fall mit einer Erleichterung der Scheidung erweiterte Bürgschaften für eine seitens des Mannes auch nach der Trennung fortdauernde Versorgung verbinden und so für unsere Uebergangsepoche der Zersetzung doch wenigstens die Aushülfe gegen die schlimmsten Missgestaltungen etwas vermehren. Im Hauptpunkt ist von diesen Zwischengebilden nichts sonderlich Befriedigendes zu gewärtigen. Man hat sich eben darein zu finden, die Uebelstände, welche die gegenwärtige Fäulniss einer in ihrer Unfreiheit erkannten und auch übrigens gemissbrauchten Einrichtung mit sich bringt, solange zu ertragen, bis die entscheidende Wendung zur Verbesserung des gesammten Gesellschaftszustandes vollzogen sein wird. Alsdann hat auch die Verkörperung der Liebe in einem edel gestalteten Geschlechtsleben ihre absehbar höchsten Aussichten. Verkehrt wäre es aber, die Unvollkommenheiten, die heute dem Verhältniss von Liebe und Ehe anhaften, als unabänderliche Mängel dem ganzen Dasein zurechnen und die Natur wie die Geschichte für solche Unzulänglichkeiten verantwortlich machen zu wollen, die sich schliesslich nur als ein Antrieb zur höheren Entwicklung erweisen. Hätte die Natur von vornherein den spätern

Zweck, nämlich die selbstgenugsame und zu edlerer Sitte gebildete Freiheit verwirklichen können, so würde es an dieser That sicherlich nicht gefehlt haben. Wir müssen aber bedenken, dass der Entwicklungsgang einer innern absoluten Nothwendigkeit unterliegt, die ebenso unbedingt ist, wie die mathematische Wahrheit. Wenn also die weltgeschichtliche Einrichtung der Zwangsehe ihre Schatten auf Liebe und edleres Geschlechtsleben geworfen hat, so haben diese Schatten doch noch nicht die Absperrung alles Lichts bedeutet und müssen schliesslich durch volles Licht ersetzt werden.

Wir haben uns bemüht, zu zeigen, wie die Beeinträchtigungen der Liebe durch die Ehe geartet sind. Wir haben hiebei angenommen, wirkliche Liebe bilde den Anfang und finde nur hinterher ein bisweilen frühzeitiges Grab. Diese Voraussetzung ist aber vergleichungsweise unschuldig, wenn man bedenkt, dass die Ehe in ihrer heutigen bürgerlichen Thatsächlichkeit für die mittleren und oberen Schichten der Gesellschaft vorherrschend eine ökonomische Geschäftsangelegenheit ist, bei welcher die Liebe, wo überhaupt noch, doch nur nebenbei etwas zu thun bekommt, von vornherein sich aber gar nicht einfallen lassen soll, die Geschäftsraison ernsthaft kreuzen zu wollen. Diese Art von Corruption des Geschlechtslebens ist übrigens auch der Typus aller Entartung. Eine Sphäre höherer Rücksichten wird durch eine niedere Gattung von Antrieben ersetzt, indem das, was für sich selbst an erster Stelle gelten sollte, dem Cultus der gemeinsten Reichthumsgier zum Opfer fällt. Das Persönliche am Menschen tritt zurück, um solchen Eigenschaften Platz zu machen, die sich an den Sach- und Geldbesitz knüpfen. Die Verkuppelung der Besitzthümer ist alsdann nebst der zugehörigen niedrig entarteten Lebensweise der Ueppigkeit das maassgebende Ziel, und der Mangel der persönlichen Anpassung der Individuen wird die Ursache der missrathenden Generationsfrüchte. Die widerlichen Erzeugnisse solcher Ehen laufen dann als hässliche Verkörperungen und Zeugen dieser verworfenen Kuppelwirthschaft umher. Sie tragen das Gepräge der Verfehltheit an Leib und Geist zur Schau; denn man sieht es ihnen an, dass sie die Producte disharmonisch zusammengewürfelter Eltern sind, ja zum Theil schon solcher Eltern, die bereits selbst nach dieser neuen Methode hervorgebracht waren. Diese Verderbtheit muss nun von Geschlecht zu Geschlecht zunehmen, und auf diese Weise rächt sich durch persönliches Verkommen und durch die Ausbildung einer neuen Art von Cretinismus die mit Füssen getretene Natur.

Der in der That naturgesetzliche Compass, der in den Empfindungen unverdorbener Neigung gegeben ist, wird ärger als die Anzeige irgend einer andern der menschlichen Sinnesfähigkeiten verachtet, und es kann daher nicht überraschen, wenn an die Stelle der Liebe und des naturgemäss zu entwickelnden Geschlechtslebens der raffinirte Cultus der gemeinsten Verworfenheit tritt. Die Entschädigung für die mangelnde Zusammenstimmung des ehelichen Lebens wird auf irgend einer, sei es höhern oder niedern Sprosse der gesellschaftlichen Stufenleiter der verschiedenen Gattungen der freieren Prostitution gesucht. Auch ist dieser Ausweg insofern sehr begreiflich, als ja eigentlich nur die Zwangsprostitution, welche mit der blossen Besitzverkuppelung einfürallemal vollzogen wird, durch die sonstigen Formen des für Geld veräusserlichen Geschlechtslebens eine Ergänzung erfährt.

9. Ein blosses Zubehör des Besitzregime ist auch die widerwärtige Zusammenbringung von Racenelementen, welche sich vermöge ihrer natürlichen Beschaffenheit nur disharmonisch berühren können. Es ist nämlich bisweilen der Racenabstand so gross, dass die natürliche Neigung des Weibes, welches mit seinem Widerwillen gleichsam die Verantwortlichkeit der Natur bezüglich der zu gewärtigenden Misserzeugnisse ausdrückt, auch ohne noch besonders hinzukommende Verstandesüberlegung schon ein hinreichender Schutz gegen missliebige Verbindungen sein würde, wenn nicht die wirthschaftliche Bedürftigkeit oder das Gesetz des sich gattenden Besitzes die hässlichsten Zwangsehen und sonstigen Geschlechtscorruptionen mit sich brächte. Es giebt in dieser Richtung Naturgesetze, welche nicht ungestraft übertreten werden. Die Geschlechtsausbeutung seitens der Männer pflegt hier freilich, und zwar vornehmlich auf Seiten der schlechteren Racen, die Hauptrolle zu spielen. Die Weiber der besseren Racen fallen nach ökonomischen Gesetzen nur allzu leicht der Gier der geldbesitzenden Frechheit anheim, während die umgekehrten, weit weniger schädlichen Fälle, in denen die bessere Race mit reichen Weibern der schlechteren eine Verbindung eingeht, unvergleichlich seltener sind. Ja diese letzteren Fälle kommen eigentlich nur da vor, wo bereits in der sich selbst nicht mehr genug berücksichtigenden Race die Corruption stark umsichgegriffen hat. Ausserdem ist es aber auch ein gewaltiger Unterschied, ob Frauen einer schlechteren Race Verbindungen mit Männern einer besseren eingehen, oder ob die weibliche Welt der vorzüglicheren Natur- und Culturgebilde von einer Seite her be-

fruchtet wird, von welcher der Mischlingsgeneration die weniger dem edleren Typus der Menschheit entsprechenden Elemente einverleibt werden. Bei einer unzuträglichen Kreuzung des Geschlechtslebens zieht allerdings der eine Theil auch aus dem Gesichtspunkt der Fortpflanzung oft genug einen Vortheil; denn wie disharmonisch auch seine Sprösslinge gerathen mögen, so ist in ihnen doch etwas von den Eigenschaften der schlechteren Race durch Zugesellung anderer Eigenschaften aufgewogen. Hieraus erklärt sich auch zum Theil die Gier, mit welcher grade der schlechtere Theil danach strebt, sein Gepräge in besserem Material zu vervielfältigen. Ausser der egoistisch gemeinen Wollust, mit der ja auch jedes Monstrum seine schöne Individualität fortzusetzen sucht, ist noch eine Art Witterung im Spiele, welche in den heutigen Zuständen die auf Mischlingsverhältnissen beruhende Geschlechtsausbeutung als gesellschaftlich vortheilhafte Machtsteigerung kennzeichnet und so dazu treibt, die Einnistung der schlechteren Racen im Fleische der besseren auch in dieser Form zu betreiben.

Die Naturempfindungen sind die erste und unwillkürliche Anzeige für das, was geschlechtlich miteinander zu stimmen vermag. Die verstandesmässige Ueberlegung kann nur auf Grund dieser Lehren des unmittelbaren Gefühls sich weiter orientiren und das leisten, was nothwendig ist, um die unheilvollen Verbindungen zu verhindern und die erspriesslichsten zu erkennen. Davon also, dass Abneigung und Neigung zu ihrem Recht gelangen, hängt nicht nur das Glück der zunächst Betheiligten, sondern auch dasjenige der Nachkommenschaft ab. Die Liebe ist zwar kein unfehlbares Merkmal der Zusammenstimmung; aber wo sie fehlt oder gar Abneigung sich kundgiebt, ist es gewiss, dass auf keine sonderlich harmonische Beschaffenheit des Nachwuchses gerechnet werden kann. Die Verwahrlosung dieser höchsten aller Rücksichten, von denen auch das Wohl der künftigen Geschlechter abhängt, gilt gegenwärtig allerdings fast als selbstverständlich. Die überlieferten Grundsätze und Einrichtungen sind weit davon entfernt, dieser Verwahrlosung entgegenzuwirken. Im Gegentheil müssen sie unter den heutigen Umständen den Schaden noch steigern, indem sie die natürlichen Antriebe der Liebe immer mehr zu etwas machen, was gar nicht oder erst an letzter Stelle in Anschlag kommt. Die Einsetzung der Liebe in ihre vollen Rechte wird daher das einzige Mittel sein, um das Geschlechtsleben und die Beschaffenheit der Generationen in der idealsten Weise zu gestalten. Sie allein wird nicht nur die natürliche freie und gleiche Ehe und das dieser Lebensform entsprechende vollere Glück mit sich bringen, sondern auch Menschen schaffen, in denen sich die jedesmal besten Charakterbestandtheile und Anlagen vereinigt finden. Durch Ausmerzungen übler Wesensbestandtheile kann auf diesem Wege die Menschheit überdies noch hoffen, sich in ihren einzelnen Gliedern kunstvoll derartig zu bilden und zu wandeln, dass der Lebenswerth schon von seiner wichtigsten Grundlage, nämlich von der Naturausstattung des Organismus her gesteigert werde. Diese Schöpfungsarbeit, welche der Liebe und dem Geschlechtsleben, aber nicht etwa im Wege des verworfenen Daseinskampfes, zufallen muss, wird nun durch die periodische Vernichtung, die als Tod die Generationen begrenzt, möglich gemacht; denn das Verfehlte und Disharmonische wird auf diese Weise überwindbar, und es eröffnet sich die Aussicht auf die Befriedigung in vollkommneren Combinationen der Lebenselemente. Wir haben also nach der Betrachtung der Liebe und des schaffenden Geschlechtslebens noch jener grossen Institution der Natur in das Auge zu schauen, von welcher sich so Viele mit thörichter Furcht abwenden.

Sechstes Capitel.

Der Tod.

1. Die blosse Nichtexistenz ist weder ein Uebel noch an sich etwas Gutes. Wäre der Tod in der Meinung der Menschen nichts Anderes als die blosse Abwesenheit des Lebens, so würden wir uns um ihn gar nicht zu kümmern haben; er würde weder der Gegenstand der Furcht noch der Hoffnung sein können. Es ist die Aufgabe des entschlossenen Denkens, den Trug zu zerstören, welchen die Empfindungen des Lebens über das verbreiten, was nicht mehr Leben ist. Die Furcht wirft ihre Schatten jenseit des Grabes und folgt hierin nur dem allgemeinen Gesetz aller Affecte, welche die ihnen gemässen Vorstellungen erdichten, wo sie dieselben in der Wirklichkeit nicht antreffen. Jeglicher böse Traum ist ein Ideengewebe der Empfindung. An jedem Traume kann man es lernen, wie sich das gewöhnliche Verhältniss zwischen Vorstellung und Empfindung umkehren kann. Ein schädlicher Druck auf das Herz, und die Träume nehmen einen beängstigenden Charakter an. Bedarf man mehr als dieses Fingerzeiges, um die

11 *

jenseitigen Dichtungen zu begreifen, in denen sich unwissende Furcht und Hoffnung eine zweite Welt giebt? Das Leben schliesst wahrhafte Qualen ein; die Angst kann ohne äusseren Grund als eine blosse Reproduction früherer Gemüthszustände wieder hervortreten und wird dann ihre Ursachen selten zutreffend, vielmehr meistens ganz unbestimmt denken. Auf diese Weise geschieht es, dass das Gefühl die Imagination zur Erschaffung einer Welt von Ideen anregt, die als Wirklichkeiten vorausgesetzt, jenes Gefühl zu erzeugen vermöchten. Die subjective Empfindung kann nicht umhin, unwillkürlich zur Ideenbildung überzugehen und zu ihrem eignen Dasein eine objective Ursache hinzuzudenken. In dieser Thätigkeit folgt sie dem Gesetz der Gewohnheit und Ursächlichkeit; sie vermag keine andern Schrecken zu erdichten, als deren Bilder sie bereits in der wirklichen Welt kennen gelernt hat. Alle jenseitigen Projectionen unserer Affecte sind daher Dichtungen aus dem Stoff der bekannten Welt; nur die Combination und die Grösse der transcendenten Gegenstände sind ein Zusatz des Spiels der Imagination. Auch die Grundform, welche die Erfahrung des Lebens beherrscht, wird begreiflicherweise in den Conceptionen der Phantasie gewahrt. Die Zeitverhältnisse werden stillschweigend in jedes jenseitige Phantasma aufgenommen; es fällt Niemand ein, seine überweltlichen Hoffnungen und Befürchtungen etwa in die Vergangenheit zu legen. Wir haben es also im Grunde stets nur mit einem einzigen einheitlichen System von Vorgängen, mit einer für jegliches Ich einzigen Reihe von Erfahrungen zu thun. Die Vorstellungen, welche über das Grab hinausschweifen, träumen von einer Erfahrung, welche die Fortsetzung der bisherigen Erprobung der Existenz sein soll. Die Empfindungen und Gefühle, deren wir im Leben fähig sind, werden für Bürgen nicht blos der kommenden Wirklichkeit, sondern auch der eingebildeten Zukunft gehalten. Die leere Zeit unserer Vorstellung wird mit beliebigen Bildern des Zukünftigen decorirt, in deren Erzeugung das unmittelbare Gefühl und die jeweilige Stimmung den einzigen Leitfaden abgeben. Je unbefriedigender die Wirklichkeit ist, um so geneigter wird die Empfindung sein, ihrem eignen Zuge zu folgen und die Elemente ihres eingebildeten Jenseits so anzuordnen, dass sie das Diesseits versöhnen. Wir haben also nicht blos die Schöpfungen der unmittelbaren Furcht, sondern auch die Bestrebungen derjenigen Affecte, welche nach einem besseren Dasein und nach Gerechtigkeit verlangen, in Rechnung zu bringen.

Erinnern wir uns, dass das Leben ein Inbegriff von Empfindungen und Gemüthsbewegungen ist, so werden wir unsere Theilnahme nie unmittelbar der Vorstellung als solcher, sondern zunächst
nur dem durch dieselbe verursachten Gefühl zuwenden. Die un-
erlässliche Voraussetzung der Wirksamkeit der gegenständlichen
Ursachen des Leidens wird nun ein der Empfindung fähiges Ich
sein. Die Empfindung hat aber wiederum ihre bestimmten organischen Vorbedingungen, und da diese offenbar mit dem natürlichen
Absterben des Lebens ebenfalls absterben, so ist es einem an das
Wirklichkeitsdenken gewöhnten Verstande ganz unmöglich, die
Fähigkeit zur Empfindung auch noch zu setzen, wo das Getriebe
des natürlichen Daseins aufgehört hat. Der Trug, welchen uns die
Phantasie unter der Herrschaft des Gefühls bereitet, muss daher
als eine ähnliche Täuschung betrachtet werden, wie diejenige
ist, welche wir so häufig in den Träumen erfahren. Der auf die
Erfassung der Wirklichkeit angelegte Mechanismus der Ideenbildung
muss überall da, wo ihm nur einseitig innerliche Materialien gegeben
werden, zu blossen Erdichtungen führen. Nun ist der Mensch von
Natur immer in einem gewissen Grade von dem Ganzen der Dinge
isolirt; er mischt in die Vorstellung des Wirklichen fortwährend
die Dichtung. Kein Wunder daher, dass er grade auf dem Standpunkt der rohen Natur den täuschenden Mächten am meisten verfällt. Erst der sich orientirende und ausbildende Verstand gelangt
allmälig dazu, den einheitlichen Charakter der Dinge zu erfassen,
und ist dann im Stande, die Irrthümer der Isolirtheit und Beschränktheit zu berichtigen. Für die gereiftere Einsicht des Geschlechts ist der Tod Nichts als das Ende des individuellen Lebens.

2. Ereignisse, die sich an das uns bekannte Leben anschliessen'
und mit ihm eine einheitliche Erfahrung für dasselbe Ich bilden
möchten, haben wir weder zu fürchten noch zu hoffen. Die natürlichen Empfindungen, durch welche sich die Theilnahme der vorangehenden Generation für die folgende vermittelt, sind der treuste
Ausdruck unserer wahren Interessen an der Zukunft. Alle Antriebe,
welche sich auf den Zusammenhang der aufeinanderfolgenden Geschlechter beziehen, greifen über das individuelle Dasein hinaus
und haben ihren Schwerpunkt in dem Gattungsleben. Wir bedürfen
daher keiner metaphysischen Abenteuer, um unsere begründeten
Interessen an dem zukünftigen Leben, nämlich demjenigen unserer
Nachkommen, zu erfahren. Sogar unsere Individualität oder wenigstens erhebliche Elemente derselben dauern in jenen Combinationen

fort, deren Ergebniss die Charakterbeschaffenheit und sonstige natürliche Ausstattung unserer Nachkommen ist.

Ausser den unwillkürlichen Empfindungen, durch welche die Natur unsere Beziehungen zum zukünftigen Dasein unseres Geschlechts regelt, giebt es noch ein mehr verstandesmässiges Band, welches dem Kommenden die Theilnahme des Gegenwärtigen sichert. Ein unscheinbares Gesetz unserer Vorstellungen ist das Mittel, uns selbst wider unsern Willen fremdem Interesse dienstbar zu machen. Jegliche Art von Ideen wirkt nämlich in ähnlicher Weise, mag sie ihren Gegenstand in unmittelbarer Gegenwart oder in einer entfernteren Zukunft haben. Nur die Grösse der Wirksamkeit fällt verschieden aus, je nachdem sich das Bewusstsein auf Nahes oder Fernes bezieht. Sobald wir uns irgend ein Ereigniss, welches die menschliche Theilnahme zu erregen im Stande ist, überhaupt nur vorstellen, so wird schon diese Vorstellung an sich selbst, ganz abgesehen von dem unmittelbar individuellen Interesse, welches wir an ihrem Gegenstande nehmen mögen, zur Ursache einer praktischen Affection unseres Wesens. Wir können gar nicht umhin, denselben Beifall oder dieselbe Verachtung, mit welcher wir irgend eine Gestaltung der Dinge betrachten, auch auf die blosse Vorstellung dieser Gestaltung zu übertragen, so wenig uns die letztere auch persönlich angehen mag. Unser allgemeineres Interesse an der Zukunft beruht auf diesem Gesetz, dass die Vorstellungen unwillkürlich zu praktischen Affectionen führen. Einer nüchternen Betrachtung kann es sehr gleichgültig sein, was mit den leiblichen Resten unseres Daseins nach dem Tode vorgenommen werde. Dennoch zeigen die Menschen, auch abgesehen von jeglicher Vorstellung einer praktischen Erheblichkeit ihrer Wünsche, eine ganz besondere oft ins Lächerliche ausartende Theilnahme für das, was ihren Leichnamen widerfahren soll. Selbst ein Bentham würde nicht geleugnet haben, dass ihn nur ein lebhaftes Interesse, welches seinen Schwerpunkt ausserhalb des augenblicklichen Daseins hat, dazu treiben konnte, die Sorge für sein Mausoleum testamentarisch den Anatomen anheimzugeben. Jedenfalls hat er den Gedanken nicht geliebt, seinen Cadaver den gewöhnlichen Proceduren der Beerdigung ausgesetzt zu wissen.

Die sorgfältige Umständlichkeit, mit welcher fast regelmässig die Anordnung der Begräbnisse schon bei Lebzeiten bedacht wird, ist ein kennzeichnendes Beispiel für die Macht der blossen Vorstellung. Handelt es sich nun aber gar um wirkliche praktische Interessen, ist es also z. B. die Sorge für die Nachkommenschaft, was unsere Vorstellungen auf die Zeit nach unserm Dasein richtet, so ist die Wirksamkeit der über das Individuelle hinausgreifenden Ideen offenbar. Selbst die ganz abstracte Theilnahme, mit welcher wir an dem allgemeinen Schicksal der Menschheit haften, ist nur der Effect jenes Gesetzes, welches den Vorstellungen als solchen einen Einfluss auf die praktischen Affectionen unseres Gemüths verschafft. Schliesslich ist auch der Nachruhm oder vielmehr das ihm zu Grunde liegende Interesse aus jenem Gesetz der Wirksamkeit blosser Vorstellungen zu begreifen. Die Idee von Etwas, was wir nie erfahren, ist doch wenigstens selbst eine Erfahrung und hat als solche einen Werth für unser Bewusstsein. Das Mitgefühl für das Menschliche überhaupt macht allerdings auch alle bewusste Theilnahme, die sich auf Vorstellungen des Zukünftigen gründet, erst möglich; aber ohne jenes Gesetz des allgemeinen Vorstellungs-einflusses würde sich das Bewusstsein nicht unmittelbar an etwas betheiligt finden, was über seine eigne Dauer hinausreicht. Auch jener Ruhm bei den späteren Geschlechtern hat für klardenkende Naturen nur die Bedeutung des gegenwärtigen Gefühls einer weit-reichenden Wirksamkeit; aber die bestimmtere Vorstellung von dieser Wirksamkeit kann doch nur die Gestalt von Eindrücken haben, die ähnlich geartet sind, wie diejenigen des unmittelbar erprobten Lebens.

Für die bestimmteren Beziehungen der Gegenwart und der Zukunft sorgen die von der Natur eingepflanzten unwillkürlichen Empfindungen. Für die abstracteren Verhältnisse, welche mehr auf der verstandesmässigen Verkettung der Vorgänge beruhen, möchte wohl jene allgemeine Theilnahme, welche sich aus der Wirksamkeit der blossen Ideen herschreibt, eine hinreichende Bürgschaft sein. Es ist genug, wenn sich der Mensch, wo er der höhern Erkennt-niss theilhaft wird, zu Vorstellungen über die nächsten voraussicht-lichen Schicksale seines Geschlechts erhebt. Das Interesse und die Sorge für die Zukunft der kleineren wie der grösseren Gebiete des Gattungslebens, von der natürlichen Familie durch die Nation bis zum Gedanken des allgemein Menschlichen hinauf, ist die echte Theilnahme und ersetzt für den aufgeklärten Verstand alle religiösen und metaphysischen Affectionen. Für das an der Erfahrung gereifte Urtheil giebt es keine andere Aussicht, als diejenige ist, welche der uns bekannte Lauf der Verkettung von Ursachen und Wirkungen mit sich bringt. Was uns nach unserm Tode angeht, ist uns einzig und allein das Leben derer, die unser Dasein fortsetzen, nicht aber der nichtige leere Raum an der Grenze unseres individuellen Bewusstseins, den die vom Verstand noch ungezügelte Phantasie mit allerlei Decorationen zu erfüllen gesucht hat.

3. Wir haben den Tod als blosse Nichtexistenz erwogen und die Vorstellungen, welche über das Grab hinausschweifen, auf ihre wahren Gegenstände hingewiesen. Nun müssen wir den Tod als eine innerliche Erfahrung ins Auge fassen, und hier ist der Punkt, bei welchem die Anklagen des Daseins beginnen. Die trüben und düstern Anschauungen möchten im Tode ein verwerfendes Urtheil über das Leben finden. Eine uralte abergläubische Vorstellung hält die Sterblichkeit für die Strafe einer Ursünde, und ihr schliesst sich der neuere pessimistische Philosoph (wie man ohne weiteren Beisatz Arthur Schopenhauer nennen muss) aus vollem Herzen an, indem er die Lust des Lebens als mit einem letzten grossen Schmerze bezahlbar vorstellt.

Diesen Ideen gegenüber hat man zunächst nur auf die einfache Thatsache hinzuweisen, dass der völlig naturgemässe Tod, welcher nicht die Folge irgend einer Störung besonderer Lebensfunctionen, sondern einfach der Ausgang des allmäligen Abnehmens aller Kräfte ist, gar kein Schmerz genannt werden kann. So selten nun auch dieses ruhige und sanfte Hinscheiden sein mag, so muss doch wohl, wo es wirklich statthat, die Natur eine Ausnahme machen und auf die Einlösung ihres Wechsels, d. h. auf die Abforderung der die Lust abbüssenden Todesqual verzichten. Es scheint also mit dieser Art Gerechtigkeit nicht eben sonderlich bestellt zu sein; der Zufall und die Laune scheinen an ihr den meisten Antheil zu haben. Nun ist freilich die Begleitung des Sterbens mit schmerzlichen Empfindungen der allgemeine Fall. Nur die besonders gesunde und kräftige Natur bringt es im Verein mit der Gunst der äussern Umstände bis zu jener gleichmässigen Abnahme aller Lebenskräfte und zu einem dem Einschlafen ähnlichen Sterben. Dennoch glauben wir, dass, wenn die Menschen die Wahl hätten zwischen einem auf jegliches Wagniss verzichtenden, dafür aber mit einem ruhigen und schmerzlosen Ausgang schliessenden Dasein einerseits und einem bewegten von mannichfaltigen erregenden Leidenschaften ergriffenen und mit Gefahren ausgestatteten, mit einem Todeskampf endigenden Leben andererseits, sie unbedenklich das letztere vorziehen würden. Möchte auch immerhin ein überweiser Verstand die Ruhe als Glück empfehlen, der unwillkürliche Trieb würde richtiger urtheilen und die Reize des stürmischen Daseins ergreifen, wo er sie findet, ohne sich um die letzte Katastrophe zu kümmern. Es wäre auch in der That ein wunderlicher Widerspruch, wenn der, welcher so manchen tiefen Schmerz um dieser oder jener Gestaltung des Lebens willen überwindet, vor den Zuckungen eines letzten Krampfes zurückbeben wollte. Die Schrecken nicht des Todes sondern des Sterbens sind, abgesehen von dem Aberglauben, durchaus von keiner andern Art als das, was uns innerhalb des Lebens selbst furchtbar ist. Man nehme an, es wisse Jemand gar nicht von seinem nahenden Tod, so werden die Empfindungen, denen er anheimfällt, den Schmerzen gleichen, wie sie inmitten des Lebenslaufes vorkommen und höchstens den Charakter einer beängstigenden Ohnmacht annehmen. Man kann nicht leugnen, dass das unwillkürliche Gefühl der Angst, welches bisweilen die kritischen Zustände des in seinen Functionen behinderten Lebens begleitet, eine wahrhafte Qual ist; aber man wird ebensowenig behaupten dürfen, dass die Aussicht auf die Möglichkeit einer solchen Qual an sich selbst das Leben werthlos macht. Bedenklich sind nur die „Riesenschatten unserer eignen Schrecken", die thörichten Deutungen des durch fremden Trug beunruhigten Bewusstseins. Wie das unbefangene Kind mit leichter Mühe geängstigt wird, so verfällt der naive Sinn der Menschen den Schrecken seiner eignen Visionen. Der Tod wird erst furchtbar durch den eingebildeten Hintergrund, welchen man ihm giebt, und durch die Ideen, welche sich auf dem Grunde der peinvollen Empfindungen erzeugen. Ganz wie die Liebe ihre beseligende Traumwelt, ebenso schafft auch die Furcht ihr höllisches Vorstellungsreich. Es ist der irregeleitete Verstand, welcher im Angesichte des Todes die besondern noch über das Gefühl, welches den Riss des Lebens ausdrückt, hinausgehenden Schrecknisse erzeugt. Gegen ihn giebt es nur ein einziges Mittel, und dies ist wiederum der Verstand selbst, aber der orientirte und in dem Truge der Gefühle erfahrene. Zerlegen wir daher das gesammte subjective Bewusstsein, welches dem Sterben entsprechen kann, in seine beiden Elemente, nämlich in seinen Empfindungs- und Gefühlsinhalt einerseits und in seinen Gehalt an Vorstellungen andererseits, so können wir behaupten, dass der erstere Bestandtheil gar nicht sonderlich von dem, was wir auch sonst im Leben an sogenannter Todesangst erfahren mögen, verschieden sein kann, und dass der zweite Bestandtheil eine blosse Täuschung ist und glücklicherweise eine solche, deren Trug dem Lichte einer gesunden

Philosophie weichen muss. Die Welt ist reich an einzelnen Bildern eines würdigen Ausgangs aus dem Leben, und es ist zu erwarten, dass auch die Mehrzahl allmälig lernen wird, mit Anstand zu sterben. Der erbärmliche Widerschein, den der Gedanke an die Visionen des Aberglaubens häufig auf das Antlitz der Scheidenden wirft, muss einst völlig verschwinden. Der Fortgang aus dem Leben hat wie das Leben selbst mehr oder minder Würde, und der letzte Act macht in Bezug auf unser Urtheil keinen Unterschied. Die Moral, ich meine hier nicht die einer verkommenen Schulmeisterei, sondern die aus der Wurzel der Lebensenergie selbst abstammende Kraft der Grundsätze, umfasst das ganze volle Leben bis zu seiner letzten Handlung, mit der es sich selbst endigt. Die Moral kann daher fordern, dass die Menschen den Tod nicht überwinden, aber wohl bestehen lernen. Wir werden auf diese Gesichtspunkte zurückkommen, wenn wir den freiwilligen Tod und das in ihm liegende Urtheil über das Leben untersuchen.

Der blosse Traum kann Schrecken und Qualen mit sich bringen, die uns noch in der wachen Erinnerung furchtbar genug erscheinen, um gleich den wirklichen Uebeln den Lebenswerth zu verdächtigen. Das Wirkliche an diesen Schrecken ist nun die blosse Empfindung und ausserdem die Vorstellung, dass wir durch unsere Willkür solche Erscheinungen nicht bannen können. Wie oft findet sich der Mensch nicht in geträumter Todesgefahr und wie oft hat er daher nicht die Wirkung der blossen Vorstellung des nahen Todes erfahren? Man mag immerhin sagen, dass die geträumte Gefahr nicht echte Todesfurcht mit sich bringt; man wird doch in einzelnen Fällen zugestehen müssen, dass der Traum die Empfindung des Wirklichen fast noch überbietet. Wie real die Angst der Träumenden sei, zeigt sich deutlich in dem Umstande, dass die einmal angeregten Gefühle ihre Nachwirkung oft lange über das Erwachen hinaus ausdehnen. Wir haben häufig eine dauernde Nachempfindung der Erfahrungen unserer Träume, und es ist eine wenn auch grade nicht häufige Thatsache, dass sich die Verstimmung unseres Gefühls bis in den Tag verlängert. Nirgend können wir so gut als an diesen Erscheinungen studiren, welch eine täuschende Gewalt der Imagination innwohnt, wenn sie unter dem einseitigen Einfluss blosser Gefühle steht, die des regelnden Correctivs der Reize der Aussenwelt ermangeln. Was wir wirklich von den Chancen des Lebens zu halten haben, zeigt uns schliesslich nur der die gegenständlichen Ursachen erwägende und so über den Trug der ein-

seitigen Innerlichkeit erhabene Verstand. Er ist es, der das Gefühl von der Idee trennen und dafür sorgen muss, dass die Realität
des einen nicht mit der blossen Vorstellungswirklichkeit der andern
verwechselt und so die Werthschätzung des Lebens gefälscht werde.
Man mag immerhin die Pein der Empfindung zur Verdächtigung
des Lebens heranziehen; man hat aber kein Recht, auch noch die
falschen theoretischen Urtheile, die sich bei besserer Orientirung
berichtigen, als sachliche Wahrheiten in Anschlag zu bringen.

Abstrahirt man von jeglicher Vorstellung dessen, was die Furcht
als jenseit der Grenze gelegen voraussetzt, beachtet man also nur
die blossen Empfindungen, welche die mannichfaltigen Arten des
Sterbens mit sich bringen, so muss man eingestehen, dass das Ende
unserer Laufbahn Manchem, was in ihrer Mitte liegt, ähnlich ist,
und dass es daher darauf ankommt, das Für und Wider, welches
sich aus der Betrachtung jener Elemente des scheidenden Bewusstseins für die Beurtheilung des Daseins ergeben mag, nach den gewöhnlichen Grundsätzen mit den übrigen Chancen des Lebens zu
combiniren. Die Arten des Ausgangs aus dem Leben sind vielgestaltig, und ihnen entsprechen daher auch ganz verschiedene Weisen
des Bewusstseins. Der ganz abstracte Gedanke des Todes ist es
nicht, was dem Sterben seinen schmerzlichen Charakter ertheilt. Es
werden vielmehr die mannichfaltigen Verkettungen mit dem Leben
sein, deren Riss die Pein verursacht, und man wird daher erst aus
der Betrachtung jener positiven Bindemittel zu erkennen vermögen,
welche Bedeutung die letzte negative Macht, welcher ihre Lösung
anheimfällt, für das Bewusstsein haben muss.

4. Die Bedeutung des Todes ist nach dem zu beurtheilen,
was er vernichtet, und die natürlichen Empfindungen werden einem
solchen Urtheil stets entsprechen. Wenn der Jüngling stirbt, so ent-
schwindet der volle Reiz des noch kaum versuchten Lebens. Wenn der
Mann stirbt, so wird er von seiner Arbeit und seinen halb vollendeten
Unternehmungen losgerissen, und der Schmerz dieser Trennung von
der Sorge wird noch empfindlicher sein als das Gefühl, mit welchem
der Jüngling das verlockende Leben lassen muss. Die Verkettung mit
dem Dasein ist im Mannesalter am festesten geworden, und wenn
der Tod nur nach dem Schmerz bemessen werden soll, den er uns verursachen kann, so wäre es vorzuziehen, in der Jugend zu sterben.
Die Kraft, mit welcher sich der Trieb an das Leben klammert,
mag in der Jugend gewaltiger sein als im vorgerückteren Alter;
aber letzteres hat für die Fesseln der blossen Natur die der Gewöh-

nung und die der selbstgeschaffenen Verkettungen eingetauscht. Der schwerste Tod ist also der des gereiften in seiner vollen Kraft stehenden Alters; er wird selten eintreten, ohne die innigsten Verhältnisse zu lösen und zu dem Schmerz des gestörten Daseins auch noch eine letzte Sorge um die Lebenden hinzuzufügen. Es ist also eigentlich nicht der Tod selbst, sondern dessen Unzeitigkeit, was den Ausgang aus dem Leben in solchen Fällen so herbe macht. Könnte irgend ein anderes Ereigniss dieselbe Störung und dasselbe Abreissen halb vollendeter Bestrebungen bewirken, so würde es dieselben peinlichen Gefühle mit sich bringen. Wir dürfen also das Unheil nicht aus dem Umstand ableiten, dass es überhaupt einen Tod giebt, sondern wir müssen jeden vorzeitigen Ausgang aus dem Leben wie einen jener zahlreichen Zufälle betrachten, die unsere Unternehmungen scheitern machen. Mit der allgemeinen Nothwendigkeit, das Leben zu verlassen, und mit den natürlichen Empfindungen, welche sich an das Abtreten von dem Schauplatz knüpfen, wäre fertig zu werden, wenn man nur immer in dem Bewusstsein ginge, seine Rolle ausgefüllt oder wenigstens die Angelegenheiten derselben in Ordnung gebracht zu haben. Es zeigt sich hier wiederum die Macht jenes Gesetzes, welches den Vorstellungen als solchen Wirksamkeit giebt. Nicht die Vorstellung des Todes, sondern des Lebens ist es, was das Gefühl des Sterbens oft so verzweifelt peinigend gestaltet. Der Geist kann nicht umhin, sich mit den Angelegenheiten, die bisher seine Theilnahme fesselten, auch noch in dem Moment zu beschäftigen, in welchem die Grundlage zu allen jenen Affectionen schwindet. Das Sterben ist ein Act des Lebens und wird daher seinen Charakter von den Beziehungen entlehnen, die es zum bisherigen Dasein haben mag. Wir dürfen daher den Tod nie ausser Zusammenhang mit dem Leben betrachten, auf welches er folgt. Ja wir können sogar behaupten, dass nur der mit Ruhe und Würde sterben wird, der im Leben eine edle und feste Haltung zu bewahren wusste.

Wir werden uns mit dem Sterben am ehesten aussöhnen, wenn wir es als einen Act des Lebens selbst betrachten. Dieser Act kann eine Folge der ungestörten natürlichen Gesetzmässigkeit sein, und in diesem Falle endigt sich das Leben in völliger Freiheit, d. h. nach der ihm inwohnenden Norm des Bestehens. Die Natur löst dann ein Dasein auf, welches sie grundsätzlich nur auf die Erfüllung einer bestimmten Periode angelegt hatte. Jener Act kann ferner anstatt einer Handlung der Natur eine That der bewussten

Ueberlegung und der Willkür sein. In diesem Falle wird die Gesetzlichkeit der unwillkürlichen Natur aus einer höheren Sphäre, aus dem Gebiet des willkürlichen Verstandes, ergänzt, und es wird dem Zufall und den Störungen, welche die Lagen des Lebens für die Natur unerträglich gestalten, Rechnung getragen. Schliesslich kann jener Act ein blosses Ergebniss der zufälligen Störungen sein, welche das Spiel des Lebens um der Selbständigkeit seiner Entfaltung willen einschliessen muss. Letzterer Fall ist die Regel, während die beiden andern Voraussetzungen die seltnere Ausnahme bilden. Will man also das Leben des vorzeitigen Todes wegen, zu dem es fast immer führt, anklagen, so muss man sich nicht gegen die Thatsache des Todes überhaupt, sondern gegen die Herrschaft dieser Art von Zufall wenden.

Ist denn nun aber diese Möglichkeit der zufälligen Störungen ein Umstand, welcher den Werth des Lebens beeinträchtigt? Wir glauben im Gegentheil, dass grade der höchste Reiz in der Erprobung dieser Chancen des Daseins und in dem Bewusstsein besteht, mit Selbständigkeit in das Spiel der Combinationen eingreifen zu können. Das Leben wäre kein Leben mehr, wenn es gar keine Unbestimmtheit des Gelingens und Misslingens einschlösse. Der Mensch liebt es, unter gewissen Umständen um Leben und Tod zu spielen, und es möchten wohl die in diesem Wagniss errungenen Erfolge sein, welche die höchste Genugthuung mit sich bringen. Jene Art von Zufällen ist selbst das Gesetz der Welt, und kein unglückliches Gesetz. Schon in den Spielen, welche wir selbst zur Unterhaltung erdenken, müssen die Gesetze so gewählt werden, dass sie dem Zufall und unserer Selbständigkeit eine gewisse Weite der Bethätigung eröffnen. Der Reiz der Spiele schwindet, wenn die richtige Mischung jener beiden Elemente nicht getroffen wird. Wie sollte nun wohl das Leben, welches mehr als ein Spiel ist, einen Reiz haben können, wenn es überhaupt keine günstigen und ungünstigen Chancen und keinen Wechsel des Geschicks einschlösse!

Anstatt den Tod als den düstern das Leben verdächtigenden Hintergrund unseres Bewusstseins zu betrachten, sollte man in ihm lieber die gewisse Versöhnung aller sonst nicht bezwingbaren Uebel des individuellen Daseins verehren. Wo es gar keinen andern Trost giebt, da ist der Gedanke der Vergänglichkeit alles Empfindens und Fühlens die letzte Zuflucht. Das stete Dahinschwinden, in welchem die Gemüthsbewegungen begriffen sind, führt schliesslich über alles Ungemach hinweg, und der letzte Nothhafen im

Sturme peinigender Gefühle bleibt immer der Tod. Auch die vernichtende Macht hat einen Werth; denn sie versteht es, die schwierigsten Verwicklungen zu lösen und wenn nöthig den allzu künstlich geschürzten Knoten zu zerhauen.

5. Ausser der Bedeutung, welche der Tod für den hat, der ihn erfährt, müssen noch die Wirkungen in Anschlag gebracht werden, welche in die Empfindung der Lebenden fallen. Im Grossen und Ganzen wird man behaupten können, dass der Tod für den Ueberlebenden ein mindestens ebenso wichtiges Ereigniss ist als für den Sterbenden selbst. Wo irgend ein Band der Lebensgemeinschaft zerrissen wird, da ist der Schmerz der Trennung zweiseitig. Die peinliche Empfindung, mit welcher der Sterbende die Welt lässt, ist nur von kurzer Dauer, während das Gefühl des Verlustes, den die Ueberlebenden erleiden, seine Grenzen nur in der natürlichen Gesetzmässigkeit der Affectionen findet. Man könnte daher versucht sein, den Tod in seinen Wirkungen für Andere als das schlimmere Uebel zu betrachten und eine Ordnung der Dinge anzuklagen, die uns den intensiven Schmerz der Trennung und den langsam zehrenden Gram um die verlornen Gegenstände der Liebe bereitet. Auch giebt es wirklich keinen andern Ausweg aus diesen Bedenken, als die Erhebung auf einen über das Individuelle hinausliegenden Standpunkt. Ein wahrer Ersatz kann dem nicht gewährt werden, welchem der Zufall das Liebste entrissen hat. Es ist nicht möglich, das individuelle Band, welches eine lange andauernde Lebensgemeinschaft geknüpft hatte, jemals wieder in gleicher Weise hervorzubringen. Der Verlust ist im strengen Sinne des Worts unersetzlich. Es wäre Thorheit, auf Mittel sinnen zu wollen, welche ein solches Schicksal auszugleichen vermöchten. Das Gefühl muss seiner eignen Gesetzlichkeit und der versöhnenden Macht der Zeit überlassen werden. Es leitet ganz von selbst zu dem einzigen Standpunkt, auf welchem sich der herbe Schmerz in eine mildere Trauer auflöst. Es erhebt den Menschen über das Besondere und Einzelne zur Betrachtung des Ganzen; es richtet den Blick auf das Menschliche überhaupt und erweckt eine Theilnahme, deren das ungestörte Haften an der Einzelheit des Daseins nicht fähig ist. Das besondere Schicksal sucht sich in die Unendlichkeit der Dinge zu versenken und seinen individuellen Schmerz in dem grossen Ganzen des Weltverhängnisses aufzulösen. Der Einzelne hat stets ein Recht zur Klage, wenn ihm Zufall und Tod den Gegenstand seiner tief gewurzelten Affectionen entreissen; aber das

Geschlecht, als Gesammtheit betrachtet, darf es nicht bedauern, dass es in einem Theil seiner Glieder Schicksale erdulden muss, welche die Theilnahme für den höheren und allgemeineren Charakter des Lebens lebendig erhalten. Ohne jenen Blick, welchen die Trauer um unersetzlich Verlornes auf die Weite des unermesslichen Lebens ausschauen lässt, würde unserer Gattung das Motiv der Erhebung über die engen Schranken des jeweiligen Daseins fehlen. Das besondere Bild, welches der Augenblick entrollt, würde den Horizont begrenzen, und es würde das Gefühl des grossen Zusammenhangs und der absoluten Bedeutung unserer Schicksale nicht lebendig werden. Jener Standpunkt, von welchem aus das unmittelbare Haften an der Besonderheit des Individuellen schwindet, kann zwar nicht derjenige der wirklichen Hingabe an das Leben sein; aber er zeigt uns, indem er die festesten Verknüpfungen gelöst erscheinen lässt, den Werth des Augenblicks und der nur einmal gebotenen unwiederbringlichen Chancen. Die Losreissung von dem besondern Interesse des zufälligen Schicksals macht zwar den Schmerz desselben mild verklingen, ertödtet aber auch die Lust an dem vollen und bestimmten auf das Einzelne gerichteten Streben. Fassen wir aber die Lebensenergie des Geschlechts als eine Totalität auf, so kann die Erhebung in das Allgemeine nur dazu dienen, die Federkraft des Strebens wieder zu wenden und auf die Erprobung der Chancen des bestimmten Daseins zu richten. Es wird also durch die Beeinträchtigungen, welche das individuelle Wollen durch die Zufälle erleidet, die allgemeine Empfindung der Bedeutung des Lebens gesteigert und so der Werth des Daseins, welcher ja nur an dem fühlenden Ich gemessen werden kann, erhöht. Ein Leben, welches in seinen Schranken nicht auch die Möglichkeit des unwiederbringlichen Verlustes hegte, wäre kein voller Ernst und könnte daher auch keinen höheren Reiz als den des blossen Spieles haben. Gegen eine solche Welt, in der Nichts wahrhaft verloren und daher auch Nichts wahrhaft gewonnen werden könnte, möchten wir nun wohl eher ein Recht zur Anklage haben, als gegen das wirkliche Leben mit seinen absolut bedeutsamen Schicksalen.

6. Es giebt eine Art zu sterben, an welcher nicht nur das, was der Scheidende selbst erleidet, sondern auch das allgemeine Urtheil, mit welchem wir die ganze Weise des Abtretens vom Schauplatz betrachten, zu bedenklichen Erwägungen führt. Der freiwillige Tod ist nicht nur stets mit einem grossen Schmerz für den verbunden, welcher sich zu ihm entschliesst, sondern er scheint auch

einen allgemeinen Vorwurf gegen eine Ordnung der Dinge auszudrücken, welche zu einem solchen Schritt zu nöthigen vermag.
Unter beiden Gesichtspunkten ist der selbstgewählte Tod eins der
schwierigsten Probleme, welche die Werthschätzung des Lebens auf
ihrer Umschau antrifft.

Wie muss der, welcher die eigne Hand zur Zerstörung der
Voraussetzungen seines Daseins erhebt, von dem Leben denken?
Muss er nicht, indem er sich zu seiner letzten Handlung anschickt,
die ganze Ordnung der Dinge verwünschen, welche ihn zu einer so
furchtbaren Wendung zwingt? Wir würden uns täuschen, wenn
wir den freiwillig Abtretenden regelmässig solche das ganze Getriebe der Welt verurtheilende Gedanken unterlegten. Wir können
grade an dieser Art von Ausgang aus dem Leben lernen, dass der
Mensch mehr als die beschränkte Subjectivität ist, deren Charaktere
er in seinen gewöhnlichen Thaten geltend macht. Er ist noch
ausserdem ein Centrum, in welchem die Mächte objectiver All-
gemeinheiten gravitiren. Die blossen Vorstellungen haben über ihn
eine Gewalt, vor der die Gesetzmässigkeit des individuellen Daseins
weichen muss. Diese Vorstellungen sind nun stets auf das Leben
gerichtet und zeugen von einer allgemeinen Theilnahme an den Con-
juncturen des Daseins. Wer lieber den Tod erdulden als die Pein
der verlornen Liebe auf sich nehmen will, beweist durch seinen
Entschluss, welchen hohen Werth er dem beimisst, dessen Verlust
ihn zur Wegwerfung des ganzen Daseins treibt. Wer die Ehre
höher achtet als das Leben, giebt dadurch noch keineswegs zu erkennen, dass er das Leben überhaupt verachte. Er gesteht im
Gegentheil einem einzelnen Elemente eine solche Bedeutung zu, um
den Verlust desselben gradezu als den Verlust des Lebens zu betrachten.
Wir können daher eigentlich gar nicht behaupten, dass, wer die Voraus-
setzungen seines organischen Daseins zerstört, sich mit diesem Acte das
Leben erst nehme. Das wahre Leben, als subjectives System der Empfin-
dung betrachtet, ist bereits durch die Macht der Objectivität genommen.
Der Verlust ist im Wesentlichen schon da, und die Vernichtung der
Voraussetzungen des untergeordneten Lebensgetriebes ist nur die
Folge der in einem höheren Gebiete bereits vollendeten Thatsache.
Der Tod durch eigne Hand braucht daher keine Verurtheilung des
Lebens einzuschliessen. Die verschiedenen Elemente und Reize des
Daseins messen aneinander ihren Werth, und der Verlust des
Wesentlichen zieht den Untergang des Uebrigen nach sich. Grade
die intensivste Lebensenergie ist jenem Schicksal des gewaltsamen

Bruchs am meisten ausgesetzt. Es ist also die Liebe zum Leben
selbst, welche den völligen Verlust des Daseins der positiven
Empfindung eines wesentlichen Mangels vorzieht.

Wir können von unserm Standpunkt aus, welcher im Tode
Nichts als die Beendigung des Lebens sieht, für die abstracte Vorstellung des freiwilligen Todes weder entschiedene Sympathien noch
Antipathien hegen. Es giebt Arten des Selbstmordes, die aus einer
krankhaften Sucht stammen, und es sind Fälle bekannt, in denen
Kinder wiederholte Versuche machten, sich durch Verbrennen zu
tödten. Woher soll nun wohl Angesichts solcher Erscheinungen ein
moralisches Urtheil kommen? Der ganze physiologische Vorgang,
der den erwähnten Handlungen entspricht, ist uns bezüglich der zugehörigen Empfindung so fremd, dass wir nicht einmal im Stande
sind, mit jenen Zuständen wirkliches Mitgefühl zu hegen. Nur die
Affectation könnte hier den sittlichen Maassstab anlegen wollen. Für
den nüchternen Verstand sind die erwähnten Vorgänge instinctive
Acte der Natur und liegen daher gänzlich ausserhalb des Gebiets
sittlicher Werthschätzung. Nun könnte man sagen, jene sonderbaren
Phänomene ständen ganz vereinzelt und hätten gar keine Beziehung
zu den übrigen Arten des vielgestaltigen, durch die eigne Willkür
vermittelten Todes. Allein wir glauben, dass der Instinct oder, wenn
man will, das unmittelbare sich von den Gründen seiner Entscheidung keine Rechenschaft gebende Gefühl eine grosse Rolle in den
letzten Entschliessungen spielt. Ein grosser Theil der Selbstmorde
würde unterbleiben, wenn eine klare gegenständliche Auffassung der
Verhältnisse an die Stelle der oft räthselhaften Motive träte, welche
zu dem verzweifelten Schritt treiben. Wie es sich nun aber auch
mit dem Antheil des dunklen Gefühls an den Acten der Verzweifelung verhalten möge, wir würden selbst dann, wenn ihnen volle
Klarheit des Bewusstseins zu Grunde läge, nur die ganz gewöhnlichen Grundsätze der moralischen Zurechnung anzuwenden haben
und aus dem freiwilligen Tod kein besonderes Vergehen machen
dürfen.

Wenn wir uns in die Lage desjenigen hineinzudenken versuchen,
welcher sich zur Auslöschung seines Daseins anschickt, so können
wir nicht umhin, ein gewisses Widerstreben gegen eine anscheinend
so sehr dem natürlichen Lebenstriebe entgegengesetzte Handlung zu
empfinden. Wir verwerfen daher von unserm Standpunkt jeden
solchen Act als unnatürlich. Allein dieses ganze Urtheil des unmittelbaren Gefühls beruht auf dem Umstande, dass wir nicht im

Stande sind, den Gemüthszustand des zum Sterben Entschlossenen gehörig zu würdigen. Unsere Empfindung urtheilt gar nicht über das, was wirklich vorgeht, sondern nur über das, was in uns vorgehen würde, wenn unsere Annahme, wir selbst wären in der Lage sterben zu wollen, wirklich statthätte. Wir messen also durch das unmittelbare Gefühl die Vorstellungen an unserer gegenwärtigen ruhigen Gemüthsverfassung, und es ist daher die Differenz zwischen der Natur jener verzweifelnden That und zwischen dem Wesen unseres ungestörten Empfindens, was unser Urtheil fälscht und in uns ein Widerstreben gegen Handlungen regemacht, die wir unter den geeigneten Umständen unbedenklich selbst vornehmen würden. Der erfahrene Verstand erhebt sich über den trügerischen Schein des unmittelbaren Gefühls und trägt dem wirklichen Zustande des Verzweifelnden gehörige Rechnung. Er weiss Nichts von jenem Widerstreben, welches ursprünglich eine natürliche Täuschung des Gefühls ist, und mit welchem hinterher die moralische Affectation zu spielen liebt. Der Verstand verhält sich gleichgültig, und nur in dem Falle, in welchem sich uns die wirkliche Gemüthsverfassung des zum Sterben Entschlossenen in ihrer vollen Wahrheit aufdrängt, sind wir eines echten Mitgefühls fähig. Wir müssen also den ganzen Zusammenhang, welcher zur Katastrophe führte, kennen, um irgend eine Art von Theilnahme zu fühlen. Wir müssen den Tod in seinen Beziehungen zu dem Leben erfassen, welches er abreisst, um ein sittliches Urtheil zu gewinnen. Es ist also nicht der freiwillige Tod überhaupt, über dessen Werth oder Unwerth wir zu entscheiden vermöchten; es ist vielmehr die besondere in jenem Tode ausgedrückte Handlung, die unserer Anerkennung oder Missbilligung anheimfällt. Es giebt Selbstmorde, die von so niedriger Gesinnung zeugen, dass wir auf sie nur mit Verachtung zu blicken vermögen. Man denke an einen Menschen, der den Gedanken nicht ertragen kann, die Ausdehnung seines Luxus einschränken zu müssen, und nun, wie es wirklich vorgekommen ist, auf die Nachricht von dem Verlust nicht seines Vermögens, sondern nur eines Theils desselben zum Strick greift. Eine solche Gesinnung erfährt da, wo sie sich im Leben in gewöhnlichen Handlungen ausdrückt, mit Recht unsere Verachtung, und sie wird dadurch keine andere, dass sie zum Selbstmord veranlasst. Der selbstgewählte Tod kann bisweilen die nichtswürdigste und erbärmlichste Handlung von der Welt sein. Es wäre auch wunderbar, wenn die Menschen ihre Gesinnung, die sie im übrigen Leben bekundet haben, grade in der letzten Handlung verleugnen sollten. Es giebt daher keinen grössern Missgriff, als die Selbsttödtung nach Maassgabe einer allgemeinen Vorstellung, d. h. ohne Rücksicht auf den besondern Inhalt, welcher ihr erst einen sittlich differenten Charakter ertheilt, beurtheilen zu wollen. Der freiwillige Tod kann eine grosse Handlung sein, die unseres ungetheilten Beifalls würdig ist; er kann aber auch der Ausdruck einer ganz gemeinen Misere oder einer widerwärtigen Verzerrung der menschlichen Natur sein. Er kann vom Standpunkt des moralischen Rechts als völlig gleichgültig erscheinen, und er kann unter andern Umständen eine arge Pflichtvergessenheit und ein empörendes Unrecht gegen die Ueberlebenden enthalten.

7. Von der sittlichen Bedeutung des Selbstmordes in dem bisher üblich gewesenen Sinne reden, hiess eigentlich schon zuviel thun. Es sind allein die Priester der versklavenden Religionen gewesen, welche den Tod durch eigne Hand zu einer Sünde gestempelt haben. Die Moralisten waren meist schwach genug, die durch das Priesteranathem bei dem Volke erzeugten Vorurtheile mit ehrsamer Miene zu erörtern, als wenn es sich noch erst um die Feststellung eines Rechts des Menschen über sein eignes Leben handeln könnte. Mit welchen Umschweifen ging nicht beispielsweise noch im 18. Jahrhundert ein David Hume dem Vorurtheil zu Leibe! Im letzten Menschenalter konnte man noch bei manchem Gelehrten, der durchaus nicht der theologischen Sphäre angehörte, die beschränktesten Aussprüche darüber finden, dass der Mensch sich ein Dasein nicht nehmen dürfe, welches er sich nicht selbst gegeben habe. Eine Wendung, wie die eben erwähnte, ist nun ein Rest jener Versimpelung, auf welche die priesterliche Vormundschaft jederzeit hingearbeitet hat, um sich die Menschen völlig zu unterwerfen und ihnen die letzte Zuflucht der natürlichen Freiheit durch abergläubische Furcht abzuschneiden. Der Mensch, der es vermag, nöthigenfalls sein Leben entschlossen zu endigen, ist nicht blos dem Naturunheil, sondern auch den feindlichen Elementen des Menschenreichs gegenüber freier und stärker, als derjenige, welcher durch Aberglauben oder eine sonstige Geistesschwäche dazu verurtheilt bleibt, leidend Alles über sich ergehen zu lassen. Ich bin jedoch soweit als möglich davon entfernt, die Selbsttödtung zu empfehlen oder gar einer Classicitätsromantik zu huldigen, welche den antiken Ausweg aus den Lebensverwicklungen als den eigentlichen Heroismus feiert. Es ist nicht einmal richtig, dass dem Alterthum mit der bekannten Römermanier eine besondere Auffassungsart des Selbstmordes eigen

gewesen sei. Das Heldenthum hatte sich, wo es wirklich vorhanden war, nicht erst in einer letzten That zu bekunden. Eine solche That galt als selbstverständlich, wo Alles verloren und nur noch der drohenden Erniedrigung Trotz zu bieten war, indem man sich der Willkür des Feindes durch die Kraft der eignen Hand entzog. Heute ist diese Art von Fällen seltener, nicht weil praktisch eine andere Auffassung der Selbsttödtung herrschte, sondern weil die Schicksale, denen die Menschen in den äusseren Kämpfen anheimfallen können, andere geworden sind und ihnen nicht immer übel genug erscheinen, um den sofortigen Tod vorziehen zu lassen.

Dagegen sind die innern Kämpfe und die indirecten Erniedrigungen oder sonstigen Plagen in unserm modernen Leben derartig vorherrschend, dass vornehmlich von ihnen die zahlreichen Antriebe zur Selbsttödtung ausgehen. So ist es jetzt überaus häufig die Noth um Brod, also die Unmöglichkeit, ohne die tiefste unerträgliche Erniedrigung zum eigentlichen Bettler, noch fortexistiren zu können, was den raschen, weniger qualvollen Abschluss an die Stelle des buchstäblichen Hungertodes setzt. Die vielen Selbstmorde im Militär, welche den unerträglichen Misshandlungen, die bei Gelegenheit des Drillens vorkommen, für den Einzelnen ein Ende machen, sind von uns schon früher erwähnt. Wie naturwüchsigen Menschen, die wenigstens nicht durch Ueberbildung und falsche Verfeinerung verdorben sind, die physischen Plagen und das Gefühl, solchen Uebeln und mehr als knechtischen Erniedrigungen einige Jahre unterworfen zu sein, das Leben völlig verleiden mögen, lässt sich begreifen, sobald man über die Grösse des erlittenen Ungemachs im besondern Falle keine zu geringe Vorstellung hat. Schwerer verständlich sind dagegen diejenigen Fälle, in denen bestimmte persönliche Chicanen die Ursachen des unerträglichen Leidens sind und wo dennoch waffentragende Männer die Kugel in den eignen Körper schicken. Wer zum Sterben entschlossen ist, kann Viel, ja Alles, was ihm sein Sinn anräth. Die Moral, welche die Leute so ohne Weiteres den eignen Tod bewerkstelligen lässt, kann offenbar in solchen Fällen nicht ganz naturwüchsig sein. Sie muss an irgend einer Schwächlichkeit leiden, und ich bin, wie gesagt, äusserst weit davon entfernt, die Selbsttödtung anzurathen. Diese unglückselige Handlung vollzieht sich nach innern Naturgesetzen des Gemüthslebens grade so von selbst, wie der Tod durch irgend eine auf Krankheit beruhende organische Zerstörung. Der Unterschied besteht nur darin, dass in dem einen Fall der Riss zuerst das Gemüth und hiemit den Lebensmuth spaltet, während in dem andern Fall die organischen Functionen unmittelbar angegriffen werden und daher nicht erst auf die zertrümmernde Hand zu warten haben. In beiden Fällen erliegt aber der Mensch zerstörenden Einwirkungen mit gleich naturgesetzlicher Nothwendigkeit.

Wenn sich mit der Selbsttödtung auch die Tödtung anderer Personen verbindet, wie in den gegenwärtig nicht seltenen Gesammtkatastrophen ganzer kinderreicher Familien, so ist dies nur ein Anzeichen von der Furchtbarkeit der Verzweifelung. Die Eltern, die sich mit den erwachsenen Kindern zum Ende entschliessen, können den Gedanken nicht ertragen, dass ihre jüngeren Kinder einem Elend, welches diese selbst noch nicht begreifen und voraussehen, anheimfallen sollen. Die Mitempfindung, die hier zugleich ein Vorgefühl aller Uebel ist, verleitet dazu, das für die eignen Kinder thun zu wollen, was sie bei entwickelterem Bewusstsein nach Ansicht der Eltern aus freiem Antriebe für sich selbst thun würden. Dies ist eine erschütternde Consequenz, die nur bei einer äussersten Steigerung des Elendsgefühls gezogen wird. Hier betrifft die Verzweifelung wirklich nicht blos die unmittelbare Lebensverwicklung des vereinzelten Menschen, sondern erstreckt sich bis auf die Vorstellung, dass auch die Chancen für die eigne Nachkommenschaft so schlimm seien, um ihrer Erprobung das Nichtsein als eine gewisse Sicherung vor dem Unheil vorzuziehen.

Man könnte alle diejenigen Selbsttödtungen, welche auf gesellschaftlicher Noth und Hülflosigkeit beruhen, kurzweg als sociale bezeichnen. In diesem Sinne ist nun der sociale Selbstmord ein Vorwurf für das menschliche Gemeinwesen. Nicht blos seine äussere Ursache stammt aus der unzulänglichen oder gar verkehrten Einrichtung der Gesellschaft, sondern auch das innere Gemüthsleben und die Vorstellungen, welche bei der letzten That mitwirken, könnten sich nicht so niederschlagend gestalten, wenn nicht das allgemeine Gefühl der Verlassenheit und der individuell hülflosen Vereinzelung hinzukäme. Jeder weiss es oder fühlt es wenigstens, dass es vorherrschend nur ein egoistisches Band ist, durch welches die Gesellschaft gegenwärtig zusammenhält. Versagt nun die Rechnung mit der Selbstsucht der Andern, — der einzige Voranschlag also, auf den sich durchschnittlich für die eigne Existenz mit einiger Sicherheit bauen lässt, so bricht damit Alles zusammen, was in dieser wahrlich ungeselligen Art des Daseins als Hülfsmittel gelten kann. Unsere Uebergangsepoche zersetzt alle auf Unwahrheit beruhenden Scheinverknüpfungen, durch welche sich früher der Mensch an den Menschen etwas mehr, wenn auch nur irrthümlich, gebunden glaubte. Die alten moralischen, mit Aberglauben aus-staffirten Scheinverbindlichkeiten fallen der Auflösung mit Recht anheim, nehmen aber auch zunächst die natürlichen Elemente der Verbindung mit hinweg. So bleibt vorläufig nur die nackte Isolirung übrig, und ehe nicht ein neues gemeinsames Band die Ge-müther in einem abergläubisch unverfälschten Mitgefühl wieder ver-bindet, ist nicht darauf zu zählen, dass den unglückseligen Acten der Verzweifelung socialer Art vorgebeugt werde. Die ausgiebige Hülfe kann sich nur in einer Gesellschaft finden, welche nicht blos einen wirthschaftlich gerechten Zustand, sondern auch die sym-pathischen Beziehungen zwischen Mensch und Mensch in äusseren Einrichtungen verkörpert. In einer solchen Gesellschaft werden auch viele der feineren Ursachen der Selbsttödtung wegfallen; denn der Einzelne wird dort sein Leben so mannichfaltig an das fremde Ergehen geknüpft finden, dass er nicht leicht der Verzweifelung der Isolirtheit oder gar dem Gefühl der Leerheit und der über-drusserzeugenden Unwirksamkeit ausgesetzt sein kann. Ja ganz ab-gesehen von dem besondern Fall der Selbsttödtung wird überhaupt der Tod in einer solchen Gesellschaft eine bessere Physionomie er-halten; denn es wird dem Sterbenden nie an einer mitfühlenden Fürsorge und an der beruhigenden Ueberzeugung fehlen, dass Alles, was ihn anging, auch ohne ihn in genügender Weise geborgen bleibt.

8. Wir haben uns im Allgemeinen von dem Grundgedanken leiten lassen, dass der Tod seine positive Bedeutung erst durch die Rücksicht auf den Lebensgang erhalte, welchen er endigt. Der Tod ist eine Vernichtung, deren Wesen man aus dem zu erkennen hat, was vernichtet ist. In diesem Sinne können wir sagen, dass das Leben das Maass des Todes sei. Vielleicht möchte aber der um-gekehrte Satz für die Frage der Werthschätzung des Daseins noch von grösserem Interesse sein. Leben und Tod messen sich gleich-sam aneinander, und es ist daher nicht blos das Leben ein Maass der Bedeutung des Todes, sondern der Tod auch ein Maass der Bedeutung des Lebens. Der Ernst und die Energie des Daseins treten mit ihrer vollen Gewalt erst dann in das Bewusstsein, wenn im Hintergrunde der unverdächtige Zeuge der absoluten Bedeutung des ganzen Triebwerks auftritt. Welch einen Gehalt das Streben und Ringen der Menschen einzuschliessen vermöge, offenbart sich

erst, wenn der Tod dem Getümmel naht. Die tiefgehendsten
Erregungen, deren das menschliche Herz fähig ist, stellen sich ein,
wenn sich die Fülle des Lebens an der dunkeln Grenze der Vernichtung gleichsam abhebt. Die höchste Energie des Daseins
entfaltet sich, wo sich das gemeine Spiel des Gelingens und Misslingens in eine Erprobung der Chancen von Leben und Tod wandelt. Wäre der Tod nicht gleichsam das Maass des Lebens, so
liesse sich die höhere Theilnahme, mit welcher die Menschen die
Tragödie vor allen andern Gattungen des Drama bisher betrachtet
haben, gar nicht begreifen. Warum erscheint ihnen die tragische
Gestaltung des Lebens als die gehaltvollste? Doch wohl weil sie
sich zu jenen Höhen erhebt, auf denen Leben und Tod aneinander
grenzen. Man würde nicht an den Ernst der grossen Leidenschaften
glauben, wenn sie sich nicht an dem Tode endgültig bewährten.
Woher soll auch schliesslich der Maassstab der Bedeutsamkeit und
Ernstlichkeit anders kommen als von jenem dunkeln Horizont, vor
dem die Flamme des Lebens in ihrer ganzen Gluth aufleuchtet?

Wer den herkömmlichen Reiz der Tragödie erklären will, muss
uns erst den Reiz des Lebens selbst und zwar des Lebens in einer
seiner höchsten Steigerungen begreiflich machen. Erinnern wir uns
jedoch hiebei, dass die letzten Grenzen, zu denen sich das Lebensgefühl steigern mag, zwar ein treuer Ausdruck seines innersten Gehalts und seiner höchsten Reize sind, dass aber grade unterhalb
jener Grenzen das normale Spiel der Breite des Daseins verläuft.
Der Reiz liegt für das Ganze des Lebens mehr in der Möglichkeit
als in der Wirklichkeit der Katastrophen. In der kühnen Bewegung
zu und von jenen Grenzen, in der entschlossenen Erprobung der
ganzen Weite des Geschicks, in dem Bewusstsein, die Schranke
nicht zu scheuen, an welcher sich Leben und Tod berühren, liegt
der wahre Reiz eines die Höhen des Lebensmuthes suchenden Strebens. Der Tod ist daher ein Element, welches im Ganzen des
Lebens nicht fehlen dürfte, ohne daraus ein schaales langweiliges
Treiben zu machen. Die Differenz, haben wir früher behauptet, ist
die eigentliche Ursache der Steigerung der Empfindung. Nun giebt
es keinen gewaltigeren Unterschied als den zwischen Sein und
Nichtsein. Wo also das Lebensgefühl seine Höhe an der
Tiefe des Todes misst, da wird es seines Wesens ganz
innewerden und ermessen, welch einen Reichthum dieses im
Wechsel von Geburt und Tod hinfliessende Dasein einschliesst. Der
Tod ist also nicht der Feind des Lebens überhaupt, sondern er ist

das Mittel, durch welches die Bedeutung des Daseins in ihrem vollen Werthe offenbar gemacht wird.

9. Der Satz, dass der Tod zu einem wahren Leben gehöre, hängt nicht von der absoluten Gültigkeit unserer Hinweisung auf das Tragische ab. Namentlich bleibt es sehr gleichgültig, ob sich das Tragische blos in der Wirklichkeit des Lebens finde, oder ob es auch in der Kunst widergespiegelt werde. Im Gegentheil ist die abgeleitete Idealisirung verdächtig. Die Reize, die der Zuschauer am Theaterbilde des Lebens findet, sind künstlich berechnet. Es ist die Effect- und Gefallsucht der Dichter, die uns hier nur das vorführt, wovon sie weiss, dass es uns befriedigend erregen werde. Von der Wirklichkeit bleibt alles das fort, was nicht zu diesem Zwecke stimmt, und wir haben, wenn wir uns nicht echt ästhetisch täuschen wollen, auf der Hut zu sein, dass wir nicht grade durch die Kunst für eine entnervende und unnatürliche Lebensauffassung zugerichtet werden. Es ist schon bedenklich, dem wirklichen Leben gegenüber zuviel den blossen Zuschauer zu machen; aber noch weit mehr entfernt man sich von dem Wirklichkeitsgehalt der Dinge, wenn man sich einseitig auf die blosse Besichtigung spielerischer, wenn auch genial spielerischer Halbbilder des Daseins verlegt. Vielleicht hat die von den Griechen so hoch ausgebildete Sitte der tragisch angenehmen Sinnes- und Leidenschaftserregung noch einmal das Schicksal der Römischen Fechterspiele. Die letztern waren gewiss sehr roh; aber der tragische Kitzel, der von der Bühne ausgeht, also die Empfindungen, welche der Theatertod oder, sagen wir gleich lieber der künstlerische Tod in den Menschen anregt, sind im Gegentheil zu raffinirt fein, schattenhaft und unwirklich, als dass sich an die Dauerbarkeit dieser zwar eingewurzelten, aber doch nicht unbedingt nothwendigen Gewohnheitsstimulationen bei einer veredelten Menschheit glauben liesse. Die heutige Bildung vermeint allerdings, hier ihren Höhepunkt zu haben. Schon die Zumuthung, die Befassung mit den künstlerisch zugestutzten Schemen des Lebens ein wenig zu beschränken, erscheint der heutigen ästhetischen Welt sonderbar. Dennoch ist dies das Mindeste, was man, und zwar vornehmlich in Beziehung auf den Tod verlangen muss, damit die verschrobene Kunstverhimmelung dem wahrhaften Leben nicht im Wege stehe. Der Tod ist uns kein Theaterschluss. Wenn wir uns auf das Tragische berufen und hiebei zunächst an dasjenige in der Kunst erinnert haben, so ist diese Wendung ein gegenwärtig noch unumgängliches Mittel, um das

Verständniss für eine Auffassung anzubahnen, die weit über die bisherige Denk- und Gefühlsweise hinausreicht.

Auch das im Leben an sich selbst schon Tragische, soweit es überhaupt dem ästhetischen Begriff nach wirklich vorhanden ist, bildet bei Weitem nicht den einzigen Fall, in welchem das in den Tod führende Verhalten als eine Bekundung der Lebensenergie anzusehen ist. Zum eigentlich Tragischen gehört auch im wirklichen Leben eine sichtbare Kraftbethätigung und ein activer Kampf mit Mächten, denen gegenüber die Handlungsweise des Helden besonders gewaltig und, trotz des äusserlichen Untergangs, als eine innere Ueberwinderthat erscheint. Die Erhabenheit des Menschlichen muss anschaulich wahrnehmbar hervortreten und darf daher nicht in einem blossen Erdulden bestehen. So gross auch die Energie sein möge, die sich im Ertragen von Unheil und Tod bekundet, so muss sie doch auch äusserlich in die Sinne fallen, damit das herkömmliche Gepräge des Tragischen erreicht werde. Nun würde es aber eine arge Beschränktheit sein, die grosssinnigen und erhabenen Bestandtheile der menschlichen Natur nur in der Enge dieser eigentlichen Tragik suchen zu wollen, deren Haupteigenschaft doch nur darin besteht, neben ihrem übrigen werthvollen Gehalt auch noch einen theatralischen Charakter zu haben. Von dem Erforderniss dieses Charakters wird man aber im Laufe der Zeit noch zurückkommen. Man wird dem Leben in seiner Wahrheit und Wirklichkeit gerecht werden und den Werth seiner Gestaltungen nicht nach dem Umstande abmessen, dass sie für die Schaulust und das Erschütterungsbedürfniss einer in der Veredlung rückständigen, nur decorativ erregbaren und unzulänglich gebildeten Menschheit eine besondere Anziehungskraft haben. Wenn sich der Mensch, anstatt im Kampfe mit Seinesgleichen, in der Arbeit an der Natur bewussterweise dem Tode aussetzt, so ist auch dies eine Handlung, in welcher sich die volle Kraft des Lebensmuthes am Rande des Todes bewährt. Dieser Fall ist nun offenbar vom Tragischen soweit als möglich entfernt, und zwischen beiden äussersten Enden befindet sich eine ganze Stufenleiter von letzten Erprobungen des Lebens. Die Anspruchslosigkeit ist das Gepräge der mit häufiger Todesgefahr verbundenen Arbeit, während die Aufstutzung zum weithin sichtbaren und auch für die Menge begreiflichen Heldenthum den Hauptstoff für das Theater oder wenigstens für die theatralische Auffassung der Geschichte liefert. Ebenso ist die Aufnahme des stillen Kampfes mit der Noth und mit schleichenden

feindlichen Mächten wahrlich nichts Geringes; denn die Todesgefahr wird hier oft vielfältiger und beklemmender sein als da, wo
sie plötzlich nur in einer einzigen Verwicklung auftritt und schnell
ihre Lösung findet. Es ist leichter, dem Tod bei einer besondern
Gelegenheit in das Auge schauen, als ihn fortwährend, bald in
dieser bald in jener Wendung, herantreten sehen. Fort also mit
der Meinung, das Leben habe seine Gipfel ausschliesslich nur da,
wo die Spannung zwischen Sein und Nichtsein den vereinzelt acuten
oder gar bühnenmässigen Charakter annimmt. Ueberall, wo sich
das Lebensgefühl durch das unmittelbare Bewusstsein der Todes-
möglichkeit gesteigert findet, ist auch der absolute Werth des Daseins deutlicher erkennbar und prägt sich schon in der Empfindung
voller aus.

Ohne die Institution des Todes würde die Natur nicht im Stande
gewesen sein, ein eigentliches Leben hervorzubringen. Aus diesem
Grunde muss es auch der Wahrheits- und Weisheitslehre, wie man
den Ersatz der schon im Namen verächtlich gewordenen Philosophie
nennen sollte, sehr ernstlich darauf ankommen, den ganzen und
echten Tod nicht durch den possenhaften Halbtod seelenunsterblicher
Wesen maskiren zu lassen. Diese letztere Verhüllungsart ist nicht
blos, eine Wirkung der ursprünglichen Rohheit der Phantasie und
des unwissenden Aberglaubens, sondern auch eine Frucht der
kurzsichtigen Eitelkeit, die es an Dauer den Steinen zuvorthun
möchte. Nirgend wurzelt die falsche Selbstsucht fester, als in dem
eigentlichen oder in dem mystisch verbrämten Unsterblichkeitsglauben. Diesen letzteren muss man in der That zu den moralischen Gebrechen der bisherigen Menschheit rechnen; denn wo er
noch, und sei es auch nur in der nebelhaftesten Verhüllung, zu
nisten vermag, da ist der Sinn für die edleren Aufgaben des Daseins
noch verschlossen. Dort wird weder der Werth des eignen Lebens
in seiner absoluten Bedeutung erkannt, noch das fremde Dasein
gehörig geachtet. Der Mensch wird zum Garderobenstück einer
Seele herabgewürdigt, die in einem Himmel oder in einer Hölle,
also nach unserer Weise zu reden, in Nirgendheim ihre Heimath
hat. Das absolut Wirkliche, welches der Mensch durch den materiell sachlichen, in alles frühere Sein zurückreichenden Zusammenhang ist, wird gröblich verkannt; die Einrichtung aber, vermöge
deren die individuelle Function dieses souverän Wirklichen sich
gleich der Flamme bethätigt und hiemit in dieser Combination auch
absolut endigt, — diese echte und heilsame Vernichtung wird

durch den mumisirten Leichnam des alten Seelengespenstes weg-
gelogen.

10. Der Tod als volle und ganze Wahrheit ist geeignet, in
den Menschen jenes natürliche Maass der Werthschätzung zu
sichern, durch welches ebenso die falschen Ueberhebungen als die
noch elenderen Unterschätzungen beseitigt werden. Die Eitelkeit,
ein ewiges Gespenst zu sein, kommt hiemit ebenso in Wegfall, wie
die Herabwürdigung der eigenthümlichen Function oder That, durch
welche der Einzelne das bekundet, was er als individuelle Combination oder eigenste Gestaltung der Elemente für eine Zeit lang
vorstellt. Derartige Combinationen müssen immer neu sein, damit
das Wirkliche alle möglichen Gestalten erschöpfe und sich in stets
abgeänderten Reizen ergehen könne. Der Tod muss daher nicht
blos den Raum für neue Gebilde schaffen, sondern ist auch das
Mittel, dem Dasein den Reiz des Einmaligen und absolut Einzigen
zu geben. Wir können daher auch annehmen, dass dieselbe Individualität in den mannichfaltigen Combinationen nie genau wiederholt wird, und dass sie, falls sie sich scheinbar wiederholt fände,
doch durch die besondern Umstände der natürlichen und geschichtlichen Umgebung irgend eine Abänderung erfahren haben müsste.
Es giebt also auch in dieser Richtung keine Aussicht, mit der sich
die Eitelkeit schmeicheln könnte. In fortwährender Wandlung
setzen sich die Gebilde auf andere Art zusammen, und jede Hervorbringung in diesem Strome der Elemente hat ihr eignes abso-
lutes Recht gefunden. Sie hat sich genuggethan, indem sie
existirte, und Weiteres fordern, hiesse von der Natur die Verwirklichung einer Thorheit verlangen. Offenbar ist es für den Trieb
zum Leben genug, sich zu verwirklichen. Dieser Trieb will seine
Thaten nicht zu Versteinerungen werden lassen, sondern sie als
Handlungen vorführen und vollenden, um immer wieder zu anders
gewählten Functionen übergehen zu können. Hieraus folgt mit
Nothwendigkeit der Rhythmus von Leben und Tod und zwar in
einem noch viel umfassenderen Sinne, als er uns im Hinblick auf
das Sterben blosser Individuen zunächst verständlich ist.

Nicht blos die Individualisirungen, sondern auch die allgemeineren
Artungen finden in der umwandelnden Combinationsarbeit von
Natur und Geschichte früher oder später ihren Abschluss. Es giebt
ausser dem Tod der Einzelnen auch einen Völkertod, der darin besteht,
dass die besondern nationalen Ausstattungen und unter ihnen auch die
Sprachen hinschwinden. Todte Sprachen und todte Völker, von deren

Leichnamen her uns nur die Bruchstücke von Literaturen und einige Kunstüberbleibsel zugekommen sind, zeugen in classischer Weise für die Vergänglichkeit der Völkertypen. Mag auch in der modernen Blutmischung noch manches Element fortexistiren, was jenen alten Völkergebilden angehörte, so ist doch der besondere Typus verschwunden und die alte Combination wird nie wieder erzeugt werden. Auch wäre es eine falsche Romantik, so etwas zurückzuwünschen und wieder neu erzeugt wissen zu wollen. Die Menschheit hat am Griechen- und Römerthum ohne Wiederholung schon genug gehabt, und wir werden froh sein können, wenn wir einst die unzeitigen Verlängerungen dieser Typen in unserm Geist, die bereits zu lästigen Gespenstern geworden sind, völlig abgethan haben. Kein Völkergebilde kann auf unbeschränkte Dauer rechnen; ja man kann behaupten, dass eine zu starre und zähe Langlebigkeit von Racen- und Völkertypen ein Anzeichen ihrer untergeordneten Natur sei. Der Zigeunertypus reicht in die geschichtlich bekannten Jahrtausende zurück, und die Juden wollen an den Völkertod nicht recht glauben, obwohl ihre Sprache längst nicht mehr zu den lebenden gehört und ihr Dasein als zusammenlebendes Volk ebenfalls abgethan ist. Ihre Existenz als eine in alle Völker eingefügte internationale Gesellschaftsclasse deutet mit ihrem ausgeprägten Gegensatz ebenfalls nicht auf Schrankenlosigkeit dieses Gebildes. Die Ausnahmen vom Völkertode sind also nur scheinbar, und es ist gut, dass es sich so verhält, ja dass es sich aus innern Gründen so verhalten muss. Wie viel eitle Ueberhebung wird nicht zu Boden geschmettert, wenn ausser den Anmaassungen des Individuums und der Sippe auch noch die Hohlheit des Aberglaubens an die Unsterblichkeit einer Nationalität zurückgewiesen werden kann! Der edlere Mensch, der sich mit Freude darein findet, dass er im echten Sinne des Worts sterblich ist, wird auch an der Völkersterblichkeit nicht nur keinen Anstoss nehmen, sondern in dieser Institution der Natur eine befreiende Macht erkennen, die von allen Ausgelebtheiten und Verrottungen erlöst. Der Hinblick auf den begrenzten Lebenslauf der Nationen kann überdies schon im Voraus wohlthätig wirken, indem er die bewussteren Bestandtheile abhält, die gegenwärtigen Angelegenheiten maasslos, nämlich so zu behandeln, als wenn es Schöpfungen gälte, die als solche für die Ewigkeit fortzudauern hätten.

Eine Lebensgestalt wird nur dann in der bewusstesten Weise erfüllt, wenn sie als eine bestimmt begrenzte Abfolge von

Functionen gilt, die irgend einmal ihr Ende erreichen. Nun lassen sich zwar die Umwandlungen, durch welche ein Typus zum andern führt, nur als theilweise statthabende Vernichtungen und Schöpfungen, nicht aber als eigentlicher Tod auffassen. Jedoch wird der gewöhnliche Tod der Individuen bei den Umgestaltungen der Gruppentypen eine entscheidende Rolle spielen. Eine Menge von Ausmerzungen werden sich durch den eigentlichen Tod vollziehen, und die neuen Combinationen der Elemente können ihre schöpferische Arbeit nur unter der Voraussetzung vollbringen, dass die erforderlichen Vernichtungen platzgreifen. Wie nun aber auch in Folge des Aussterbens und durch veränderte Blutmischung oder durch unmittelbare Entwicklung die neuen Combinationen zu Stande kommen, so bleibt die Hauptsache an dem ganzen Vorgang doch immer das Entstehen veränderter Gebilde. Ist die Häufung der Veränderungen beträchtlich, der zeitliche Abstand von den früheren Gestaltungen sehr gross und zwischen den verglichenen Zuständen für die Erkenntniss eine Lücke, so kann die Wandlung den Schein einer völligen Neuschöpfung für sich haben. Man wird alsdann sagen, eine Artung sei untergegangen, um einer andern platzzumachen. Auf diese Weise könnte sich einst auch die Menschheit in einen vollkommneren Wesenstypus übergeführt finden und auf diejenige Menschengestalt, die uns als die entwickeltste gilt, als auf eine ausgestorbene Thierart zurückblicken. Gleichviel ob sich so etwas in ununterbrochenem Zusammenhang mit Hinterlassung einer eigentlich geschichtlichen Erinnerung, oder aber unter Dazwischentreten von weniger bewusstem und gleichsam wildwüchsigem, culturlosem Dasein vollzöge, — immer würde man von einem Tode des früheren und einem neugeschaffenen Leben des späteren Typus reden können. Es wäre die Sterblichkeit der uns bekannten Menschheitsgestaltung mit einer solchen Wendung der Wirklichkeit offenbar dargethan, und wir können schon aus dem Gedanken dieser blossen Möglichkeit entnehmen, dass wir keinen hinreichenden Grund haben, an eine ewige Berechtigung des uns bekannten Menschheitstypus zu glauben.

Es ist aber nicht blos die Wandelbarkeit des Menschenwesens, die uns an eine zeitliche Schranke unserer Gattung erinnert und uns das, was wir kurzweg die Angelegenheiten der Menschheit nennen, als Gehalt einer bei einem bestimmten Punkt endigenden Reihe vorstellbar macht; — es ist auch ein eigentlicher Menschheitstod an sich nichts Undenkbares. Ein solcher Menschheitstod hätte

darin zu bestehen, dass durch naturgesetzliche Entwicklung ein
Punkt erreicht würde, bei welchem das empfindende Leben zum
vollständigen Erlöschen käme. Indem sich dann unmittelbar keine
neue empfindende Wesensreihe anschlösse, wäre ein echter Tod aller
Animalität vollzogen. Es fehlt uns an Gründen, grade diese Gestaltung in der angegebenen Bestimmtheit als Zukunftsaussicht hin-
zustellen; im Gegentheil deutet der ganze Lauf der Dinge zunächst
auf eine stetige Entwicklung, welche die Menschheit einst, anstatt
sie zu einem Leichnam zu machen, in eine veredelte, erheblich
anders ausgestattete Gattung überleiten wird. Gesetzt aber auch,
es wäre mit einem vollständigen Menschheitstode, also mit einem
Abbruch der ganzen Entwicklung empfindender Wesen zu rechnen,
so würde diese Aussicht nur geeignet sein, uns die Bedeutung des
Lebens noch nachdrücklicher zu lehren. Die Begrenztheit ist es ja,
die schon den Vorgang zwischen Geburt und Tod des Einzelnen
so bedeutungsvoll macht und den voraussehenden Menschen anleitet,
sich mit seinem Dasein nach Zeit und Maass einzurichten. Aus
eben diesem Grunde ist die letzte falsche Angewöhnung, die aus
einer unrichtig vorgestellten Gattungsunsterblichkeit stammt, jene
Eitelkeitsidee, die sich nur genügt, wenn sie die menschlichen Interessen als Ewigkeitsangelegenheiten denkt. Dies ist eine voreilige
Ueberhebung; denn nicht blos die Menschheit, sondern alles
empfindende Leben hat irgend einmal einen Anfang genommen,
und wenn früher ein Zustand der Welt möglich gewesen ist, in
welchem es an empfindenden Wesen fehlte, so ist es weder eine logische noch eine sachliche Ungereimtheit, einen solchen Zustand auch
in irgend einer Zukunft als blosse Möglichkeit vorzustellen. Zu
einem Schluss auf eine bestimmte Nothwendigkeit dieser Art fehlt
freilich sehr viel und ein künftiges, eindringenderes Verständniss
des gesammten Weltschematismus mag sogar zur deutlichen Einsicht des Gegentheils verhelfen können. Für die richtige Würdigung
des Lebenswerthes thun wir aber wohl, mit den scheinbar un-
günstigsten, in Wahrheit aber heilsam aufrüttelnden und zur Concentrirung der Lebenslust führenden Möglichkeiten zu rechnen. Wir
ziehen hiemit nur die letzte Consequenz der Ablegung des gewöhnlichen Unsterblichkeitsglaubens, indem wir zum thatsächlichen
Tode der Individuen und Völker die blosse Annahme eines eigentlichen Menschheitstodes, ja eines Erlöschens aller sonstigen Empfindung hinzufügen. Das Wesen des Lebens besteht nicht darin, ein
Ziel zu erreichen, welches jenseits der Reihe seiner Functionen

liegt, sondern es sind diese Functionen selbst, an denen der Lebensreiz haftet. Nehmen wir also auch das Aeusserste an, dass alles
Leben mit einem Tode endige, so ist der Spielraum zwischen der
Entstehung und der Vernichtung das allein Interessirende und In-
teressante. Es liegt kein Verzicht darin, grade in diese Schranke
einzutreten; denn diese Schranke ist so weit, wie das ganze
Empfindungssystem oder alle Empfindungssysteme, die je aus dem
Schooss der Materie hervorgehen mögen. Auch sind unsere Vorstellungen das völlige Gegentheil von dem, was man an Jenseitigkeiten und Zwitterhaftigkeiten seit Jahrtausenden imaginirt hat.
Der Tod, den wir meinen, ist ein echter, voller und ganzer. In
ihm steckt nichts Positives. Wir sind keine Nichtsler; wir dulden
keinen haltungslosen Doppelsinn der Begriffe Tod und Nichts. Wo
wir ein Nichts annehmen, da hat es einen rechtschaffenen,
unzweideutigen und ungemischten Sinn; da ist es nicht jener
Zwitter von Leben und Tod, wie die buddhaisirende Vorstellung
Schopenhauers, die ihrem Nichts mystisch beseligende Eigenschaften
zutheilt. Mit solchen Gespinnsten des Aber- und Zauberglaubens,
ja noch mehr, — selbst mit den poetischen Wendungen einer unreifen Phantasie, welche den Tod als ewigen Schlaf oder als ewige
Nacht vorstellt, haben wir nichts gemein. Die Wirklichkeits-
anschauung hat eben darin ihr Wesen, jegliche Phantastik zu entfernen und die Nichtsverhimmelung ebenso wie jede andere Verhimmelung der Welt zu den Acten der abzuschliessenden Religionsära zu legen. Die Vernichtung ist, wie die Entstehung, etwas Ernsthaftes. Der Begriff vom Leben ist eben nicht seine Verneinung.
Ihm gegenüber giebt es nur noch die vollständige Abwesenheit der
Empfindung, und in diesem Bereich kann es sich überhaupt nicht
mehr um unsere Frage nach dem Werthe des Daseins handeln. An
sich ist also der echte Tod die Abwesenheit der Empfindung und
zwar nicht blos ihres zufälligen Daseins, sondern auch der zu ihrer
Erzeugung fähigen Ursachen. Die Aussicht auf den Tod aber, die
in der schreckhaft abergläubischen Anschauung als das grösste
Uebel gilt, ist eine das Lebensgefühl nicht blos steigernde, sondern
auch beruhigende Vorstellung; denn im Hinblick auf den Tod concentrirt sich die Lebensenergie und nimmt zugleich eine feste maassvolle Haltung an.

Siebentes Capitel.

Die physischen und moralischen Uebel.

1. Alles Ungemach, welcher Art es auch sein möge, lässt sich auf eine einzige unmittelbare Grundgestalt zurückführen, und diese ist der Schmerz. Selbstverständlich ist hiebei der Schmerz im umfassendsten Sinne, also von der gröberen Empfindung bis hinauf zur subtilsten geistigen Pein, zu verstehen. In diesem Sinne ist er nicht nur ein Ausdruck der von Natur bestehenden, sondern auch der moralischen Verletzungen und Störungen. Könnte es lauter Lust und Freude geben, die nur dem Grade nach und mit Zwischenzuständen der Unerregtheit wechselte, so gäre auch kein Uebel. Nach diesem Maassstabe ist also das Schlimme des Lebens in seiner Grösse leicht zu bestimmen. Auch steht hiemit von vornherein fest, dass die Uebel nicht Zwecke an sich selbst, sondern nur hinzutretende Wirkungen oder unumgängliche Mittel sein können. Die selbstgenugsame Empfindung ist der höchste Zweck aller Lebenshervorbringung. Wenn nun diese Selbstgenugsamkeit durch einen ihr entgegengesetzten Gefühlsbestandtheil gestört wird, so kann diese in ihrer Unmittelbarkeit missliebige Einmischung nur die Bedeutung haben, entweder ein nothwendiges Zubehör der ganzen Empfindungseinrichtung oder das Mittel zu sein, durch welches diese Empfindungseinrichtung selbst gesichert und weiter entwickelt wird. Obwohl wir in Allem eine absolute Nothwendigkeit voraussetzen, die nach dem Bilde der logischen und mathematischen Unmöglichkeiten zu denken ist, so müssen wir doch auch zugleich annehmen, dass diese Nothwendigkeit nichts mit sich bringen kann, was gegen den principiellen Grundbegriff einer einheitlichen, aus sich selbst zum Empfindungsleben treibenden Macht verstiesse. Wir würden eine falsche Doppelheit und einen Zwiespalt in das Sein hineindichten, wenn wir in seinen Bethätigungen andere Schranken als die, welche der sachlogischen Ungereimtheit vorbeugen, irgend annehmen wollten. Im Ganzen des Weltsystems kann es nicht zwei miteinander streitende Principien geben. Dies hiesse die Absurdität zum Fundament der Dinge machen. Das eine Wirkliche, welches Alles ist, kann keinen Bestandtheil von Aussen her aufnehmen; denn sonst wäre es nicht selbst, sondern erst mit diesem Bestandtheil zusammen das, was es der Einheitsvorstellung nach schon an sich sein muss. Das Gute ist also mit

Einschluss des Schlimmen eine umfassende Einheit und Einigkeit voll sachlogischer Consequenz. Aus diesem höchsten Gesichtspunkt betrachtet, muss das einzelne Uebel ein Element der Verwirklichung des gesammten Guten sein. In der Einheit des universellen Seins kann ohne Ungereimtheit nichts gedacht werden, was sich gegen dieses Sein selbst kehrte und einen absoluten Widerstreit im Schaffen hervorbrächte. Der Charakter des Systems der Dinge ist also nur einer und kann demgemäss in seiner universellen Ausprägung nur einen einzigen Sinn haben. Nun lässt sich das sachlogisch Einheitliche nur positiv denken; denn die Verneinung setzt schon etwas Bejahtes voraus, worauf sie sich bezieht. Verneinung und Störung sind daher abhängig von etwas unmittelbar Gehaltvollem, dem sie als Bestandtheil angehören. Sie stehen daher nicht dem gleich, was man ihnen gemeiniglich auf derselben Linie gegenüberstellt. Das Gute und das Schlimme sind nicht zwei gleichwerthige Mächte, sondern verhalten sich wie Gesammtes und Sonderbestandtheil.

Was wir hier im Allgemeinen sachlogisch kennzeichneten, muss sich in den besondern Thatsachen bewähren. Betrachten wir zunächst diejenigen Uebel, welche von Natur am Menschen bestehen, und bei denen auch am wenigsten mit abändernden Einwirkungen gerechnet werden kann. Vor Allem ist hier an die Gebrechen des Greisenalters und demnächst an die Geburtsschmerzen und eigenthümlich weiblichen Beschwerden zu erinnern. Selbst wo das höhere Alter nicht von eigentlicher Gebrechlichkeit begleitet ist, bleibt es doch immer die Periode des Verfalls und der Vorbereitung des völligen Ablebens. Dieser Charakter kann ihm nie genommen werden; denn die Natur hat die Aufgabe zu lösen, das vollständige Erlöschen der Lebensflamme durch allmälige Uebergänge vorzubereiten. Dem aufsteigenden Gange des Lebens muss nach einer Zeit des annähernden Gleichgewichts nach und nach eine beruhigende Senkung und Herabstimmung der Lebensgefühle folgen. Der völlig normale Tod ist, wie wir schon früher bemerkt haben, nur die Wegnahme der letzten noch übrigen Elemente leiser Lebensregung. Diese ungestörte Todesart ist überdies bisher nur die Ausnahme gewesen; ja das eigentliche Greisenalter, dasjenige mit besondern Gebrechen eingerechnet, ist verhältnissmässig nicht häufig. Der Tod erfolgt meistens früher durch acute Störungen, so dass der mustergültige Fall, den wir zunächst im Auge haben, in der bisherigen Daseinsweise der Menschen nur wenig zu bedeuten hat.

Sobald er sich aber allgemeiner verwirklicht, was unter günstigeren Gesellschafts- und Gesundheitsverhältnissen nothwendig ist, so ist es allerdings der Mühe werth, ernsthaft zu fragen, ob die Greisenhaftigkeit an sich selbst, also ohne Einmischung besonderer Gebrechen, ein gegen den Lebenswerth verstossendes Uebel sei.

Der Greis, auch wenn er übrigens gesund ist, hat verhältnissmässig nur schwache Kräfte und ist darauf angewiesen, mehr in Vorstellungen des Vergangenen und Zukünftigen als in der thätigen Wirklichkeit zu leben. Er braucht ein grösseres Maass von Ruhe, und es wird ihm wohl zu Muthe sein, wenn er auf seine Erlebnisse mit persönlicher Genugthuung zurückblicken kann, bezüglich der Zukunft aber die Schicksale des nachkommenden Geschlechts, soviel sie durch ihn selbst beeinflusst wurden, in einen guten Gang gebracht weiss. Allerdings kann ihn Niemand vor dem Unmuth schützen, den die Vorstellung schlimmer Thatsachen, die den Ueberlebenden bevorstehen, nothwendig mit sich bringt. Aber dieses Uebel ist nicht dem Greisenalter eigenthümlich, sondern erfasst den vollkräftigen Mann weit stärker. Lebt also der Greis in Verhältnissen, welche ihm die erforderliche Ruhe gewähren, so ist sein Zustand, verglichen mit den übrigen Lebensaltern, durchaus nicht unleidlich, sondern schliesst sogar die mit der gesunden Müdigkeit und der Befriedigung des endgültigen Ruhebedürfnisses verknüpften heilsamen Empfindungen ein. Wie sehr ist nicht der Uebergang von ausgiebiger Thätigkeit zur Ruhe willkommen! Ein solcher Uebergang ist ja nun aber auch das gesunde Greisenalter, dessen sogenannte Rüstigkeit darin besteht, trotz des Nachlassens aller Functionen noch immer ein in sich einstimmiges, zusammenhaltendes Leben schwächeren Grades darzustellen. Ebener kann nun einmal der Niedergang des Lebens nicht eingerichtet werden, und die sanfte Zurückziehung von den unmittelbaren Lebensreizen ist doch wahrlich an sich kein Unglück. Die besondern Gebrechen aber, an die man bei dem Greisenalter vornehmlich erinnert, sind Gesundheitsstörungen und als solche von derselben Gattung der Uebel, die auch den andern Lebensaltern anhaftet. Das schlimmste Ungemach des Greisenalters wird nicht von der Natur, sondern bei den Nichtbesitzenden von einer Cultur verschuldet, welche den gealterten Menschen auf künstliche Weise hülflos macht, indem sie ihn wie ein unbrauchbar gewordenes Werkzeug ausrangirt, nachdem sie ihm zuvor die Früchte seiner Arbeit im Wege einer elenden Ablohnung seiner vollkräftigen Leistungen geraubt hat. Doch dies ist ein moralisches Uebel der Gesellschaft, und wir haben vorläufig nur erst von den Natureinrichtungen zu reden.

Das weibliche Geschlecht hat, wie schon erwähnt, noch besondere Uebel zu ertragen, unter denen die natürlichen Beschwerden der Mutterschaft und namentlich die Geburtsschmerzen hervorragen. Die Wehen und Leiden, mit denen der Mensch zur Welt gebracht wird, haben schon vor Jahrtausenden den Urmystikern zu ihren schlechten Deuteleien den Stoff liefern müssen. Es sollte eine schlimme Anzeige, ja ein Ausdruck des ganzen Unwerthes des Menschenlebens sein, dass der Eintritt in die Welt nur schmerzvoll bewerkstelligt werden könne. Wir hätten hier also eine ähnliche Deutelei vor uns, wie diejenige, welche den Tod zu einer Strafe für das Leben stempelt. In den von der Mutter empfundenen Schmerzen wäre demgemäss schon angekündigt, was es mit dem Schicksal des Gebornen auf sich habe. Obwohl diese ganze Deutelei mehr zum Humor als zu ernsthafter Zurückweisung stimmt, so wollen wir doch zum Besten derjenigen, die gegen mystische Anwandlungen nicht ganz gefestigt sind, noch ausdrücklich auf einen Umstand aufmerksam machen, durch welchen die deutelnden Einbildungen jenes Schlages sofort in ihr Nichts zusammenfallen. Wie nämlich der völlig normale und sanfte Tod die Berufung auf den Todesschmerz Lügen straft, so giebt es auch Fälle genug, in denen die Geburtsschmerzen äusserst geringfügig oder so gut wie gar nicht vorhanden sind. Diese äusserst leichten Geburten sind wie die sanften Todesfälle zwar nur Ausnahmen; aber sie lehren doch, dass in der Naturverfassung des menschlichen Wesens die entsprechenden Schmerzen keine absolute Nothwendigkeit sind. Obwohl nun durchschnittliche Geburtsschmerzen gewöhnlichermaassen in Aussicht stehen, so kann diese Thatsache sicherlich nicht genügen, um darauf eine Anklage gegen das Leben zu gründen. Es ist überhaupt nicht abzusehen, wie aller Schmerz aus dem Zusammenhange des Empfindungssystems entfernt werden könnte, und dennoch wird Niemand die blosse Thatsächlichkeit der schmerzhaften Einmischungen als eine Verleidung des gesammten Lebensgefühls gelten lassen.

2. Ein physisches Uebel, durch welches eine wirkliche Störung des regelrechten Verhaltens und zwar zum grossen Theil schon von Natur vertreten wird, sind die eigentlichen Krankheiten. Um jedoch eine richtige Reihenfolge zu beobachten, erinnern wir zuvor an eine andere sehr vernachlässigte, aber doch wirklich recht

üble Thatsache, welche nicht einmal, wie die Geburtsschmerzen und das Greisenalter, zu den leicht zu rechtfertigenden Gebilden gehört. Die Bosheit der Charaktere ist für die von der böswilligen Handlungsweise Betroffenen, zum Theil aber auch für den Boshaften selbst ein ärgeres Uebel, als der Inbegriff alles Schlimmen, was sonst noch vorhanden ist. Das Böse ist der höchste Grad des Uebels; denn es ist die Verkörperung der feindlichen Gesinnung. Der Mensch erfährt das Schlimmste immer wiederum vom Menschen und zwar in der äussersten Zuspitzung dann, wenn der von dem einen Theil verursachte Schmerz für den andern Theil eine Befriedigung ist, die auf einem ursprünglichen Triebe zur Schädigung und, man möchte sagen, auf einer Art Lust an der Pein des andern Theils beruht. Ich meine hier nicht den besondern Fall der Grausamkeit, die ja eine kalte sein und auch übrigens nicht immer eigentliche Bosheit, sondern oft genug andere Stimulationen zum Grunde haben wird. Auch kann ich mich hier nicht weitläufig auf die Zergliederung der theils natur- theils culturwüchsigen Bosheit einlassen. Die Erinnerung an die Thiercharaktere muss hier genügen, um die schlechten Rechenschaften abzuweisen, welche durch die abergläubischen Jenseitigkeitsphantasten in religiöser Form über ein sogenanntes radicales Böse beliebt worden sind. Von diesen Leuten, zu denen auch der Professor Kant gehörte, wurde eine übernatürliche Radicalität, zu deutsch also eine jenseitige Wurzel des Bösen gesucht. Ueberdies wurde von ihnen das Böse echt theologisch im Sinne der Sünde vorgestellt, wobei das Natürlichste von Allem, nämlich die alltägliche Bosheit, die doch das wirkliche Uebel ist, so gut wie ausserhalb des Gesichtskreises blieb. Ueberhaupt haben die Moralisten meist eher alles Andere als die natürliche Bosheit zum Ausgangspunkt ihrer Begriffe gemacht. Wir aber sehen grade hier die bedenklichste Thatsache; denn ähnlich wie in verschiedenen Thiercharakteren finden sich auch in den Mischungen menschlicher Individualtypen die Bestandtheile der Bosheit. Die letztere wird zum Theil eine im Verkehr erworbene, auf diese Weise allmälig in den Organen verkörperte, dann weiter vererbte und so schliesslich zu einer ausgeprägten Anlage ausgebildete Eigenschaft sein können. Zu einem andern Theil wird sie aber nicht auf den Verkehr, wenigstens nicht auf den Culturverkehr zurückführbar sein, möchte aber allenfalls im Sinne der Lamarckschen Denkweise denselben allmäligen Ursprung haben, wie in den Mischungsbestandtheilen der thierischen Triebe. Sie ist uns also jedenfalls nicht fremder und nicht unverständlicher, als jeder beliebige Thiercharakter, und dieser Umstand steht den mystisirenden oder phantastischen Scheinableitungen heilsam entgegen. Die in bestimmten Menschencharakteren eingewurzelte Bosheit ist daher rein als organische Einrichtung zu beurtheilen. Sie ist das für das Gemüth unleidlichste Uebel und lässt sich wohl schwerlich rascher beseitigen, als sie entstanden sein mag. Eine Reihe von Geschlechterfolgen und eine grosse Mannichfaltigkeit der Blutmischungen mag ihr beikommen, wenn zugleich die Verhaltungsgewohnheiten in bewusster Weise in einer gegen sie ankämpfenden Richtung beeinflusst werden. Ein durchgreifenderes Mittel sind freilich die eigentlichen Ausmerzungen; aber ich habe mich bis jetzt noch nicht zu jener Höhe der Anschauung zu erheben vermocht, welche, den Daseinskampfideen gemäss, die Ausrottung des Menschen durch den Menschen zum Haupthebel der Vervollkommnung macht. Auch scheint mir die Bosheit in dieser Art Daseinskampf nicht grade die geringsten Chancen zu haben, — ein Verhältniss, zu welchem die Raubgier in Thier und Mensch ein ähnliches Seitenstück liefert. Will man aber denen, die den Daseinskampf, wie er von der heutigen Theorie und Praxis verstanden wird, selbst für eine moralische Missgeburt halten, durchaus zumuthen, sich auf diesen Boden zu begeben, so dürften sie mit Etwas aufwarten, wogegen die unmoralischen Velleitäten des Darwinistischen Schlages wohl nicht stichhalten möchten.

Eine ursprünglich feindselige Thätigkeit giebt das vollste Recht zur Gegenwirkung. Nun ist die verkörperte Bosheit eine dauernde Feindseligkeit gegen den Nebenmenschen. Sie ist eine eingefleischte Ursache von Verletzungen und äussert sich in einer Reihe von Handlungen, die dazu berechtigen, das, was an einem Menschen so zu sagen böswilliges Thierchen ist, eben auch als eingenistetes Ungeziefer zu behandeln. Ist der ganze Mensch zu solchem schädlichen Gethier geworden, so kann er auch nur demgemäss gelten. Sein Werth ist alsdann unter Null gesunken und so zu sagen eine subtractive Grösse, die den positiven Bestand der wirklichen Menschlichkeit vermindert. Kommt es nun zum Daseinskampf, nicht wie ihn Herr Darwin versteht, sondern wie wir ihn meinen, — wird also der nackte Austrag durch Gewalt und List in Frage gebracht, ja aufgedrungen, so haben nur solange die schlechtern Elemente die günstigeren Chancen, als man auf der bessern Seite den herkömmlichen Schein und das Maskenspiel mit den sogenannten guten Grundsätzen gelten lässt. Nur unter Benutzung der heuchlerischen Convention, durch welche die Menge getäuscht wird, vollziehen sich die Triumphe der Bosheit, der Raubgier und der sonstigen Schlechtigkeit. Die bessern Elemente werden alsdann durch ihren eignen guten Glauben und durch die bei ihnen vorläufig fortdauernde Meinung geschädigt, es könnte die Verhaltungsart, die für den Frieden, die Gerechtigkeit und das Wohlwollen gilt, auch in einem Daseinskampf maassgebend bleiben, der nicht etwa blos auf Leben und Tod, wie jeder Krieg, sondern von der schlechtern Seite auf Verderb und Ausrottung angelegt ist. Der gemeine Daseinskampf rechnet blos mit der Gewalt, der List und der Heuchelei. Wird er auf der gegnerischen Seite, die nichts von solcher moralischen Ungeheuerlichkeit wissen, aber auch nichts von ihr dulden will, nicht blos mit Abscheu und mit gewöhnlicher Ausübung der guten Grundsätze, sondern mit einer gehörigen Anpassung an die neue Lage beantwortet, so ist er auf die Dauer nicht mehr gefährlich. Der selbstsüchtigen Bosheit, welche zugleich für alle andern Schlechtigkeiten als hervorragender Mustertypus gelten kann, fehlt an sich selbst die Kraft zur Hervorbringung der haltbarsten und leistungsfähigsten Menschenvereinigung; das gerechte und gegenseitige Interesse verbindet, aber der eigentliche Egoismus, der mit dem Schaden des Andern seinen Nutzen sucht, ist ein trennender und schwächender Umstand. Die Art, wie die Schurken miteinander abrechnen und nach Maassgabe ihrer Zwecke auch zusammenhalten, kann nicht im Entferntesten mit dem Zusammenwirken und den festen Bindemitteln verglichen werden, die sich aus Gerechtigkeit, Vertrauen und Wohlwollen ergeben. Die Treue, die auf der Vereinigung im Guten beruht, ist eine Macht, durch welche sich die Kräfte der verbundenen Einzelnen und Gruppen so steigern, dass hieran der Calcül der boshaften und schlechten Selbstsucht, in deren Reich Jeder des Andern geheimer Feind ist, zu Schanden werden muss. In der That borgen und zehren Selbstsucht und Bosheit auch nur von den heuchlerisch benutzten Ueberbleibseln solcher Bindemittel, die einst unter Mitwirkung der bessern menschlichen Bestrebungen zu Stande kamen, in einer Uebergangsepoche aber an dem Gift zu Grunde gehen, welches ihnen ursprünglich beigemischt wurde. Hienach kann also der Daseinskampf einen ganz andern Sinn erhalten, sobald man in ihm die Macht der moralischen Ideen eintreten und überdies in neuer Weise wirksam werden lässt. Dem unmoralischen Daseinskampf widerfährt alsdann moralische Gerechtigkeit. Das Zählen auf nackte Gewalt und List, welches jeder moralischen Unterscheidung baar ist und sich nur mit Moralheuchelei verbrämt, wird von einer wirklich moralischen Macht gepackt. Diese letztere kann freilich nur durch das volle Bewusstsein ihrer selbst auch ihre ganze Kraft entwickeln; denn ohne die nachhaltige Ueberzeugung von der absoluten Berechtigung ihrer Ideen und von der Verworfenheit ihres Feindes wird sie nicht die unwiderstehliche Folgerichtigkeit haben, die mit den für die fragliche Lage unpassenden Angewöhnungen und Grundsätzen zu brechen vermag. Der modische Daseinskampf, wie er heute von der Frivolität praktisch in Angriff genommen ist, wird es sich selbst zuzuschreiben haben, wenn man ihn ernst und moralisch beim Wort nimmt und die Beseitigung übler, mit der bessern Menschlichkeit nicht verträglicher Eigenschaften in das Programm der kommenden Geschichte aufnimmt.

3. Nachdem wir die Bosheit als das gekennzeichnet haben, was mehr als blos schlimm, nämlich auch in dem allgemeinen meist nebelhaft aufgefassten Sinne des Worts böse ist und selten auf einen feindseligen Natur- oder Culturtrieb bezogen wird, können wir nun das in der Krankheit liegende Uebel, und zwar ohne Gefahr einer Zusammenwerfung desselben mit jener moralischen Störung, in Anschlag bringen. Der Mensch ist von Natur gesund in dem Sinne, dass sich die Krankheit nur als Störung eines sonst durchschnittlich bestehenden normalen Verhaltens einfindet. Dies gilt selbstverständlich nicht in jenen seltenen Ausnahmsfällen, in welchen nur grade noch die Lebensfähigkeit besteht und übrigens Alles zerrüttet ist. Auch gilt es nicht für die ebenfalls seltenen Fälle, in denen gar keine Krankheit im gewöhnlichen Sinne des Worts bemerkbar ist. Wir haben demgemäss als Typus die gesunde Grundlage, aber mindestens mit krankheitsartigen Entwicklungsstörungen vorauszusetzen. Der Mensch ist von Natur gut und der Mensch ist von Natur gesund, — diese beiden Sätze bedeuten jeder in seinem Bereich gleichviel, indem der erstere im Allgemeinen ausdrückt, was der letztere nur für ein besonderes Gebiet ausspricht. Mit dem Guten ist nämlich nicht blos die im engern Sinne moralische Seite, sondern überhaupt die Tüchtigkeit zu den Lebensfunctionen und Lebenszwecken gemeint. Es gehört hiezu ein gewisses Maass von Harmonie der Thätigkeiten, aber kein grösseres, als es auch im Gebiet von Gesundheit und Krankheit angetroffen wird. Die Störungen der Gesundheit stellen die Abweichung von einer grössern Einstimmung der Lebensfunctionen

vor. Die Krankheit lässt sich also gar nicht kennzeichnen, ohne den Ausgangspunkt von dem vollkommneren, in sich einigen, durchgängig nicht blos zweckmässigen, sondern auch auf die guten Zwecke gerichteten Triebwerk der leiblichen und geistigen Verrichtungen zu nehmen. Schon dieser Umstand kann uns lehren, wie ungeheuerlich es sein würde, in der Krankheit die eigentliche Grundlegung und in der Gesundheit nur die Abweichung von jener habituellen Grundbeschaffenheit sehen zu wollen.

Der Spielraum der Krankheiten ist gross und mannichfaltig erfüllt; aber man wird sich dennoch zu hüten haben, das Gesammtleben nach dem Eindruck schätzen zu wollen, den das in Krankenhäusern und besonders in Irrenanstalten zusammengedrängte Elend auf uns macht. Verhältnissmässig vertheilt, nehmen sich die Störungen des gesunden Lebens im Hinblick auf das ganze, aus beiden Elementen gemischte Dasein keineswegs so schlimm aus. Das Gefühl desjenigen aber, der von der Krankheit gequält wird, ist etwas Isolirtes, was wesentlich nur mit den gesunden Empfindungszuständen desselben Menschen in Vergleichung kommt. Den tödtlichen oder wenigstens drohenden Krankheiten gegenüber sind Furcht und Hülflosigkeit die schlimmsten Uebel. Mit der Todesfurcht aber muss man überhaupt im Reinen sein, wenn man des Lebens in höherem Maasse froh werden will. Die mit den Krankheiten verbundenen Schmerzen sind zwar oft gewaltig peinigend und bisweilen auch lange und langsam quälend; indessen werden sie im Gesammtdurchschnitt keine solche Summe übler Empfindung darstellen, dass hiedurch das Leben als werthlos erscheinen könnte. Nur äusserste Fälle werden zum freiwilligen Tode treiben, und übrigens wird sich die Menschheit durchschnittlich trotz aller krankhaften Affectionen hinreichend wohl fühlen, um nicht in die Versuchung zu kommen, lebensverzweiflerischen Ansichten zu huldigen. Auch fehlt es ja nicht an der Möglichkeit, durch Vorsicht seitens der Einzelnen und der Gesammtheit vielen Gesundheitsstörungen vorzubeugen. Allerdings ist die durch die Jahrtausende schleichende Unwissenheit der Aerzte bezüglich des eigentlichen Heilens nicht sobald abzuthun; denn hiezu würden Anregungen gehören, wie sie nur in einem bereits entschieden umgestalteten Gesellschaftszustande denkbar sind. Wohl aber muss eben deswegen das vorbeugende Verhalten zunächst um so mehr als hauptsächliche Zuflucht gelten, und in diesem Punkt ist sogar die isolirte Vorsicht des Einzelnen durchaus nicht ohnmächtig. Eine zweckmässig ge-

regelte Lebensweise wird hier viel ausrichten, und es ist sogar ein
für die Entwicklung der menschlichen Selbständigkeit nicht un-
günstiger Umstand, dass die missliebigen Störungen dazu nöthigen,
die lenkende Macht bewusster Einwirkungen auch im Punkte der
Gesundheit zu üben.

Freilich finden sich nach der eben angedeuteten Seite hin auch die
seltsamsten Verirrungen ein; aber diese Thatsache darf gegen das
Hauptziel nicht gleichgültig machen. Ich verdenke es Niemand,
wenn er sich von den diätetischen Spielereien und Coquetterien
müssiger, von Langerweile geplagter Leute angewidert findet. Die
Blasirtheit findet oft keine andere Beschäftigung, als die, mit dem
eitlen Persönchen, dessen Krankheit häufig nur in dem Mangel eines
nachhaltigen Zeitvertreibs besteht, allerlei Künste aufzustellen, zumal
wenn solche schon in einzelnen Kreisen Mode sind. Zu derartigen
gesellschaftlichen Schnurren gehörte schon im Alterthum die Co-
quetterie mit der ausschliesslichen Pflanzenkost. Wenn sich in
neuerer Zeit gelegentlich auch einmal ein grosser Dichter wie
Shelley zu der Idee verirrte, dass die Rücksicht auf das Thier-
leben den Fleischverzehr verbiete, so war dies einerseits ein Zug
edlen Zartgefühls, andererseits aber doch auch ein arges Stück
Phantastik. Die Feinfühligkeit kann auch in eine übel angebrachte
Ueberempfindsamkeit ausarten, und dies war bei Shelley in offenbar krankhafter Weise nach fast allen Richtungen der Fall. Er
hatte etwas mehr als blos Weibliches in seiner doch einmal männlich angelegten Natur, und diese ungehörige Einmischung liess ihn
überhaupt die wunderlichsten Conceptionen pflegen, die einigermaassen an diejenigen eines Carl Fourier erinnern. Die wilden
Thiere sollen im Laufe der Zeit ihren Charakter ablegen; der Wolf
soll friedlich neben dem Lamme lagern, und alle feindseligen Bestrebungen sollen aus dem Thierreich verschwinden. Dies ist nun
wenigstens consequente Phantastik, und auf dieser Grundlage mag
die Aechtung des Fleischessens als ein Traum gelten, der von einer
übergefühligen Gutmüthigkeit und einem Mangel an Verständniss des
Wirklichen eingegeben ist.

Hievon unterscheidet sich aber gar sehr der vereinsspielerische
Vegetarianismus nach gegenwärtiger Mode. Diese wichtigthuerische
Species gesellschaftlicher Ausgeburten ist ein Zubehör jener Sitten-
und Verstandescorruption, wie sie auf den höhern Entwicklungsstufen der bisherigen Civilisation und namentlich in einer Uebergangsepoche nicht überraschen kann. Die diätetische Selbstgefällig-

keit ist hier der Hauptantrieb, und der Aberglaube, recht gesund
zu werden, überwiegt das bessere Motiv. Die Hervorkehrung einer
Rücksicht auf die Thiere ist nur in wenigen Fällen keine Heuchelei;
denn durchschnittlich zeigen sich die bürgerlich wohlgenährten
Herren Vegetarianer, die es übrigens mit ihrer Fleischenthaltung
vielfach nur bei Schaugastmählern strengnehmen, um das Loos der
wichtigsten Thierart wenig bekümmert. Menschen gegenüber bleibt
die Halsabschneiderei wohlgelitten und wird gelegentlich auch von
Manchem geübt, der für sich keine Schweine stechen und keinen
Tauben den Hals umdrehen lassen will. Kein Fleisch essen, aber
Blut saugen, — das ist nicht blos kein logischer Widerspruch,
sondern findet sich auch gelegentlich bei Förderern des vegetarianischen Humbugs vertreten. Mir sind Prachtexemplare dieser Art
in meiner persönlichsten Erfahrung vorgekommen, wo es sich um
meine eigne Kehle handelte. Indessen auch abgesehen von solcher
näheren Bekanntschaft mit den vegetarianischen Intimitäten liegt es
doch auch übrigens auf der Hand, dass ein Gebahren hohl sein
muss, welches angeblich die Thiere vor dem Schlachtmesser retten
soll, den Verbrauch von Menschenfleisch aber, wie er mit den
heutigen socialen Zuständen verbunden ist, als selbstverständlich
gelten lässt. Ein Shelley, auf den sich die Vegetarianer gern berufen, hatte zu seinen thiermoralischen Phantasien eine Art von
Recht; denn er hatte vor allen Dingen an ein social umgestaltetes
Menschenreich gedacht und war der ausgesprochenste Feind der
herrschenden Ausbeutung.

Die Uebergefühligkeit, — ich meine nicht die erheuchelte,
sondern die wirkliche, — ist eine krankhafte Gestaltung des
Nervenlebens. Sie findet sich auch ganz abgesehen von der vorher berührten Angelegenheit vielfach da vor, wo die verfeinerte
Civilisation die äussersten Gegensätze zu Tage fördert. Sie entsteht und besteht oft nachbarlich neben der rohesten Brutalität; ja
sie ist häufig genug nur eine Art Raffinirtheit des Gefühlslebens,
welches übrigens den ärgsten Verzerrungen entgegengesetzter Art
anheimfallen mag. Das Brutale und das falsch Sentimentale sind
nicht nur Früchte an demselben Baum civilisatorischer Corruption,
sondern können sich auch in demselben Menschen gegattet finden.
Setzen wir jedoch den bessern Fall voraus, dass ein gutartiges
Empfinden in den krankhaften Zustand übergrosser Reizbarkeit
geräth und sich überdies in den Cultus erkünstelter Mitempfindelei
sowie in die zugehörigen theoretischen Verschrobenheiten verliert.

Alsdann kann wenigstens der Verstand noch Einiges helfen; denn
er zeigt, dass durch die Enthaltung des Menschen vom Thierverzehr
in der Hauptsache nichts gewonnen wird. Die Raubthiere lassen
sich nicht mitbekehren und werden nicht unter die Vegetarianer
gehen, es müssten denn menschliche Raubthiere sein. Die Prose-
lytenmacherei hat am Thierreich ihre Grenzen; dort wird man fort-
fahren, einander gemüthlichst aufzuspeisen, auch wenn vegetaria-
nische Jagden auf alle Fleischfresser veranstaltet würden. Der
Krieg gegen das naturwüchsige Thierrecht würde hier wunderlich
gerathen. Die Herren Vegetarianer müssten sich mit der Büchse
aufmachen, um an den Bestien, die Fleisch gefressen haben, die
Todesstrafe zu vollstrecken. Um aber wieder auf die Ueberempfindsamkeit zu kommen, so bliebe der vorzeitige und gewaltsame Tod
im Thierreich auch noch in allerlei andern Gestalten die Regel.
Oder soll man vielleicht aus Feinfühligkeit auch das Ungeziefer
wuchern und die mit Seuchen behafteten Thiere am Leben lassen?
Wie man sich auch anstellen möge, so ergiebt sich für diesen Theil
der Natureinrichtung keine absehbare Wandlung, und es ist Thorheit, die angebliche Schädlichkeit des Fleischgenusses von dieser
Seite her plausibel machen zu wollen. Die Nützlichkeit eines
grösseren oder geringeren Maasses der Fleischnahrung hängt für
den Menschen vom Klima und von der Thätigkeitsart ab. Ange-
strengte körperliche oder geistige Arbeit, namentlich aber die an-
gespannte und höhere Denkthätigkeit, bringt das Bedürfniss von
verhältnissmässig mehr Fleisch mit sich. Doch ich habe hier nicht
die Gründe der naturwüchsigen und durch die Cultur veredelten
Diät auseinanderzusetzen. Es ist die krankhafte Verirrung des
Empfindungssystems, die an sich selbst und unabhängig von dem
Aberglauben an die reine Pflanzenkost für die gesunde Denkweise
gefährlich wird. Man erwäge daher, dass der gewaltsame Tod für
die Thiere kein so überaus grosses Uebel ist; denn der Tod in
anderer Gestalt dürfte für sie durchschnittlich nicht viel milder ausfallen, zumal wenn man die vorgängigen Leiden der thierischen
Altersschwäche und Krankheit in Anschlag bringt. Will man
also aufrichtig und ernsthaft etwas thun, so denke man auf möglichst wenig schmerzhafte Tödtungen.

4. Die Noth um Futter ist in der Thier- und Menschenwelt
sicherlich ein arges Uebel. Auch besteht sie zu einem erheblichen
Theil sogar inmitten des civilisirten Menschenreichs noch vermöge
blosser Naturzufälle, mag man nun an Indien oder an die nord-

östlichen Hungerprovinzen Preussens denken. Indessen ist es doch bei höherer Entwicklungsmöglichkeit der wirthschaftlichen Kräfte nicht zu verkennen, dass die Menschen in der Lage sind, als Gesammtheit Einrichtungen zu treffen, durch welche die Naturzufälle ausgeglichen werden. Industrierciche Gebiete sind eigentlichen Hungersnöthen insofern nicht ausgesetzt, als der benachbarte Acker-bau in hohem Maasse auf der reichlichen Anwendung von Kunst-mitteln beruht, auf diese Weise von den Naturzufällen weniger ab-hängig ist und nicht nur seine eigne Bevölkerung sicherer ernährt, sondern auch bezüglich des für die Fabrikbevölkerung zu Be-schaffenden bei der Höhe der Preise durch auswärtige Bezüge nach Bedarf ergänzt werden kann. Die gelegentliche Ungunst der Natur findet sich also in diesen Fällen überwunden, und man kann be-haupten, dass die natürlichen Störungen der Versorgungsmöglichkeit aufrüttelnde Erinnerungen daran sind, dass der Mensch sich selbst zu helfen habe. In diesem Sinne wirkt das Ungemach als Antrieb zu Gegenveranstaltungen und mahnt gleichsam den trägen, der weiteren Umsicht ermangelnden Menschen daran, nicht von der Göttergunst oder, moderner ausgedrückt, von Gnaden der Natur Abhülfe zu erwarten. Wenn die Noth dennoch häufig genug nicht schöpferisch macht, so wiederholt der Naturmechanismus seine An-stösse immer wieder von Neuem, und man kann in dieser Sachlage zwar unmittelbar etwas recht Schlimmes sehen, muss aber doch einräumen, dass man zur Entwicklung der menschlichen Selbständig-keit keine andere Naturmethode zu erdenken vermag. Der Mensch ist überall da am weitesten gekommen, wo er mit den grössten, aber für seine Kräfte noch überwindbaren Naturhindernissen zu kämpfen hatte. Die Civilisation Europas und speciell die technisch-industrielle der nicht ganz südlichen Theile ist hiefür ein entschei-dendes Zeugniss und contrastirt gewaltig mit der Asiatischen Art einer ursprünglich mehr unmittelbar von der Natur getragenen Einrichtung menschlicher Thätigkeit und Gesellung.

Die Hungerschäden in unserer modernen Civilisation Europä-ischer und Amerikanischer Art rühren weit weniger von Natur-zufällen als von den Störungen im Triebwerk der Industrie oder, besser gesagt, von den Missverhältnissen der gesellschaftlichen Ver-knüpfungen her. Es sind nicht Ernteausfälle, sondern Industrie-und Handelskrisen, was auf den höhern Stufen der Entwicklung am schlimmsten schädigt. Unter diesen Schädigungen ist aber der Mangel an Arbeitsgelegenheit, welcher dem Uebergangssystem der

Lohnarbeit anhaftet, das Unleidlichste. Indessen auch hierin müssen wir einen Antrieb zur Fortentwicklung der menschlichen Selbständigkeit erkennen. Der Mensch würde immer Lohnknecht bleiben, wenn dieser Zustand, trotz aller verhältnissmässigen Verbesserungen, nicht schliesslich durch das Würfelhafte der Lage und durch das gesteigerte Gefühl der schädlichen Abhängigkeit eine Aufstachelung erführe, die ihn über sein zwitterhaftes Dasein zu einer ungemischten und vollen Freiheit hinaustreibt. Die volkswirthschaftlichen und socialen Naturgesetze steigern allerdings die Gesammtkraft des Lohnarbeiterthums und heben sogar einigermaassen die Lebensweise des Einzelnen; aber zugleich mit diesem ungünstigen Theil der Entwicklung wächst auch der Umfang der Unsicherheit der Versorgung und werden alle Missstände fühlbarer. So erzeugt sich eine Stimulation, mit welcher zugleich die materielle Kraft zur Lösung der neuen Menschheitsaufgabe verbunden ist. Eine solche Sachlage entspricht nun ganz der allgemeinen Methode der Natur, in den Triebempfindungen zu der Kraft den im eigentlichen Sinne des Worts treibenden Stachel zu gesellen. Auf andere Weise kann die Natur in empfindenden Wesen die forttreibende Entwicklungsarbeit nicht sichern, und auch hier müssen Wehen und Geburtsschmerzen als unumgängliche Bestandtheile mitübernommen werden. Nicht die Fruchtbarkeit des Bodens ist es, was versagt; auch nicht die Menge und Dichtigkeit der Bevölkerung ist das Störende; denn Nordamerika mit seinem massenhaften Ackerland und seinen sonstigen gewaltigen Bodenschätzen und technischen Hülfsquellen producirt, trotz einer noch verhältnissmässig dünnen Bevölkerung, viel Arbeitslosigkeit; Newyork wetteifert durch Fälle von Hungertod bereits mit London. Die jenseit des Oceans gelegentlich immer wiederkehrende Brodlosigkeit von Hunderttausenden wird dort wesentlich durch denselben gesellschaftlichen Mechanismus hervorgebracht, wie in den höchstentwickelten Culturländern Europas. Die gegenwärtige Futterfrage lässt sich also nicht durch die Hülfsquellen der Natur, sondern nur durch diejenigen des bewussten und organisationsfähigen Menschen lösen. Die socialitären Bestrebungen haben hienach einen verlässlichen Ausgangspunkt, und die bessere Cultur, die sich entwickeln soll, wird nicht blos durch die bisherigen Errungenschaften, sondern auch durch die Mängel und mitgrossgewordenen Uebelstände verbürgt. Die materiellen Schwierigkeiten der Existenz sind hienach, trotz ihrer bisweilen furchtbaren Gestaltung, im Grossen und Ganzen eine schöpferische Macht. Sie lehren übrigens nicht blos die umfangreicheren Gruppen, sich zu regen, sondern ziehen auch in mannichfaltigen Richtungen bei dem Einzelnen eine Kraft gross, wie sie sonst nie zur vollen Entwicklung gekommen wäre. Sie stählen den Lebensmuth da, wo die Fähigkeit zureicht, ihnen die Stirn zu bieten. Sie vernichten Viel, aber sie schaffen auch nicht Wenig. Sie müssen also gleich allen Todeschancen als ein Element in das Leben selbst eingerechnet und demgemäss nicht blos als unmittelbare Uebel, sondern auch als antagonistische Steigerungsmittel des sie überwindenden Lebens veranschlagt werden.

Um zu Krankheit und Hunger das geheiligte Dritte nicht fehlen zu lassen, müssen wir durch Erinnerung an den Krieg die Dreieinigkeit der handgreiflichsten und daher populärsten Uebel abschliessen. Byron hat zu den Denkmälern, welche durch den Krieg veranlasst werden, auch seinerseits mit dem siebenten und achten Gesang des Don Juan eines hinzuerrichtet und auch übrigens es in seinen andern Dichtungen an Beleuchtung des Wesens der thörichten Kriege heutiger Art nicht fehlen lassen. Schon der Krieg an sich selbst ist ein nicht geringes Uebel; aber der wesentlich nutzlose Kriegszwang, dem die Völker in der gegenwärtigen Epoche unterliegen, ist doppelt schlimm. Es gilt dabei keinem würdigen Zweck, für den sich die besser belehrte Menschheit noch erwärmen könnte. Es sind verrottete Ueberlieferungen oder aber privilegirte Privat- und Classeninteressen, welche die Kriege mit den heutigen Zwecken annehmbar finden. Für die Volksmenge ist der Krieg mit den gewöhnlichen Zielen stets ein Verlust, gleichviel wer gewinnt oder unterliegt. Er verschlingt Blut und Gut der Einzelnen und stört im Ganzen auch die Volks- und Völkerwirthschaft. Als Rohheit verschlechtert er die Sitten auch für die Friedenszeit; er vermehrt die Brutalität und Frivolität; er hegt und pflegt den grundsatzlosen Uebermuth und nährt die Neigungen zum Aberglauben, zur frechen Gewaltthat und zur schamlosen Hinwegsetzung über die Gerechtigkeitsrücksichten. Die neuste principielle Kriegsära, die man seit den sechziger Jahren datiren muss, hat speciell wieder gelehrt, wie die Sitten selbst nach verhältnissmässig kurzem Kriegsgetreibe verwildern, die Verbrechen und Laster zunehmen, der Köhlerglaube wieder aufgefrischt wird und wie überhaupt alles Bestienhafte und Rückläufige in der Geltung steigt.

Steht der heutige aufgeklärte und zugleich gerechtdenkende Mensch vor der Aussicht auf Krieg der bekannten nutzlosen Art, so kann man es ihm wahrlich nicht verübeln, wenn er nicht für Dinge, die ihn nichts angehen, zu blossem Kanonenfutter werden will, nachdem er sich zuvor zu diesem höchsten Beruf auf ebenfalls nicht angenehme Weise hat vorbereiten müssen. Von der wirthschaftlichen Noth, die durch Militarismus und Krieg auf directe und indirecte Art gesteigert wird, will ich gar nicht besonders reden. Die Kanonenfutterfrage ist auch ohnedies schon die zweite grosse Futterfrage der Menschheit; denn es handelt sich heute für den Einzelnen darum, erstens nicht ohne Futter zu bleiben und zweitens nicht selbst zu Futter zu werden, sei es nun in den eigentlichen Schlachten für die Kanonen oder auf den Schlachtfeldern der Industrie für die Ausbeuter. In beiden Beziehungen ist die Abschaffung des Krieges eine noch nicht absehbare Angelegenheit. Mit den unnützen Völkerkriegen, die nur für privilegirte Interessen geführt werden, wird man sich allerdings wohl etwas einschränken und mit Blut und Geld ein wenig sparsamer wirthschaften; denn die Noth selbst, die bei entwickelteren Industriezuständen die unvermeidliche Folge der Kriege ist, wird aufrüttelnd wirken und ein bedeutendes Gegengewicht in die Schaale werfen. Mit dem Kriege überhaupt wird aber die Menschheit sobald nicht fertig werden; denn nach den unnützen Kriegen werden diejenigen an die Reihe kommen, welche ernster gemeint sind und wirkliche Volksangelegenheiten zur Ursache haben. Von den innern Kämpfen ganz zu schweigen, wird es nach Aussen an wirklichen Conflicten nicht fehlen und die Furchtbarkeit der Kriege muss sogar zunehmen, sobald echte Volks- und Völkerangelegenheiten auszumachen sind. Den Philanthröpchen, die wie Däumlinge zwischen den Beinen der Machthaber einhertrippeln, dürfte noch eine schwerere Aufgabe als bisher bevorstehen. Ihre angebliche Humanisirung der regelrechten Kriege, um die sie sich allein bekümmert zeigen, dürfte nämlich später in noch ärgere Verlegenheit gerathen, als in der sie sich jetzt schon befindet. Es sind nämlich die Bürgerkriege, für deren Milderung sich jene schmiegsame Art von Menschenfreundchen wohlweislich nicht verwendet, nur darum so furchtbar, weil hier mehr wirkliche Interessen und Leidenschaften des Volkes in das Spiel kommen, als in den dynastischen Völkerkämpfen. Nun werden aber auch die auswärtigen Völkerkriege einen heftigeren Charakter annehmen, sobald sie mit den innern Conflicten verwachsen und so den einzelnen Menschen in Bezug auf sein wirkliches Streben in Anspruch nehmen. Solche Gestaltungen des Kriegs sind aber mehr als blos wahrscheinlich, und so sind denn die thatsächlichen Chancen eines durchaus friedlichen oder wenigstens edler gearteten Menschenverkehrs vorläufig nicht allzu gross. In der Uebergangsepoche werden die rohen Conflicte noch einen grossen Spielraum haben. Aber auch im Allgemeinen ist die Zurückführung der Kriege und überhaupt der gewaltsamen Streiterledigungen auf ein geringstes Maass oder gar die völlige Abschaffung dieses letzten Mittels mit grossen Schwierigkeiten verknüpft. Sie setzt nicht blos eine grosse politische und gesellschaftliche Aufklärung des einzelnen Menschen, sondern auch die gewohnheitsmässige Verkörperung einer Gesinnung voraus, die allerseits sowohl den Frieden will, als auch zur gerechten Selbstbeschränkung der Leidenschaften und Interessen fähig ist. Solange aber wohl gar noch eine Steigerung des Lebensgefühls darin gesucht werden kann, die eigne Kraft in der ungerechten Verletzung des Nebenmenschen zu erproben, oder solange Unwissenheit und Bosheit die Menschen nicht zur Einigung kommen lassen, ist an eine vollständige Ausmerzung der äussern und innern Kriege nicht zu denken. Das Uebel will also ertragen sein, und die nächste Steigerung des Lebenswerthes kann nur darin bestehen, das Leben, welches doch einmal eingesetzt werden muss, nur für wirkliche Interessen und wahre Leidenschaften, dabei aber immer nur zu einem möglichst hohen Preise daranzugeben.

5. Die Gerechtigkeit im strengen und nicht etwa blos juristischen Sinne des Worts beugt den Verletzungen vor oder besteht vielmehr in der Enthaltung von solchen Verletzungen, welche den Naturtrieb der Rache regemachen. Der Umstand, dass ein Irrthum oder sonst eine falsche, sei es auf Einsichtsmangel oder auf ursprünglicher Bosheit beruhende Auffassung die jedesmal fragliche Handlung zur Verletzung stempelt und mithin den Vergeltungstrieb fehlgreifen lässt, liefert keinen stichhaltigen Einwand gegen den Satz, dass die Racheempfindung die erste rohe Lehrmeisterin über das Gerechte sei. Von Natur giebt es für die schlimmsten Verbrechen ursprünglich keine andere Ahndung, als die sich durch die Familien fortpflanzende Blutrache. Aus diesem Anfang entwickelt sich das Strafrecht. Sühne ist nichts als Dämpfung der Rache. Die ursprüngliche Souveränetät der Privatrache wird schliesslich durch eine vormundschaftliche Ausübung derselben seitens öffentlicher Organe ersetzt. So kann die Strafjustiz sogar in der denkbar idealsten Gestaltung nur die öffentliche Organisation der Rache sein. Sie hat gleichsam ein Monopol dafür; aber dieses sollte sich nur darauf

erstrecken, die Naturbrutalität der unmittelbaren Rache durch eine ruhige und mit dem grösstmöglichen Maasse der Einsicht ausgestattete Bestrebung zu veredeln. Wenn also die Selbstrache in der geordneten Gesellschaft geächtet ist und sein muss, so ist es nur die veredelte Gestalt desselben Naturtriebes, welche die rohere, mit der Selbstverfolgung des Unrechts verbundene Form ausschliesst. In der ersten Entwicklung ist es sogar ein blosses Monopol der ausschliesslichen Racheübung, um was es sich auf Seiten der Machthaber handelt. Ich habe hier jedoch nicht meine auf die Rache begründete Strafrechtstheorie eingehender darzulegen, sondern nur darauf aufmerksam zu machen, dass es einen natürlichen Lehrmeister der absoluten Gerechtigkeit giebt, der zwar, wie die Anzeige jedes Naturtriebes, fehlgreifen und durch sachliche Unwahrheit oder eine sonst hinzukommende falsche Vorstellungsart missleitet werden kann, aber unter der Beleuchtung des Verstandes die einzige principielle Stütze der gründlichen Erkenntniss ist.

Unsere Begründungsart, welche so tief wurzelt wie die Natur selbst, hat nicht nur den Vortheil, der Zweiflerei und dem Schwanken in Beziehung auf den Begriff der Gerechtigkeit ein Ende zu machen, sondern auch zu zeigen, dass jede gehemmte Rückwirkung gegen das Unrecht eines der grössten, in der Empfindung wahrnehmbaren Uebel ist. Der unausgeglichene Vergeltungstrieb bleibt ein Stachel, der da, wo er in der Wirklichkeit ohnmächtig ist, sogar ein Jenseits in Anspruch nimmt oder wenigstens sonst nach einer sogenannten ewigen Gerechtigkeit verlangt. Ist nun auch der Phantasietrug abzustreifen, so bleibt doch die naturwüchsige Forderung der Gerechtigkeit selbst bestehen. Ja diese Forderung tritt in zwei Gestalten auf, die für den Lebenswerth von grosser Bedeutung sind. Erstens ist es eine Pein, wenn gegen eine Verletzung keine Ausgleichung erfolgt, also in diesem Sinne die Gerechtigkeit versagt wird; und zweitens ist es überhaupt schon ein Unheil, dass Verletzungen entstehen, welche die unangenehm stachelnde Triebempfindung des Ressentiment mit sich bringen. Die höchste Verwirklichung der Gerechtigkeit besteht also darin, den Verletzungen vorzubeugen. Ein Verhalten, welches bei allerseits richtiger Einsicht und gutem Willen das Rachegefühl nicht regemacht, ist das Ideal, ich sage nicht des sympathischen, sondern nur des nicht feindlichen Menschenverkehrs. Für dieses Ziel kommt es darauf an, die Thätigkeitsgebiete der Einzelnen und Gruppen natürlich abzugrenzen, so dass Niemand in die Sphäre des Andern schädigend eingreift.

Ohne Weiteres ist die sorgfältigere Abgrenzung nicht zu haben, und die Geschichte arbeitet daran, das unmittelbare Naturstreben durch höhere Einsicht und durch Pflege einer maasshaltenden Gesinnung zu vervollkommnen. Auf die Naturgesetze der Grossmuth, die eben auch ihre Vorbedingungen hat, kann ich hier nicht näher eingehen. Es ist aber Unwissenheit oder Heuchelei, wenn Jemand behauptet, über die Naturgesetze der Rache im Allgemeinen erhaben zu sein. Er erklärt hiemit selbst, dass er sich nicht auf die Gerechtigkeit versteht oder von ihr nichts wissen will.

Soll irgend etwas, also beispielsweise irgend eine Art von Gleichheit, nach dem übereinstimmenden Willen Mehrerer maassgebend sein und der Einzelne durchbricht diese Festsetzung, so ist, auch von allen natürlichen Ursprünglichkeiten des Rechts abgesehen, dieses Verhalten eine Verletzung, die der Verstand schon an sich selbst als Ursache einer nothwendigen Empfindungsstörung erkennt. Wir wissen also nicht blos aus besondern Erfahrungsfällen, sondern auch nach allgemeinen Principien, dass gewisse Gestaltungen bei richtiger Beurtheilung das Ressentiment regemachen müssen. Die Bethätigung des Vergeltungstriebes braucht also nicht abgewartet zu werden, um das Unrecht zu erkennen. In der That genügen auch im Ganzen und Grossen ausser jenen principiellen Vorwegnahmen einige Unrechtserfahrungen dazu, um den Menschen über das zu belehren, was er für sich und Andere zu meiden hat. Dagegen schafft sich eine nachhaltig gerechte Gesinnung nicht so leicht als die blosse Erkenntniss, und es bedarf bei den Unrechtsausübern eines Rollenwechsels, nämlich des lehrreichen Erleidens von Unrecht, um den Willen gehörig umzuwandeln. In dieser Beziehung arbeitet die Geschichte offenbar auch durch unmittelbares Unheil auf die Hervorbringung eines gerechten Wollens hin. Die gegenseitigen Ungerechtigkeiten, in welche bald dieser bald jener Theil ausschweift, nöthigen schliesslich zum Eingehen in sich selbst. Die Uebermacht bleibt nicht immer auf derselben Seite, und wo es nicht die gleiche Macht sein kann, da treibt wenigstens der vielfach erprobte Wechsel der Machtrollen und des zugehörigen triumphatorischen Uebermuths immer mehr einem Ziele entgegen, bei welchem der Mensch geneigt wird, sein Inneres zu einer vollkommeneren Gerechtigkeit umzubilden.

Die leichtfertigen Ankläger des Lebens haben die physischen Uebel gar sehr betont, aber von den moralischen Schäden nicht allzuviel gemacht. Selbst ein Schopenhauer, der trotz aller Romantik noch etwas ernsthafter geartet war und das Verdienst hat, mit seinen Geisselhieben vereinzelte moralische Uebelstände getroffen zu haben, zeigte dennoch im Allgemeinen wenig Verständniss dafür, dass die physischen Uebel in Vergleichung mit den moralischen fast eine Kleinigkeit genannt werden können. Der moralische Schmerz, also derjenige, welcher sich auf das bewusste Verhalten des Menschen zum Menschen bezieht, ist die schlimmste Art der Pein, die sich auf den über Thierheit und Rohheit emporgehobenen Entwicklungsstufen des Denkens und Fühlens ergeben mag. Wir machen uns also unsere Aufgabe nicht leicht, indem wir es zur entschiedensten Geltung bringen, dass der Mangel, nicht etwa blos an verbindender Sympathie, sondern schon an blosser Gerechtigkeit ein arges Element der gegenseitigen Verleidung des Lebens ist. In diesem Punkte haben wir eher die Unterschätzung als die Ueberschätzung der Uebelstände zurückzuweisen. Allerdings wird nur derjenige von der Ungerechtigkeit am meisten betroffen, der das feinste Gefühl, die schärfste Beurtheilung und die edelste Gesinnung bezüglich dieser Art Unheil in sich ausgebildet hat. Das Vieh ist für Derartiges am wenigsten empfänglich, und ihm stehen in niedrigen und hohen Schichten des Menschenreichs viele Elemente mehr oder minder nahe. Die naturwüchsige Rohheit und die raffinirteste Frivolität, der Mangel an Bildung und die Bildungsblasirtheit treffen in diesem Punkte zusammen, wobei jedoch die thierartige Unempfänglichkeit noch immer besser ist als die Abgestumpftheit. Die letztere ist eine Folge und zugleich ein Theil der Corruption. Im gelehrten oder philosophischen Gewande nährt sie sich von Zweiflerei oder Nichtslerei. In der praktischen Ausübung wird die Gerechtigkeitscorruption zur schamlosen Ausübung aller schlechten Praktiken von Lug, Trug, verstecktem Raub und sonstiger noch eben zwischen den Zuchthäusern möglicher und nur ausnahmsweise in sie hineinführender Menschenverletzung und Menschenaufzehrung. Am allerschlimmsten aber gestaltet sie sich, wo sie die Rechtspflege selbst erheblicher durchsetzt und das sogenannte Recht käuflich macht. Der Gipfel dieser moralischen Auflösung wird da erreicht, wo wie namentlich in Frankreich sogar das Richterthum zu einem erheblichen Theil für ein Triebwerk gilt, welches in den über das Privatrecht hinausreichenden Fällen die Auslegung der Gesetze den Wünschen der jedesmaligen Machthaber anpasst.

Die gegenseitigen Parteiverfolgungen untergraben den Sinn für

14*

wirkliche Gerechtigkeit, indem sie die Gesetze zu blossen Instrumenten der politischen Kriegführung herabwürdigen. Die Staatsmaschine wird alsdann zum blossen Mittel für Privat- und Classeninteressen. Schon das Machen oder, besser gesagt, Fabriciren der Gesetze nimmt unter solchen Umständen einen Charakter an, bei welchem die Grundsätze der Gerechtigkeit am wenigsten mitzusprechen haben und durch blosse Machtfragen ersetzt werden. Demgemäss findet sich dann auch leicht der abschüssige Weg in der advokatorischen Benutzung, verwaltenden Handhabung und richterlichen Anwendung. Die Dehnbarkeit der Bestimmungen wird schliesslich so gross, dass die Gesetze, abgesehen von Streitigkeiten zwischen Privatleuten, keinen verlässlichen Schutz mehr gewähren. Das Vertrauen auf eine gerechte Ordnung sinkt, und in dem Maasse, in welchem das Misstrauen oder gar die Verzweifelung an dem guten Willen umsichgreift, macht die Zurückführung der Zustände auf nackte Machtverhältnisse die entschiedensten Fortschritte. Die den bessern Zeiten angehörige Scheu vor den Rechtseinrichtungen schwindet, und selbst der beste Wille, der an der Gerechtigkeit trotz aller moralischen Verwüstungen festhält, erwartet das Heil nur von einer Umschaffung, die sich in neuer Weise wieder auf moralische Grundlagen des Menschenverkehrs stützt.

Die politische Verfolgungssucht ist nicht nur unmittelbar für die Betroffenen, sondern auch dadurch ein Uebel, dass sie zur Zersetzung der Sitten beiträgt. Sie hat stets die Gestalt eines Kampfes, und die Rollen müssen dabei früher oder später wechseln. Sie achtet keine, sonst unter Menschen im friedlichen Verkehr maassgebenden Grundsätze. Ihr einziges Ziel ist die möglichste Lahmlegung der Gegenpartei, und der sogenannte Staat ist seiner gewöhnlichen Beschaffenheit nach eben auch nur ein Theilstück und nichts, was sonderlich den Parteicharakter verleugnete. Eigentliche Verfolgungen oder Chicanen sind stets unberechtigt, wo wirklich ein Gemeinwesen die Aufgabe lösen will, seinen verschiedenen Bestandtheilen Gerechtigkeit widerfahren zu lassen. Es ist soviel auf die kirchliche Unduldsamkeit gescholten worden; aber der moderne Staat ist seinerseits auch gewaltig intolerant. Er kann nicht die geringste Vergesellschaftung vertragen. Er hat sich das Monopol der Corporationen vorbehalten. Er beschränkt die Mittheilung des mündlichen und des gedruckten Worts in einer Weise, die an die Unsicherheit seiner Grundlagen eindringlicher erinnert, als es irgend eine besondere Untersuchung zu thun vermöchte.

Alle Missliebigkeiten werden von ihm oder, was dasselbe heisst, von
der jedesmal in ihm vorherrschenden Partei nicht aus dem Gesichtspunkt des eigentlichen Rechtszwecks, sondern aus demjenigen der
Unschädlichmachung des Gegners und, je nach den persönlich betheiligten Elementen, auch wohl aus dem des Hasses mit möglichst
viel Ungemach heimgesucht. So geschieht es, dass der Parteistaat
mit andern Parteien einen Daseinskampf führt, und dass die Vorstellung immer mehr abhanden kommt, es gelte hiebei der wirklich
gerechten Ahndung von wahrhaften Verletzungen. Mögen Aus-
schreitungen auch genug im Spiele sein, so bilden sie in dem Ver-
folgungssystem doch nur die willkommene Gelegenheit, um die
Widersacher theils durch Verwaltungschicanen absonderlich zu be-
engen, theils durch unzutreffende und unverhältnissmässige Straf-
urtheile nach Kräften niederzudrücken. Für den Augenblick erreichen die machthabenden Theile durch ein solches Vorgehen allerdings die Wegräumung oder Vernichtung manches unbequemen
Elements; aber auf die Dauer zerstören sie hiemit auch die moralischen Stützen, durch welche die von ihnen gewünschte Ordnung
denn doch auch zu einem Theil mitgetragen wird. Das Beispiel
Frankreichs hat in der neusten Zeit gelehrt, wie das Abhanden-
kommen der moralischen Bindemittel vor sich geht. Die zweite
Bonapartistische Misswirthschaft ist mit allen ihren weiteren Früchten
ein Zeugniss für den moralpolitischen Zersetzungshergang gewesen.
Das Ergebniss dieser Auflösung ist ein Zustand, in welchem die
einzige Frage für die einander befehdenden Elemente die ist, wer
die Waffen am nachhaltigsten zur Verfügung hat. Eine kleine
Aenderung in diesem Punkte bringt sofort Thatsachen mit sich,
wie sie in dem Auftreten und nachher in dem Schicksal der
Commune bereits wohl eindringlich genug gesprochen haben. Der
politische Fanatismus wird auf diese Weise bei den verfolgten
Elementen grossgezogen, und man kann nun nicht erwarten, dass
diejenigen, die in den Kerkern gelitten und deren Genossen massen-
haft gemordet worden sind, im Falle, dass sie gelegentlich die Ober-
hand haben, eine maassvolle Selbstbeschränkung üben sollen. Das
Unheil vermehrt sich also, und im System politischer Verfolgungssucht, die schliesslich zum nackten Ausrottungsstreben wird, bleibt
kein moralisches Band unzerrissen. Ein Stück von diesem Hergang
ist eben noch nicht abgespielt; aber es wird nicht ausbleiben, so
wahr die Rache das rohe Naturfundament der Gerechtigkeit ist.
Was hier das Maass schaffen könnte, muss fehlen; denn grade die

wohlthätigen Ideen und überhaupt die Einsichtsverbreitung werden
von den dunkelmacherischen Gewalten nach Kräften unterdrückt.
In dem Maasse, in welchem man die Sprache des Gedankens
hemmt, wird diejenige der Geschütze das vorherrschende Ver-
ständigungsmittel. Wer den Austausch von Ideen hintertreibt, wird
denjenigen von Kugeln selbst verschulden. Könnte man sich im
Politischen dazu erheben, den Toleranzgedanken, der früher in Bezug auf Religion eine wohlthätige Rolle spielte, auch in den Staats-
und Parteiangelegenheiten einigermaassen walten zu lassen, so würde
eine Menge von völlig zwecklosem Unheil vermieden werden.

Es ist aber, soviel mir bekannt, bisher noch Niemand eingefallen, principiell für politische Duldung ebenso einzutreten, wie
es früher für religiöse Duldsamkeit mit Erfolg geschehen ist. Vor-
aussichtlich wird noch viel Ungemach über die Welt hereinbrechen,
ehe man in dieser Beziehung zur Besinnung kommt. Eine echte
Philanthropie, die nicht blos zum Spott dasein will, könnte sich in
dieser Richtung einige ernste Beschäftigung holen, um ihre reiche
Musse doch auch einmal nennenswerth auszufüllen. Wirkliche
Gerechtigkeit ist die Vorbedingung des Friedens und des auch
sonst moralischen Wollens. Sie ist noch nicht Alles; denn das
Mitgefühl muss noch höhere Institutionen schaffen und das Ergehen
der Menschen in positiver Solidarität verknüpfen. Es müssen nicht
nur gegenseitige Bande des Nutzens, sondern auch solche Bindemittel
existiren, die dem Hülflosen, der keiner Gegenleistung fähig ist,
die Theilnahme des Nebenmenschen nicht blos in der äusserlichen
That, sondern auch in der innerlichen Gesinnung sichern. Doch
dies gehört einer noch wesentlich unverwirklichten moralischen
Ordnung an, und es war hier genug, die Uebelstände zu kennzeichnen, welche das Leben durch Hintertreibung der Gerechtigkeit
im Werthe mindern.

6. Das entlegenste, aber zugleich hochgradigste Uebel, welches
den Menschen an den subtileren Wurzeln seines Lebensbewusstseins
schädigt, ist der Zweifel an der Fähigkeit zum gesunden Wollen
und klaren Wissen. Diese doppelte Skepsis, deren beide Elemente
sich der Regel nach beisammenfinden, ist das Zeichen der Auflösung und Schwäche. Sie geht in völlige Verzweifelung über und
gattet sich gern mit der eigentlichen Blasirtheit, mag nun die letztere
die Thatkraft betreffen oder als Gelehrtenhohlheit und philosophastrische Abstumpfung die Wissenschaft und die Wahrheit compro-
mittiren. Es ist die Signatur der Fäulnissperioden der Völker,

jenen Skepticismus zu erzeugen, der sich nicht etwa gegen verkehrte Dogmen und sonstige Lehren unhaltbarer Art wendet,
sondern die Wurzeln der menschlichen Leistungsfähigkeit selbst
angreift, indem er die Impotenz im Erkennen der Dinge und im
heilsamen Gestalten der Einzel- und Gesammtangelegenheiten zum
Dogma erhebt. Nichts ernstlich wissen und moralisch nichts ernstlich vermögen, sondern sich in beiden Beziehungen schlaff und
gleichgültig verhalten, übrigens aber jener widerlichen Eitelkeit
fröhnen, über alle Versuche und Leistungen mit der principiellen
Verzweifelung erhaben zu sein, ja nicht einmal eine rechtschaffene
sondern eine selbst zweifelhafte Verzweifelung, kurz den chaotischen
Widerspruch im Sinne der Ergebnisslosigkeit cultiviren, — das ist
die moralische und wissenschaftliche Haltung oder vielmehr Haltungslosigkeit der Skepsis, wie sie sich mustergültig und classisch schon
mit der Verfaulung Griechenlands und zwar nicht blos bei den
eigentlichen Skeptikern, sondern auch als Element des Verfalls in
den sonstigen Systemen der Philosophie bekundet und schliesslich
die ganze Philosophie selbst zu einem Leichnam gemacht hat. Die
systematische Verzweiflerei an jeglichem theoretischen oder praktisch
moralischen Princip gestattete ihren Adepten natürlich ein willkürliches
Handeln je nach Gelegenheit und stellte so die verkörperte Grund-
satzlosigkeit dar.

Der Skepticismus, der sich anstatt gegen falsche Dogmen
gegen die ursprünglichen Fähigkeiten des Verstandes und des Gemüths wendet, ist unter den feineren und moralischen Giften das
gefährlichste. Selbst die vereinzelte Ablenkung der menschlichen
Natur auf eigentliche Verbrechen und moralische Gräuel wirkt nicht
so schleichend verderblich und so allgemein, wie die skeptische
Ausmergelung. Die letztere kann überall unter den verschiedensten
Maskenhüllen Fortschritte machen und die Hässlichkeit ihres wahren
Angesichts verbergen. Auf diese Art treibt sie ihr Wesen im Bereich der gesammten Wissenschaft und aller Verzweigungen des
Lebens. Ja sie gestaltet sich eben da am schlimmsten, wo sie ihren
Charakter oder, wie wir sagen müssen, ihre Charakterlosigkeit verleugnet. Der vollständige und grundsätzliche Skepticismus, der
eine Fahne mit entsprechender Aufschrift zeigt, ist zwar schlotterig
genug; aber er ist in Beziehung auf Wahrhaftigkeit doch noch
nicht bis zu dem Punkte verwahrlost, dass er das volle Bekenntniss
seiner Nichtigkeitsgrundsätze scheute. Dagegen trifft man in der
neusten Zeit vielfältig den dogmatisch maskirten Skepticismus an.

Die Auflösung des Verstandes ist durch Caricatur antiker Muster, namentlich der naturwüchsigen Verwirrung Herakliteischer Art, bis zur logischen Gehirnerweichung getrieben worden, wofür in Deutschland in der ersten Hälfte des 19. Jahrhunderts die Hegelei und sonstige philosophastrische Plumpheit das lehrreichste Beispiel geliefert hat. Die Verlogenheit, die sich hier mit wissenschaftlicher Unwissenheit gattete, ging soweit, einem Inbegriff von lauter Unwahrheiten, die einander nach angeblich logischer Methode in der Welt ablösen und die jedesmal Wahrheiten sein sollen, die Aufschrift eines absoluten Wissens zu geben. Jede dieser Wahrheiten strafte immer die andern Lügen, und in der Erkenntniss dieser logischen Thronfolge von lauter Lügen, also in der Vorstellung dieses ganzen Widerspruchsgewebes sollte das absolute Wissen enthalten sein. In der That war dieses ganze Gebahren nichts als eine ausgewachsenere Frucht jener Halbskepsis, durch welche der Professor Kant unter dem Namen einer „Kritik der reinen Vernunft", wie er selbst in der Vorrede des gleichnamigen Buchs sagt, „das Wissen aufheben musste, um zum Glauben Platz zu bekommen", nämlich zu dem gewöhnlichen Unsterblichkeits- und jenseitigen Vergeltungsglauben auf Grundlage der gewöhnlichen Gottes- und metaphysischen Freiheits- oder vielmehr Willkürvorstellung. Das uralte Spiel mit Satz und Gegensatz, die einander aufheben und die Erkenntniss lahmlegen sollen, hatte bei den Griechen unter Anknüpfung an die Eleatischen Feinheiten begonnen und im ohnmächtigen Skepticismus geendigt, der aber doch wenigstens ein voller und ganzer, offeneingestandener Skepticismus war und in keine doppelte Buchführung von beschränktem Wissensschein und precärem Glauben auslief, wie dies in dem Zwittersystem des aus dem Theologen herausgewachsenen Philosophieprofessors Kant der Fall war. Doch genug von diesen letzten metaphysischen Velleitäten, die an ihrer Quelle noch etwas von der bessern Haltung des 18. Jahrhunderts, nämlich des der Revolution vorangehenden Zeitalters zeigten, dann aber mit jedem Jahrzehnt immer restaurativer versumpften, so dass bei den gediegeneren Elementen der Wissenschaft der Ekel gegen dieses Treiben nur wachsen konnte und noch heute den Namen der Philosophie in Missachtung erhält. Der Umstand, dass heute skeptisch haltungslose oder verlogene Elemente auch innerhalb der an sich solideren Wissenszweige aufwachsen und scheinbare Ausnahmen zu Gunsten der skeptischen Philosophastrik, namentlich in der Richtung auf das wieder modegewordene Kantisiren vorstellen, darf nicht täuschen. Derartige Mischungen zeigen eben nur, dass die verstandesauflösende Seuche der halben oder ganzen Skepsis auch in den positiven Wissenszweigen genug Stoff vorfindet, der zur Fäulniss neigt. Bei einem Kant soll der fromme und schwächliche Wunsch nach wirklicher Moral, sowie überhaupt ein gewisses Maass von einem Rechtschaffenheitsversuch nicht bestritten werden. Aber nicht nur die Lage, sondern auch das Unternehmen der Person war von vornherein mit der Unausweichlichkeit eines Doppelspiels behaftet, welches sich nach Maassgabe der innerlich unvereinbaren Absichten unwillkürlich einschleichen, aber doch auch dem eignen Bewusstsein gelegentlich als solches erkennbar werden musste und zu jenen Wendungen und Windungen trieb, die das Gepräge der Haltungslosigkeit und des Mangels an wirklicher Ueberzeugung deutlich genug zur Schau tragen.

7. Wenn irgend etwas die Energie des Wollens und die Ueberzeugung von der Feststellbarkeit maassgebender Principien mit einigem Anschein herabdrücken könnte, so wäre es der in der Welt herrschende Zufall. Seinem Spiele gegenüber scheint die charaktervolle Willensbethätigung oft genug zum Spott zu werden und verzweifeln zu müssen. Auch ist er es, welcher dem Wissen die meisten Hindernisse bereitet und die wohlausgestattetste Einsicht und Umsicht in Rücksicht auf das Einzelne bisweilen als recht unzulänglich erscheinen lässt. Aber auch ihn kann nicht nur die sorgfältige Forschung in einem bessern Lichte zeigen, sondern auch das Leben einigermaassen überwinden. Im gewöhnlichen Sinne bleibt allerdings der Zufall was er ist; aber es ergiebt einen grossen Unterschied, ob man in ihm das absolute Belieben einer grundlosen Willkür oder die Bekundung einer sich in Regelmässigkeiten äussernden Nothwendigkeit sieht. Nun gestalten sich die verschiedenartigsten Ungelegenheiten absichtlicher und unabsichtlicher Art, also beispielsweise die Selbstmorde und die Beinbrüche, im Grossen und Ganzen für die gleichen Gebiete und Zeiträume immer so, dass man für das nächste Jahr einen Voranschlag derselben entwerfen kann. Für eine Reihe von Jahren, in welcher der Zustand der Gesellschaft ungefähr derselbe geblieben ist, treten solche Ereignisse auch annähernd in derselben Anzahl ein. Einem beharrlichen Zustande entsprechen auch die sich gleichbleibenden äusseren Bekundungen; zeigt sich aber in den letzteren eine auffallende Veränderung zum Schlimmen oder Guten, so fragen wir sofort danach, was sich im Innern der Gesellschaft an ablenkenden Motiven neu hinzugefunden

habe. Die beharrliche Wiederkehr hat ihren Grund und die Veränderung hat den ihrigen. Giebt es in derselben Menschengruppe
für irgend ein Jahr ungewöhnlich mehr Selbstmorde, wird also der
erfahrungsmässige Voranschlag überschritten, so müssen ausser den
beständigen noch ganz besondere neue Ursachen im Spiele gewesen
sein. Der Gedanke, dass im nächsten Jahr die herkömmlich ge-
füllten Gefängnisse Berlins leer bleiben sollten, würde dem Wunder-
und Zauberglauben gleichkommen. Nach der falschen Willkürlehre
stände es ja bei einem Jeden, ob er zu dieser Füllung beitragen
wolle, und demgemäss müsste die fragliche Ungeheuerlichkeit möglich sein. Nun ist es aber offenbar, dass keine moralische Macht so
etwas zu Wege bringen kann. Die Menschen wirken auf sich
selbst durch Vorstellungen, indem sie den Inbegriff der in ihnen
verkörperten Antriebe durch Ueberlegung und Wahl leiten. Die
Kraft ihrer Gedankenbestrebungen combinirt sich mit derjenigen
der übrigen Triebe, und wenn wir moralisch auf Andere wirken
wollen, so zählen wir, wenn wir die Sache wirklich verstehen, nicht
auf ein absolut grundloses Belieben zwischen Ja und Nein, sondern
auf die naturgesetzlichen Folgen unserer Vorhaltungen, Zumuthungen
oder sonstigen Bestimmungsmittel. Es wäre also eine zauber-
gläubige Unwissenheit, zu meinen, der Bestrebungszustand der
Menschen könnte in einem Jahr oder in einem kurzen Zeitraum
durch sachliche Aenderung der Verhältnisse und durch Verbreitung
moralischer Einsichtsantriebe so umgestaltet werden, dass die Verbrechen plötzlich aufhörten. Es ist schon eine sachliche Ungereimtheit, so etwas von Jahrhunderten zu erwarten; aber eine erhebliche
Aenderung kann schon für eine Generation platzgreifen und solche
Aenderungen mögen sich von Geschlecht zu Geschlecht häufen.
Die einzige Frage ist hiebei immer nur die, wie nach naturgesetzlicher Nothwendigkeit die Zustände sich äusserlich gestalten und die
innern Vorstellungsantriebe sich im moralischen Sinne erzeugen und
fortpflanzen lassen.

Der Zufall ist hienach nur der letzte Ausläufer der Natur-
gesetzlichkeit. Unsere moralische Macht bleibt aber, was sie ist
und sein kann. Sie wird durch keinen falschen Fatalismus bedroht; denn unsere Energie und Ueberlegung, also unsere Leidenschaft und unser Wissen sind thätige Elemente in der Gestaltung
des Wirklichen und in den Lauf der Dinge so zu sagen mitein-
gerechnet. Wir sind trotz alles Zufalls die letzten Gründe unseres
Verhaltens; wir sind gleich allem Andern Bestandtheile der absoluten

Wirklichkeit, aber überdies solche, die sich durch weittragende Gedanken in der bewusstesten Weise bestimmen. Wenn wir, wie alles Andere es ja auch thut, die Wirklichkeit, die wir sind, naturgesetzlich ausprägen, so streitet dies nicht damit, dass in Allem und in uns eine selbstgenugsame Selbständigkeit und so zu sagen die Souveränetät des Seins dargestellt ist. Wir haben nicht noch ausserhalb der Wirklichkeit, die wir sind oder die uns umgiebt, nach einem andern Grunde zu suchen. Wir sind selbst der Grund und stehen auf dem Fundament, so dass auch der Zufall in Beziehung auf Wissen und Wollen als die souveräne Satzung der Natur, ja zu einem Theil, soweit wir ihn selbst durch unser Verhalten mithervorbringen, als unsere eigne naturgesetzliche Schöpfung erkennbar wird. Wir haben also auch in ihm nichts Fremdes und absolut Feindliches, sondern nur eine Veranstaltung zu sehen, die dazu beiträgt, dass für das Handeln und das Denken die Fülle der Einzelheiten und der Reiz eines mannichfaltig durchkreuzbaren Spielraums nicht fehle. Das Uebel der Chancen dürfte also wohl erträglich sein, zumal sich der Mensch ihnen gegenüber auch dadurch erprobt, dass er sie mit der Voraussicht zu einem Theil bemessen und in einzelnen Richtungen sogar praktisch ausgleichen lernt. Weder für das Wissen noch für das Wollen ist also in der Einrichtung der Dinge irgend eine gegen den Lebenswerth entscheidende Instanz zu finden.

Der Pessimismus im Sinne einer allgemeinen Verurtheilung der Natur und einer entsprechenden Nichtsverhimmelung ist selbst der Gipfel des moralischen Uebels. Er ist das im Allgemeinen, was die Skepsis zunächst nur in Beziehung auf den Verstand sein will. Er ist das theoretische Zubehör zur praktischen Corruption. Er ist mit dem Vertrauen auf eine gesunde Erkenntniss unverträglich und tritt daher auch gegen die Möglichkeit eines echten und letztinstanzlichen Verstandeswissens auf. Wo er einigermaassen seinem Wesen oder vielmehr Unwesen treubleibt, also nicht durch persönliche Zufälligkeiten eine Ablenkung erfährt, da leistet er der Schlechtigkeit Vorschub. Wenn doch Alles von Grund aus schlecht ist, denken die Menschen, so ist es ja nur in der Ordnung, wenn sie sich einige Schlechtigkeiten mehr oder weniger nicht anrechnen. Sie folgen ja nur den Spuren aller Dinge, indem sie sich auf diese Weise in die Demoralisation hineinfinden und sich dem Charakter der Welt anpassen. Wenn sie das Schlechte üben und befördern, ja im Einzelnen gut heissen und so das Ihrige zum moralischen Uebel beitragen, so können sie sich noch immer mit der Heuchelei decken, dass sie durch ihr demoralisirtes und demoralisirendes Verhalten die Welt erlösen und die Heilsordnung, die auf die Nichtsverhimmelung hinsteuert, durchführen helfen. Auch bei bessern Naturen giebt es eine Demoralisation, die einfach die Bedeutung der Muthlosigkeit oder wenigstens der Herabminderung des Vertrauens in die sachlichen Verhältnisse und in die eignen Kräfte hat. Dies heisst demoralisirt sein in einem ähnlichen Sinne, wie es unter Umständen geschlagene Truppen sind. Nun muss im Kampfe des Lebens die Meinung, es habe das Gute im Wissen und Wollen keine Chancen, mindestens eine Demoralisation in jenem letzteren Sinne erzeugen. Eine lebensfeindliche Weltansicht, welche die durchgängige Schlechtigkeit der Natur lehrt und die Welt für ein einziges grosses Uebel erklärt, ist selbst ein Stück und zwar das Hauptstück der Weltdemoralisation, indem sie den Lebensmuth und den guten Willen entwurzeln muss. Aber auch dieses äusserste und raffinirteste aller moralischen Uebel ist überwindbar, und wir werden für diesen Sachverhalt noch einen besondern Beitrag liefern, sobald wir den allgemeinen und persönlichen Zusammenhang der Weltvorstellungen mit den Charakteren und Schicksalen der Einzelnen im vorletzten Capitel zu beleuchten haben. Zunächst müssen wir aber noch einen andern Gegenstand untersuchen, der nicht ausschliesslich, aber doch zu einem grossen Theil ein Uebel und zwar vornehmlich ein moralisches Uebel ist, nämlich die Zurücksetzung und die verhältnissmässig niedrige Stellung, auf welche das weibliche Geschlecht in den verschiedensten Richtungen des Lebens bisher, trotz mancher Fortschritte, noch immer angewiesen geblieben ist.

Achtes Capitel.

Das Loos der Frauen.

1. Wäre die Rolle, welche die Frauenwelt im Leben spielt, nicht bis jetzt in sehr engen Schranken verblieben, so würde von dem, was die Eigenthümlichkeiten der einen Hälfte der Menschheit und deren Einfluss auf den Lebenswerth vorstellt, auch innerhalb unserer Gesammtbetrachtung menschlicher Schicksale noch weit eingehender zu handeln sein, als auch ohnedies geschehen muss. Die Gesammtsysteme, die bisher von Welt und Leben nach dieser oder jener Richtung einige Rechenschaft gaben oder zu geben versuchten, haben für die Bedeutung des Frauenschicksals keinen Platz gehabt,

wo sich die Erörterungen und Fragen, denen wir in unserer
Wirklichkeitslehre, nämlich im „Cursus der Philosophie", gehörigen
Orts systematisch gerecht zu werden suchten, ordentlich eingereiht
gefunden hätten. Leben und Stellung des weiblichen Geschlechts
müssen in einer Philosophie, die heute noch irgend zulänglich sein
will, nicht blos ein Nebenplätzchen in irgend einer abgesonderten
Abhandlung erhalten, sondern als unumgängliche Bestandtheile eines
rechtschaffenen Systems der Wahrheits- und Weisheitslehre gelten.
Nur in einem solchen grossen Zusammenhang kann sogar durch
kurze Kennzeichnungen die ganze Bedeutung des Gegenstandes
veranschaulicht werden. Hier aber haben wir zwar auch eine Welt-
und Lebensanschauung, aber doch nur aus dem einzigen Gesichtspunkt von Gut und Schlimm darzulegen gehabt. Es werden also
auch die Angelegenheiten der weiblichen Welt und der Einfluss
dieser Welt auf das übrige Leben nur nach Maassgabe des Haupt-
zwecks unserer ganzen Umschau ins Auge zu fassen sein.

Aller Voraussicht nach wird man dereinst zwei grosse Cultur-
perioden der ganzen Menschheitsentwicklung derartig zu unterscheiden haben, dass man der ersten, die nach vielen Jahrtausenden
zählt und über unsere Gegenwart weit hinausreicht, denjenigen
rückständigen Zustand zuweisen wird, in welchem das Weib noch
der grundsätzlichen Erniedrigung unterworfen blieb. Die Grenze
wird man da setzen, wo die Gleichwerthigkeit der Ansprüche an
das Leben für beide Geschlechter nicht blos als anerkannt, sondern
auch als durchgeführt erscheint. In der That ist die angedeutete
Civilisationsfrage nicht im Entferntesten eine blos einseitige Angelegenheit der Frauen, sondern ist auch für die männliche Welt von
entscheidender Bedeutung. Die Lebensreize müssen sich in hohem
Maasse steigern, wenn die bis jetzt zu $^{99}/_{100}$ zurückgehaltene Entwicklung des weiblichen Naturells zu einer weltgeschichtlich freien
Bethätigung gelangt. Ich erinnere beispielsweise nur an den geistigen Zuwachs, den das freie Sichergehen der weiblichen Empfin-
dungs- und Denkweise bei umfassender Theilnahme an allen Lebensverhältnissen haben muss. Gegenwärtig ist selbst in der leichtesten
Gattung der Literatur nur wenig von derjenigen Selbständigkeit zu
merken, die es sich zur Aufgabe macht, das eigenthümlich Weibliche hervortreten zu lassen. Auch ist dies trotz der vorzüglichen
Leistungen, für welche die Frauen Beispiele geliefert haben, nicht
überraschend. Denn die Literatur allein kann nichts als im Vorder-
grunde befindlich zeigen, was in der Thatsächlichkeit des heutigen

Lebens noch im Hintergrunde verbleibt. Was sollte es etwa auch sonderlich helfen, die Liebe vom natürlichen und geistigen Standpunkt des heutigen Weibes darzustellen, da dieses letztere selbst noch unter Verhältnissen existirt, welche die ganze Fülle dieser Seite des Lebens nicht im Entferntesten zur Thatsache werden lassen. Eine Art von Gefangenschaft hindert nicht blos die äussern Kundgebungen, sondern auch die innere Unbefangenheit des Fühlens und Wollens. Ja die künstliche Einschnürung des Geistes ist noch stärker, als die oft genug, wenn auch in der falschen Richtung gelockerte Beschränkung der äusserlichen Lebensgestaltung. Wäre das Weib nicht durch unsere heutigen Grundsätze darauf angewiesen, mit seinem ganzen Wesen stets in Passivität zu verharren, so würde eine active Entwicklung des Frauennaturells in einem Maasse platzgreifen, von dem man sich gegenwärtig nur schwer eine genügende Vorstellung macht. Das einseitige Gepräge, welches jetzt dem Leben und den geistigen Kundgebungen der Völker aufgedrückt ist, würde durch die thätige Theilnahme der Frauen verschwinden. Die Ideale würden nicht so einseitig männlich ausfallen und das eigenthümlich weibliche Streben würde nicht nur unmittelbar sich selbst, sondern auch eine veränderte Mustervorstellung von den Zielen des Einzel- und Gesammtlebens zur Geltung bringen. Doch haben wir diese Aussicht noch nicht eingehender zu prüfen, sondern nur daran zu erinnern, dass eine bedeutende Umwälzung im Sinne edlerer Menschlichkeit nur denkbar ist, indem die weibliche Welt aus der bisherigen Dienstbarkeit und Vormundschaft befreit und der wesentlich gleichheitlichen Menschenrechte theilhaftig wird.

2. Freiheit und Gerechtigkeit sind an sich selbst nie die Ursache, dass naturgemässe Eigenthümlichkeiten verwischt, sondern im Gegentheil stets die Vorbedingung, dass die Mannichfaltigkeiten recht vielgestaltig entwickelt werden. So liegt es denn auch nicht in dem Princip der Frauenbefreiung, etwa die weibliche Wesenseigenthümlichkeit im Sinne männlicher Verhaltungsart umzugestalten und so die Sitten beider Geschlechter einander gleichzumachen. Nur im Bereich der verschrobensten Missgestaltung der an sich berechtigten Emancipationsbestrebungen hat die Nachahmung der Ungehörigkeiten männlicher Sitte oder vielmehr Unsitte, also beispielsweise des Rauchens und Trinkens, besondere Anziehungskraft entwickelt; aber auch in gleichgültigeren Dingen, also etwa bezüglich der Kleidung, würde eine einfache Nachahmung der männlichen Welt eine arge Verkehrtheit sein. Durch die Hinweisung auf diese

Aeusserlichkeiten glauben wir aber auch zugleich den tieferen Gedanken zu sichern, dass es auch in jeder andern Beziehung vom Wege abkommen hiesse, wenn das Weib sich die Aufgabe stellen wollte, die bisher von den Männern gespielten Rollen in Gesellschaft und Staat kurzweg nachzuspielen. In völlig entgegengesetzter Richtung muss sich die verallgemeinerte Freiheit entwickeln; denn sie wird im Sinne der Natur verfahren. Die Unterschiede müssen sich also, soweit sie wirklich in der Natur angelegt sind, nach dem Wegfall des künstlichen Zwanges noch stärker ausprägen, als bisher möglich war. Der Sinn, in welchem eine Arbeits- und Functionentheilung zwischen den beiden Geschlechtern nach allen Richtungen des privaten und öffentlichen Lebens möglich ist, kann erst klar werden, wenn die Schranken gefallen sind, die bis jetzt das Weib hinderten, die ihm entsprechende Thätigkeitsart in der ganzen Weite des Gemeinwesens in Anspruch zu nehmen. Beispielsweise ist die Ausübung des ärztlichen Berufs bei Frauen nichts, was sich für die Männer schickte, und daher eine männliche Usurpation. Ebenso muss in der öffentlichen Beurtheilung von Frauenangelegenheiten und namentlich von solchen Streitsachen und Vergehen, in denen das Verhalten des Weibes der entscheidende Umstand ist, eben auch das Weib entscheiden oder, wo die Verhältnisse einen gemischten Charakter haben, wenigstens zu gleichem Recht mitwirken. Wo beispielsweise die Männer unwillkürlich zur Parteilichkeit neigen müssen, weil es sich um etwas handelt, wobei so zu sagen ihr Geschlecht Partei ist, da kann die einseitige Aburtheilung kein unverdächtiges Recht schaffen. Doch ich habe hier nicht Einzelheiten zu verfolgen, sondern nur den allgemeinen Gedanken darzulegen, dass eine arge Unvollkommenheit des Gemeinwesens darin liegt, dass die Eigenthümlichkeit des Weibes nicht in allen ihr gebührenden Functionen zur Bethätigung gelangt. Nur unter letzterer Voraussetzung wird das Leben reichhaltig und unterschiedlich gegliedert, während die gesetzliche Unzugänglichkeit oder indirecte Versagung vieler Berufe und Functionen eine nivellirende Einschränkung des weiblichen Naturells unterhält. Die Gleichheit in der Unterdrückung und die ausschliessliche Anweisung auf den blossen Geschlechtsberuf ist es, die durch den Zwang sich für die Frauenwelt ergiebt, während die Freiheit zu einer gestaltenreichen Eigenartigkeit führen müsste, von der man jetzt kaum die Anfänge zu erblicken vermag.

Gehen wir von der Naturgrundlage aus, so ist klar, dass die

Auferlegung der natürlichen Mutterschaft mit einer Ablenkung und
Concentrirung der Lebensfunctionen auf diese Aufgabe physiologisch
verbunden werden musste. Die Natur war nicht im Stande, diesen
Hauptantheil an der Fortpflanzungsarbeit einem besondern Wesen
zuzutheilen, ohne dasselbe dadurch vorläufig, nämlich zunächst für
die rohen Zustände und dann auch weiter für die erste, sich nicht
blos bis heute erstreckende Periode der Halbcultur in offenbaren
Nachtheil zu bringen. Nicht die geringere Körperkraft, deren Abweichung in roheren Zuständen gar nicht sonderlich gross zu sein
braucht und die meist mehr eine Wirkung als eine Ursache der
Nichtbetheiligung am äusseren Lebenskampfe ist, sondern die Nothwendigkeit, sich der Pflege der noch ungebornen und der bereits
gebornen Nachkommenschaft zu widmen, hat für das Weib eine
vom ersten Ursprung her zurücktretende Stellung mit sich gebracht.
Dieser einzige Unterschied in den Chancen, sich im rohen Kampfe
geltend zu machen, hat die Ursklaverei des Weibes verschuldet,
und nach diesem Anfang, der von der Natur nicht umgangen werden
konnte, hat die ganze Geschichte bis jetzt zu arbeiten gehabt, um
nur einige culturmässige Annäherung an einen freieren Zustand zu
Wege zu bringen.

Die erste Ablenkung des Weibes auf die ausschliessliche Bethätigung des Geschlechtsberufs ist von der Natur selbst veranlasst,
wenn auch im Zusammenhang der Dinge durchaus nicht für immer
maassgebend. Die Frauen müssen schon von Natur mehr Schmerzen
und Beschwerden erdulden als die Männer; aber die letztern haben
ihnen auch in allen Völkerentwicklungen zunächst immer die gröbsten Arbeiten auferlegt und sie namentlich bei der Ackerbestellung
wie Sklaven ausgenutzt. Ein Theil des gröbern Arbeitszwanges
besteht heute sogar noch bis in die mittleren Stände hinein fort;
denn soweit nicht die schwereren Hantirungen von den aus den
niedrigeren Volksschichten bezogenen Haussklavinnen verrichtet
werden, fallen sie den Hausfrauen und weiblichen Familienmitgliedern
selbst zu. Letzteres ist unter den heutigen Verhältnissen an sich
nicht zu bedauern; es ist im Gegentheil noch eine gesundere Gestaltung; denn das müssige Weib, wie es in den wohlhabenden und
reichen Schichten der vorwaltende Typus ist, kann nur eine sich
selbst und Andern verderbliche Rolle spielen. Aber abgesehen von
der heutigen Unzugänglichkeit eines zulänglichen Berufsfeldes muss
die Hinweisung auf den blossen Geschlechtsberuf und die ebenso
einseitige Belastung mit den gröberen Arbeiten als etwas erscheinen,

was auf die Dauer nicht haltbar bleiben kann. Die männliche Welt hat sich nicht etwa die lästigeren, sondern nur diejenigen Leistungen vorbehalten, von denen Herrschaft und Ehre abhängt. Man wende nicht ein, die Ausübung der edlen Kunst des Tödtens wiege mit ihren Strapazen schwerer, als das Dulden und Sichmühen des unterdrückten und nicht etwa den ausschliesslich geniessenden Classen angehörigen Weibes. Das Kriegshandwerk fordert gelegentlich die Einsetzung des Lebens; aber ein Geburtsact kann sie unter Umständen auch mit sich bringen. Die Waffenhantirung ist an sich selbst und abgesehen von besondern Drillquälereien eben auch nur eine Arbeit und zwar eine solche, deren Erlernung und Uebung sogar für die herrschenden Elemente als ein Vergnügen gilt. Man mache also nicht zu viel davon, dass den Männern gleichsam als ihr Geschlechtsberuf das Kampf- und Mordhandwerk schon von Natur zugefallen ist. Die Frauen haben die Mühe davon, Menschen in die Welt zu bringen, und die Männer haben vor allem Andern das schöne Vorrecht, sie nach Bedürfniss wieder wegzuschaffen.

Ist es zunächst die natürliche Hauptverrichtung des Weibes, Kinder auszutragen, zu gebären, zu säugen und zu warten, so mag demgegenüber vorerst die allgemeine Aufgabe des Mannes darin bestehen, für die Erhaltung und Vertheidigung von Mutter und Kind während des bedürftigen Zustandes zu sorgen. Es heisst aber durchaus fehlgreifen, wenn man aus diesem ursprünglichen Naturverhältniss den Schluss zieht, dass hiemit auch die Unterjochung des Weibes als eine für immer unabänderliche Thatsache gegeben sei. Wenn zeitweilige und übrigens nicht einmal vollständige Hülflosigkeit immer zu durchgängiger Unmündigkeit verurtheilen sollte, so müssten die Krankheitsfälle, von denen denn doch beide Geschlechter betroffen werden, auch bei den Männern Grund genug sein, um eine Knechtung der durch Gesundheitsstörungen benachtheiligten Elemente platzgreifen zu lassen. Die Hauptfolgerung aus jener für die Frauen nachtheiligen Gestaltung des Geschlechtsberufs wird aber grade da gezogen, wo es sich um die angebliche Behinderung an allen bessern, von der Männerwelt monopolisirten Functionen und namentlich um die zur ökonomischen Selbständigkeit verhelfenden Stellungen handelt. Hier heisst es dann gewöhnlich, dass der Geschlechtsberuf die weibliche Welt ganz in Anspruch zu nehmen habe und keine Möglichkeit zu etwas Anderem übriglasse. Die Frauen sollen von der Ehe und Familie ganz absorbirt werden; — dies ist das beschränkt bürgerliche Musterbild, bei dessen Vorhaltung man alle andern Gesellschaftsschichten nicht sieht oder nicht sehen will, übrigens aber auch die wahre Beschaffenheit des eignen Mittelstandes verkennt. Allerdings nimmt der Geschlechtsberuf die vollkräftigste Zeit des weiblichen Lebens mehr in Anspruch, als dies die soldatischen Lehrjahre und Uebungen sowie die thatsächliche Betheiligung an Kriegen bei den Männern thun. Dennoch lassen sich aber diese beiden Aufgaben insoweit miteinander vergleichen, als es sich um die Zeit handelt, die ungestört für andere Berufsgattungen übrigbleibt. Der Mann, der einen besondern Beruf in der Gesellschaft ausübt, wird demselben oft genug in der störendsten Weise durch seinen allgemeinen Kriegerberuf entrissen. Hat nun das Weib neben ihrer allgemeinen Geschlechtsaufgabe auch noch einer besondern geschäftlichen Stellung zu entsprechen, so wird die letztere freilich manchen Abbruch erleiden; aber hieraus folgt nicht, dass um der Unterbrechungen willen überhaupt auf eine andere Thätigkeitsgattung zu verzichten sei. Man kann sagen, dass bei dem Manne die militärischen Behinderungen um so geringer werden müssen, je friedlicher sich einst die Zustände gestalten und je zweckmässiger man in Bezug auf die Waffenhandhabung die Lehr- und Uebungszeiten einrichtet. Indessen wird auch bezüglich der Frauen der Geschlechtsberuf nicht immer so zu denken sein, dass ein oder anderthalb Dutzend Lebensjahre ohne sonderliche Zwischenzeiten mit lauter Schwangerschafts- und Säugungsperioden, also etwa mit fünf bis acht Kindessorgen ausgefüllt werden. Dieses Maass liegt heute schon weit über die thatsächlichen Durchschnittsfälle hinaus, und übrigens wird auch mit dem Fortschreiten der Cultur die blinde Unterwerfung unter den wüsten Zufall in diesen Angelegenheiten einer mehr verstandesmässigen Ordnung weichen müssen. Das Weib hat von Natur nicht die Pflicht, sich durch eine zu grosse Anzahl oder durch zeitlich ungelegene Fälle von Schwangerschaften zu Grunde zu richten oder auch nur in der Gesundheit zu schädigen. Auch abgesehen davon, dass es Gesundheitszustände geben kann, in denen eine Geburt sich bedrohlich gestalten müsste, versteht es sich überhaupt nicht von selbst, dass sich der Mensch blindlings zum Sklaven der Natur machen müsse, von der er ja ein Theil und zwar ein mit Ueberlegung ausgestatteter Theil ist. Der weibliche Geschlechtsberuf wird daher in seiner näheren Gestaltung nicht in alle Zukunft grundsätzlich dem Belieben der bewusstlosen Natur anheimgestellt bleiben, sondern im Sinne der Freiheit und Zuträglichkeit des Lebens sowie der Veredlung der Nachkommenschaft nach Maassgabe einer bessern moralischen Ordnung einzurichten sein. Hiemit verschwinden aber auch diejenigen Nachtheile, welche anderweitiger Thätigkeit und überhaupt der Culturaufgabe entgegenwirken, am Weibe die vielseitigere über den Geschlechtsberuf hinausreichende Menschlichkeit höherer Art gehörig zu entwickeln.

3. Aus dem Vorangehenden ist ersichtlich, wie das Weib, als ursprüngliches Naturerzeugniss betrachtet, nur insofern ein unvollkommneres und in der thätigen Lebenserprobung unfreieres Wesen ist, als es durch den Geschlechtsberuf zunächst in directen und indirecten Nachtheil kommt. Hieraus folgt aber nicht, dass die Cultur in alle Zukunft hinein unvermögend bleiben müsse, diesen Nachtheil auszugleichen. Was wirklich daraus folgt, ist nur die langsamere Entwicklung einer vielseitiger und geistiger ausgeprägten Menschlichkeit, sowie die vorläufige Vernachlässigung, ja grundsätzliche Niederhaltung der weiblichen Anlagen zum ernsthaften Wissen. Lassen wir jedoch die weltgeschichtlichen Rückblicke und halten wir uns sofort an die Gegenwart. Hier zeigt sich schon in der Erziehung und Schulung jene Rückständigkeit, wie sie von der ersten Unterdrückung her verschuldet wurde und auch heute nicht blos in Nachwirkungen, sondern in grundsätzlichen Vorenthaltungen der höhern Ziele und des bessern Wissens zu einem ansehnlichen Theil fortbesteht. Wenn man im Bereich der höhern Stände die weibliche Erziehung betrachtet und das kleine Mädchen mit der Puppe spielen sieht, so denkt man unwillkürlich daran, dass es weiterhin doch nur dazu gelangen wird, selbst eine Puppe zu werden, mit der im günstigsten Falle nach Herzenslust, sonst aber auch ohnedies eine Zeit lang gespielt werden soll. Glücklicherweise ist dies nicht das Loos in allen Gesellschaftsschichten, aber doch in denjenigen, wo die sogenannte höhere Bildung am meisten heimisch sein soll, oder wo wenigstens die äusseren Mittel für Bildungszwecke am reichlichsten vorhanden sind. Die Fertigkeiten und Eigenschaften, die man für das fragliche Ziel besonders pflegt, haben bekanntermaassen so gut wie nichts mit einer ernsthaften Ausbildung zu schaffen. Es ist eben die Toilette des Puppengeistes, die gefallen soll, und um deren Willen einige musikalische und sprachliche Costümstücke angelegt werden müssen.

Auf den höheren Stufen der Gesellschaft verliert überdies der Geschlechtsberuf seinen sonst vollständigeren Charakter, und hiedurch wird das Leben noch hohler. Es ist mehr das Vergnügen

als die Mutterschaftsarbeit oder gar ernsthaftes Mühen um die Nachkommenschaft, was hier in Frage kommt. Je zulänglicher die
äussere Lage ist, um so mehr sind die Frauen dem Schicksal ausgesetzt, ausschliesslich als Spielwerk und Zierrath zu gelten und
sich wohl auch selbst als nichts weiter bei den Männern geltend zu
machen. Die Verwahrlosung jedes höhern Berufs und jeder bessern
geistigen Bildung trägt an solchen Gestaltungen offenbar die Haupt-
schuld. Aber der entlegenere Grund dieser Verwahrlosung selbst
ist die zu untergeordnete Stellung, welche das Weib im menschlichen
Gemeinwesen einnimmt, und über welche man sich durch die beliebten Beschönigungswendungen nicht sollte hinwegtäuschen lassen.
Was die heutige Werthschätzung des Weibes in der fraglichen
Richtung bedeute, zeigt sich, sobald es über die Jahre der Blüthe
und noch mehr, wenn es auch über diejenigen der decorativen Re-
präsentationsfähigkeit hinaus ist. Ganz entschieden aber wird es
unter allen Umständen von der Gesellschaft abgedankt, sobald es
die Zeit des Geschlechtsberufes hinter sich hat. Alsdann wird es
eben als altes Weib geachtet, und dieser Ausdruck, zu dem es
kein gleichbedeutendes männliches Gegenstück giebt, ist ein Zeugniss für die Unzulänglichkeit der Zustände. Ueberhaupt sind auch
diejenigen, welche ihren Geschlechtsberuf in der Gestalt der Ehe
verfehlen, also gar nicht oder unglücklich verheirathet werden, für
Andere und für sich selbst so gut wie nichts, ja oft weniger als
nichts. So etwas wäre nun aber unmöglich, wenn die Frauenwelt
ihre Geltung nicht blos von dem einzigen Geschlechtsberuf und von
dem Widerschein ableitete, der auf sie aus dem Bereich der Männerwelt als erborgtes Ansehen zurückfällt. Wenn das Weib auch nach
seiner besten Zeit noch einen Rest von mehr scheinbarer als wirklicher Beachtung unter günstigen Verhältnissen gesichert findet, so
ist dies heute ein ziemlich hohler Conventionalismus. Im idealsten
Falle wird das Andenken der Vergangenheit, also das vorgängige
Verdienst um den Geschlechtsberuf und die Familie geehrt, und in
diesem Sinne mögen die verschollenen Vorstellungen von der Ehre,
die einer Matrone gebühre, sich noch hier und da wiederfinden und
etwas Aufrichtiges in das Scheinwesen einmischen. Uebrigens ist
aber das Weib, soweit es nicht in einer sehr glücklichen Ehe lebt,
welche den Geschlechtsberuf nicht blos äusserlich, sondern auch
durch ein sympathisches Band der Lebensgewohnheit überdauert,
in einer schlimmen Lage. Der ältere oder alte Mann, ja selbst der
eigentliche Greis kann, ungeachtet mancher Gebrechen, noch viel-

fach Berufsfunctionen üben, und da bei ihm niemals die Anweisung auf eine einzige Geschlechtsaufgabe das Wesen und den Halt seines Lebens ausgemacht hat, so kann er auch nicht entsprechend ausrangirt werden. Er bleibt noch immer im Zusammenhange des Lebens, in dessen mannichfaltigen Verzweigungen er mit seiner Berufsgeschicklichkeit und Bildung irgend einen Platz mehr oder minder ausfüllt. Das beschränkte häusliche Walten aber, welches dem Weibe etwa noch nach dem Selbständigwerden der Kinder übrigbleibt, hat wenig zu bedeuten. Auch die erwähnte, im allergünstigsten Falle vorhandene Sympathie kann wohl an sich dem Gemüthe wohlthun, aber nicht das Bedürfniss der Wirksamkeit befriedigen. Im Gegentheil wird es das edlere Weib tief empfinden, wenn es auf einen seinerseits machtlosen Austausch von Mitgefühl angewiesen bleibt und nicht ernsthaft an den Geschäften des Lebens theilnehmen kann.

Hiezu kommt noch, dass der Gedankenaustausch zwischen Mann und Weib, im Sinne eines Verkehrs der beiderseitigen Denk- und Empfindungsweise, grade auf den höheren Bildungsstufen gewaltig darunter leidet, dass durch die geistige Verwahrlosung der Frauen eine Kluft geschaffen ist, die sich höchstens dadurch etwas mildert, dass die Männer von dem, was ihnen an Bildung zugänglich wird, einen ansehnlichen Theil unverzehrt und einen andern Theil sich durch schlechte Einrichtungen verderben lassen. Ungeachtet dieses letzteren Umstandes bleibt aber die weibliche Unkenntniss der geschäftlichen Lebensverhältnisse ein arger Uebelstand, und für den Aberglauben bilden die Frauen durchschnittlich die letzte Rückzugsdeckung. Verständniss für allgemeinere Angelegenheiten darf bei dem weiblichen Geschlecht unter den heutigen Verhältnissen kaum ausnahmsweise gesucht werden. Die Männer selbst hätten ein Interesse daran, nicht dürftig verbildete, sondern gediegen und natürlich durchgebildete Frauen zu haben. Wie soll die Ehe eine wahre Lebensgemeinschaft darstellen, wenn die körperlich und ökonomisch verbundenen Personen geistig bis zu dem Punkte einander fremdbleiben können, dass sogar eine Verschiedenheit der Religion nicht als störend erachtet wird! Mir sind die gemischten Ehen immer höchst komisch vorgekommen, und ich bin auch im weitern Sinne des Worts gegen solche Mischungen und Ungleichheiten. Ist der Mann von der Religion frei, so muss es auch das Weib sein, vorausgesetzt nämlich, dass eine muster-

gültige, die ganze Gemeinschaft des Lebens umfassende Ehe platzgreifen soll.

Die Denk- und Gefühlsweise der Frauen wird in erheblichen
Richtungen eine andere sein müssen, als diejenige der Männer. Die
Neigungen sind von Natur unterschieden, und diese Wirkung des
abweichenden Geschlechtsberufs kann durch die Cultur noch mehr
entwickelt sein. Hieraus folgt aber nicht, dass die Frauen dazu bestimmt sind, unrichtige Vorstellungen von Welt und Leben zu
pflegen, von den Geschäften und namentlich von den Rechtsverhält-
nissen nichts zu verstehen und in dieser Beziehung stets unmündige
Kinder zu bleiben. Die Ausübung irgend welcher Berufszweige in
der Gesellschaft erfordert Selbständigkeit und volle Individualität.
Hiemit ist aber ein Dasein als blosses Zubehör des Mannes unverträglich. Ueberdies kann auch die natürliche, gleiche und freie
Ehe nur gewinnen, wenn das Weib Verständniss für die Geschäfte
des Lebens hat und im Stande ist, in der Gesellschaft oder im Gemeinwesen irgend einen besondern Beruf auszufüllen. Die Lebensgemeinschaft zwischen Mann und Weib kann eine vollständigere
werden, wenn auf beiden Seiten der Sinn für die nach Aussen gerichtete Thätigkeit vorhanden ist und auch nach dieser Richtung
ein Zusammenwirken platzgreift. An eine blosse Unterstützung des
Mannes in seinem Beruf ist jedoch hier nicht vorzugsweise zu
denken. Die mustergültige Gestaltung der Lebensgemeinschaft muss
eine andere sein. Das Weib muss durch die Ausübung seiner besondern Berufsfähigkeiten ökonomisch unabhängig werden und der
Ehe nicht als eines wirthschaftlichen Versorgungsmittels bedürfen.
Die wüste Confusion, welche aus der ehelichen sogenannten Güter-
gemeinschaft hervorgeht, ist ebenfalls nur ein Verhältniss, durch
welches der Mann alles Vermögensrecht der Frau an sich bringt,
und ist mit der modernen Individualisation und der persönlichen
Einzelverantwortlichkeit im Geschäftsverkehr unverträglich. Die
freie Persönlichkeit kann in solchem plumpen Vergewaltigungs-
communismus nicht aufleben. Vermögensselbständigkeit und Berufs-
selbständigkeit gehören zusammen. Denkt man aber auch nur an
die gegenwärtige Ehe mit allen ihren Mängeln, so würde es auch
für sie nicht unzuträglich sein, wenn die Frau auch nach Aussen
hin für die Familie eine Stütze wäre, wie dies ja annähernd in den
untern Gesellschaftsschichten der Fall ist. Nur ist diese Rolle selbständiger zu denken und wird so dazu beitragen, die Lebensgemeinschaft, nicht etwa durch ein neues Band der Abhängigkeit,

sondern durch gehörige Gegenseitigkeit der Hülfe und des Verständnisses, fester zu knüpfen. Ein grosser Theil des Leidens, welches die Frauen und überhaupt die Familien trifft, könnte hiemit beseitigt werden. Ueberhaupt aber würde sich durch Entwicklungen in dieser Richtung der Werth der Lebensgemeinschaft zwischen Mann und Weib vermöge der grösseren Reichhaltigkeit selbständiger Gegenseitigkeitsbeziehungen gesteigert finden.

4. Um das heutige Unterordnungsverhältniss des Weibes zu begreifen, muss man sich des natürlichen und geschichtlichen Ursprungs der Ehe erinnern. Die letztere hat sich zunächst als ausschliessliches Besitzverhältniss des Mannes gestaltet. Die Machtsphären der Männer haben sich in Beziehung auf das gesammte weibliche Geschlecht in einer ähnlichen Weise gegeneinander abgegrenzt, wie bezüglich des Sachbesitzes und des gewöhnlichen Eigenthums an den Naturhülfsquellen und an Sklaven. Herrschaftsausdehnung und Herrschaftsabgrenzung sind die beiden Ursachen aller solcher Einrichtungen, die sowohl auf der Uebergewalt, als auch auf dem begreiflichen Bedürfniss beruhen, die Gewalt des Einen mit der Gewalt des Andern leidlich vereinbar zu machen. Die Vertheilung der männlichen Macht über das weibliche Geschlecht hat zu den ausschliesslichen, sei es nun mehr- oder einweibigen Eherechten geführt. Die Ausschliessung der Vielweiberei, die nur für die Wohlhabenden und Reichen eine praktische Bedeutung hatte, ist offenbar eine sociale Maassregel im Sinne grösserer Gleichheit der männlichen Ansprüche und nur nebenbei ein Vortheil für das Recht der Frauen und ein Zugeständniss an deren Ansprüche gewesen. Doch gehen uns diese Mannichfaltigkeiten gesetzlicher Gestaltung des Geschlechtsrechtes hier weniger an. Wir haben nur zu bedenken, dass alle Familienrechte, also alle Befugnisse, die sich die Männer gegenseitig über ihre bezüglichen Weiber und Kinder zugestanden oder vielmehr nicht streitig machten, ursprünglich und noch weit in die raffinirten Culturzustände hinein einen despotischen Charakter hatten. Die Töchter wurden in die Ehe verkauft, wie sich noch aus den übriggebliebenen Kaufsymbolen ersehen lässt, die in spätern Zeiten als formelles Zubehör der Eheschliessung üblich waren. Eine juristische Gewalt des Mannes wurde aber stets begründet und glich, je nach den Entwicklungsepochen, einem mehr oder minder inhaltreichen Besitz- und Verfügungsrecht.

Auch heute ist die Auffassung der Ehe als einer freien Vereinigung zu einem guten Theil blosser Schein, und was die Rechte des Mannes anbetrifft, so sind sie freilich in Vergleichung mit denen der Urzustände ziemlich beschränkt, aber doch an sich betrachtet noch immer eigentliche Besitzrechte, die durch polizeilichen Zwang garantirt werden. Es sind unmittelbare Zwangsrechte an der Person und überdies auch noch mindestens Vormundschaftsrechte in Beziehung auf die Handlungen und das Vermögen. Das Abhängigkeitsverhältniss ist wahrlich kein geringfügiges und kann bei vollständiger Geltendmachung aller juristisch und polizeilich gewährleisteten Rechte sehr leicht die Gestalt der unerträglichsten Ehesklaverei annehmen. Auch täusche man sich nicht mit dem Schein der Gleichheit in Beziehung auf den Ehebruch. Die Untreue des Weibes ist zu allen Zeiten anders angesehen worden, als das, was ihr auf Seiten des Mannes gegenwärtig als ungefähr entsprechend bisweilen mit demselben Worte bezeichnet wird. Angesichts der gesetzlichen Familie und des für sie fast unentbehrlichen Grundsatzes der Vaterschaft des Ehemannes für alle Kinder, welche thatsächlich in der Ehe geboren werden, ist die weibliche Untreue nicht ohne die Gefahr der Unterschiebung falscher Sprösslinge denkbar, und hiemit ergiebt sich eine Zerrüttung der ganzen legalen Einrichtung. Das Vererbungsprincip, im weitesten Sinne des Worts, also nicht blos auf die Vermögensrechte sondern auch auf die persönlichen Eigenschaften bezogen, und mit ihm alles Interesse des Mannes an den Kindern, sowie alles Vertrauen auf die Einheit und Reinheit der Familie wird untergraben. Zu keiner Zeit hat sich nun auf Seiten des Mannes die Beurtheilung seiner Abweichungen auch nur im Entferntesten ähnlich gestaltet. Auch ist diese verschiedene Taxirung durchaus nicht in erster Linie auf das Privilegium der Männer in der Gesetzgebung oder in der Bildung der Sitte und Angabe des Tons zurückzuführen. Hier hat sich eben ein Naturverhältniss mit den künstlichen Einrichtungen combinirt und so die sehr begreiflichen Consequenzen ergeben. Allerdings hat noch der Umstand schärfend mitgewirkt, dass die Männer allein zu bestimmen hatten, was die gesetzlichen Folgen des weiblichen Ehebruchs sein sollten.

Von einer Untreue des Mannes kann man den thatsächlich geltenden und nicht blos scheingesetzlichen Begriffen gemäss füglich nur da reden, wo es sich mit oder ohne Ehe um eigentliche Liebe und zwar so handelt, dass die bisher bestehende Zuneigung aufhört und mit einer andern vertauscht wird. Dagegen qualificirt sich die anderweitige Ausübung einer blos organischen Function zwar dem thatsächlich ohnmächtigen Gesetze nach heute als Ehebruch, ist aber in der Praxis des Lebens aller Zeiten mehr oder minder üblich gewesen, ohne dass es den Frauen möglich geworden wäre, dieses Sittenzubehör der Zwangsehe in sonderlichem Maasse zu hindern. Der gesetzliche Ehebruch des Mannes gegen das Weib ist unvergleichlich schwieriger festzustellen, als derjenige des Weibes. Gegenwärtig werden aber überhaupt die beiderseitigen Verletzungen der Ehe als eine reine Privatsache behandelt, so dass es thatsächlich im äussersten Falle zur Scheidung, aber nur selten zu einer öffentlichen Strafe kommt. Im Falle des weiblichen Ehebruchs ist die Scheidung vornehmlich ein Ehrenpunkt für die Männer, welche hiemit ihr ausschliessliches Besitzrecht an den Frauen und ihren Anspruch auf ungefälschte Kinder im Allgemeinen in Geltung erhalten. Der Mann, welcher die Untreue seiner Frau duldet, wird mit Recht verachtet; denn die ganze bisherige Einrichtung der Ehe hat keinen Sinn mehr, sobald die Familie gefälscht werden kann. Eine solche Fälschung kann nun aber von Seiten des Mannes nicht statthaben, weil nach Maassgabe der Gesetze seine etwaigen unehelichen Kinder im äussersten Falle einige Unterhaltsansprüche machen, aber nicht fordern können, dass sie mit den ehelichen Kindern in gleiche Rechte treten, also dieselben Erbansprüche haben und wohl gar, wie die von einer gestorbenen oder geschiedenen Frau herrührenden, in die Familie mitaufgenommen werden. Aus allen diesen Verhältnissen, in denen die ursprüngliche und unabänderliche Natur der Sache in Verbindung mit den künstlichen Gesetzen der Zwangsehe ihre hiemit einseitig gerathenden Wirkungen übt, ergiebt sich mit Nothwendigkeit ein bedeutender thatsächlicher Nachtheil für das weibliche Geschlecht, — ein Nachtheil, den unter Voraussetzung der Zwangsehe kein noch so wohlwollendes und noch so sehr auf Gleichheit und Gegenseitigkeit bedachtes Gesetz beseitigen könnte. Die Männer bleiben thatsächlich ziemlich frei und ergänzen das eheliche Geschlechtsleben, wenn auch in den Zeiten besserer Sitten ·nicht in den meisten so doch in vielen Fällen, durch anderweitige Beziehungen. Abgesehen von besondern Mustergestaltungen erweitern sie, und zwar namentlich in den höhern Gesellschaftsschichten, die gesetzliche Monogamie zur thatsächlichen Polygamie, während es auch in diesen Kreisen und selbst inmitten einer umsichgreifenden Zersetzung der Ehe den Frauen weit schwerer wird, etwas Entsprechendes zu thun. Auch wirkt das Missverhalten der letzteren, welches sich begreiflicherweise mit der fortschreitenden Corruption ebenfalls schon in erheblicherem Umfange einstellt, weit unheilvoller.

Dennoch kann man sich aber nicht darüber wundern, dass die steigende, ja cynisch ausartende Ungenirtheit des einen Theils auch den andern mit seiner Situation unzufrieden macht und so hier und da zum Attentat gegen die Ehe aufstachelt. Hiezu kommt das schon früher gekennzeichnete Herabsinken der Ehe zu einer blossen Geschäftssache, in welcher Vermögen und Stand die Austauschartikel sind. Zuletzt muss aber auch das Freiheits- und Gleichheitsbewusstsein in einigem Maasse, wenn auch bisweilen schlecht verstanden und übel genug angebracht, dazu mitwirken, die Verkehrtheiten einer corrupten Zwangsehe zu deren vollständiger Hintansetzung seitens des weiblichen Theils ausschlagen zu lassen.

5. Eine Erniedrigung, zu der bei dem männlichen Geschlecht kein Gegenstück von ähnlicher Bedeutung vorhanden ist, findet sich in der Prostitution. Der Erwerb mit dem Körper, wie schon die Römer sich ausdrückten, ist hier das entscheidende Merkmal, und man kann daher von Prostitution da nicht im Entferntesten reden, wo aussereheliche Verhältnisse ganz und gar aus Neigung unterhalten werden. Solche Verhältnisse können sogar, so selten sie in dieser reinen Gestalt auch sein mögen, edler geartet sein, als der Durchschnitt derjenigen gesetzlichen Ehen, bei denen Versorgungsrücksichten vor allen andern maassgebend sind. Bei der letzteren, nicht sonderlich würdigen Gestaltung, die aber bekanntlich sehr viele Fälle umfasst, lässt sich leicht bemerken, wie es an einer, wenn auch entfernten Aehnlichkeit mit der gemeinen Prostitution nicht ganz fehlt. Die eigentliche Prostitution ist ein Austausch von Leistung und Gegenleistung im einzelnen Fall und zwar nach Preisen, wie sie, volkswirthschaftlich zu reden, der Markt mit sich bringt. Es findet hier theilweise eine Preisgebung der Geschlechtseigenschaften statt, während durch eine Ehe, in welcher auf Seiten des Weibes die ökonomischen Rücksichten im Widerspruch mit der Neigung maassgebend sind, eine einfürallemal gültige Gesammtveräusserung der fraglichen Eigenschaften platzgreift. Die Geschlechtsdienstbarkeit, in die sich das Weib blos des Futters oder einer Standesstellung wegen begeben hat, ist eine dauernde und hiedurch vollständige. Allerdings sind hiemit auch ausser der Versorgung noch einige Familienrechte verbunden. Aber man kann dennoch nicht umhin, bei der Vergleichung der eigentlichen und der uneigentlichen Prostitution auch an diese Art Entwürdigung der Ehe zu denken. Wohl aber wird man sich im Gegensatz hiezu hüten müssen, etwa auch diejenigen ausserehelichen Verhältnisse, die zwar

wesentlich durch gegenseitige Neigung geknüpft und auf Grund derselben fortgesetzt werden, aber zugleich mit irgend welcher, theilweise oder vollständig statthabenden Unterhaltsgewährung verbunden sind, zur Prostitution zu zählen. Die im engern Sinne des Worts „unterhaltenen" Frauen bilden allerdings eine höhere Stufe der Prostitution; aber diese Gattung ist auch nicht gemeint, wenn es sich um Beziehungen handelt, in denen gegenseitige Neigung der entscheidende Antrieb zu derjenigen Lebensgemeinschaft wird, die gegenwärtig ausserhalb der Zwangsehe allein noch vorkommen kann und sich grade durch die Gesetze mit Nothwendigkeit unter ihren wirklichen Gehalt herabgewürdigt finden muss. Die Frauen sind auch hiebei wiederum die Benachtheiligten; denn ihnen entgehen so nicht nur die Familienrechte, sondern auch die conventionellen Wirkungen jener Ehre, die ein Vorrecht der Jungfrau und der gesetzlichen Ehefrau ist.

Vergleicht man überhaupt das Geschlechtsleben der Männer mit demjenigen der Frauen, so gilt bei den ersteren vor der Ehe das, was dem Weibe sofort den Charakter einer sogenannten Gefallenen aufprägt, durchschnittlich als sich von selbst verstehend. Ja noch mehr; was bei den Weibern gemeine Prostitution ist, wird den Männern so gut wie gar nicht angerechnet, und letztere Beurtheilungsart wird immer allgemeiner, je mehr sich für einzelne Stände die Ehen verspäten. Die glücklichen Ehefrauen haben alsdann die Annehmlichkeit, mit ihrer Jugendblüthe nicht nur sehr gereiften, sondern auch sehr erfahrenen Männern zu dienen, die ihnen aus dem Bereich ihrer früheren Erfahrungen auch wohl Manches mittheilen, was als nicht sehr anmuthende Krankheit ihnen und ihren Kindern zugutekommt. Doch es ist vielleicht zu naiv gesprochen, wenn hier nur an das erinnert wird, was aus dem männlichen Leben vor der Ehe stammen mag. Auch während der Ehe übt oft genug die Prostitution unheilvolle Rückwirkungen aus. Unter allen Umständen sind aber nicht blos die materiellen Gifte, sondern auch die innern Verwahrlosungen zu fürchten, denen die Männerwelt durch das Dasein der Prostitution anheimfällt. Die Gewohnheit, mit der weiblichen Welt grade in ihrer tiefsten Erniedrigung zu verkehren, erzeugt jene Missachtung, die sich so oft in der frivolen Beurtheilung alles Weiblichen kundgiebt.

Hienach ist die Prostitution nicht blos an sich selbst für den davon betroffenen Theil des weiblichen Geschlechts, sondern auch mittelbar für die ganze übrige Frauenwelt ein Unheil. Was die im

gemeinen oder höhern Sinne Prostituirten selbst anbetrifft, so hat
allerdings vielfach die Noth einen Antheil an ihrem Verhalten;
aber es ist nicht zu leugnen, dass hier noch weit mehr andere
Antriebe wirksam sind. Individuell ist es oft genug Abneigung
gegen eigentliche Arbeit und Vorzug des leichten Erwerbes, was in
diese Art Leben hineintreibt. Indessen muss mit den allgemeinen
Ursachen gerechnet werden und, volkswirthschaftlich betrachtet.
würde kein weibliches Angebot existiren können, wenn ihm nicht
eine männliche Nachfrage entspräche. Aus letzterem Gesichtspunkt
kann die Prostitution sogar als von den Männern geschaffen angesehen werden, und diese Auffassung der Sache vervollständigt
sich erst gehörig, wenn man den nothwendigen Zusammenhang bedenkt, in welchem Zwangsche und verkäufliche Geschlechtslust
zu einander stehen. Zu allen Zeiten, und begreiflicherweise am
meisten im Bereich der monogamischen Ehe sind die vor- und
ausserehelichen Gelegenheiten zum Geschlechtsverkehr als die Ergänzung der gesetzlich geordneten Geschlechtsgemeinschaft betrachtet
worden. Wer die Geschichte und Gegenwart kennt und nicht etwa
nach der meist beliebten Vertuschungs- und Beschöni gungsmanier
heucheln will, muss nicht nur jene Thatsache einräumen, sondern
auch begreifen, dass die fragliche Beziehung von Ehe und Prostitution die Wirkung ganz natürlicher Ursachen war und ist. Ich
leugne allerdings nicht, dass bei bessern Sitten, wenn auch mit
einigen Unzuträglichkeiten, die streng eingehaltene Ehe die vorwaltende Regel sein könne, und dass sie es auch bis zu einem gewissen Grade und Umfang in manchen Bevölkerungsgruppen thatsächlich sei. Auch sind vollkommene Musterbeispiele anzuerkennen,
in denen der Mann, und zwar nicht etwa in Folge geschlechtlicher
Gleichgültigkeit, sondern trotz der stärksten Antriebe, es über sich
gewonnen hat, nicht etwa blos während, sondern auch schon vor
der Ehe niemals irgend welchen Verkehr, sei es mit eigentlich Prostituirten oder durch anderweitige, weniger gemeine Beziehungen
zu haben. Aber schon die Hinweisung auf solche Musterbeispiele
ist heutigen Tages geeignet, bei den meisten Männern einem un-
gläubigen Lächeln zu begegnen, wenn nicht gar der Sachverhalt
selbst für den Fall, dass es mit ihm streng seine Richtigkeit hätte,
als äusserste Philistrosität und als Zeichen der Beschränktheit ver-
lacht wird. In der That ist Angesichts der durchschnittlichen Verspätung der Ehen für das Vorleben der Männer nur die Wahl
zwischen einer für Leib und Geist unzuträglichen und allerlei

Störungen verursachenden Geschlechtsascese oder aber einem ebenfalls meist ungesund wirkenden und leicht zu Ausschweifung führenden Verhalten gelassen. Diejenigen, welche als seltene Ausnahmen die erstere Rolle absolut durchgeführt haben, müssen grade die aufrichtigsten und entschiedensten Gegner der verkehrten Einrichtungen werden; denn sie haben am meisten darunter gelitten, und bei ihnen dürfte man auch wohl am ehesten den ernstlichen Willen voraussetzen, eine wirklich moralische Ordnung durchzuführen. Auch hätten eben sie, nächst den Frauen selbst, das beste Recht, Einrichtungen und eine sogenannte Ordnung zu verwünschen, bei welcher das Geschlechtsleben in der einen oder andern Weise, sei es unnatürlich unterdrückt oder auf die Abwege schlechter Sitte angewiesen wird. Die Natur mit ihren organischen Functionen lässt sich eben nicht völlig abdanken; sie leidet zwar heilsame Beschränkung und Ordnung, aber sie spottet der ihr gradezu widersprechenden Zumuthungen und bringt ihre Gesetze, trotz aller künstlichen Gegengesetze, zur Anwendung. Die Rückwirkungen falscher Enthaltung sind nach Naturgesetzen oft schlimmer, als die Folgen ungehöriger Bethätigung. Es ist daher nicht zu verwundern, dass die Prostitution der Zwangsehe wie ein Schatten durch die ganze Menschheitsgeschichte gefolgt ist. Auch ist keine Aussicht vorhanden, dass diese Zusammengehörigkeit der beiden Einrichtungen jemals anders überwunden werde, als durch eine höhere, den juristischen und polizeilichen Zwangscharakter ablegende Culturform der Ehe selbst. Diese letztere Umgestaltung ist aber an zwei grosse Vorbedingungen geknüpft, zu deren vollständiger Erfüllung viel Zeit gehören wird. Erstens muss die ökonomische Selbständigkeit des Weibes und zweitens ein solcher Fortschritt in der moralischen Willenscultur gesichert werden, dass die natürliche, von grobem Zwange freie und gleichheitlich gestaltete Ehe durch die blosse Macht der als gut anerkannten Sitte und durch die rein gesellschaftliche Aechtung aller ungehörigen Verletzungen aufrechterhalten werden kann. Inzwischen sind eben nur Reformen von zweiter Ordnung möglich, indem einerseits das Eherecht im Sinne besseren Schutzes und grösserer geschäftlicher Selbständigkeit der Frauen umgeändert und andererseits die bisher ausser dem Gesetz stehenden Verhältnisse zweckmässiger geregelt werden. Die Prostitution selbst aber wird, was man auch thun möge, nicht nur an sich als Zeichen der Erniedrigung des weiblichen Geschlechts bestehen, sondern auch in ihren Rückwirkungen auf die thatsächliche Gestaltung der bisherigen

Ehe eine Ursache von viel Ungemach bleiben. Will die Frauenwelt, die doch am ärgsten von dem Uebel betroffen wird, die Abschaffung der Prostitution, so muss sie auch, wenn sie nicht etwa
die Naturgesetze als gleichgültig ansieht, mit den Culturmöglichkeiten
rechnen lernen und sich daran gewöhnen, die weibliche Leibeigenschaft nicht als eine ewige moralische Ordnung gelten zu lassen.

6. Es ist im Zusammenhang dieser Schrift nicht meine Aufgabe, im Einzelnen auf das einzugehen, was sich aus der gegenwärtigen Ehe entwickeln muss, sobald die wirthschaftliche Selbständigkeit und die sonstigen moralischen Vorbedingungen einer
edleren und freieren Gestaltung erfüllt sind. Im Zusammenhange
des Gesammtsystems meines „Cursus der Philosophie" habe ich die
wesentlichsten Grundlinien angegeben, durch welche der Umriss der
zukünftigen Einrichtung für die genau und folgerichtig denkenden
Leser verständlich sein dürfte. Auch die ökonomische Vorbedingung
erhält dort ihre hinreichende Beleuchtung; denn sie wird als eine
solche gekennzeichnet, welche nur im Zusammenhange mit dem
Selbständigwerden aller Arbeit vollständig erfüllt werden kann.
Auch wird dem naheliegenden Missverständniss entgegengetreten,
als wenn unter den heutigen Verhältnissen eine einseitige gesetzliche
Lockerung der Ehebande etwas Anderes ergeben könnte, als eine
Steigerung der Nachtheile für die Frauen, die hiedurch offenbar
einer noch weniger durch Rechte aufgewogenen Abnutzung ihrer
Reize anheimfallen müssten. Was aber die Annäherung an die
socialökonomische Selbständigkeit betrifft, so habe ich den bisher am
meisten vernachlässigten Theil der Angelegenheit, nämlich den
Uebergang zu höheren Lebensstellungen, in meiner kleinen Schrift
„Der Weg zur höheren Berufsbildung der Frauen und die Lehr-
weise der Universitäten" im engsten Anschluss an die heutigen Zustände erörtert und hiebei zugleich die Bildungsfrage von einem
neuen Standpunkt aus beantwortet. Da jedoch diese letztere Frage
nur nebenbei eine eigenthümlich weibliche und übrigens eine beiden
Geschlechtern gemeinsame Angelegenheit ist, so braucht der Werth,
den das Wissen als Steigerungsmittel der Lebensreize hat, im Hinblick auf das Frauenloos nicht besonders erörtert zu werden. Höchstens könnte man darauf hinweisen, dass dieses Frauenloos bisher
eine verhältnissmässig grosse Unwissenheit in ernstlichen Dingen
gewesen ist und nach Meinung der Rückständigen auch fernerhin
eine solche bleiben soll. Mit der Verbreitung der gestaltungs-
kräftigen Gedanken wird aber, wie Gesellschaft und Gemeinwesen

überhaupt, so auch speciell die weibliche Hälfte der Bevölkerung mehr und mehr an die Pflicht gemahnt werden, im Sinne einer edleren Lebensweise höhere Ansprüche zu machen. Diese Ansprüche müssen sich auf jede erdenkliche Seite der Lebensbethätigung richten, und insbesondere wird das Weib sich zu hüten haben, dass es nicht durch die vielfach übliche Unterschiebung blosser Bildungsspielerei um ein echtes Streben und gediegenes Leben betrogen werde. Es muss vielmehr über die Einrichtungen, die über sein Loos entscheiden, gründlich urtheilen lernen und sich daher auch nicht davor scheuen, Gedanken geltend zu machen, die man ihm seitens der interessirten Gegenpartei gern unzugänglich macht oder wohl gar als für den weiblichen Sinn unnahbar verdächtigt.

Die Frauen wissen beispielsweise recht gut, warum die Polygamie für sie nicht nur eine Erniedrigung, sondern sogar eine fast völlige Verachtung und Unterdrückung ihrer Natur ist. Sie begreifen überdies, dass annähernd auch jede andere Einrichtung, durch welche die Naturgesetze im Weibe nicht zu ihrem Recht gelangen, mindestens eine arge Unvollkommenheit darstellt. Nicht nur die organischen Functionen, sondern auch die Regungen der nicht auf künstlichen Verhältnissen beruhenden Eifersucht sind naturgesetzlich. Grade die echteste Liebe ist am ausschliesslichsten. Es versteht sich daher von selbst, dass die Frauen von normaler und gesunder Natur nicht durch eine Ungleichheit benachtheiligt sein wollen, die dem Manne thatsächlich die Welt ausserhalb des Hauses zur Verfügung stellt, während ihnen selbst die geringste Abweichung von dem Gesetze der Ausschliesslichkeit als ein entscheidendes Vergehen angerechnet werden muss. An dieser letztern Nothwendigkeit ist, wie schon früher dargelegt, die künstliche Einrichtung schuld, die sich mit dem blossen Naturverhältniss verbunden findet. Lernen daher die Frauen erst mehr politisch und social denken, so werden sie begreifen, dass die fragliche einseitige Ausschliesslichkeit mit der künstlichen, auf die Leibeigenschaft des Weibes gegründeten Familie unabänderlich zusammenhängt. Sie werden ausserdem einsehen, dass thatsächlich diese Ausschliesslichkeit keine gegenseitige zu sein vermag, falls nicht etwa das Gesetz der Natur selbst künstlich weggesetzgebert wird. Die Frauen haben ein Recht, ihre Freiheit und in manchen Zuständen sogar naturgesetzliche Unlust auch gegen sogenannte gesetzmässige Vergewaltigung geschützt wissen zu wollen. Hieraus ergeben sich aber weitere Folgerungen, die da lehren, dass mit diesem Zusammenbruch der Geschlechtssklaverei auch einiges Andere fallen muss, was in der heutigen Institution der Ehe maassgebend ist.

Nun lässt sich gar nicht absehen, was aus den heutigen Einrichtungen sonderlich Gescheuteres werden soll, solange nicht die Frauenselbständigkeit, die in Bezug auf die natürliche Ehe platzgreifen muss, auch durch einen weiteren Wirkungskreis im Gemeinwesen vervollständigt ist. Die Beschränkung auf den blossen Geschlechtsberuf ist, wie schon öfter gesagt, das die Entwicklung Hemmende und gleichsam die älteste Signatur der Rückständigkeit. Ueberhaupt ist aber das blosse Privatleben im heutigen Sinne des Worts, also einschliesslich der nach Aussen gerichteten Erwerbsthätigkeit, eine Daseinsart, deren Werth sehr hinter der souveränen Wahrnehmung gemeinsamer Angelegenheiten der Gruppen und des Gemeinwesens zurücksteht. Verfallene Völkerexistenzen zeigen in ihrer gesammten Bevölkerung fast nur noch ein Privatdasein; das politische Leben ist bei ihnen todt; Cäsarismus oder andere Arten des Despotismus haben alle öffentlichen Regungen absorbirt oder unterdrückt. Ein solcher Zustand, der bei den Römern und später bei den Italienern, bei den erstern so zu sagen classisch und bei den letztern gleichsam romantisch, nämlich mit etwas Musik und Malerei übertüncht, die Fäulniss oder vielmehr den Leichnam des politischen Lebens darstellte, ist eine Degradation des vollständig Menschlichen zu einer niedern, dem Thierischen näherstehenden Stufe. Die öffentlichen und gesellschaftlichen Functionen sind nicht etwa dazu da, um blos bestimmte äussere Zwecke und Nützlichkeiten des Lebens zu sichern, sondern sie machen selbst einen Theil des Lebensgehalts und der Lebensreize aus. Das Zusammenwirken für gemeinsame Angelegenheiten ermöglicht eine Steigerung des Lebensgefühls; denn der Mensch tritt hiedurch in mannichfaltigere Verhältnisse zu Seinesgleichen und entwickelt ein Bewusstsein, welches sich theils auf die grössere Macht über die Natur, theils auf die sonst durch die Vereinigung gewonnenen Kräfte bezieht. Die reichhaltigere Lebensgemeinschaft mit Andern und die vielseitige Ausübung der für dieses Gemeinleben erforderlichen Thätigkeiten erhöht den Lebenswerth. Die politischen Functionen sind in erster Linie nicht wegen der Lösung von Staatsaufgaben ein Attribut der menschlichen Natur, sondern kommen der letzteren zu, damit sie sich hiedurch als etwas höher Angelegtes bethätige und fühle. Andernfalls hätte es auch so eingerichtet werden können, dass ein mehr thierisches Wesen ohne derartige Functionen existirte und sich demgemäss gar keine Aufgaben dieser Art zu stellen hätte. Ueberhaupt hat ja die Natur das ganze menschliche Bewusstsein mit all seiner Empfindungsausstattung wahrlich nicht deswegen producirt, damit etwa die besten Triebempfindungen und Gefühle blos die Aufgabe hätten, irgend einem äussern Zweck dienstbar zu sein. Fortsetzung der Gattung giebt es bei den Pflanzen auch ohne Empfindung, und grade die Frauen mögen beispielsweise bedenken, dass es die ärgste Thorheit sein würde, die Liebe und überhaupt das bewusste Geschlechtsleben für eine innere Zurüstung zu halten, deren höchster Zweck darin bestände, die äussere Thatsache der Fortpflanzung zu sichern. Die Empfindungen und sonstigen Bewusstseinsbestandtheile werden nur dann richtig gewürdigt, wenn sie als wesentlich um ihrer selbst willen existirend gelten und daher ihre Dienstbarkeit für äussere Zwecke zwar als eine wichtige, aber doch immer nur als eine Angelegenheit zweiter Ordnung angesehen wird. Die praktischen Folgerungen hieraus sind nicht unerheblich; aber hier soll uns dieses in Erinnerung gebrachte Naturbeispiel nur zur Vergleichung mit dem Sinn der Functionen des Gemeinwesens dienen, die noch weit weniger in der äussern Nothwendigkeit ihren Schwerpunkt haben. Der Mensch soll sich im Gemeinleben ergehen, weil er sich erst hiedurch in den Besitz des volleren Lebens setzt und sein Bewusstsein zu einer höheren Stufe entwickelt. Der Umstand, dass hiemit auch sachlich und äusserlich die Lösung nothwendiger Aufgaben verbunden ist, gehört zur Gesammtermöglichung eines derartigen Daseins, ist aber nicht als der erste Grund desselben anzusehen.

Im Anschluss an die eben angestellte Betrachtung lässt sich der allgemein menschliche Beruf und mithin auch derjenige der Frauen zum politischen und socialen Gemeinleben über jeden Zweifel erheben. Wäre es blos die äussere Nothdurft einer Art von Sicherheit durch Polizei, womit freilich keine Sicherheit gegen die Polizei selbst gewährleistet ist, so könnte allenfalls ein blosses Despotenthum Alles besorgen und dafür einstehen, dass den politischen Leichnamen der Völker die Kirchhofsruhe nicht fehle. Man könnte sagen, es sei sehr schön, wenn fast alle Bestandtheile der Gesellschaft von der Last befreit würden, sich um etwas Anderes als um unmittelbare Privatangelegenheiten kümmern zu müssen. Man könnte sogar die Vormundschaft rühmen, die so gütig ist, die schwere Last der politischen Geschäfte ganz allein auf sich zu nehmen und die Menge in lauter Privatangelegenheiten insoweit ungestört grasen zu lassen, als nicht etwa einige Stücke der beglückten Heerde von jener Vormundschaft für Steuer und Krieg in Anspruch genommen werden müssen. Dieses unpolitische Paradies hat indessen zwei Fehler, nämlich erstens gegen das höhere Bedürfniss der menschlichen Anlagen zu verstossen und zweitens nicht einmal die innere Folgerichtigkeit des reinen Thierdaseins zu besitzen, da dieses ja überhaupt von dem ganzen Bedürfniss verschont bleibt und sich daher nicht durch despotische Surrogate der mangelnden eignen Thätigkeit helfen zu lassen braucht. Die Frauen sind nun bisher in einer Stellung verblieben, vermöge deren sie unter allen Verhältnissen, mochten dieselben freiheitlich oder despotisch sein, des Paradieses absoluter politischer Musse und der damit verbundenen beglückenden Vormundschaft theilhaftig wurden. Diese Rückständigkeit eines halb vegetativen und von dem höhern Theil der Lebensfunctionen abgesperrten Daseins ist weltgeschichtlich völlig begreiflich, aber eben deswegen auch nicht für alle Zeit gültig. Die mit dem Geschlechtsberuf verbundenen Nachtheile haben das Zurückbleiben naturgesetzlich verschuldet; aber eben so naturgesetzlich muss sich auch die Befreiung zu einem volleren und höheren Leben vollziehen, sobald die Cultur jenen ursprünglich verhängnissvollen Unterschied aufgewogen und nach der schlimmen Seite wirkungslos gemacht haben wird. Nur in allen rohen Grundlegungen giebt die physische Gewalt den Ausschlag. In den veredelten Culturentwicklungen werden andere Mächte maassgebend. Einsicht, Mitgefühl, Bewusstwerden der Menschheit bezüglich ihrer höchsten Zwecke, — das sind freilich zunächst nur innerlich moralische Kräfte, aber sie müssen für bestimmte Entwicklungsepochen doch eine auch äusserlich entscheidende Bedeutung gewinnen. Hierauf und auf die auch aus andern Gründen nothwendige socialitäre Gestaltung hat die weibliche Welt zu zählen, wenn sie den Kreis ihrer Lebensfunctionen bis zu einer volleren Menschlichkeit ausgedehnt wissen will. Vorläufig befindet sie sich noch im Stadium vollständiger politischer Unmündigkeit. In den Kirchen mag sie gleich den Kindern anwesend sein und an der allgemeinen Passivität und Bevormundung des Geistes theilnehmen; aber von den politischen Versammlungen und Vereinigungen ist sie nicht blos bei uns gleich der unmündigen Kinderwelt ausgeschlossen. Wo dem Weibe sogar das blosse Zuhören versagt ist, da kann von Weiterem gar nicht die Rede sein, und die schwachen Ansätze jenseit des Oceans, die vereinzelt in der Richtung auf politische Frauenrechte gemacht worden sind,

werden dort wieder durch die grössere, für beide Geschlechter er-
niedrigende Ergebenheit gegen religiöse Institutionen aufgewogen.
Vorläufig ist indessen diejenige Steigerung des Lebens, die sich
mit der Thätigkeit für das Gemeinwesen ergiebt, auch noch für
den grössten Theil der männlichen Bevölkerung wenig oder so gut
wie gar nicht vorhanden. Sogar das allgemeine Stimmrecht besagt
nicht viel, solange die Verwaltung der Hauptzweige des Gemeinwesens seinen Wirkungen entzogen und auch übrigens nur von
privilegirten Sondergruppen durchdrungen und beherrscht bleibt.
Es hat demgemäss auch die Forderung des Frauenstimmrechts
gegenwärtig noch nicht viel zu bedeuten, obwohl die Erfüllung
derselben als principielles Zugeständniss einigen Werth haben würde.
Da jedoch eine Aenderung des Frauenlooses auf diesem Wege
nicht recht abzusehen ist und hier die Schicksale beider Geschlechter
in der Richtung auf politische Befreiung nicht von einander getrennt
werden können, so tritt diese Frage praktisch zunächst in die
zweite Linie. Wohl aber kommt es darauf an, dass die Frauenwelt sich so rasch als möglich alle Gedanken geläufig mache, die
schon als solche wenigstens die geistige Mündigkeit mit sich bringen.
Hier ist nun die Aneignung ernsthaften Wissens und einer wirklich
edlen Bildung der Ausgangspunkt für alles Weitere; denn die
Ideen werden früher oder später zu einer auch thatsächlich erlösen-
den Macht.

Neuntes Capitel.

Wissensmacht, Einzelschicksal und Denkergesinnung.

1. In überfeinerten Culturzuständen hat man bei verschiedenen
Völkern und zwar nicht erst in neuster Zeit, sondern schon im
Bereich des antiken, namentlich des Griechischen Lebens, die Frage
aufgeworfen, ob Wissen und Bildung dem Glück des Menschen zu-
träglich wären. Sokrates mit seinem ironischen Nichtswissen hatte schon
etwas nach dieser Seite hin abgelenkt und den Cynikern, die sich auf
ihn beriefen, allerdings einigen Vorschub geleistet. Jedoch hatte er
selbst seine Einseitigkeit einigermaassen dadurch ausgeglichen, dass er
die Möglichkeit des tüchtigen Verhaltens im Leben auf der moralischen
Erkenntniss beruhen liess und dass er die letztere principiell aus-
bildete. Offenbar ist die ganze Wendung, die im Cynismus zum

Aeussersten führte, als eine Rückwirkung gegen den Wust des Wissensscheins und der spielerischen hohlen Bildung zu betrachten, die im damaligen Griechischen Gelehrtenthum, welches wesentlich Sophistenthum war, ihre Vertretung hatte und dem Treiben der tonangebenden Gesellschaftsbestandtheile schmeichelte. Zweiundzwanzig Jahrhunderte später hat J. J. Rousseau in schärfster Zuspitzung den Gedanken verfochten, dass die Fortschritte von Wissenschaft, Kunst, Technik und Bildung, also eigentlich alle Dinge, die man als Errungenschaften der Civilisation ansieht, nur zum Unheil gereichten und die Menschen schlechter und unglücklicher machten, als sie von Natur wären. Wenn er selbst an der Literatur sich betheilige, so sei dies, meinte er, ein künstliches Bedürfniss, und er würde glücklicher sein, wenn es nie in ihm erregt worden wäre. Selbstverständlich sollte diese Ansicht auch für die Völker und die Menschheit überhaupt gelten, und der gewaltige Schriftsteller glaubte, die Hingabe an die Erfordernisse der Civilisation wäre eine fatale Nothwendigkeit, der sich nun einmal nicht ausweichen liesse. Irgend eine positive Theilnahme für Wissen und Bildung wurde von ihm nicht zugestanden; vielmehr erschien ihm jede Betheiligung nur als die üble Folge der fortschreitenden Abirrung von der Natur. Wir würden aber nun sehr leichtfertig verfahren, wenn wir in diesen Paradoxien oder, besser gesagt, Widersinnigkeiten, die zu einem ansehnlichen Theil auf Rechnung der religiösen Rückständigkeit ihres Urhebers zu setzen sind, nicht auch einen erheblichen Bestandtheil von Wahrheit oder wenigstens von begründetem Wahrheitsstreben erkennen wollten. Eine Auflehnung gegen die Schäden der Verbildung und Verkünstelung war berechtigt, und die Verkehrtheit der sogenannten Wissenschaft, nämlich des Gelehrtenthums, war damals und ist heute sichtbar genug. Ein zur Praxis übergegangener Schüler Rousseaus, der sich sogar an der eigentlich wissenschaftlichen Literatur angelegentlich betheiligt hatte, J. P. Marat, bethätigte das fragliche Urtheil gegen die Hohlheit und Frivolität der sogenannten Wissenschaft auch äusserlich in energischer Weise. Die Sache wurde so zu einer wirklich akademischen Frage in einem etwas engern als dem heute beliebten Sinne des Worts, während sie zuvor nur die Gedankenangelegenheit eines verfolgten naturwüchsigen Denkers gewesen war. Sie wurde nämlich nicht nur zur Frage der Aufhebung der Akademien und Universitäten, und zwar der letztern nicht etwa hauptsächlich ihrer aristokratischen Natur wegen; — nein jene Sache war von grösserer

Tragweite und bedeutete ein ernsthaftes Gericht über Hohlheit, Scheinwesen, Trug und Verrottung von alledem, was sich im verdorbenen Gelehrtenthum als sogenannte Wissenschaft spreizt. Die Zunftfrage ist dabei nur eine Kleinigkeit. Es gilt nicht blos verrotteten Instituten, sondern der Wurzel des ganzen Treibens, welches immer wieder zum Verderb führen müsste, wenn man auch die schlimmsten Schösslinge überall abschnitte. Rousseau war im Bann seiner natürlichen Vicarreligion, und dies musste ihn so gut wie unfähig machen, gegen die sogenannte Wissenschaft sonderlich anders als im rückläufigen Sinne ernsthaft zu werden. Marat aber, der etwas weniger von jenem Alp seines Meisters gedrückt wurde, fiel zu früh dem Mordmesser anheim, um zur Theorie eine umfassendere Praxis liefern zu können. Er nahm eben nur einen energischen Anlauf, und das Weitere verblieb der kommenden Geschichte, die einer langen Vorbereitung bedarf, um die Fortsetzung derartiger wissenschaftskritischer Unternehmungen zu liefern.

Unsere Aufgabe in dieser Schrift ist dagegen eine sehr bescheidene. Wir haben den Werth des echten und den Unwerth des falschen Wissens in Beziehung auf Steigerung oder Beeinträchtigung des Lebensgehalts festzustellen. Zunächst ist ein Suchen nach Wissen ungereimt, sobald das jedesmal zu Wissende an sich selbst oder im Hinblick auf bestimmte natürliche Lebenszwecke keinen Reiz hat. Ein solcher Reiz wird sich aber zum Theil auch ohne äussere Noth einstellen; denn das Gehirn will forschen und denken, wie die Augen sehen und die Ohren hören wollen. Besonders sind es die Differenzen aufeinander folgender Zustände oder nebeneinander verglichener Thatsachen, und vor Allem die vom gewohnheitsmässigen Lauf der Dinge abweichenden Begebenheiten, wodurch der Sinn und das Erklärungsbedürfniss zuerst regegemacht werden. Die mannichfaltigen niedern und höhern Interessen setzen das Denken ebenso wie die Sinne in das Spiel; aber die Natur hat sich im Menschen mit der Denkfähigkeit nicht wesentlich um äusserer Zwecke willen ausgestattet. Das echte Erkennen hat an sich selbst Reiz, und die Befriedigung, die mit dem vollendeten Wissen eintritt, ist mit derjenigen jeder andern Triebempfindung zu vergleichen. Es ist mit dem Wissen etwas erreicht, aber auch zugleich für den einzelnen Fall abgethan, und nur die neue Aneignung dieses Wissens durch Andere kann wieder einen, wenn auch weniger erheblichen Reiz haben. Stets aber ist der Vorgang des Erkennens selbst der eigentliche Genuss, mag es sich nun um ein ursprüngliches Forschen oder um eine abgeleitete Aneignung handeln. Eine antreibende Ursache oder, was dasselbe ist, ein Erkenntnissziel muss die arbeitenden Kräfte zur Ueberwindung der Hindernisse in das Spiel setzen; andernfalls ist nicht einzusehen, was der Mensch an der wissenschaffenden Thätigkeit unmittelbar für sein Bewusstsein hätte. Der blosse Mangel des Wissens ist solange kein Uebel, als er nicht falschen Vorstellungen das Eintreten in den Spielraum der Phantasie erleichtert. Das wirkliche Uebel liegt im Irrthum, und dieser wird sich vielgestaltig einstellen, wo sich die Vorstellungskräfte in das Unbestimmte ergehen. Es bleibt also nur die Wahl, in irgend einer Richtung gar nicht zu denken oder aber die Möglichkeit der Abirrung endgültig durch Feststellung der Wahrheit auszuschliessen. Es kann demgemäss der Mensch, je nach der Entwicklungsstufe, auf der er sich befindet, mit weniger oder mehr Wissen auskommen und zufrieden bleiben, solange er nicht durch Irrthum und Widerspruch oder durch ein positives Interesse gereizt wird, den Horizont seines Bewusstseins zu erweitern.

Das errungene Wissen giebt nicht nur Macht, sei es über die umgebende oder über die eigne Natur, sondern wird auch zu einem Bestandtheil des Bewusstseins oder vielmehr derjenigen materiellen Anlagen, durch welche ein Bewusstsein in der jedesmal fraglichen Richtung hervorgerufen, also ein Gedanke für den Augenblick wieder regegemacht werden kann. Die Leitung der Naturkräfte, mögen dieselben ausser uns oder in uns walten ist eine Hauptangelegenheit der Anwendung des Wissens. Hieher gehört nicht etwa blos die Dienstbarmachung der mechanischen Kräfte, also beispielsweise die Action mit Eisen, Kohle und Dampf, sondern auch die zwar nicht cyklopisch aussehende, aber doch noch weit mächtigere Operation mit Ideen, mögen diese nun die Leidenschaften gewaltig anregen oder auch heilsam beschränken. Die Gedankenbildung ist hienach eine Angelegenheit, die je nach dem Bedürfniss auf den verschiedenen Entwicklungsstufen der Menschheit, der Völker und des Einzelnen zu einer Weniger oder Mehr umfassenden Nothwendigkeit wird. Das Leben ist wesentlich eine Handlung, zu welcher das Wissen die Beleuchtung bildet, und man kann daher nicht sagen, dass zu jeder Lebensgestaltung auch die gleiche Menge geistigen Lichts erspriesslich sei. In den Urperioden ist die Menschheit darum nicht unglücklich gewesen, weil ihre rohen und einfachen, an das thierische Dasein grenzenden Verhältnisse nur mit äusserst wenig Wissen verbunden waren. Sie würde im Gegentheil sich übler befunden haben, wenn ihr Dasein schon für sie selbst eine andere Einsichtsbeleuchtung erfahren hätte. Nichts wäre disharmonischer, ja ungeheuerlicher, als ein Thier mit einem Stück menschlicher Erkenntniss; aber eine gleiche Ungereimtheit läge auch darin, den rohen Urmenschen oder das heutige Kind mit einer vielverzweigten und gereiften Erkenntniss ausgestattet zu denken.

Doch soll hiemit nicht etwa gesagt sein, dass jemals eine bereits errungene Wahrheit auch dem Rohesten oder Unmündigsten vorenthalten oder, was noch schlimmer, aber fast die Regel ist, durch eine positive Unwahrheit ersetzt werden dürfe. Wie schon vorher angedeutet, ist nur der blosse Mangel des Wissens etwas verhältnissmässig Unschuldiges, der Irrthum aber nur in praktisch gleichgültigen Dingen unschädlich. Ein wesentlicher Irrthum wird aber schliesslich immer in irgend einer Richtung und zu irgend einer Zeit auch die Praxis des Lebens beeinflussen, und deswegen muss es ein Grundgesetz der bessern Gesinnung sein, die Wahrheit auch in anscheinend gleichgültigen Richtungen zur Geltung zu bringen. Die bewusste Unwahrheit ist ein Widerspruch, und wer sie duldet oder gar Andern einimpft, verfährt feindlich gegen den Lebenstrieb, der nach richtigen Vorstellungen strebt. Die Lüge und namentlich die wissenschaftliche Lüge ist eine Handlung, welche die Feindschaft und den Vergeltungstrieb derjenigen herausfordert, an welche sie sich richtet. Auch das Verhehlen, ja das blosse Verschweigen des Wahren kann da, wo überhaupt eine Auslassung platzgreift, dem Gepräge der eigentlichen Lüge nahekommen, indem es zu einer feindlichen Benachtheiligung und unvermeidlichen Täuschung desjenigen ausschlägt, der auf Wahrheit Anspruch hat. Wenn wir also eine Zusammenstimmung des Wissensumfangs und der sonstigen Entwicklung als für das Lebensglück erspriesslich ansehen, so meinen wir hiemit nur den jedesmaligen, so zu sagen naturwüchsigen Zustand, in welchem eine Belassung mit den erst reichhaltiger zu entwickelnden Wissensverzweigungen noch gar kein Bedürfniss ist. Das blosse Nichtvorhandensein von Wissen auf irgend einer Entwicklungsstufe ist, abgesehen von den sich etwa in die Lücken der Vorstellung eindrängenden schädlichen Irrthümern, nichts Bedauerliches; aber wohl ist es ein Verbrechen an der Menschheit, die einmal errungene Wahrheit in ihrer Verbreitung zu hemmen und irgend Jemand daran zu hindern, seinem Bedürfniss nach Wissen und Wissensmittheilung zu genügen. Hierin muss der Verkehr unbedingt frei sein, und es bedarf in dieser Beziehung nirgend einer Vormundschaft. Das Wissen wird nur von denen gesucht, für die es ein Interesse hat, und es ist daher keine Gefahr, dass sich die Kinder, und was sich sonst noch ihnen ähnlich verhält, mit Wissenswust vollstopfen werden, der nicht für sie passt. Es kostet schon Mühe genug, die natürlichen Hindernisse der kunstmässigen Wissensmittheilung zu überwinden und die Menge der Menschen zu einigem Nachdenken zu bringen, und es ist dem entsprechend nur die falsche Autorität des fremden Wissensscheins zu fürchten, aber die wirkliche und selbständige Wissensaneignung stets als ein für das Leben der Einzelnen und der Gesammtheit wohlthätiger Vorgang anzusehen.

2. Von der niedrigsten bis zur höchsten Gattung ist zwischen einem Wissen zu unterscheiden, welches lebendig interessirt, und einem solchen, welches entweder nur ein scheinbares ist, oder doch nur die verrottete Hinterlassenschaft einer, sei es von vornherein verfehlten, oder doch im Laufe der Zeit gleichgültig gewordenen Gelehrsamkeit darstellt. Der Verfall der moralischen Zustände, den Rousseau den Fortschritten von Wissenschaft und Kunst zuschrieb, liegt nicht in dem wirklichen Fortschritt echten Wissens und wahrhaft künstlerischer Gestaltungskraft, sondern in dem Verderb des Wissenschafts- und Kunstbetriebs in sich selbst. Verrottung und moralische Corruption sind diesem Gebiet nicht minder, sondern noch in einem höheren Grade eigen, als jeder andern Lebenssphäre. Was in den Angelegenheiten des gewöhnlichen Lebens als gemeines Verbrecherthum zum Vorschein kommt, das ist im Bereich des gelehrten Geschäftslebens ebenfalls noch eine Wirklichkeit, wenn auch in verfeinerter Metamorphose. Die Antriebe zum gemeinen Diebstahl, Betrug und Mord bleiben ihrem innersten Wesen nach auch da bestehen, wo die rohen Aeusserungsformen derselben den höhern gesellschaftlichen Verhältnissen durchschnittlich nicht mehr entsprechen. Sie bekunden sich daher in gebildeten Verbrechen von moralisch verfeinerter Natur und haben so noch den Vortheil, sich meist auch über die Strafgesetze zu erheben. Die Corruptionsepochen der mittleren und namentlich der höhern Gesellschaft bezeugen, dass nicht nur unsere Vergleichung zutrifft, sondern dass auch eine wesentlich gleiche moralische Schlechtigkeit den gemeinen Verbrechen und den höher belegenen Verfahrungsarten zu Grunde liegt. Was nun auf diese

Weise für die ganze Gesellschaft gültig ist, muss im verdorbenen Wissenschaftsbereich noch um so mehr Geltung haben; denn hier müssen die Bethätigungen der sittlichen Verworfenheit den Gipfel des vollsten Bewusstseins erreichen und durch den Contrast mit der wahren Aufgabe dieser Daseinssphäre die grösstmögliche Niedertracht darstellen.

Das Gelehrtenreich hat hienach die grösste moralische Schlechtigkeit aufzuweisen, die überhaupt denkbar ist; denn je höher das Gebiet liegt und je bewusster die Hervorbringung des Uebels ist, um so grösser ist auch die Kluft zwischen der sittlichen Norm und dem Vergehen. Innerhalb des Gelehrtenbereichs ist es aber wiederum das Philosophenthum, welches den Anspruch hat, innerhalb des Schlechtesten, wozu es die Wissenschafter überhaupt moralisch gebracht haben, das Allerschlechteste aufzuweisen. Hiebei sei bemerkt, dass ich nicht an blosse Ungereimtheiten denke, die auf Irrthum beruhen; denn diese Art des Fehlgreifens ist zwar auch den Gelehrten und den Philosophen in grösserem Maasse als andern Sterblichen eigen; aber dies rührt eben von der umfassenderen Bethätigung des Verstandes her, mit welcher der Spielraum für die Möglichkeiten des Unrichtigen erweitert wird. Trotzdem bleibt auch der blosse Einsichtsirrthum, der nichts mit dem moralischen Wollen zu thun hat, dort weniger entschuldbar, wo die Fähigkeit zur Feststellung des Richtigen durch Aufhäufung des Wissens und Uebung des Forschens noch mehr als der Irrthumsspielraum gewachsen ist. Das schlimmste Uebel liegt aber nicht in solchem unwillkürlichen und noch einigermaassen unschuldigen Irrthum, sondern in der bewussten Hintansetzung oder Fälschung des echten Wissens und Wissensstrebens im egoistischen Interesse theils niederträchtiger materieller Vortheile theils der hohlsten persönlichen Eitelkeit. In diesem Genre hat nun der Philosophenstand vor den übrigen gelehrten Classen, ja sogar noch vor andern sonst hier nicht zurechnungsfähigen und daher auch nicht in Vergleichung zu bringenden Ständen, wie namentlich vor dem Priesterstande und der priesterausbildenden Theologenclasse, nicht Weniges voraus; denn sein Verrath an der Wissenschaft und sein Betrug sind immer von dem menschenmöglich deutlichsten Bewusstsein der Kluft zwischen den Regungen des eignen bessern Wissens und den ausgespielten Sophismen begleitet gewesen. Nun entspricht freilich der Kraft und Gelegenheit zum Schlimmen auch diejenige zum Guten, und es ist hier auch nur von den Kundgebungen der Verderbtheit die Rede.

Das Gebiet der guten Gestaltungen ist eben ein anderes, als welches wir hier im Sinne haben. Für unsere corrumpirte Uebergangsepoche dürfte aber dieses Gute so vereinzelt sein und so sehr ausser dem Bereich des seit dem Ende des 18. Jahrhunderts vorwaltenden Gelehrsamkeits- und Philosophiebetriebs liegen, dass es für den Gesammtsachverhalt nicht in Frage kommt.

Wenn ich mir gestatte, im Allgemeinen über die Wissenschaftler und Philosophen meiner Zeit ähnlich und noch etwas schlimmer zu denken, als Rousseau über die der seinigen, so hat dieses verwerfende Urtheil nur zur kleinern Hälfte das verkehrte Abseitsgerathen vom gesunden Wege und zur grössern Hälfte die gewissenlose Fälschung oder Verdrehung der wissenschaftlichen Thatsachen zum Gegenstande. Ueberdies entstammt nicht nur den wissenschaftlichen Einrichtungen, also den höhern und höchsten Schulen, sondern auch den allgemeinen Gesellschaftszuständen ein Maass von Corruption, durch welches die sogenannte Wissenschaft, wo nicht zu einer vollen Lüge, so doch stark und grade in den Hauptpunkten mit Lügen versetzt oder mit einem Lügengewebe verschleiert wird. Was ist nun, diesem Zustande gegenüber, für den Einzelnen zu thun, den die Schule zu einem nicht geringen Theil verbildet, aber sicherlich nur äusserst dürftig mit nennenswerthem Wissen und Können, mit der echten unverfälschten Geistesnahrung aber gar nicht bedacht hat?

Wenn echte Bildung, welche auf Wahrhaftigkeit beruht, den Lebenswerth steigert, was sich nach dem Obigen von selbst versteht, so kommt es darauf an, die modernen Hülfsmittel der Selbstbildung in das Spiel zu setzen, wo die Wirkungen der zwangsweise aufgenöthigten Verschulung abzuthun und eine bessere Denkweise sowie gediegenere Kenntnisse anzueignen sind. Das Bereich der Literatur zeigt zwar begreiflicherweise eine ähnliche Corruption, wie die wissenschaftlichen Institute, ist aber doch nicht in gleichem Maasse unfrei und verstattet auch gelegentlich den bessern Regungen unabhängiger Charaktere und aufrichtiger Forscher und Denker einen kleinen Spielraum. Ausserdem ist im gedruckten Wort nicht blos das zugänglich, was der Augenblick geboren und missgeboren hat, sondern die Auswahl erstreckt sich über alle noch interessirenden Zeitalter, deren Denkweise und Leistungen uns noch hinreichend verwandt sind, um für uns einen Werth haben zu können. Die Selbstbildung hat also unter den heutigen Umständen mehr Chancen als das gewöhnliche Schülerthum im Rahmen der bestehenden

Institute und bei den dort curshabenden Autoritätchen. Jedenfalls aber ist die Selbstbildung als Berichtigung oder im ausnahmsweise günstigen Falle als Ergänzung dessen nöthig, was Schule und gemeine Autorität in dem heutigen Menschen anrichten. Hier sind es nun die frei oder wenigstens halbfrei gewesenen Wissenschaftspfleger, die ausserhalb der Kirche des Gelehrtenthums als Privatleute und Ketzer arbeiteten, auf die man sein besonderes Augenmerk in den früheren und in den gegenwärtigen Zeitaltern zu richten hat.

Allerdings ist hiebei nicht zu vergessen, dass die Literatur im Allgemeinen und ganz besonders die periodische in der Wissenschaft, wie auch sonst, das Gepräge derjenigen Corruption an sich trägt, mit welcher auf sie vom Gelehrtenbereich her unmittelbar oder mittelbar, durch vollständige Beherrschung oder durch die mannichfaltigen Umwege der Beeinflussung eingewirkt wird. An der Spitze steht hier der directe Besitz von Zeitschriften; alsdann folgt der Einfluss auf das Verlegerthum in Beförderung der Coteriebücher und Unterdrückung unabhängiger Veröffentlichungen; zuletzt sind es, und zwar sogar in den der Politik fernliegendsten Wissenschaften, politische und sociale Parteiverbindungen und die Verständigung der Cliquen in der Autoritätsmacherei und in der Aufrechterhaltung des jedesmaligen Autoritätsscheins, wodurch das Wuchern des Schlechten begünstigt wird. Dennoch kann aber auf dem literarischen Felde, so gross auch die thatsächlichen Hindernisse der Verlautbarung und des Aufkommens unabhängiger und gediegener Erzeugnisse sein mögen, durch mannichfaltige Umstände auch in einer so corrumpirten Uebergangsepoche, wie die unsrige ist, einiges Gute sich Bahn brechen. Verhältnissmässig leicht dringt aber das Bessere alsdann durch, wenn es trotz seiner vorzüglichen Eigenschaften noch unwillkürlich erhebliche Berührungspunkte mit irgend einer Schwäche oder Rückständigkeit seiner Zeit hat. Das bedeutendste Beispiel, sowohl in Bezug auf vortreffliche Unabhängigkeit als auch für den begünstigenden Nebenumstand, ist das in aller Welt vielgelesene Buch Buckles über Civilisationsgeschichte, welches Ende der fünfziger Jahre erschien und, obwohl es in Folge des Todes seines Verfassers unvollendet blieb, doch bei den gebildeten Völkern diesseits und jenseits des Oceans schnell seine Tour machte. Stände nur eine kleine Anzahl ähnlicher Werke auf andern Gebieten der Bildungswissenschaften zur Verfügung, so würde der Weg zur Selbstbildung ausserordentlich geebnet sein. Man kann sich nämlich auch solche Schwächen, wie es beispielsweise bei Buckle das unwillkürliche Nachgeben gegen Malthusisch gefärbte Volkswirthschaftslehre sowie das nebensächliche Festhalten an einem sehr abstracten Unsterblichkeitsglauben und im Politischen die Beschränkung auf einen social noch unbestimmten Radicalismus sind, immerhin gefallen lassen, wenn nur Bücher vorliegen, deren sich das Publicum selbständig zur unmittelbaren Selbstbildung bedienen kann. Derartiges wird aber eben nur von Geistern ausgehen, die sich in redlicher Weise bemühen, wirkliche Aufklärung zu verbreiten, aber nicht von denen, die weder die Fähigkeit noch den Willen haben, dem Publicum verständliche Wahrheit mitzutheilen.

3. Es würde hier nicht am Orte sein, über die modernen Hülfsmittel der Selbstbildung eingehender zu sprechen. Ueber diesen Gegenstand kann ich sowohl im Allgemeinen als für die wichtigsten Specialwissenschaften auf die systematischen Anleitungen verweisen, die sich in meinen grundwissenschaftlichen oder, wie sie nun einmal heissen müssen, philosophischen sowie in den socialökonomischen Büchern und namentlich auch in der mathematischen Arbeit befinden. An dieser Stelle, wo der Werth von Wissenschaft und Bildung für die Lebensveredlung, also für den höchsten Zweck, in Frage ist, darf jedoch die Erinnerung nicht fehlen, dass die modische Bildungsspielerei, die sich im Flugsande der gemeinen Zufallsliteratur und zerstreuender Unterhaltungsvorträge ergeht, eher zu Frivolität und Blasirtheit als zu irgend etwas Gutem verhilft. Indem man sich unvorbereitet von dem jedesmaligen literarischen Winde anwehen und so den Literatursand widerstandslos in die Augen streuen lässt, hat man die besten Aussichten, der Zerfahrenheit und Verwirrung anheimzufallen. Die Gelegenheitsvorträge aber, die nur äusserst selten ernstlich gemeint sind, können auch in diesem besten Falle nur als Anregungsmittel wirken, nicht aber eine ordentliche Wissensaneignung ersetzen, die wesentlich auf selbstthätiger und ruhiger Erwägung des gedruckten Wortes beruhen muss und auch nicht auf blosse Wissenssplitter, sondern auf etwas Zusammenhängendes zu richten ist.

Im Bildungswerth steht unter den besondern Hauptzweigen des Wissens vorläufig noch dasjenige über die Natur voran, aber freilich nur die gereinigte Naturwissenschaft und nicht diejenige, die durch falsche Naturforscherautoritätchen von heute stark mit unwissenschaftlichen Elementen ungeschickt oder spiritistisch und mystisch philosophelnder Art verdorben wird. Diese Gestalt, welche sie in der Englischen Coterie vornehmlich zoologischen, aber auch physikalischen Schlages und bei einigen gangbaren Deutschen Professoren hat, ist freilich nicht geeignet, günstig auf die Bildung einzuwirken, wie dies in meinen andern Schriften näher dargethan ist. Grade zum Naturwissen, welches nützen und den Geist in der Betrachtung der Dinge sicher machen soll, führt nur ein ernsthaft geordneter Bildungsgang. Hiemit ist aber nicht gesagt, dass etwa durch eigentliche Schulung und nicht durch Selbstbildung dieser Weg zu suchen sei. Im Gegentheil ist vorläufig fast ausschliesslich auf dem letzteren Wege dem Musterbilde einer guten und umfassenden Belehrungsart zu entsprechen.

Für die Anschauung des praktischen Lebens sind Kenntnisse von der Einrichtung der Menschenwelt, also die Elemente der socialen und politischen Bildung unmittelbar wichtiger als das Naturwissen. Mit den Hülfsmitteln in dieser Richtung steht es aber zunächst noch nicht allzu günstig. Die Geschichte pflegt sich hier unter den Bildungswissenschaften am breitesten zu machen. Doch hat sie nur Werth als Culturgeschichte und auch als solche nur insoweit, als sie sachlich uns noch interessirende, namentlich aber mit unserm eignen Leben materiell zusammenhängende und noch fortwirkende Thatsachen in Erinnerung bringt. Falsche Schulgewohnheiten bringen meist andere und vielfach recht schädliche Stoffe mit sich. Sogar das Interesse an der Griechischen und Römischen Geschichte ist beinahe ein ebenso künstliches Erzeugniss, wie die Heimsuchung mit den todten Sprachen. Indessen auch in diesem speciellen Geschichtsbereich zeigt es sich, dass die Werke der selbständigen Privatleute unvergleichlich mehr zu bedeuten haben, als die professoralen Bücher. Ein Gibbon, obwohl dem vorigen Jahrhundert angehörig, ist noch immer der Schriftsteller, auf den man angewiesen bleibt, wenn man etwas Leidliches über die Verfallsgeschichte des Römischen Reichs lesen will. In unserm Menschenalter ist für die Geschichte Griechenlands Grote und zwar nicht blos bezüglich der Selbstbildung, sondern überhaupt als Verfasser einer lesbaren Arbeit allein zurechnungsfähig. Für die republicanische Geschichte Roms fehlt es an etwas Aehnlichem. Doch habe ich diese entscheidenden Beispiele nur erwähnt, um den Verfall anzudeuten, den die Künstlichkeit des auf falsche Stoffe zwangsweise missleiteten Interesse mit sich bringt. Wer es überhaupt noch der Mühe werth hält, sich auch abgesehen von dem aufgezwungenen Schulmaass der Bildung mit solcher Geschichte zu belassen, der wird seine Zeit am wenigsten verlieren, wenn er den genannten Arbeiten seine Aufmerksamkeit zuwendet.

4. Die ästhetische Bildung scheint mit Rücksicht auf die Fülle der belletristischen Literatur eine der einfachsten Angelegenheiten zu sein. Jedoch kann die Werthsteigerung des Lebens grade nach dieser Seite hin nicht sorgfältig genug erwogen werden. Es ist nicht gleichgültig, von wem und auf welche Weise wir uns auf der Claviatur unseres Gemüths die Tasten anschlagen lassen. Indem wir einen Dichter lesen, gestatten wir ihm gleichsam verschiedene Saiten unserer Gefühle und Gedanken ertönen zu lassen. Wir nehmen in uns Anregungen auf, die durch vielfache Häufung unser Wesen bleibend bestimmen und verändern können. Die Kraft zum Guten und zum Schlimmen ist hier nicht gering, und der Besonnene sollte nicht zu vorcilig mit der Hingebung an fremde Gefühle und Gedanken sein. Eine Prüfung ist hier noch nöthiger, als in der Wissenschaft; denn es handelt sich um Kräfte, die gestaltend unsere innerste Gefühlsweise umbilden, also im ungünstigen Falle arg verderben können. Wenn wir aber unwillkürlich oder absichtlich etwas Derartiges gar dem Gedächtniss fest einprägen, so machen wir es hiemit, falls wir die Sache nicht etwa schauspielerisch, sondern ernst nehmen, zu einem Bestandtheil unserer Denkweise oder begründen wenigstens eine entsprechende Anlage unserer Phantasie. Hieraus folgt, dass die Auswahl der Dichter und belletristischen Prosaiker, mit denen wir verkehren wollen, wichtiger ist, als die Entscheidung über gewöhnlichen persönlichen Umgang; denn der letztere wird geistig nur selten in ähnlich mächtiger Weise einwirken, wenn er auch übrigens heilsam oder gefährlich genug gerathen mag.

Etwas in dem Sinne Classisches, dass sich ein vermeintlich allgemein und ewig Menschliches rein dargestellt fände, konnte in der bisherigen Geschichte nicht zu Tage treten; denn die Sondergestaltungen der verschiedenen Völkergefühlsweise, aber noch mehr die Einverleibung des religiösen und politischen Aberglaubens in die Arbeiten der Dichter und Prosaiker, mussten dem entgegenstehen. Es ist beispielsweise heute eine romantische Täuschung, wenn Griechische Literatur als etwas ausgegeben wird, was uns irgendwo voll und ganz interessiren könnte. Welches Widerstreben muss nicht überwunden und wie künstlich der Sinn nicht erst zugerichtet werden, damit sich in die Auffassung der Handlung einer Antigone, statt der tragischen Erregung, nicht ein mitleidiges Lächeln über

den Bestattungswahn und Unwille gegen den Aberglauben ein-
dränge. Der Mensch will etwas voll und ganz sein und keine
Spaltung dulden; die Wahrheiten des Verstandes und des Gefühls
müssen sich vereinigen. Jedoch auch in der Zukunft ist das ge-
reinigt und veredelt Menschliche nicht ohne besonderes Völkergepräge
denkbar; ja es darf und soll sogar jedesmal einen Individualtypus
haben. Hieraus folgt, dass es für die Literaturerzeugnisse grade
ihres Inhalts wegen ein Veralten und Absterben geben muss, und
dass es nur die Unfähigkeit der neuen Zeitalter ist, welche einzelnen
Erzeugnissen ein überlanges starres Dasein künstlich verschafft. Das
Interesse kann dann aber auch, sobald die natürliche Wirkungszeit
vorüber ist, nur ein halbes und gestörtes sein; denn die Verwandtschaft in der Lebensrichtung ist die Vorbedingung der vollen
lebendigen Theilnahme. Mindestens werden sich die Vorzüge, um
deren Willen man die alten Kundgebungen pflegt, mit fremdartig
anmuthenden, ja widersprechenden und abstossenden Beimischungen
versetzt finden. Was der Geist schafft, kann eine dauernde, ja un-
absehbar sich erstreckende Wirksamkeit haben; diese wird aber
mehr auf gesichteter Erhaltung in Umwandlungen, als auf einem
unmittelbaren Fortleben der jedesmaligen Schöpfungen beruhen.
Wenigstens muss dieser Verlauf Gültigkeit erhalten, wo sich neue
Lebensfrische regt; denn mächtiges neues Leben und altes Halb-
leben können nun einmal auf die Dauer nicht zusammenbestehen.

Wie schnell es mit der Entfremdung des sogenannten Classischen
selbst dann vorwärts geht, wenn die späteren Zeiten in der näm-
lichen Gattung noch nichts gehörig Entsprechendes hervorgebracht
haben, kann man an unserer Gegenwart ermessen, wenn man auch
nur bis zur Mitte des vorigen Jahrhunderts, also höchstens vier
Generationen zurückgreift. Ja was noch den Grosseltern der heutigen
jüngern Generation das unmittelbar lebendigste Interesse abnöthigte,
ist nunmehr schon in einem ansehnlichen Maass zu einer blossen
Herkömmlichkeit der Schulbildung geworden, während der Geist nicht
mehr ungetheilt, ja in vielen Beziehungen gar nicht davon ergriffen
wird. Geht man die grossen Namen der Literatur seit jener Zeit
durch, denkt man also auf Deutschem Boden an Goethe und Schiller
und auf Französischem an Voltaire und Rousseau, so lässt sich nicht
leugnen, dass die neuste, den äussern Verhältnissen entsprechende
Richtung der Denk- und Gefühlsweise sich mit diesen Ueberlieferungen nur noch halb verträgt, selbst wenn man nur die besten
Züge jener bedeutenden Leistungen in Anschlag bringt. Im Laufe

dieser Schrift hatten wir Gelegenheit, an Manches zu erinnern, wodurch die Denkart unserer Dichter in erheblichen Richtungen einer Antiquirung theils schon anheimgefallen ist, theils noch erst entgegengeht. Ohne künstliches Absehen von Allerlei, was den gewöhnlichen Leser unwillkürlich, den denkenden aber in der bewusstesten Weise stört, ja ihm oft den grössten Theil des Inhalts, wo nicht auch selbst die Form verleidet, ist ein Genuss unmöglich. Dieses Absehen wird aber immer schwieriger, je mächtiger sich andere Gedanken und andere Lebensziele regen, als sie für das, was man die classische Epoche unserer Literatur nennt, maassgebend waren.

Freilich könnten unsere classischen Dichter nicht gleich schnell auf blosses Schulherkommen angewiesen und so zu einem künstlichen Dasein zweiter Ordnung verurtheilt werden, wenn sie nicht zuviel antikisirt und sich so dem Volksleben von vornherein einigermaassen entfremdet hätten. Auch wäre nicht die Einbürgerung des in England wiederbelebten, ja Mode gewordenen Shakespeare, am wenigsten aber eine länger andauernde Shakespearemanie auf unserm Boden möglich geworden, wenn nicht die Romantik, die sich mindestens auf die Denkweise des Reformationszeitalters zurückschraubte, in dem grossen Dramatiker der Britten etwas aufgefrischt hätte, was volksmässig lebendiger und in einigen Beziehungen unserm Wesen verwandter war, als die Beimischung jener Classicitätsromantik, die für unsere bedeutendsten Dichter so verhängnissvoll geworden ist. Das Zurückgehen um einige Jahrhunderte ist, wenn es nur auf etwas, zur entsprechenden Zeit wenigstens, Frischgewesenes trifft, noch immer nicht so unnatürlich ablenkend, wie die Galvanisirung des bereits vor ein paar Jahrtausenden Abgelebten. Ein Theil des Gehalts mag immerhin, aber doch nur in Umwandlungen, fortwirken, und man mag mit einiger Abstraction im Stande sein, wie die Gebilde der plastischen Kunst, so annähernd auch die sonstigen Kunstformen als Mustergebilde ihrer Art und Zeit, aber doch nicht als absolut unveränderliche Schönheitstypen gelten zu lassen. Jedoch wird das dem unmittelbaren Leben voll Entsprechende schliesslich immer mehr Recht behalten und die Romantik aller Art, sei es nun die dem Reformationszeitalter und dem vorangehenden Mittelalter huldigende oder die dem Alterthum zugewendete, immer entschiedener verdrängen.

Für unser Jahrhundert haben Byron und Shelley bereits mehr Interesse und einen moderneren Charakter, als was uns aus dem vorangegangenen Jahrhundert zur Verfügung steht. Es sind eben Erscheinungen einer rastlosen Uebergangsepoche, deren Unruhe, ja theilweise Form- und Haltungslosigkeit aus dem Widerstreit begreiflich wird, der hier vorherrscht. Besonders kann Shelley als Beispiel dafür gelten, dass wirkliche Poesie ohne Aberglauben, ja selbst ohne conventionelle abergläubische Einkleidung, möglich ist und sogar politischen und socialen Inhalt haben mag. Was den in unserm ersten Capitel wegen des Weltschmerzes angeführten Heinrich Heine betrifft, so kann er hier als Musterbeispiel dafür dienen, wie wenig nachhaltig überhaupt, aber besonders in einer zerrissenen Epoche, die von den Belletristen kundgegebenen Gedanken und Gefühle sein können. Was bei einem durch Leichtfertigkeit hervorragenden Exemplar grell sichtbar wird, haftet in geringerem Grade der ganzen Classe an. Ein den Charakter nicht zusammenhaltendes Sichverlieren in die verschiedensten sich widersprechenden Anschauungsweisen ist das Erbtheil der mehr oder minder gedankenverlassenen unreifen und ungesetzten Phantasie. Die letztere ist ein sehr launisches, haltungsloses und vor allen Dingen unlogisches Wesen, und man darf sie daher auch in den bisher besten poetischen Bekundungen nicht allzu ernst nehmen. Man würde sonst arg angeführt werden. Glücklicherweise widerlegen sich für den Denkenden die falschen Velleitäten der Dichter von selbst, ja sie machen sich schon für das blosse aber feinere Gefühl gegenseitig durch ihren Widerstreit unwirksam. Aber es ist doch wichtig, hier grundsätzlich gefestigt zu sein, und das Beispiel Heines lehrt, wie grade das Element, welches die splitterhafte Abgerissenheit dieses Belletristen einigermaassen aufwiegen möchte, doch nur oberflächlich angenommen war und im körperlichen Siechthum nicht vorhielt. Derselbe Heine, welcher die Griechische Lebenslust gegen die falschen Verlästerungen des Genusses in Schutz genommen und als modernes Princip hingestellt hatte, — derselbe Heine, der die abstracte Trockenheit und falsche Uebergeistigkeit des Israelismus und hiemit die Grundanschauungen seiner eignen Race bekämpft hatte, sagte sich, wenn auch allerdings erst in der letzten Zersetzungsperiode seines Körpers, ausdrücklich nicht nur von der besseren Lebensauffassung, sondern auch von den kühneren Gedanken los, die er zuvor missverständlich der Deutschen Philosophie untergelegt hatte. Er proclamirte wieder einen Gott, der „helfen" könne, also genauer besehen, den Gott seiner Väter. Die Macht des Wissens konnte sich bei ihm nicht bewähren, weil sie nie ernstlich auf ihn eingewirkt hatte. Mit Recht verwarf er die Philosophie, wie er sie kannte; denn die schwächliche blosse Zweiflerei derselben und die zweideutigen Wendungen in und noch mehr seit Kant stellten wahrlich keine Wissensmacht vor. Unrecht hatte er nur in der Frivolität gehabt, vermöge deren er von dieser Philosophie mystificirt werden musste. Nur völlig ernste Charaktere durchschauen schliesslich den ganzen Trug, und man hat sich daher zu hüten, die Elemente belletristischer Leichtfertigkeit, die dem gediegenen Wissen entgegenstehen, bei der Würdigung der blos ästhetischen Regungen der Lebens- und Weltanschauung unveranschlagt zu lassen. In der ganzen Sphäre kann man sich vielmehr nur dann heilsam ergehen, wenn man dabei zugleich die Kraft des Wissens prüfend und sichtend zu bethätigen im Stande ist.

5. Das Wissen führt da, wo zugleich die Bestandtheile des Charakters in demselben Sinne wirksam werden, zur nachhaltigsten Befreiung von üblen Einflüssen des Einzelschicksals. Für den gewöhnlichen Menschen, in welchem kein ursprüngliches, sondern nur das in ihm angeregte Denken zu wirken pflegt, wird persönliches Unglück bisweilen die Klippe werden können, an welcher die bessere Weltanschauung zerschellt. Indessen ist bei einer lebendigen Aufnahme guter Ideen diese Gefahr keineswegs so gross, wie diejenige, in Folge eines schlechten Charakters übeln Vorstellungsarten nachzugeben. Der Denkersinn, in welchem alles das, was auch sonst Geltung hat, nur in höherem Grade sichtbar wird, liefert die Beispiele für unsere Wahrheit. Walten im Charakter die edlen und wohlwollenden Antriebe vor, so wird auch die Vorstellung von dem Weltganzen dasselbe Gepräge zeigen, so scharf auch das Urtheil über das Einzelne ausfallen möge. Der im Jahre 1600 verbrannte Giordano Bruno ist mit seiner lebensfreundlichen Sympathie für den Charakter des Weltganzen und des Menschendaseins, die sich zugleich mit der energischen Verurtheilung alles in den menschlichen Verhältnissen Schlechten verband, das grösste Beispiel der Geschichte. Sein äusseres Loos war Heimathlosigkeit in ganz Europa bis zu dem Abschluss mit dem langjährigen Gefängniss und hiemit der letzten Verfolgung durch gelehrte Feinde, deren Ränke ihn mittelbar und unmittelbar auf den Scheiterhaufen brachten. Ein völliges Widerspiel dazu wurde sein Plagiator Leibniz, der sich in einer Verzerrung des grosssinnigen Optimismus zu einer widerwärtigen Beschönigungssucht für das Schlechte erging.

Auch der Gegensatz der Anschauungen von Voltaire und

Rousseau ist in Bezug auf die Rolle von Charakter und Einzel-
schicksal sehr lehrreich. Die maliciösen Bestandtheile im Wesen
Voltaires brachten auch eine Gruppe von Vorstellungen mit sich,
denen zufolge bei ihm statt des angeblichen Gottes fast ein Teufel
als Ursache der Welt zum Vorschein kam. Rousseau dagegen
hegte mit den bessern Antrieben seines Charakters auch grundsätzlich eine gutartige Vorstellung vom Ganzen der Dinge und von
den ursprünglichen Naturanlagen des Menschen. Er hielt seinem
in Gesundheit und Luxus lebenden Widersacher sogar den Contrast
der äussern Lage in Bezug auf die beiderseitige Denkweise brieflich
vor. Arm und an einer unheilbaren Krankheit leidend, sei er Op-
timist, während der begüterte und sich des besten Wohlseins er-
freuende Voltaire sich mit pessimistischen Kennzeichnungen der Welt
vergnüge. In der That wurde das Schicksal Rousseaus nach der
Zeit dieser Vergleichung noch immer mehr der Gegensatz zu demjenigen Voltaires, der sich fürstlich einrichtete, während jener, überall
verfolgt, keine Ruhestätte finden konnte. Auch war Voltaire mehr
ein Schriftsteller für die höheren Gesellschaftsschichten und theilte
einigermaassen deren Neigung zum ungesunden und eigentlich nur
spielerischen Luxuspessimisiren.

Arthur Schopenhauer hatte einen vornehmlich Voltairisch
denkenden Vater, wurde in Wohlhabenheit erzogen und hatte in
seinem ganzen Leben niemals nöthig, für seine materielle Existenz
thätig zu sein. Auch entsprach er mit seiner Art und Weise zu
schreiben den Neigungen der gelehrt verbildeten Classen noch in
grossem Maass. Sein Verhalten aber lieferte wiederum ein Beispiel dafür, wie die zureichende Behäbigkeit der äussern Lage das
Sichgehenlassen in einer pessimistischen Weltglossirung gemüthlich
begünstigte und dabei auch gelegentlich einigem eingestreuten Humor
Spielraum verstattete. Das einzige ernsthafte Schicksalselement,
welches man im Leben Schopenhauers kennt, ist die länger als ein
Menschenalter andauernde völlige Verschweigung und Hintansetzung
seiner bedeutenden Autorschaft gewesen. Allein sein Pessimismus
war ja schon in seinem Hauptwerk niedergelegt, ehe dieses Schicksal über ihn kam, ja ehe er in seiner zehnjährigen Berliner Docenten-
schaft ein klein wenig von der Universitätsmisere kennen lernte und
dabei die Ignorirung seiner Fähigkeiten und Leistungen erprobte,
die doch noch hoch über dem damals dort persönlich herrschenden
Hegelkram standen. Von der Verurtheilung der Professoren-
philosophie war damals bei ihm noch nichts anzutreffen gewesen.

Er war mit naiver Bescheidenheit und grosser Kantveneration auf-
getreten, und nur verleumderische professorale Niedertracht hat in
Beziehung auf seine universitäre Vernachlässigung das Verhältniss
von Ursache und Wirkung umkehren und ihn so darstellen können,
als wenn er diese Thatsache durch sein eignes Verhalten heraus-
gefordert hätte. Er hat im Gegentheil zuviel Zurückhaltung geübt; denn erst zwei Jahrzehnte, nachdem er sich von Berlin entfernt, schleuderte er einen zündenden Blitz in die Behausung, in
de¨ man ihm so arg mitgespielt hatte. Offenbar hatten seine
quietistischen Neigungen, die eben mit seinem Jenseitigkeits-
pessimismus zusammenhingen, und seine noch zu grosse Achtung für
die gelehrte und philosophische Ueberlieferung jenen Act literarischer
Auffrassung, der in seinem Aufsatz gegen die Universitätsphilosophie
verlautbart wurde, entschieden verspätet. Hier aber lag auch der
vollste Ernst, dessen Schopenhauer, der sich übrigens praktisch nie
sonderlich gerührt hatte, jemals fähig wurde. Dennoch hat es ihm
gegenüber auch nicht an der halb perfiden halb albernen Behaup-
tung gefehlt, sein pessimistisches System sei auf Verbitterung über
die Verfehlung einer Universitätslaufbahn zurückzuführen, während
es doch schon vor Antretung dieser Laufbahn fix und fertig ver-
öffentlicht gewesen war. Es war eben ein Stück unreligiöser
Romantik gewesen und in persönlicher Beziehung vielleicht durch
beklemmende Gemüthsanlagen, die sich schon in der Kindheit gelegentlich als abnorme Beängstigungsanwandlungen verriethen, zu
besonderer Ausprägung gelangt.

Der Mangel der entscheidenden Wissensmacht ist aber grade
bei Schopenhauer nicht zu vergessen. Er hatte zwar vorzügliche
Kenntnisse, mit denen er unter den ignoranten Philosophirern seiner
Zeit vortheilhaft hervorragte; aber der Schwerpunkt seines Wissens
lag nicht in den strengeren Gebieten und seine blinde, aus seinem
unlogischen Naturell entspringende und daher die verschulte Subtili-
tät überschätzende Kantveneration liess ihn nicht zu einer vollen
wissenschaftlichen Besinnung kommen. Ein Bruno hatte drittehalb
Jahrhunderte vorher ein entgegengesetztes Beispiel geliefert; denn
in diesem grosssinnigen Denker hatte sich die Kraft der Copernicanischen Wahrheit echt philosophisch verkörpert und für die Welt-
und Lebensanschauung eine Rolle gespielt, wie dies später nie
wieder in speculativen Systemen der Fall gewesen ist. Im Gegentheil ist bei den im Grunde stets theologischen oder wenigstens religiösen Speculanten, die man als ideologische Hauptphilosophen auf-

zuführen hat, eine durchgreifende Consequenz eigentlicher Sach-
wissenschaft nicht zur Geltung gelangt, und man hat es sogar stets
versucht, die absolute Bedeutung der Copernicanischen Wahrheit
metaphysisch zu einer zweideutigen Relativität zu machen. Dieses
Hauptbeispiel mag für alles Uebrige gelten. Es ist nicht möglich,
dass in der neuern Zeit eine Welt- und Lebensanschauung zurechnungsfähig gerathe, wenn ihr der sachliche Ernst der echten
Wissenserrungenschaften abgeht. Einzelcharakter und Einzel-
schicksal finden an der wirklichen Wissenschaft eine gestaltende
Macht, die nicht nur über alle Störungen triumphirt, sondern auch
dem Ungemach des individuellen Lebensganges die Früchte einer
allgemeingültigen Denkergesinnung abgewinnt.

6. Das Publicum hat vollkommen Recht, wenn es sich sagt,
es sei für einen Denker oder sogenannten Philosophen sehr leicht,
sich über die Uebel theoretisch hinwegzusetzen, wenn er praktisch
von keinem ernsthaften Ungemach berührt wird oder gar in
behäbiger Situation dahinlebt. Ja die Menschen sollten noch einen
Schritt weitergehen und im Hinblick auf die vorher angeführten
Beispiele und auf unsere ganze frühere Lehre erwägen, dass eine
materiell behagliche Lage, der die Nöthigung zu ernstlicher Arbeit
abgeht, in Verbindung mit andern falschen Antrieben nicht etwa
blos zur ungehörigen Beschönigung, sondern auch ebenso leicht zu
einer Verleumdung der Welt verleiten kann. Wer dem Uebel ferner-
steht, mag eher mit ihm blos spielen, als derjenige, welcher es in
seiner unmittelbaren Wirklichkeit herantreten sieht. Wer von dem
Schlimmen einen nachhaltig ernsthaften Begriff hat, wie er nur aus
der eigensten persönlichen Erfahrung gewonnen werden kann, der
wird sich vor einem blossen Coquettiren mit einer sogenannten
„Bedenklichkeit" des Weltdaseins hüten und sich besinnen, ehe er
den ungeheuerlichen Gedanken erträglich findet, es sei das Sein ein
einziges grosses Gesammtübel. Er versteht sich auf das einzelne
Unheil zu gut, um einen ihm entsprechenden riesengrossen
Schatten auf das Ganze der Welt werfen zu können. Er hat die
absolute Wirklichkeit des Uebels innerlich und in einer so unmittelbaren Gestalt, wie es nur irgend möglich ist, an sich selbst erfahren
und muss demgemäss wissen, womit er hantiren würde, wenn er
dem Gesammtsein die entsprechende Signatur aufdrücken wollte.
Wer dagegen ernsthafte Uebel nur von Weitem und aus blosser
Besichtigung kennt, wird eine universelle Weltmalice leicht fertig
zur Hand haben; denn die Schlechtigkeit und teuflische Abstam-

mung, mit der er für die Genealogie und Artung des ganzen Daseins so freigebig ist, geht ihn nicht unmittelbar an und rückt ihm
nicht auf den eignen Leib. Er kann sich daher in jenem pessimi-
stelnden Halblicht, in welchem die lebensfeindlichen Ansichten einen
romantisch dämmerigen Schein annehmen, ebenso wohl befinden,
wie Nachteulen und Fledermäuse nach Sonnenuntergang.

Der starke Widerstreit, in welchem sich meine Lehre zu allen
lebensfeindlichen Weltansichten befindet, legt es dem Leser meiner
Schriften nahe, an mich die Frage zu richten, ob ich nicht voreilig
dem gesunden Charakter der Welt das Wort geredet habe und
ob mein persönliches Schicksal und Verhalten mich auch berechtige,
die Hinwegsetzung über die einzelnen Uebel und die Anerkennung
des Gesammtguten zum Grundsatz zu erheben. Die sachliche Frage
ist also einfach die, ob ich nicht etwa von einem allzu günstig belegenen Sitze aus eine, wenn man es so nennen will, optimistische
oder, besser gesagt, lebensfreundliche Weisheit empfehle, ohne das
Schlimme des Lebens gehörig und namentlich praktisch aus eigner
persönlicher Erfahrung gewürdigt zu haben. Hierauf, glaube ich,
nun, kann die Antwort eine sehr einfache sein. Der Kampf mit
den Hindernissen des Lebens ist mir wahrlich niemals leicht gemacht worden; ja er hat nach schwerer Verwundung erst am
heftigsten begonnen. Grade nach Verlust der Augen auf die blosse
Arbeitskraft angewiesen, hatte der Achtundzwanzigjährige noch
erst eine schriftstellerische Laufbahn und eine spätere Lehrthätigkeit
einzuleiten und begegnete bei der bereits hoch entwickelten Selbständigkeit seiner Ideen und seines Charakters überall nur gelehrter
Eifersucht und allen möglichen Hemmungen des Neides. Seine
Mittellosigkeit und Blindheit gaben seinen Neidern doppelte Gelegenheit, ihn zur Seite zu stossen und Aushungerungsversuche gegen
ihn in das Spiel zu setzen. Die Einkünfte für das private Dociren
an der Universität, die in blossen Studentenhonoraren bestehen,
wurden und werden mir jetzt noch, nach vierzehnjähriger unbesoldeter
und aufreibender Lehrthätigkeit, durch allerlei Ränke geschmälert.
Erst sollte ich als Lehrer nicht „praktisch" sein, und als diese durch
die Thatsachen widerlegte Verleumdung nicht mehr anschlagen wollte,
verlegte man sich auf stärkere Mittel, und ich wurde schon auf
den fremden Universitäten den nach Berlin gehenden Studirenden
von den Professoren als Socialdemokrat oder gar als socialdemokra-
tischer Agitator und hiemit zugleich als Jemand bezeichnet, bei dem
Privatvorlesungen zu hören für die künftige Laufbahn schädlich

werden könne. Professoral handlangende Faiseurs unter den Studirenden selbst mussten und müssen jene verschiedenen Parolen unter das
noch unerfahrene studentische Publicum bringen. Trotz alledem
triumphirte ich immer wieder über diese Ränke insoweit, um wenigstens das halbe Leben zu haben, welches mir die Gelehrtensphäre
zwar nicht gegönnt, worin mich aber der bestehende Staat bisher
noch geduldet hat. In einem Staat Marxistisch-Jüdisch gegängelter
Species von Socialdemokratie würde ich aber auch dieses halbe
Leben verlieren, und überdies der „socialdemokratische Agitator“
von den fraglichen Socialdemokraten guillotinirt werden, wenn ihm
nicht etwa noch Schlimmeres als dieser Französisch humanisirte Tod
widerführe. Als Schriftsteller hat mich eine theils stillschweigende,
theils absichtlich zusammenwirkende Vereinigung der verschiedensten
feindlichen Elemente von vornherein zuerst zu ersticken, nach dem
Aufkommen zu unterdrücken und, als dies nicht gelang, nunmehr durch das Gift frechster Entstellung und Verleumdung aus
professoralen wie aus socialdemokratischen Kreisen her zu tödten
versucht. Trotzdem bin ich körperlich und geistig, in meinem
Hause und vor dem Publicum, am Leben und hoffe in meinem Optimismus, mich grade noch lange genug im Dasein zu behaupten,
um meine lebensfreundliche, aber für die Beschönigung des
Schlechten jeder Art und besonders für das geistig Niederträchtige
vernichtend gewordene Lehre und meine kritische Gestaltung mehrerer
Wissenschaftszweige mannichfaltiger verzweigte Wurzeln treiben zu
lassen.

Diese wenigen Hinweisungen auf den persönlichen Hintergrund
meines Wissenschaftssystems sind freilich nur eine Probe und
müssen als solche auch für vieles Andere gelten, worauf ich hier
nicht eingehen kann und worin sicherlich kein Antrieb liegt, das Ueble
des Lebens zu unterschätzen. Man wird aber vielleicht einwenden,
dass in der Denkergesinnung selbst eine Entschädigung für die
Uebel niederer und höherer Art enthalten sei, und dass daher alle
Vertreter des freieren Wissens und besseren Wollens, welche von
jeher unter der Verfolgung und Unterdrückung zu leiden hatten,
im Bewusstsein der heilsamen Wirksamkeit ihrer Leistungen ein
Gegengewicht gegen Uebel besassen, welche ohne diese Milderung,
also für jeden Andern viel schwerer zu ertragen wären. Nun hat
es mit einer Art von Ausgleichung allerdings seine Richtigkeit; aber
dies ist eben ein Zeugniss für die von mir vertretene Lebensauffassung. Das Uebel hat sich bei allen verfolgten Schöpfern

eines bessern Wissens und Wollens aus zwei Bestandtheilen, dem physischen Ungemach und der Erfahrung der Niedertracht, zusammengesetzt. Nicht blos dem ersteren sondern noch mehr dem letzteren Bestandtheil gegenüber hat nun die moralische Kraft der Denkergesinnung meist dem Druck einen bedeutenderen Gegendruck entgegensetzen und so die Erhabenheit über die feindliche Misere bewahren können. Diese Frucht ursprünglich selbsterzeugter Denkergesinnung kann aber in abgeleiteter Weise auch denen zu statten kommen, die sich in andern Bahnen bewegen, in denen alsdann die Artung der Uebel zu dem verfügbaren Maass von Widerstandskraft des Wissens und Wollens in entsprechendem Verhältniss stehen wird. Auf den Höhen des Geistes ist der Schmerz mit dem grössern Gegenstande auch umfassender und intensiver, aber nicht minder ist es auch die Kraft, welche dem grösseren Leiden gewachsen bleibt und es schliesslich, wie auch das äussere Schicksal enden möge, in einen Triumph verwandelt.

Man denke nicht blos an Bruno, sondern, um auch das Gebiet der kühleren Wissenschaft nicht zu vergessen, an einen Galilei. Vergleicht man des letzteren ruhige Forschergewissheit mit den elenden Ränken der bornirten und boshaften Aristoteliker und sonstigen persönlichen Neider, so wird man gewahr, dass der grosse physikalische Denker sich innerlich nicht etwa in erster Linie über eine principielle Feindschaft der Kirche zu erheben, sondern, was den Kern der Sache ausmachte, das Gift des persönlichen Hasses der ihm zunächststehenden Gelehrtenkaste zu verschlucken und dessen Wirkung zu überwinden hatte. Man macht sich eine falsche Vorstellung von den weltgeschichtlichen Verfolgungen bedeutender Geister, wenn man jene unmittelbar und in erster Linie auf die Kirche oder den Staat zurückführt. Beide sind in manchen Richtungen sehr allgemeine Wesen und hätten sich oft gar nicht gerührt, wenn nicht eine dem zu Verfolgenden näherstehende feindliche Kaste oder Gruppe, ja innerhalb dieser selbst ganz bestimmte persönliche Neider und Hasser die Initiative ergriffen und Kirche oder Staat erst in Bewegung gesetzt hätten. So war es auch mit Galilei, der schon gleich mit Beginn seiner Studien die Feindschaft der neidischen Aristoteliker, die damals über die Universitäten verfügten, zu erproben hatte. War doch auch schon im Alterthum gegen Sokrates die Religion nur ein von Sophisten, Dichterlingen und andern persönlichen Feinden benutzter Vorwand gewesen! Um auch an ein

lehrreiches Beispiel aus unserm Jahrhundert zu erinnern, so wurde
der Vertreter der positiven Philosophie, August Comte, aus seiner
Stellung an der polytechnischen Schule, also aus einer mathematischen
Function, die ihm seine Existenzmittel lieferte, durch Gelehrten-
ränke und namentlich durch diejenigen des politisirenden Physikers
Arago, zur bleibenden Schande des Pariser Professorenthums, niederträchtiger Weise entfernt. Solche Angelegenheiten liessen sich
häufen und grade ich dürfte sie als ziemlicher Sachkenner zu beurtheilen vermögen, da mir nicht Unähnliches bereits genugsam
selbst begegnet ist; denn 1875 setzte man den Staat behufs meiner
Entfernung von der Berliner Universität in Bewegung und das
nächste Jahr bewerkstelligte man wirklich durch Intriguen meine
Beseitigung von einer Frauenvorlesungsanstalt, in deren Vorstand
eine Anzahl Universitätsprofessoren figuriren, wie des Näheren in
den über Gelehrtenneid handelnden Stellen meiner schon früher angeführten Schrift über die höhere Berufsbildung der Frauen dargethan ist. Mancher Leser, welcher die genauere Denker- und
Forschergeschichte und den Formenwechsel der Verfolgungen nicht
kennt, wird derartige Thatsachen vielleicht unterschätzen; indessen
die Aushungerungsversuche bilden ein in der raffinirten Cultur vornehmlich beliebtes Hauptstück der civilisirt stillen und schleichenden
Verfahrungsarten und vertreten die früheren Einkerkerungen und
Scheiterhaufen. In der That haben sich die Gelehrten wirklich
cultivirt; sie sind zwar, wie von Alters her, freien Denkern und
Wissenschaftspflegern gegenüber, die eigentlichen Uebelthäter bei Verfolgungen oder Unterdrückungen, die von ihrer Feigheit, wie früher
auf die Rechnung der Kirche, so jetzt gern auf diejenige des Staats
geschrieben werden; aber sie müssen sich nunmehr doch meist auf
literarische Verleumdungen und Entstellungen sowie auf das gesellschaftliche Hauptmittel der Aushungerungsunternehmungen beschränken. Auch dies ist ein Fortschritt, den mein Optimismus
wahrheitsgemäss registrirt und als eine Vervollkommnungsmeta-
morphose des Uebels bereitwillig anerkennt.

Aber auch das Publicum wird die Denk- und Handlungsweise
der im Bereich der Wissenschaft Angefeindeten und Verfolgten
richtiger bemessen, wenn es den modernen Unterdrückungsmanieren
bis in deren geheimste Schlupfwinkel nachspürt. Es wird alsdann
begreifen, dass zum Ueberwinden dieses civilisirten Raffinements
des Uebels auch eine anderartige, in einzelnen Richtungen höher

entwickelte, überhaupt aber selbständiger ausdauernde Widerstandskraft gehört. Die jetzt erforderliche Selbstaufopferung hat sogar
im Politischen, aber noch weit mehr in der Wissenschaft, ihre Gestalt mit den äussern Verhältnissen und zum Theil auch mit der
bei den Betroffenen maassgebenden Lebensauffassung ändern müssen.
Sie hat aber darum nicht minderen, sondern mit dem gestiegenen
Bewusstsein der Lebensbedeutung noch grösseren Werth. Un-
sterblichkeitsgläubig in den Kerker und Tod gehen, war gewiss ein
Zeugniss von grosser Bedeutung, zumal wenn es nicht den religiösen
Wahnfanatismus ausgemalter Himmelsfreuden zur Ursache hatte,
sondern, wie bei Moralisten und Denkern nach Art eines Sokrates
in Bruno, doch nur von einer sehr allgemeinen und verblassenden
Vorstellung vermeintlicher Jenseitigkeiten des Todes unterstützt
werden konnte. Im vollen Bewusstsein aber von der Einzigkeit
und den Reizen des Lebens, welches durch diese Auffassung einen
weit höheren Werth erhält, dasselbe dennoch nach und nach stück-
weise und erforderlichenfalls auch ganz darangeben, um die besseren
Ziele des Geistes nicht zu verfehlen, — das ist eben die auf den
höheren Stufen der Entwicklung gestellte Aufgabe, über deren Ansprüche an das Menschenmögliche ich hier weiter keine Vergleichungen anstellen will. Soviel mag man aber auch für andere Verhältnisse aus dem Denkersinn entnehmen, dass die Befreiung vom Aberglauben, das echte Wissen und die Festigkeit des veredelten Wollens
Mächte sind, die in der Lebensführung viel vermögen und das Bewusstsein über äussere Uebel in bedeutendem Maasse erheben. Die
Nutzanwendung für andere Sphären des Lebens liegt nahe und ist
an sich wichtiger, als das, was unmittelbar und individuell persönlich doch nur das Schicksal einer in der ganzen Menschengeschichte
ziemlich spärlichen Anzahl von Personen angeht, während das, was
von diesen Personen ausgeht, schliesslich über die Bewusstseins-
gestaltung Aller entscheidet. Von diesem allgemeineren Gegenstück,
welches dem Muster der Denkergesinnung in den andern Lebensverhältnissen und in der ganzen Breite des Daseins entsprechen
kann, wird in der nächsten, unsere Schrift abschliessenden Lehre
und zwar als von einem der beiden zusammengehörigen Hauptmittel der Ausgleichung mit der Weltordnung zu reden sein.

Zehntes Capitel.

Ausgleichung mit der Weltordnung in Gesinnung und That.

1. Das Bewusstsein, wie es sich durch richtiges Denken und wahrhaftes Wissen sowie durch die feste Ordnung der Gemüthsvorstellungen gestaltet, ist eine grosse Macht; aber diese Macht reicht nicht zu, um den Menschen völlig zu befriedigen. Es muss noch die That, also die Theilnahme an der sachlichen Gestaltung des Wirklichen im Einzelnen und für das Ganze des menschheitlichen Lebens hinzukommen, um den Sinn mit der Beschaffenheit des Daseins auszugleichen. Wo sich Mängel und Störungen dem bessern Bewusstsein aufdrängen, da kann eine noch so vorzügliche Anordnung blosser Ideen nie vollständig helfen, wohl aber neben ihrem Nutzen viel schaden. Der Wahn, es lasse sich durch irgend eine Art der Seins- und Weltbetrachtung ohne Weiteres, also ausschliesslich durch die blosse Kraft der ruhenden Vorstellungen Befriedigung schaffen, hat in der Religion und in der Philosophie seine Stätte gehabt, ist aber mit dem Wirklichkeitssystem unverträglich. Nicht etwa blos Spinoza war noch vor ein paar Jahrhunderten ein philosophisches Beispiel für diese halbmönchisch beschauliche Abirrung, sondern es ist überhaupt auch seitdem das Schicksal der sogenannten speculativen Denker gewesen, sich die Religion zum Vorbilde zu nehmen. In Folge dessen gingen sie, ohne sich der Möglichkeit von etwas Anderem bewusst zu sein, von der falschen Meinung aus, man bedürfe nur einer gewissen Gruppirung der Ideen über das Sein, um auch mit dem Sein fertig zu werden. Ein Inbegriff von speculativen Glaubensartikeln, unter denen immerhin Wahrheiten sein mochten, konnte aber als solcher eben nur dazu angethan sein, die beschauliche Ruhesucht zu begünstigen und die Menschen entweder über die Schäden des Lebens hinwegzutäuschen oder wenigstens thatenlos darüber hinwegsehen zu lassen. Dieses Hinwegsehen hatte, wie in der eigentlichen Religion, meist den Sinn, den Blick auf etwas phantastisch Jenseitiges zu richten, und auch der erwähnte Spinoza, von dem man gern so falsch realistische Vorstellungen verbreitet, dachte noch mystisch und spiritualistisch genug, um einen Theil des menschlichen Geistes, ganz im Sinne der Scholastik, für unsterblich zu halten. Er ist überdies das Hauptbeispiel für jene Art des halb religiösen und halb philosophischen

Strebens, welches die speculative Befriedigung des Eigenlebens zum Hauptzweck macht. Der Religionsegoismus der mönchischen Gruppen war freilich in den Zeiten des halbwegs aufrichtigen Glaubens für diesen Punkt ein noch lehrreicheres Beispiel gewesen. Ueberhaupt ist die Religion als Mittel zur Befriedigung der ideologischen Selbstsucht anzusehen und hat nur da ausnahmsweise eine bessere Seite gezeigt, wo auch für sie etwas edler Praktisches, also beispielsweise eine thatkräftige Linderung menschlicher Uebel, ein wenig in Frage kam. Uebrigens hat sie sich immer um so schlechter gestaltet, je mehr sie zur blossen Theorie wurde und sich als solche verfeinerte. Als gelehrte Theologie ist sie am meisten verkünstelt, moralisch verdorben und auch sonst jedes Gehalts baar geworden, der mit einzelnen Bestandtheilen in ihr noch allenfalls für die Vergangenheit halb versöhnen könnte. Das sogenannte Seligwerden durch irgend einen blossen Glauben, der sich nicht etwa nur gegen gehaltlose Aeusserlichkeiten des Thuns, sondern überhaupt gegen die absolute Bedeutung des praktischen Eingreifens auflehnt, ist zwar nur unter Einmischung der ärgsten Widersprüche als religiöses Princip vorgekommen, liefert aber doch eine Erläuterung derjenigen Verkehrtheit, die wir auch in rein philosophischer Beziehung signalisirt haben.

Auch würde die Verschrobenheit an sich nicht geringer und verhältnissmässig noch ungeheuerlicher gerathen, wenn man die religiöse oder halbreligiös philosophische Art, eine unthätige Ideologie in Gestalt blossen Glaubens oder angeblichen Wissens zu empfehlen, modern dadurch ersetzen wollte, dass man die persönliche Eigensucht und Eitelkeit auf Kunstgenüsse und Wissenssplitter anwiese. Wie wenig beispielsweise die Dichter helfen können, davon haben wir schon früher Rechenschaft gegeben. Aber wenn sie auch ein wahres System der Weltanschauung in ihre Arbeiten verwebt hätten, so würde doch der sogenannte Kunstgenuss auch solchen vollkommneren Erzeugnissen gegenüber eine mindestens ruhesüchtige Ablenkung der Thatkraft darstellen. Für heute handelt es sich, nebenbei bemerkt, für die grössere Menge weder um jenen unzureichenden Kunstgenuss, noch um die Splitter und Abfälle aus den Modebestandtheilen gegenwärtiger Wissenschaftelei. Es ist daher ein arger und noch dazu unehrlicher Egoismus, welcher die Religion durch Befassung mit Kunst- und Wissensvelleitäten ablösen will. Ein solches, natürlich nur für die höheren Classen verschriebenes Recept ist nichts als eine widerwärtige Ausgeburt der moralischen

Corruption. Es hat aber, so ärmlich und kleinlich es angelegt ist,
doch mit den bedeutenderen Abirrungen der Vergangenheit die Beschränkung auf eine blosse Anordnung der Ideen gemein, die aber
in diesem Falle noch obenein dem Winde überlassen bleiben würde,
der von der Künstler- und Dichterlogik sowie von der bornirten
und unredlichen Sondergelehrsamkeit her jedesmal weht.

Um auch aus der Augenblicksschriftstellerei ein Manchen be-
kanntes Beispiel in Erinnerung zu bringen, so hat der verstorbene
Theologe und Kritiker gelehrter Theologie David Strauss noch
einige Zeit vor seinem Tode die Zweideutigkeiten und Hinter-
haltigkeiten, mit denen er das Publicum während seines früheren
Lebens bald mehr bald minder hinterging, schliesslich, soweit es
sein Charakter überhaupt gestattete, einigermaassen aufgegeben und
wenigstens rundweg erklärt, dass die Kirchen wegfallen könnten.
Indem er dies noch mit einem Anflug von Predigerton that,
glaubte er nun auch einen „neuen Glauben“ als Surrogat des „alten
Glaubens“ nachweisen zu können und bestimmte diesen von ihm
beliebten neuen Altenweiberglauben dahin, dass hauptsächlich die
Abfälle der Englischen zoologischen Coterie, also etwas Darwinismus-
spielerei, die sich doch mit spiritistisch wissenschaftlichen Alten-
weiberkünsten nach Art eines Wallace sehr gut verträgt, und dazu
noch etwas Kunst und Musikmacherei den Platz der weggeräumten
Kirchen einnehmen sollten. Von den Plattheiten der Darstellung
dieser dürftigen Gedanken zu schweigen, so ist dieser neumodisch
geistliche Rathschlag an die höhern und die sogenannten gebildeten
Classen gerichtet, und hiezu passt auch das politisch rückläufige
Zubehör, welches in dem neuen Straussglauben an die heilbringende
Kraft der Todesstrafe und an das über alle Gerechtigkeit erhabene
Faustrecht der Gewalten alten Stils ausgekramt wurde. Wenn beispielsweise das Goethelesen und ein Goethecultus zum Religions-
surrogat des neuen Glaubens gehören, so ist das hochkomisch.
Jedes gebildete Dirnchen, welches sich „den Gott und die Bajadere“
zu Herzen genommen oder mit der Faustmoral und andern Faust-
rechten ein wenig getändelt hätte, wäre demgemäss in das Heilig-
thum des neuen Glaubens eingeführt oder, besser gesagt, mit ihm
angeführt. Wenn aber gar in gutem Glauben und bei natürlich
besserm Streben etwas Dichterbildung wie eine unschuldige Offen-
barung durch die Jugend aufgenommen wäre, so könnte eine derartige Ahnungslosigkeit von den wirklichen Gesetzen der Welt nur
unfähig machen, sich mit dem Leben zu messen. Im Uebrigen

bleibt aber die eigentliche Kunstspielerei thatsächlich etwas Hohles,
und da, wo sie dies nicht ganz ist, wirkt ein vielfach unnatürlicher
Geistesrausch sentimental entnervend und abstumpfend gegen die
Wahrheit und Wirklichkeit naturwüchsiger Gefühle und Gedanken.
Darüber, dass die niedriger belegenen Schichten der Gesellschaft in
dem fraglichen Recept als nicht vorhanden betrachtet werden, habe
ich nicht nöthig, noch weiter ein Wort zu verlieren; denn meine
Schrift dürfte oft genug den Leser daran erinnert haben, dass es
ein arger Egoismus ist, in irgend einer, ihrer Natur nach allgemeinen
Lebensangelegenheit die breite Grundlage der Gesellschaft dem
Aberglauben, dem Wissensmangel und der Genussverkümmerung
überlassen, für sich selbst aber Geistesfreiheit, Kunstgenuss und
Wissenschaftszierrath als Privilegium in Anspruch nehmen zu wollen.
Die Arbeit, deren Ausübung für Jeden zu einem lebenswerthen
Dasein gehört, ist bei diesem kunst- und wissenschaftsspielerischen
Religionsersatz bezeichnenderweise ganz vergessen und auch nicht
einmal ein blasser Anflug von Moral darin anzutreffen. Gegen
solche und ähnliche Velleitäten wird der gesunde Sinn stets Ekel
empfinden, und nur die corrupte Verkommenheit und Wüstheit des
zerfahrenen Geistes der verbildeten Gesellschaftselemente ist im
Stande, mit solchem unechten Flitterfabricat ein Weilchen zu
tändeln.

2. Alle echte Weisheit muss das Bestreben haben, kein Privilegium besonderer Personen, Stände und Classen zu bleiben. Sie
muss schliesslich für das Volk dasein, oder sie wird nicht viel bedeuten, am wenigsten aber es vermögen, den Platz der Religion
einzunehmen. Es giebt in der ganzen bisherigen Geschichte der
Philosophie kein Beispiel, welches sich auch nur annähernd als Verwirklichung dieses Gedankens anführen liesse. Unter den grössten
Namen der Philosophie ist es Sokrates, dem man wenigstens die
Rolle zuschreiben kann, für die staatsbürgerlich berechtigten Elemente
der damaligen Gesellschaft, aber nicht etwa für die Sklaven, eine
nicht blos gemeinverständliche, sondern auch einem reformatorischen
Beruf entsprechende Denkweise und Moral vertreten zu haben.
In Beziehung auf Religion war er aber in einer ähnlichen Weise,
wenn auch nicht in demselben Maasse rückständig, wie in neuster
Zeit Rousseau. Die Hauptsache bleibt aber, dass bei ihm keine
falsche Vornehmheit obwaltete, wogegen Plato, sein berühmtester
Schüler, der in glänzenden Verhältnissen lebte und von der damals
herkömmlichen sophistischen Verbildung nicht durchgreifend und

nachhaltig genug befreit worden war, wiederum ein Beispiel lieferte, nicht nur überhaupt von priesterhaftem Philosophenhochmuth, sondern auch von der gewöhnlichen Beschränkung der Philosophie auf auserwählte Elemente der höhern Gesellschaftsclassen, ja fast auf einen blossen Schulkreis. Grundsätzlich ist freilich erst in neuerer Zeit hier und da ein eigentlicher Denkeregoismus in dem Sinne zu Tage getreten, in welchem beispielsweise der Professor Kant erklärte, das, was er liefere, könne nie für das Volk sein, und es handle sich daher bei dem Widerstande gegen seine Metaphysik nur um das gefährdete Monopol der früheren Schulen. Diese Auffassung muss heute als hochkomisch erscheinen; denn wer möchte, falls er nicht etwa selbst an einem der Monopole theilnimmt, noch ein Interesse haben, sich um die Schulcliquen der Universitäten in der Philosophie mehr als um diejenigen in der Theologie, also um die ganze verrottete Gebahrung überhaupt noch zu kümmern. Die privilegirte monopolistische Philosophie kann der Theologie in das Grab nachfolgen und sogar die antike Philologie bald mit sich nehmen. Ein Schopenhauer wollte nur für die Latein verstehenden und das Griechische wenigstens mit lateinischer Uebersetzung buchstabirenden Classen, aber, wie er sich selbst auszudrücken beliebte, nicht für „Schuster und Schneider" geschrieben haben. Um das in anderer Beziehung schon in der vorigen Nummer erwähnte Beispiel auch hier, wo es noch lehrreicher ist, nicht zu vergessen, so hat Spinoza von seiner Philosophie ungefähr so gedacht, wie das auserwählte Volk, dem er angehörte, von sich zu denken gewohnt war und ist. Er war ganz in dem Wahn befangen, es sei die Philosophie etwas so Schweres, dass man sie noch erst durch Herablassung zur gewöhnlichen Redeweise den gemeineren Vorstellungen entsprechend machen müsse, damit nicht auch sogar eine kleinere Anzahl für sie unfähig bleibe. Dies mag nun allerdings von scholastischen Verzwicktheiten volle Gültigkeit haben, und Spinozas Hauptschrift ist nicht etwa ihres Latein wegen, sondern, trotz aller Verdienste im Einzelnen, durch ihre in der Darstellungsart geschraubte Gedankenhaltung für den natürlichen, auf unverkünstelte Selbstbelehrung gerichteten Geschmack ungeniessbar. Auch ist hieran nicht das vornehmlich mathematische Rubrikenwerk, sondern im Innersten der Sache die logische Unnatürlichkeit und das Eckige der ursprünglichen Gedankenfassung schuld. Die Uebersetzungen in neuere Sprachen müssen dies nur noch deutlicher machen; aber freilich stellt das Publicum Derartiges eben nur in seine Schranke und wagt, wenn es einmal den misslingenden Versuch macht, solche Bücher zu lesen, gegen die falsche Zumuthung, darin für sich etwas finden zu müssen, nicht aufzuathmen. Das Beispiel Spinozas ist in dieser Beziehung um so lehrreicher, weil dieser, zu seiner Zeit immerhin einen hochachtbaren Fortschritt repräsentirende und durch sein entsagendes Leben ausgezeichnete Philosoph heute schon zum blossen Nährstoff für liberalisirende Theologen geworden ist und für eine durchgreifende Philosophie nur noch als geschichtliche Erscheinung, in der Wirklichkeit aber unmittelbar gar nicht mehr Interesse hat. Letzteres ist auch sehr begreiflich; denn bei Spinoza sind auffallend wenig eigentliche Wissenschaftsspuren anzutreffen, — ein Umstand, der mit dem Verhalten anderer Philosophen jener und der früheren Zeit, z. B. mit dem von Hobbes und Descartes, stark contrastirt und sich offenbar daraus erklärt, dass der fragliche Denker seiner Abstammung, Erziehung und Schulung nach, wie einst sein Volk, ganz und gar in der religiösen und theokratischen Auffassung der Dinge aufging und diesem vorwaltenden Zuge seines Geistes eben nur ein philosophisches und halb scholastisches Gewand anlegte. Wenn er nun trotz dieser Religionsseite dennoch nicht zu etwas Volksmässigem gelangte, so ist dies ein um so grösserer Widerspruch; denn die halb naturalistische Umbildung des israelitisch religiösen Gepräges der überlieferten Denkweise und des zugehörigen angestammten Wollens führte, zumal bei der starken Untermischung mit scholastischen Wendungen, zu einem Ergebniss, welches nicht blos in der Form, sondern auch im Gehalt disharmonisch aus Unvereinbarkeiten bestand und demgemäss auch zu einem grossen Theil für die höchsten wie für die niedrigsten Ansprüche gleich unzusammenreimbar blieb.

3. Eine echte Wahrheits- und Weisheitslehre hat auf der Folgerichtigkeit des unverschrobenen, natürlich einfachen und dem Wesen der Dinge entsprechenden Denkens zu beruhen, durch welches sowohl die allgemeinen Züge der Weltvorstellung als auch die besondern, dieser Weltvorstellung zu Grunde liegenden Wissensbestandtheile im Laufe der Zeit naturgesetzlich hervorgebracht worden sind. Die Anwendung solchen Wissens auf das Leben der Einzelnen und der Menschheit ergiebt die eigentliche Weisheitslehre, wobei jedoch nicht zu übersehen ist, dass sich die Grundsätze des umsichtigen Verhaltens nicht blos auf äussere Handlungen, sondern auch auf die innern Thätigkeiten des Denkens und Fühlens sowie auf die blossen Regungen des Wünschens und Wollens zu erstrecken

haben. Wenn es nun einfache Grundwahrheiten der gesammten Welt- und Lebensvorstellung und gleicherweise auch einfache Grundgesetze des menschlichen Verhaltens sowie der erspriesslichen Gestaltung desselben giebt, so versteht es sich von selbst, dass eine solche Frucht des klaren Denkens, des erweiterten Wissens und des veredelten Wollens kein Privilegium für Wenige bleiben darf, sondern schliesslich allen Menschen zugänglich gemacht werden muss. Wer nicht blos frei in der Religion, sondern auch frei von der Religion ist und den Abschluss der weltgeschichtlichen Religionsära in das Auge fasst, muss sich sagen, dass die Ablegung abergläubisch phantastischer Weltumhüllung nicht genügt. Wenn der Mensch nicht zur Brutalität des Nichtvorstellens und Nichtdenkens, also zu dem Zustande der Unterdrückung aller umfassenden Gesammtideen, herabgewürdigt werden soll, so muss er seine Phantasie nach der Wirklichkeit an bestimmte Umrisse der Seins- und Weltanschauung gewöhnen. Seine Vorstellungsfähigkeit darf in dieser Richtung nicht gleichsam weisses Papier bleiben; denn wo die richtigen Gedanken fehlen, dürfte sich, und zwar namentlich im naturwüchsigen Verhalten der Menge, bald wieder der wildeste Aberglaube einfinden. Um den Einzug der falschen Vorstellungen zu hindern, muss man die Behausung der Phantasie mit wahren Anschauungen ausstatten. Aehnlich verhält es sich mit den Grundsätzen des bessern Thuns und der veredelten Lebensführung; denn wie wichtig auch hier schon die blosse Ausmerzung der Irrthümer sein möge, so ist doch die Geltendmachung positiv leitender Gedanken und gestaltungskräftiger Antriebe noch entscheidender.

Man ist in der neuern Zeit daran gewöhnt, sich eine Art Moral als für das Volk in Religionsbüchern oder daraus abgeleiteten Büchelchen, wie es die Katechismen sind, verkörpert zu denken. Nun ist aber die Anlehnung der Bildung an eine Bibel oder, mit andern Worten, an ein theokratisch d. h. gottesherrscherlich geheiligtes Hauptbuch eine wesentlich jüdische Ueberlieferung und übrigens ursprünglich auch in andern Gestaltungen nur dem despotischen Asiatismus eigen gewesen. Freiere Völker haben, ausser durch fremde Einimpfung, solche sklavisch autoritäre Unterwerfung unter das Monopol sogenannter heiliger Bücher entweder gar nicht oder doch nicht in gleichem Grade gekannt. Das thatsächliche Christenthum, wie es auf die theils corrumpirten, theils barbarisch wilden Völker gepfropft wurde, hat bekanntlich die jüdische Ueberlieferung fortgepflanzt und ist später mit der Reformation erst recht darauf zurückverfallen. Indem nun die Bibel in die Hände des Volks kam, wurden mit ihrem an Masse überwiegend alttestamentlichen Inhalt unverhältnissmässig mehr die jüdischen Gedanken als etwa die vereinzelt anerkennenswerthen bessern Ansätze des neuen sogenannten Testaments verbreitet. Die Katechismen aber nahmen, wie beispielsweise der Luthersche, in den zehn Geboten die Grundlagen des mosaisch theokratischen Rechts und in dem Glaubensbekenntniss die Satzungen der alten Kirchenversammlungen auf. Sonderliche Moral ist darin wahrlich nicht anzutreffen, wenn man nicht etwa die Sicherung patriarchalischer Familienzucht und die Abmahnung vom Ehebruch, Diebstahl, Mord und falschen Zeugniss, also ein Stückchen sehr gewöhnlichen Criminalrechts, wie es in unsern Strafgesetzbüchern seine gehörige Stelle hat, dafür ausgeben will. Grade das, was sich Menschen von besserem Streben oft vorzugsweise als idealen Zug christlicher Verhaltungsantriebe zurechtlegen, nämlich die offenbar nur als überschwengliches Paradoxon formulirte Nächsten- oder wohl gar Feindesliebe, also diejenige auszeichnende Eigenthümlichkeit des neuen Testaments, welche mit der Entwicklung wirklich humaner und veredelter Gesinnung noch am verträglichsten sein mag, findet sich in den Katechismen nicht vertreten. Aus der Quelle selbst wird Derartiges aber nur von denen herausgelesen, die ohnedies eine besondere Wahlverwandtschaft dazu haben und über alle Widersprüche hinwegzusehen harmlos und unwissend genug sind. Jenes Princip einer im Widerspruch mit den Naturgesetzen stehenden Liebe mag als augenblickliche Ueberschwenglichkeit und als Paradoxie, welche mehr sagt als sie bedeuten kann, ein Stück Wirklichkeit des menschlichen Gemüths vorstellen. Im Allgemeinen ist aber jener Grundsatz in Verbindung mit dem gewöhnlichen naturgesetzlichen Verhalten der Antriebe und Gemüthsbewegungen stets eine Unwahrheit gewesen und in der bisherigen Geschichte der Religion bei den Menschen zu einer mehr oder minder bewussten Lüge geworden. Ihm ist der Haupttypus älterer und neuerer Heuchelei entsprossen, in welchem die überall sichtbar hervortretende Natur das falsche Vorgeben und die liebefrommen Allüren Lügen straft. Dieser Trug, in welchem nicht ausnahmslos vollbewusster Betrug, sondern gelegentlich auch eine unwillkürliche Verworrenheit des menschlichen Wesens obwaltet, ist nun wahrlich von einer gesunden Moral soweit als möglich entfernt. Der Inhalt ist also in den religiösen Volksbüchern nicht minder unzureichend, als deren Form und allgemeine Einrichtung. Was geht

die modernen Völker und namentlich uns Deutsche die jüdische
Geschichte und darin beispielsweise Salomo mit seiner blasirten
Luxusweisheit an! Auch das corrupte Ende dieser Geschichte und
die niederträchtige Hinrichtung eines neuen Hauptpropheten, wie sie
von der halb als Sage halb als Geschichte, jedenfalls aber als
treffende Kennzeichnung des jüdischen Verhaltens zu betrachtenden
Ueberlieferung dargestellt wird, behält schliesslich nur noch als
Material für die Beurtheilung der Racen- und Völkerschicksale einigen
Werth. Hievon abgesehen, also unmittelbar vom Standpunkt des
natürlich menschlichen Interesse betrachtet, kann eine solche Ueberlieferung nicht mehr, sondern nur weniger bedeuten, als jede andere
historische Thatsache ähnlicher Art. Das Naturell der modernen
Völker und beispielsweise besonders unser verhältnissmässig un-
gemischtes Deutsches Wesen sind mit dem fremdartigen Ueber-
lieferungsgepräge vermeintlicher Volksbücher unverträglich und werden, trotz der langen Einimpfung, mit der Allmacht der Natur
wieder ihre Rechte auf eignes Denken und Fühlen geltend machen.

Es wäre jedoch voreilig, sofort anzunehmen, dass stets etwas
Aehnliches, wie die religiösen Volksbücher, beschafft werden müsste.
Eine solche Annahme würde noch etwas nach dem Gedanken
schmecken, als wenn die Religion überhaupt durch etwas Gleich-
artiges aber Gesichtetes ersetzt werden sollte. Dieser Gedanke bliebe
noch eine Rückständigkeit, von welcher das entschieden durchgreifende Denken auch nicht einmal den Anschein bei sich zulassen
darf, wenn es nicht völlig missverstanden werden will. Der Abschluss der Aera der Religionen endigt eben eine bestimmte Bethätigungsart der irregeführten Phantasie und hiemit den höchsten
und verfeinertsten wie den niedrigsten und gröbsten Gespensterglauben und Gespenstercultus. Wir haben nach keinem Religions-
surrogat zu suchen, wie Philosophen nach Art eines August Comte
gethan haben. Sogar das Wort Ersatz erhält in Anwendung auf
die Religion leicht einen falschen Sinn. Nicht die bisherige Religion
ist etwa durch eine bessere zu ersetzen; denn dies würde heissen,
die Religion als eine bleibende Bethätigungsart des menschlichen
Geistes anerkennen; es ist vielmehr die ganze Gattung selbst aufzugeben, und es kann demgemäss von einem Ersatz nur in Beziehung auf diejenigen Bestandtheile geredet werden, die, wie die
sachlichen Seiten der Weltanschauung und der Sittenlehre, zwar in
falscher Gestaltung mit der Religion verbunden, aber doch in ihrer
wahren Beschaffenheit nicht selbst Religion sind. Wenn wir also

18 *

sagen, dass eine volksmässige Wahrheits- und Weisheitslehre den Platz der Religion einzunehmen habe, so meinen wir hiemit nicht etwa wiederum etwas Religionsartiges, sondern im Gegentheil etwas mit dem Kern aller Religion Unverträgliches. Dieser Kern ist der Jenseitigkeitsaffect oder, mit andern Worten, die Entfremdung von der Wirklichkeit alles Seins, die zugleich künstlich das Bedürfniss einer gespenstisch jenseitigen Versöhnung erzeugt, welche also ausserhalb der Einheit des Seins platzgreifen soll. Das Wesen der Religion kann sich demgemäss auch in den verfeinertsten Formen nur solange erhalten, bis der Wirklichkeitssinn soweit gereift ist, um mit der falschen Phantastik brechen zu müssen und nur noch einer Vorstellungsart der Dinge fähig zu sein, in welcher Vergangenheit und Zukunft ausschliesslich durch die Kette wirklicher Thatsachen und materiell sachlich begründeter Gesammtbegriffe gedacht werden. So etwas sollte aber da, wo man nicht verwerflicherweise durch Zweideutigkeiten absichtlich irreführen will, niemals mehr Religion genannt werden. Sogar die gute Absicht, durch Anknüpfung an den allerdings sehr unbestimmten Sprachgebrauch sich denen verständlich und annehmbar zu machen, die sich bei der Religion nun einmal auch das zu ihr nicht Gehörige denken und mit ihr das menschliche Gemüth selbst zu verlieren meinen, — selbst diese gute Absicht der entgegenkommenden Verständigung muss ihren Zweck meist mehr verfehlen als erreichen, indem alsdann das Wort Religion regelmässig unwahre Vorstellungen unwillkürlich mitanregen und mitbestechen lassen wird. Redlicherweise giebt es also zur Klarstellung keinen andern Ausweg, als im Wort wie in der Sache aus der ganzen Sphäre herauszutreten und sich auf den Boden der reinen Wirklichkeit und der durch sie verbürgten sachlichen Seinsgedanken zu stellen, ohne es sich auch nur im Entferntesten einfallen zu lassen, etwa sogenannte Wahrheiten der Religion in blos symbolischer, figürlicher, allegorischer oder sonst uneigentlicher Bedeutung geltend zu machen. Letzteres ist der Abweg der zweideutigen, unehrlichen oder wenigstens corrupt verworrenen Philosophie, deren altersschwache Metaphysik den Wahn aufrechthalten möchte, dass die Dogmen in einem höheren, über das Buchstäbliche und die eigentliche Bedeutung hinausreichenden Sinne wirklich Wahrheiten wären. Dieses falsche Doppelspiel ist allem Volksmässigen am feindlichsten und ist daher als die ärgste Hintertreibung eines wahrhaften Gedankenverkehrs des Menschen mit dem Menschen zu brandmarken. Ueberdies kann der Plunder der Allegorien auch da, wo er in andern Gebieten etwas Richtiges zu umhüllen vermöchte, für den gereiften, nicht kindisch mit Masken verkehrenden, sondern den Dingen ins freie Angesicht schauenden Sinn nicht mehr die geringste Bedeutung in Anspruch nehmen. Er wäre daher auch für moralische Wahrheiten schlecht angebracht, und etwaige neue Beurkundungen des Wissens und Wollens für das Volk dürfen sich auf ihn nicht einlassen.

4. Ueberall, wo lehrbares Wissen oder wirksame Antriebe des Wollens mitzutheilen sind, ist es wichtig, möglichst kurze, vollkommene und verbreitungsfähige Fassungen des jedesmal fraglichen Gedankenstoffes zur Verfügung zu haben. In einer Epoche, in welcher das Volk durchschnittlich lesen kann und ein grosser Theil desselben auch die elementarsten und demgemäss einfachsten Gedanken über Lebensangelegenheiten und Welt zu verstehen beginnt oder doch hiezu fähig werden mag, ist es sicherlich an der Zeit, entsprechende gedruckte Verkörperungen des verfügbaren Wahrheitsgehalts als natürliche Forderungen der Entwicklung anzuerkennen. Es würde jedoch ein Abweg sein, etwa, wie Manche gethan haben, die Katechismen nachahmen zu wollen. Abgesehen davon, dass in wahrhaft schöpferischen Angelegenheiten überhaupt Nachahmung nicht am Platze ist, wäre es auch schon ein formelles Zugeständniss an die alte falsche Ueberlieferung, Namen und Form solcher Büchelchen durch Verwendung für einen unvergleichlich wichtigeren und besseren Gehalt zu ehren. Ueberdies würde es aber auch sachlich unzweckmässig sein, selbst in veränderter Form ganz denselben Kreis von Stoffen in entsprechenden Volksurkunden niedergelegt wissen zu wollen. Beispielsweise gehören Grundgesetze des Rechts in die Gesetzbücher und in besondere volksmässige Hülfsmittel der Gesetzeslehre. Wie die eigentlichen Elemente der Wissenschaft in guten Volkslehrmitteln, aber in freier Weise zu verkörpern sind, so muss auch die Freiheit der kurzen geeigneten Formulirungen das moderne Princip werden. Unter den verschiedenen Fassungen des Stoffes mögen einige oder eine einzige immerhin ein vorzügliches Ansehen geniessen, aber eine eigentlich autoritäre Geltung nach altem Stil würde grade der Tod von dem sein, was man zu erstreben hat. Es sind die Naturgesetze oder, mit andern Worten, die sachlichen Gestaltungsnothwendigkeiten guter und veredelter Sitte sowie eines richtigen Denkens über das Ganze der Dinge, was sich geltend machen soll. Nun hiesse es, einen sehr schwachen Glauben an die Kraft der natürlichen Wahrheit verrathen, wenn

man etwas, was in seinem reinen Wissensbestandtheil wie Mathematik lehrbar und auch übrigens in den moralischen Grundsätzen als absolut gültig nachweisbar ist, in einer Form geltend machen wollte, die auf künftige autoritäre Verknöcherung zählte. Selbst aus den besten Leistungen der Schriftsteller, insbesondere Dichter oder auch allenfalls noch kommenden Propheten der modernen Völker wird und soll sich nie etwas ausscheiden, um in dem alten unfreien Sinn zu einer autoritär sanctionirten Urkundensammlung und so zu sagen zu einem heiligen Bücherkanon zu werden. Ist doch, wie sonst das Heiligsprechen, so in neuster Zeit schon das Classischsprechen einiger Literaturstücke dem Geiste der Prüfung und gesichteten Benutzung des wirklich Werthvollen schädlich genug geworden!

Was im Wissen wahr und im Streben gut ist, braucht nicht darauf auszugehen, sich in starren Formulirungen abzuschliessen oder gar eine künstliche Ausschliesslichkeit und Herrschaft anzustreben. Es muss seiner selbst so gewiss sein, dass an ihm sogar schlechtere Formgebungen nichts Wesentliches verderben können. Auch für die Mathematik sind die strengeren Anforderungen in Bezug auf vollkommenere Fassungen des modernen Stoffs weder in den Niederungen noch auf den Höhen gehörig erfüllt; trotz dieses Mangels aber bleiben im Allgemeinen gewisse Hauptwahrheiten gesichert und werden nur in Folge persönlich krankhafter Auswüchse des Denkens angetastet. Aehnlich könnte es sich nun auch mit den Hauptsätzen über die Veredlung der naturgesetzlich begründbaren Sittengestaltung sowie über die naturnothwendige, dem errungenen positiven Wissen entsprechende Welt- und Seinsvorstellung verhalten. Unter Voraussetzung der näheren Begründung des rein wissenschaftlichen Unterbaues in einem systematischen Unterricht könnten die schliesslichen Hauptgedanken als Ergebnisse für sich abgesondert und in mannichfaltigen Fassungen zugänglich gemacht werden. Die letzten Principien sind grade das Einfachste und können demgemäss auch das Elementarste im gewöhnlichen Sinne dieses Worts werden, wenn sie nur eine gehörige Fassung erhalten. Dies gilt für die Erfordernisse der allgemeinen Weltansicht; aber es verstärkt sich bei der Moral noch durch einen andern Umstand. In Fragen der guten Sitte und Lebenseinrichtung braucht glücklicherweise für das Allernothwendigste nicht einmal solche Wissenschaft vorausgesetzt zu werden, die erst kunstvoll und stufenmässig durch eine Reihe von besondern Kenntnissen aufgebaut werden müsste. Hier kann und muss man sich sofort in den Besitz der leitenden Wahrheiten setzen und hier ist also, wo einmal diese leitenden Wahrheiten hervorgezogen und durch die Aufdeckung der entscheidenden Gründe gesichert sind, keine Gefahr mehr vorhanden, dass eine Mannichfaltigkeit der Darstellungswendungen erheblich vom Richtigen abführe. Im Gegentheil wird diese Freiheit dahin wirken, dass sich die Unvollkommenheiten und Unzulänglichkeiten gegenseitig bemerklich machen und so selbst zur Berichtigung auffordern. Gegen diese Freiheit streitet es aber natürlich nicht, dass man nach mustergültigen, ganz bestimmten Gedankenfassungen der fraglichen Stoffe für das Volk strebe; nur soll die Gültigkeit als Muster stets nur auf dem thatsächlichen und immer von Neuem zu prüfenden Werth beruhen und jeder Zeit an jedem Orte die Probe der freien Wettbestrebung nach noch Besserem zu bestehen haben.

Nicht mehr Religion, sondern etwas ganz Anderes, was ich kurzweg Gesinnung nennen möchte, ist es, wovon die Verkörperung in kleinen leichtverständlichen Volksschriften erforderlich wird. Ich meine hier diejenige Gesinnung, die nur vorhanden sein kann, wenn sich das Licht des Denker- und Forscherwissens mit der Wärme des veredelten und besonnenen Wollens vereinigt. Gesinnung in dieser zugleich einfachen und hohen Bedeutung schliesst nicht blos die moralischen Antriebe an sich selbst ein, sondern gestaltet diese Antriebe im Anschluss an eine zutreffende und erhebende Weltvorstellung. Hiedurch erst ergiebt sich der bedeutende Unterschied gegen die gemeine Moral, die theils an sich falsch oder unzulänglich ist, theils aber auch durch die Unterschiebung einer abergläubischen Grundlage hinfällig gemacht wird. Was vorher Wahrheits- und Weisheitslehre genannt wurde, muss die allgemeine Gewohnheit jener Gesinnung zur Frucht haben. Eine volksmässige Verallgemeinerung derjenigen Bestandtheile echter Denkergesinnung, die auf die Verhältnisse jedes Menschen Anwendung finden können, ist eine Forderung der moralischen Zukunfts- und gewissermaassen auch schon Gegenwartsordnung. Zu einem Theil hängt die Gesinnung vom angestammten und angebornen oder sonst eingewurzelten Charakter ab; aber sie bleibt doch stets auch für diesen Theil durch die Einpflanzung von Gedanken bestimmbar, die den etwa schlechten Neigungen im bessern Sinne entgegenwirken. Die Uebertragung fremden mächtigen Wollens auf den sonst von dem Antrieb schlechter Charakterzüge ausschliesslich beherrschten Einzelnen ist nicht zu unterschätzen und leistet sogar Mehr als blosse

Wissensaufklärung vermag. Aus diesem Grunde ist es durchaus nicht gleichgültig, ob in den volksmässigen Darstellungen der Wahrheits- und Weisheitslehre nur verblassende Umrisse der allgemeinen lehrbaren Grundsätze hingezeichnet werden, oder ob auch zugleich die lebendige Kraft eines mächtigen Wollens zum Ausdruck komme. Eine Verkörperung der vollen Gesinnung ist nicht vorhanden, wenn von ihr nur ein theoretischer Grundriss geliefert, aber nicht zugleich auch in jedem Worte der feste Wille und Muth dessen sichtbar wird, von dem es ursprünglich ausgegangen ist.

5. An die Stelle der Religionslehren und des religiösen Cultus wollen wir, wie gesagt, die Pflege jener, den Menschen veredelnden Gesinnung gesetzt wissen, die zugleich in einer erhebenden Weltanschauung und in den auf gute Sitte gerichteten Grundgesetzen wurzelt. Eine solche Gesinnung, in der sich Wissen und Streben zur volksmässigen Weisheit vereinigen, muss angebildet und anerzogen werden; denn sie ist nicht wildwüchsig, sondern das Erzeugniss einer langen Arbeit der echten Bestandtheile der Cultur. Wer heute glaubt, die blosse Fernhaltung von der Religion könne für Kinder und Erwachsene allein schon hinreichend erspriesslich wirken, ist in einem Irrthum befangen, der bisweilen recht nachtheilig werden kann. Freilich ist jetzt meist keine Wahl vorhanden, und die Schäden, welche der Zustand der Freiheit von der Religion herbeiführt, wenn nicht grundsätzlich eine geordnete Pflege der Gesinnung platzgreift, sind doch noch das kleinere Uebel in Vergleichung mit dem Unheil, welches ein sich auflösender und so zu sagen sich selbst nicht mehr glaubender Aberglaube bezüglich der Vorstellungsverwirrung und Sittenverderbung mit sich bringt. Ja jene Schäden sind noch geringer, als diejenigen, welche daraus erwachsen, dass anstatt der völligen Freiheit von der Religion die blosse Freiheit in der Religion dahin führt, dass man bei Neunzehntelconsequenzen stehen bleibt und eine Zehntelreligion beibehält. Dieser rückständige Religionsliberalismus, für den die entwickeltsten Exemplare sogenannter freier Gemeinden in Deutschland das höchstbelegene Beispiel liefern, befindet sich in Bezug auf das Dasein der Religion zwischen Leben und Sterben und weiss selbst nicht, wie er sich drehen und wenden soll, um sein eines Procent Religion davor zu behüten, den übrigen neunundneunzig nachzufolgen oder aber wieder dem Krebsgang in der Richtung auf mehr eigentliche Religion anheimzufallen. Protestantenvereinler wollen aber gar die Aushöhlung und Verflüchtigung der Religion mit dem Amtiren in

der Kirche vereinigen und stellen so mit ihren Zweideutigkeiten die widerwärtigsten Corruptionsblüthen dar, durch welche der Aufrichtigkeitssinn des unbefangenen und natürlichen Menschen arg gestört werden muss. Fäulniss mag immerhin ein Vorgang sein, der auch in der Geschichte seine Function zu üben hat; aber hieraus folgt nicht, dass nicht der Einzelne und die Gruppen unter bestimmten Voraussetzungen im Stande sind, sich selbst bei gesundem Leben zu erhalten. Letzteres kann nun heute in Bezug auf Religion nur da der Fall sein, wo mit dem letzten Schritt das wankende Reich des Aberglaubens ganz und gar verlassen und der Fuss auf den sichern Boden des Wirklichkeitssinnes und der entsprechenden Gesinnungspflege gesetzt wird.

Diese Gesinnungspflege ist, wie noch ausdrücklich hervorgehoben werden muss, nicht mit blosser Moral zu verwechseln. Eine bessere und verlässliche Gesinnung kann nur dann fest gegründet sein und den nöthigen Rückhalt besitzen, wenn in ihr stets eine umfassende, die Möglichkeit von Grosssinn und erhabenem Aufschwung sichernde Weltvorstellung enthalten ist. Das Wort Gesinnung hat auch sprachlich den Vortheil, an eine Art Sinn zu erinnern, in welchem das Gesammtdasein aufgefasst wird. Die Richtung des Sinnes in der theoretischen und in der praktischen Bedeutung des Worts ergiebt eben das, wodurch für uns der Ausdruck Gesinnung etwas Bestimmteres als gewöhnlich zu bezeichnen vermag, so dass die Einheit und Einigkeit der Denk- und der Handlungsweise in ihm begriffen wird. Es wäre heute etwas äusserst Dürftiges, blos ein paar alte Grundsätze der Moral in gereinigter und verbesserter Gestalt auffrischen zu wollen; ja es bliebe auch noch dürftig, eigentlich neue Moralprincipien in der Gestalt blosser Zumuthungen und übrigens nichts weiter zu formuliren. Sogar die Angabe der Gründe und die Zurückführung der bessern Verhaltungsregeln auf die Naturgesetze der Gerechtigkeit und der sonstigen edleren Gegenseitigkeit in der Menschenbegegnung könnten nicht genügen. Der Mensch hat vielmehr sein Wollen im Hinblick auf die Gesammtheit der Dinge durch ein allumfassendes Wissen von der Welt und dem Leben, also von dem Naturganzen und den Schicksalen seines Geschlechts, zu bestimmen und zu gestalten. Hiebei ist nicht nur eine Gesammtanschauung im gewöhnlichen Sinne, der leicht ein sich vereinzelndes und zerfahrenes Bild von einem zeitlichen und räumlichen All untergeschoben wird, sondern das umspannende und ordnende Denken mit seinen nicht nur die Forschung befruchtenden, sondern auch die Welt-

gestalt nachweisenden Grundbegriffen erforderlich. Diese Grund-
begriffe können sehr einfach und verständlich ausgedrückt werden,
so dass man sie in der ferneren Entwicklung des volksmässigen
Vorstellens getrost zur Geltung bringen kann. Sie werden unter
den modernen Verhältnissen nicht schwerer anzueignen sein, als es
unter den Urverhältnissen die kindische Phantastik gewesen ist. In
der verstandesmässigen Bestimmung der heutigen Phantasie und
um so mehr derjenigen der kommenden Geschlechter werden wir
die Vergleichung mit der populären Tragweite der religiösen Vorstellungsarten vom Dasein und die Auseinandersetzung mit den
mythischen Bildern wahrlich nicht zu scheuen haben. Das Ergebniss des mit Forschung vereinigten Denkens über die Welt lässt
sich ebensogut, ja in einem gewissen Sinne noch besser in wenigen
Umrissen festlegen und an das Volk bringen, als irgend eine kindisch unzulängliche und sich gegenwärtig sofort als widerspruchsvoll und unannehmbar kennzeichnende Weltentstehungsdichtung der
Urzeit.

Vor allen Dingen darf der zeitliche Hintergrund des Weltdaseins in einem Hauptpunkt nicht unbestimmt bleiben, wenn er
sich auch übrigens mit Wahrheit in Nebel hüllen mag. Es gab
einmal einen Zustand des Stoffes, können wir getrost sagen, in
welchem noch nicht eine Thatsache auf eine andere oder überhaupt
Eines auf das Andere folgte. Es war alsdann später ein in grossen
Weiten von Raum verbreitetes Gas vorhanden und aus ihm sind
alle Sonnen- und Weltkörper entstanden. Es war noch keine Empfindung; aber es entstanden später fühlende Wesen, wie auf unserer
Erde die Thiere und zuletzt der Mensch. Das gegenwärtige Weltall
ist eine bestimmte Anzahl von grössern und kleinern Weltkörpern.
Was aus ihm im Laufe der Zeit werden mag, ist nicht abzusehen;
das Leben würde aber auch nicht vor dem Gedanken erschrecken,
dass die Welt einst wieder in den Zustand käme, aus dem sie hervorgetreten. Es würde alsdann die Empfindung verschwinden, und
das könnte den empfindenden Wesen aller Zwischenzeit ebenso
recht sein, wie der vor aller Empfindung vorhanden gewesene Ur-
zustand. Jedoch ist so etwas durchaus nicht abzusehen oder als
nothwendig zu erkennen; aber in beiden Fällen bleibt der Lebens-
vorgang das Einzige, was uns angeht.

Solche oder ähnliche Wendungen, wie wir sie eben anführten,
sind nun ein Hauptbeispiel dafür, was volksmässig, aber in jedem
Falle streng wahrheitsgetreu zu sagen wäre. Ich mache hier noch

keinen Anspruch, ein ausgiebiges Muster für den Inhalt volksmässiger Fassungen des wichtigsten Denkens und Wissens zu liefern.
Ich will nur die Möglichkeit davon ein wenig erläutert haben. Aber
ich glaube, dass die Erzählung von der Erde, die wüst und leer
war und über deren Wassern ein Geist, nämlich der Geist des vorausgesetzten Gottes geschwebt habe, der Phantasie und den Begriffen
mehr zumuthet, als die wissenschaftliche, durch das Wirklichkeitsdenken und mein Gesetz von der bestimmten Anzahl fest gestaltete
Wahrheit. Auch jede Griechische Weltentstehungslehre, wie sie
von Dichtern dargestellt wurde, muss für die gereifte Auffassung
weniger passen und insofern mehr Schwierigkeiten haben, als die
auf Denken und Naturforschung gegründete Wahrheit. Auch die
letztere verlangt keine weiteren Begriffs- und Vorstellungsthätig-
keiten und namentlich keine andern Kräfte der Phantasie als diejenigen, welche in ihrem Keim auch zur Hervorbringung der
ursprünglich falschen Bilder mitgewirkt haben. Der Unterschied
ist nur der, dass man heute positive Forschungsthatsachen und ein
entwickelteres Denken zur Verfügung hat, um nachhaltiger ausgestattete Bilder zu entwerfen. Das gereifte Denken und Wissen
hat ein Recht, sich an der Stelle des unreifen geltend zu machen,
und ihm kann eine entgegenkommende Volksauffassung seiner Ergebnisse noch besser entsprechen als den alten Weltmärchen und
Daseinssagen.

6. Eine Verallgemeinerung der Denkergesinnung hat nicht etwa
die Bedeutung, dass aus Jedem im engern Sinne des Worts auch
nur annähernd ein eigentlicher Denker werden solle. So etwas
würde im Gegentheil ein arger Uebelstand sein; denn die ausschliessliche oder doch wenigstens vorzugsweise geübte Anspannung
des höheren Denkens kann in der natürlichen Theilung der Functionen nur auf Unkosten anderer, hiemit mehr zurücktretender
Thätigkeiten vollzogen werden. In völlig ursprünglicher Weise und
höchster Gestaltung ist überdies das Denkerthum und die Weis-
heitserkenntniss, geschweige die entsprechend geübte Weisheit selbst,
ein Erzeugniss der Natur und der Verhältnisse, dessen Hervorbringung mit soviel Schwierigkeiten verknüpft ist, dass es nothwendig selten sein muss. Dies lehrt die bisherige Geschichte, wenn
sie richtig beurtheilt wird; aber auch alle Zukunft wird es von
Neuem bestätigen müssen; denn so hoch man auch den Stand der
verallgemeinerten Denkweise annehmen möge, so wird die schöpferische Entwicklung neue Aufgaben stellen und es wird in der Be-

thätigung der Gehirnkräfte stets ein Höheres und für jeden Zustand
ein Höchstes geben, wonach zu streben ist. Diese neuen Arbeiten
können nun von der Natur in den Menschenköpfen nach keinem
andern Gesetz als bisher vollbracht werden, und da die Theilung
und eigenthümliche Ausbildung der Verrichtungen, ähnlich wie in
der gesellschaftlichen Arbeits- und Functionentheilung, in irgend
einem Grade maassgebend bleibt, so kann die besondere Gestaltung
eben nie als allgemeine vorhanden sein. Das jedesmal Voll-
kommenste in irgend einer besondern Richtung kann von der Natur
nicht als Regel, sondern nur als besonders gelungenes Gebilde und
mithin nur unter Voraussetzung des Zusammenwirkens schwierig zu
schaffender und zu vereinigender Wesensbestandtheile verwirklicht
werden. Wohl aber kann und muss von jeder solchen Errungenschaft der Natur eine Verallgemeinerung in der Richtung auf das
Volksleben ausgehen. Nicht die Eigenthümlichkeiten so zu sagen
des Sonderberufs eines Denkers und Weisen, ja nicht einmal, was
doch weit weniger bedeutet, eines blossen Lehrers der Wahrheit
und Weisheit, — nicht solche Eigenthümlichkeiten, die, gleichsam
von Natur wegen, eine Specialität, wenn nicht gar eine Individualität
des Berufs vorstellen, sind allgemein zu übertragen; vielmehr ist es
nur das leitende Musterbild des Wissens und Wollens selbst, was
als Inbegriff von Gedanken unter den Menschen überall verbreitet
werden soll.

Wir haben schon früher daran erinnert, dass die Unbilden des
Lebens mit dessen Erhebung zu einem höheren Werthe ebenfalls
gesteigert und verfeinert werden, dass aber auch dann die Kraft
der Ueberwindung in einem grösseren Maasse zu Gebote steht. Nun
hat auch die eigenthümliche Denkergesinnung, wie sie unmittelbar
im schöpferischen Einzelnen vorhanden ist, bezüglich der Ausgleichung
mit der Weltordnung eine schwierigere Aufgabe, als sie unter
übrigens gleichen Umständen mit einem niedriger belegenen Standpunkt verbunden sein kann. Hienach wird der Einwand hinfällig,
dass die Menschen durch jene Verallgemeinerung der Denkergesinnung nicht in den Stand gesetzt würden, sich über die Uebel
des Lebens zu erheben, da ihnen ja doch diejenige Kraft abginge,
die mit dem ursprünglichen und zum Theil selbstgeschaffenen und
selbstgestalteten Wissens- und Wollensgepräge verbunden ist. Im
Allgemeinen braucht der Mensch diese letztere Kraft gar nicht;
denn sie ist nur da am Platze, wo auch die ihr angemessenen
Uebel zu bewältigen sind. Es wäre aber die grösste Thorheit, zu

meinen, den schlimmsten Uebeln wäre in den Niederungen und
nicht vielmehr auf den Gipfeln des Lebens zu begegnen. Wo der
Lebenswerth der grösste ist, da stehen den vorzüglichen Seiten des
Lebensgefühls auch die raffinirtesten und intensivsten Uebel als
etwas gegenüber, was überwunden sein will. Die Ausgleichung mit
der Weltordnung ist für den, der das Meiste sieht und am weitesten
in das Verborgene dringt, eine Aufgabe, zu deren Lösung die
Gesinnung ebenfalls eine entsprechend mächtige Ausprägung erfahren muss. Was sich aber von dieser höhern Ausprägung in die
Menschen auf den verschiedensten Lebensstufen hineinbilden lässt,
genügt und ist jedenfalls besser, als die wildwüchsigen Einbildungen
des Aberglaubens, dem sie ohnedies anheimfallen.

In überschwenglich verherrlichender Weise haben Manche die
Religion als etwas aufgefasst wissen wollen, was sie gar nicht oder
doch nur eingebildetermaassen und auch dann nur unvollkommen
und nebenbei ist. Sie haben nämlich die Religion als eine Versöhnung und als eine Art Wiederverbindung des von seinem höheren
Ursprung getrennten und gleichsam mit ihm entzweiten Menschen
ausgegeben, also die vermeintliche Ausgleichung mit dem vorausgesetzten Gott, welche ihre Frucht in den jenseitigen Himmelsfreuden trage, als Ueberwindung eines Zustandes der Entfremdung
und Zerrissenheit gekennzeichnet. Diese angebliche Versöhnerrolle
der Religion ist nun aber nicht nur auf zukünftige, sondern auch
auf vergangene Jenseitigkeiten bezogen und leistet, auch abgesehen
von diesen Einbildungen und der Abfallserdichtung, für die wirkliche Ausgleichung mit den thatsächlichen Uebeln nichts. Im
Gegentheil vergrössert sie dieselben, indem sie ihnen das Gepräge
einer Schuld aufdrückt und den Menschen mit dem Schlimmen
so noch mehr quält, als wenn dieses Schlimme nur als einfache
Naturthatsache hingenommen würde oder gar durch den Gedanken
der innern Unvermeidlichkeit oder natürlichen Heilsamkeit eine Milderung erführe. Mit diesem Bestandtheil der Religion wird also,
soweit er überhaupt vorhanden ist, nur eine künstlich aufgerissene
Kluft ebenso künstlich wieder zu überbrücken versucht. Die Welt
bleibt dabei im Argen, und thatenlos soll der Mensch sich mit
jenseitigen Spinneweben einer irregeführten Phantasie über eine
Lebensordnung hinwegtäuschen lassen, in die er doch da, wo sie
ihm nicht genügt, seinem Streben gemäss eingreifen kann.

Bleiben wir jedoch zunächst noch bei der blossen Anschauung des
Seins stehen. Auch hier muss sich die verallgemeinerte Denkergesinnung

als etwas der Religion gewaltig Ueberlegenes bewähren. Eine
wirkliche Ausgleichung mit der Weltordnung ist nur im Wirklichkeitsdenken und nirgend sonst in einer wahrhaften und voll-
kommenen Weise möglich. Was sind die ärmlichen Vorstellungen
der Religion von der Welt und dem Dasein in Vergleichung mit
der auf positiv umfassender Forschung beruhenden Denkervorstellung
vom Weltall? Sie sind weniger als ein Stück blosser Kindheits-
phantastik; denn sie enthalten noch überdies sehr schuldige Ge-
müthsverirrungen und Gemüthsverderbtheiten, die auch der kind-
lichen und beschränkten, wenn nur gesunden Natur nicht eigen zu
sein brauchen. Sie sind also heute nicht blos nicht nützlich, sondern
wirken gradezu beschränkend und schädlich. Eine in ihrer Ueberspannung abseits gerathene Ideologie, die offenbar indirect von
Religionsüberlieferungen durch das Medium falscher, noch zwitterhaft
religiöser Halbdenker, wie der Professor Kant es war, beeinflusst
wurde, hat bei unsern Dichtern neben der Unzulänglichkeit der
wissenschaftlichen Bildung jene vermeintliche Erhabenheit über die
astronomische Weltanschauung und den Ausspruch verschuldet, es
wohne das Erhabene nicht im Raume. Freilich ist im übrigen
Weltraum nicht menschliche Grösse zu finden, die für den kleinern
und durchschnittlichen Menschen etwas Erhabenes und auch in
ihrer hochsinnigsten Steigerung wirklich das Ueberragendste ist, was
auf den menschlichen Sinn in naher Wesensverwandtschaft erhebend
einzuwirken vermag. Wohl aber muss auch diese Steigerung des
Menschlichen auf Gedanken beruhen, die von etwas grossgezogen
sind, was, sei es nun in der Einbildung oder in der wahren
Vorstellung, gewaltiger ist als der Mensch und sein Geschlecht.
Selbst die menschliche Gattung, als Ganzes und in der Vorwegnahme ihrer Entwicklungen gedacht, ist nicht das Höchste. Sie ist
zwar das, was uns am unmittelbarsten angeht und woran alle unsere
Bestrebungen haften; aber ihr Wesen enthält die letzte entscheidende
Bedeutung doch nur in Anknüpfung an die Gesammtwelt. Es ist
daher ein Zeichen niedriger Gesinnung, die Menschheit ohne den
grossen umgebenden Naturzusammenhang zu denken, der doch nur
zu einem winzigen Theilchen ihr Fusspunkt, im Uebrigen aber die
Grundlage für ein sicherlich zum Theil gleich- oder höherstehendes
Leben ist.

Es sei noch einmal an Bruno erinnert, bei welchem der edlere
Theil seiner Denkergesinnung aus der gemüthshaft lebendigen
Erfassung der Copernicanischen Wahrheit und ihrer Folgen für die

Welt- und Lebensanschauung, nicht aber aus der Religion stammte. Wie nun hier schon die eine bedeutende Thatsache so Mächtiges wirkte, so muss überhaupt die ruhig umfassende und tiefer eindringende Weltallsbetrachtung eine gemüthsbefriedigende und ausgleichende Wirkung üben. Es sind nicht blos die grossen Züge allgemeiner Ordnung und Gesetzmässigkeit, sondern es ist auch sonst die Wahrnehmung des dem menschlichen Denken und Thun verwandten und eben deswegen gedankenmässig erfassbaren Gehalts der Dinge, was bei unbefangener Erwägung uns immer so wohlthuend berühren und so wesensgleich anmuthen wird. Freilich müssen die in der verkehrten Richtung zweiflerischen Verstandesverstümmelungen, durch welche beispielsweise auch der richtige Kern des Zweckgesichtspunkts verdächtigt worden ist, abgethan sein, damit eine volle Ueberzeugung von der thatsächlichen Beschaffenheit der Dinge möglich sei. Indessen sind es ja auch nur sehr hinfällige und zum Theil aus einer zu Gunsten der Religion erwachsenen Zweiflerei hervorgegangene Bemängelungen gewesen, welche, neben einigem Richtigen, den verkehrten Versuch vorgestellt haben, den Verstand um seine besten und weittragendsten Begriffe zu bringen und ihn so ohnmächtig zu machen.

7. Ist die falsche Eitelkeit im Menschen ausgetilgt, so kann ihn nichts mehr verführen, an Unsterblichkeitsvorstellungen festhalten und so der bessern und immer mächtiger werdenden Ueberzeugung von der entgegenstehenden Wirklichkeitswahrheit Trotz bieten zu wollen. Wohl aber bleibt für ihn etwas Anderes und zwar nicht etwa blos Unschuldigeres, sondern gradezu Wohlthätiges in das Auge zu fassen. Es ist dies die Theilnahme an dem ausser dem Ich und abgesehen von dessen Vergänglichkeit vorhandenen Sein, also die gedankliche Hineinversetzung in etwas der blossen Individualität Fremdes, aber doch im Allgemeinen Wesensverwandtes. Die unmittelbarste Theilnahme gilt selbstverständlich dem Menschenreich selbst; aber hiemit allein würde die letzte Genugthuung, die aus einer veredelten Gestaltung der Gesinnung erwachsen soll, noch keineswegs erreicht. Wie schon vorher bemerkt, muss das Ganze der Welt als wesensverwandter Gegenstand aufgefasst und demgemäss auch für ein Dasein, welches nicht mehr das unsrige sein wird, eine Theilnahme erweckt werden. Ein wirklicher Zusammenhang mit der Gesammtwelt ist für den Einzelnen nur durch die Wirkungskräfte vorhanden, die sich zur Hervorbringung und für das Fortbestehen seines Lebens und des zugehörigen Bewusstseins-

vorganges vereinigten, wozu dann noch die Wirkungen kommen, die von ihm selbst ausgehen und sich im Dasein fortsetzen. Im Uebrigen ist aller Zusammenhang nur ideell oder, mit andern Worten, nur für die an dem sonst fremden Sein theilnehmende Anschauung und Vorstellung vorhanden. Ein solcher Zusammenhang für den Gedanken ist aber nichts, was, richtig erfasst, für das Gemüth gleichgültig bleiben könnte. Man erwäge, dass unsere besten Empfindungen auch innerhalb der menschlichen Beziehungen diejenigen sind, bei denen gleichsam der Schwerpunkt ausserhalb unseres Eigenlebens liegt, oder wo wenigstens das letztere durch eine über dasselbe erhebende Theilnahme aufgewogen und so der Abschliessung im Eigennutz entrissen wird. Auf ähnliche Weise muss nun der Hinblick auf das wesensverwandte Gesammtsein und auf dessen allesumfassende Schicksale einen Eindruck ergeben, der für den unbefangenen, mit entsprechendem Wissen ausgerüsteten und edel strebenden Menschen nicht anders als beruhigend und befriedigend ausfallen kann. Der Einzelne erfährt allerlei Uebel und stirbt; ja er ist mit dem Gedanken vertraut, dass auch seine Gattung sich wandeln und vielleicht sogar einmal sterben mag; aber er weiss auch zugleich, dass die Grundlage, der alle Gestalten entstiegen, bleiben muss und dass mit den einzelnen Gebilden, unter denen er selbst eines ist, nicht der ursprüngliche Quell versiegt. Das Gerüst des Lebens ist überall aufgeschlagen; die Fügung desselben kann verstanden werden und zeigt im Innersten ähnliche Gesichtspunkte wie die Verfassung unserer eignen Maschinen. Man kann sich aber weiter erheben und die unsern Begriffen und unserm Thun wesensverwandten Einrichtungen sowohl im Gelungenen wie im Verfehlten durchschauen. Diese Betrachtung des Systems der Dinge schafft nun, wo sie mit der gehörigen Lebendigkeit des Sinnes angestellt wird, in dem Menschen eine Empfindung, die zwar keine eigentliche Mitempfindung sein kann, da sie sich auf nichts Selbstempfindendes richtet, — die aber wohl als Theilnahme an den wesensverwandten niedern und höhern Stufen des Seins eine alle Regungen des Strebens ausgleichende Bewusstseinskraft darstellt.

Man fragt nicht ganz mit Unrecht danach, welche allgemeine Gedanken geeignet sind, Angesichts des nahenden Todes die alsdann noch etwa vorhandenen Regungen des Gemüthsbewusstseins am vollkommensten zu befriedigen. Allerdings ist es verkehrt, hierauf im Sinne der Religion einen übergrossen Werth zu legen;

denn erstens lässt oft der plötzliche Tod oder aber irgend welche Störung der Gehirnkräfte nicht die mindeste Zeit oder Gelegenheit zu einer entsprechenden, auf den Vorgang des Sterbens gerichteten Regung des Bewusstseins, geschweige zu einem Aufkommen eigentlicher Ueberlegung und Betrachtung. Solche Fälle gehören, insofern sie die letzte Wendung nicht lange von einem vorwegnehmenden Bewusstsein vorausbedenken lassen, sicherlich zu den besten. Es kommt aber nicht blos das, was unmittelbar dem Tode vorangeht, sondern überhaupt das spätere Lebensalter in Frage, in welchem der besonnene Mensch bisweilen Ursache haben wird, mit einiger Lebendigkeit an das nach mehr oder weniger Zeit sicher bevorstehende Erlöschen seiner Lebensflamme und an den letzten persönlichen Abschluss aller seiner Bestrebungen und Schicksale zu denken. Solchem auf das Letzte gerichteten Gedanken ist auch schon Vieles ähnlich, was inmitten des Lebensweges ja in jedem bewussteren Stadium desselben, irgend welchen bedeutenderen Uebeln oder auch überaus günstigen Zufällen gegenüber, dem Menschen den Hinblick auf das Ganze und die Erwägung des Gesammtgeschicks der Dinge nahelegt. Das Sterben und das vorgängige Vertrautwerden mit dem Tod sind ja nur einzelne Vorgänge des Lebens selbst, und aus diesem Gesichtspunkt ist es ziemlich gleichgültig, ob wir es mit einer nach Ausgleichung strebenden Gemüthsregung inmitten oder am Schlusse des Lebens zu thun haben. In beiderlei Fällen wird jene vorher gekennzeichnete Theilnahme für den Inbegriff alles Seins eine hohe Bedeutung haben, indem sie den Einzelnen in der wahren und lebendigen Anschauung der gesammten Weltordnung nicht blos von dem Haften an den Uebeln seines Sonderschicksals befreit, sondern ihn auch wohlthuend derartig erregt, dass er der lebenschaffenden und lebenauslöschenden, also über Beides erhabenen Kräfte wie seiner eignen inne wird. In der That walten ja auch diese Kräfte in ihm selbst und stellen sein Dasein dar, indem sie die Träger seines Lebens und hiemit auch die Ursache seines Sterbens sowie aller Ereignisse sind, die ihm im Guten und Schlimmen begegnen. Der Hinblick auf das Weltganze kann aber nicht etwa durch einen allgemeinen, von Wirklichkeit entblössten und darum auch wirkungslosen Begriff vom Sein ersetzt werden. Dies ist der Abweg der Religionen und bisherigen Philosophien gewesen, die mit ihren leeren Ewigkeits- und Seinsbegriffen noch weniger ausgerichtet hätten, als ohnedies geschehen ist, wenn nicht stets einige sachliche Vorstellungen von einem wenn auch nur geringen Wirklichkeitsgepräge unwillkürlich untergeschoben worden wären. Es kommt also darauf an, die Natur in ihrem thatsächlichen Charakter zu kennen und die umspannenden Begriffe des Denkens mit den Hauptzügen der ganzen Mannichfaltigkeit des Daseinsgepräges auszustatten. Nur so wird die Weltvorstellung, die wir uns auf Grund der Forschung bilden, jene Theilnahme erwecken, die zu der rein gedanklichen Ausgleichung mit der Weltordnung erforderlich ist.

8. Nach der vorangegangenen Hinweisung auf eine wichtige, ohne das erweiterte Wissen unmögliche Gestaltungsrichtung der Gesinnung dürfte wohl einigermaassen dem Missverständniss vorgebeugt sein, als wenn es sich dabei um blosse Moral handelte. Aber auch im eigensten Gebiet der Sitten, wo also die Verfahrungsarten der Menschen gegeneinander und in Beziehung auf die eigne Veredlung den Gegenstand bilden, sind Forschung und Erkenntnissverbreitung unumgängliche Voraussetzungen der Möglichkeit des bessern Seins und Thuns. Es ist thöricht zu meinen, dass der gute Charakter, also so zu sagen der gute Wille allein genüge, um eine moralisch zuträgliche Verhaltungsart zu sichern. Er wird sehr Viel, aber nicht Alles zu bedeuten haben. Das Wohlwollen ist ein wesentlicher Bestandtheil der veredelten Gesinnung, kann aber nur dem Guten und nicht dem Schlechten gegenüber platzgreifen und kann daher ohne Gegenseitigkeit nicht verallgemeinert, ja ohne sie überhaupt nicht ungemischt gedacht werden. Die Kraft des Hasses gehört auch in die Moral, und jene Grundverirrung, um nicht zu sagen Grundverkehrtheit, die Allem gegenüber lauter Liebe sein wollte und dabei zu lauter Heuchelei werden musste, dient auch da, wo sie in gutem Glauben bethätigt wird, nur dazu, die menschlichen Verhältnisse unterscheidungslos durcheinanderzuwirren. Philanthropische Unlogik und Eitelkeit haben hiezu auch in neuster Zeit Beispiele genug geliefert und arbeiten auch gegenwärtig im Sinne der Verworrenheit, nicht aber in demjenigen einer auf Gerechtigkeit beruhenden Klarheit menschlicher Verhältnisse. Von liebeverhimmelnden Verworrenheitsaposteln ist selbst dann, wenn sie nicht wie gewöhnlich dabei für sich ein gut Theil Egoismus pflegen, nichts Gescheutes zu erwarten. Sie werden sogar im besten Falle, nämlich in dem des guten Glaubens, die Menschen nur über sich selbst täuschen und vom Wege der Gerechtigkeit auf denjenigen schädlicher Gemüthsnebel ablenken. Sie werden den echten Kern des Gemüths verderben, indem sie die wirklich wohlwollenden

Antriebe der Menschennatur zu jedweder Preisgebung und gleichsam zur Prostitution verleiten.

Es ist etwas völlig Anderes, worauf es in der Gegenseitigkeitsmoral und demgemäss in der von uns gemeinten Gesinnung ankommt. Die Mitempfindung und das Verständniss für das, was in Andern vorgeht, muss im Sinne einer natürlichen und auf einsichtiger Würdigung beruhenden Theilnahme gepflegt werden. Diese Pflege der bezeichneten Art von Mitempfindung darf aber nicht in übergefühlige Verzärtelung oder, gewöhnlicher ausgedrückt, in falsche und übertriebene Sentimentalität ausarten. Ebensowenig kann sie etwa durch blossen, so zu sagen gefühllosen Verstand ersetzt werden; denn die entwickelte Naturgrundlage der Gemüthsbewegungen schafft erst das sachlich entscheidende Verständniss für das fremde Ergehen. Es wird also überhaupt das Bewusstsein nach seinem ganzen Inhalt so zu gestalten sein, dass darin die Rücksicht auf den Nebenmenschen mit einem klaren und zureichenden Wissen und mit hinreichender Fähigkeit zum Gefühlsverständniss gewohnheitsmässig obwaltet, so dass die ursprüngliche Rohheit, die fast nur von sich selbst weiss und nur für sich selbst fühlt, nachhaltig ausgetrieben wird. Eine solche Pflege der Mitempfindung ist eben nicht ohne leitende Wissenskräfte zu vollziehen; denn ohne den Compass der sachlich in den Lebensverhältnissen orientirenden Erkenntniss würden die besten Antriebe ihr Ziel oft genug verfehlen. Die Moral ist keine Angelegenheit, die mit ein paar Grundsätzen vollständig abgethan wäre; sie entwickelt sich vielmehr und setzt unter weniger einfachen Verhältnissen auch erweiterte Kenntnisse voraus. Es ist daher ein Irrthum, wenn man annimmt, es sei das sittliche Verhalten schon vor Jahrtausenden hinreichend geregelt. Wir brauchen im Gegentheil eine weit tiefer begründete und an echte Erleuchtung, ja an eine positive Wissensausstattung des Verstandes geknüpfte Moral.

Für letztere Nothwendigkeit ist die vorbeugende Gerechtigkeit ein Hauptbeispiel; denn diese muss vermöge der blossen Gesinnung die Thatsachen abzuwenden streben, welche moralisch oder gar juristisch verletzen und demgemäss eine hinterher ausgleichende Gerechtigkeit sittlich oder äusserlich zwingender Art, also zu dem ersten Uebel noch ein zweites mit sich bringen. Unsere Lehre von der Rache, als dem rohen Naturausgangspunkt der ausgleichenden Gerechtigkeit, wird uns wohl vor der Unterstellung schützen, als wäre die moralische Entwicklung, die uns als Bestandtheil der

Versöhnung mit der Weltordnung gilt, und überhaupt unser Begriff von der Gesinnung etwas ideologisch Ueberschwengliches. Auch zeigt sich an dem Beispiel der ausgleichenden Gerechtigkeit, dass die Naturtriebe als solche äusserst unvollkommene Anzeiger sein können und eine nähere Bestimmung durch die orientirte Einsicht erfordern. Nur durch dieses Zusammenwirken von Einsicht und Gefühlsregung kommt das wahre Urtheil über das, was ungerechte Verletzung sei, in dem Menschen zu Stande, und aus diesem Grunde ergiebt sich auch die Nothwendigkeit, nicht blos die unmittelbaren Regungen der Leidenschaft zu mässigen, sondern auch nachzuforschen, ob nicht falsche Vorstellungen die Ursache jener Regungen gewesen sein mögen. Ueberdies sind die auf ungerechte Verletzungen rückwirkenden Regungen etwas peinlich Stachelndes, und es ist offenbar wohlthätig, dass hier der Antrieb zur Rache, der von der Natur nicht umgangen werden konnte, durch das veredelte Bewusstsein zu Maass und Ordnung genöthigt und in diesem Sinne gleichsam erzogen werde. Aehnlich verhält es sich mit allen andern, auf den Streit des Menschen mit dem Menschen bezüglichen Regungen, die, wie meine Wirklichkeitslehre nachweist, Gefühle sind, die im Haushalt der Natur nicht fehlen konnten, wenn sie auch in verschiedenen Richtungen nicht blos Heilsames, sondern auch in so zu sagen blinder Bethätigung ihres von der Natur angelegten Mechanismus viel Arges mit sich bringen, ja zum Theil, wie der gemeine Neid in seiner Einsichtslosigkeit, die naturwüchsige Niedertracht und Verworfenheit in greifbarster Verkörperung vorstellen. Diese Uebel können nur durch allseitig vorbeugendes Verhalten vermieden werden; denn es wäre nur die Zumuthung von Heuchelei, wenn Jemand die Ausmerzung solcher Antriebe, trotz des Fortbestehens der sie von Aussen durch ungerechte Verletzung oder durch eine sonstige Schädigung erzeugenden Ursachen, verlangen wollte. Es hiesse dies fordern, dass eine in das menschliche Wesen eingreifende Ursache ohne die Wirkung bleiben sollte, welche gemäss den Naturgesetzen des Gemüths erfolgen muss. Wer aber von sich selbst so etwas in Aussicht stellt, kennt seine eigne Menschennatur nicht oder ist ein Heuchler. Nicht Austilgung, sondern bessere Gestaltung und Gewöhnung ist daher hier in das Auge zu fassen. Im Uebrigen können aber mit der bessern moralischen Gegenseitigkeit die Ursachen der Verletzung und hiemit auch die missliebigen Rückempfindungen gemindert und in den wesentlichen Richtungen für eine letzte ideale Gestaltung der menschlichen Dinge so gut wie abgethan werden. Jedoch kommt Letzteres für eine überhaupt schon absehbare Zukunft noch nicht in Frage, und für die nächsten Zeitalter wird man nur mit einer sehr bemessenen Beseitigung von Ursachen solcher Art zu rechnen haben. Thöricht wäre es aber, die Ausgleichung mit der Weltordnung schon gegenwärtig von derartigen hochidealen Veredlungen abhängig machen zu wollen. Das entsprechende Uebel ist ein verhältnissmässig kleines, wenn man es mit andern Unbilden vergleicht, und die äussere Vorenthaltung der Gerechtigkeit und überhaupt die sich nicht rächende Unthat ist ein weit schlimmeres moralisches Unheil, als etwa die auch der wirklichen Vergeltung vorangehende Gefühlsspannung.

Jedes auf Ausgleichung gerichtete Gerechtigkeitsbedürfniss muss, solange die Befriedigung unsicher, ja überhaupt unvollzogen bleibt, naturgemäss beunruhigen; aber es verwandelt sich in ein schmerzhaft stachelndes Gefühl, wenn es in der Erreichung seines Zieles gehemmt oder gar daran völlig gehindert wird. Dies ist nun auch die Ursache, dass der Untergang der Unschuld oder irgend ein sonstiges Stück aus dem allgemeinen Capitel von der „triumphirenden Bestie" oft genug den gerechten Zorn des edleren Menschen, und zwar gewissermaassen gegen den entsprechenden Theil der Weltordnung selbst, herausfordert. So etwas will nun aber, wie von dem Betroffenen so auch von dem Mitempfindenden, in jeder Richtung auf ähnliche Weise ertragen sein, wie in den gemeinsten Fällen, wo es sich um glückliche Hinterhalte seitens der Diebe und Mörder handelt. Um dieser gelegentlichen Erfolge willen, welche etwa der Raubmord aufzuweisen hat, hadert Niemand mit der allgemeinen Weltordnung, sondern denkt nur auf unmittelbare Sicherung. Uebrigens ist es auch vornehmlich nur die Unschuld der Unwissenheit, also eine solche, wie sie in der höhern Entwicklung möglichst wenig bestehen soll, von welcher der Satz gilt, dass sie die schlechtesten Aussichten habe, den Schlingen zu entgehen. Das Edle unterliegt auch sonst oft genug; aber in allen Fällen ist dieser Gang der Dinge eine Mahnung, nie auf eine gute Sache ohne Weiteres zu vertrauen, sondern stets die böse Gegensache im Auge zu behalten. Auch ist es nicht wahr, dass der bessere Mensch dadurch im Nachtheil sei, dass er kein ähnliches Verständniss für die Schurkerei habe, wie die Schurken selbst. Aeusserlich, wenn auch nicht aus eignen Unthaten, so doch aus gehöriger Erfahrung und Umschau sowie aus allgemeiner Kunde mit den Streichen vertraut,

hat er in der Erkennung und Beurtheilung der böswilligen Eigenschaften und Neigungen sogar etwas voraus. Er hat nämlich für
diese Dinge ein feineres Gefühl und durchschaut die Schlechtigkeit
auch in der leisesten Schattirung. Freilich ist hiezu jene Unschuld
der Unwissenheit nicht im Stande; denn ihr fehlt eben die Hauptsache, die dem menschlichen Verhalten erst bewussten und wahrhaft erspriesslichen Werth ertheilt.

Es ist daher auch schädlich, über die Missverhältnisse des
Lebens in Unkunde zu bleiben und etwa so erzogen und in solcher
Meinung aufgewachsen zu sein, als wenn die Welt ein Musterbild
nach jener unwahren Schablone wäre, mit welcher man nicht blos
die Kinder und Schulen, sondern auch das unmündige Volk oft
genug getäuscht hat. Im besten Falle wird hier das ideale Sollen
mit den gemeinen Thatsachen verwechselt, und der Mensch findet
sich Angesichts dieser unwahren Verwechselungen und Vermischungen
nicht zurecht. Auch die sogenannte Wissenschaft hat sich oft solcher
Verworrenheit schuldig gemacht, indem sie in die Zustände etwas
hineinlegte, was nur die gedankliche Folgerung zu einer unwirklichen oder wenigstens nicht ungemischt vorhandenen Voraussetzung
war. Die moralischen Schäden sollen durch keine vermeinte gute
und auf Erhaltung einer werthlosen sogenannten Unschuld gerichtete
Lehren, durch welche das Wirklichkeitsgepräge verschwiegen oder
gar verleugnet wird, eine den Menschen einschläfernde Beschönigung
erfahren. Auch ist es nicht gut, in der Erziehung oder sonst im
geistigen Wirken die Erwartungen und namentlich diejenigen, die
auf die durchschnittliche Gerechtigkeit Bezug haben, zu hoch zu
spannen. Der fein ausgebildete Gerechtigkeitssinn, der sich weit
über das Durchschnittliche erhebt, hat, so wohlthätig er auch
übrigens ist, doch selbst viel zu leiden, da er Störungen und Verletzungen bemerkt, welche für die gröbere Gewohnheit der Auffassung kaum vorhanden sind und ein minder gutes Bestreben nicht
so unangenehm contrastirend berühren. Es ist daher als Gegengewicht gegen diesen Uebelstand, der sich zu einem besondern
Grade der Veredlung gesellt, die Gewöhnung an den unmittelbar
thatsächlichen moralischen Missstand und an die Herabstimmung
der Erwartungen erforderlich.

9. Ein hoher und mit scharfem Urtheil ausgestatteter Gerechtigkeitssinn gestaltet die Lage seines persönlichen Trägers dem gewöhnlichen Lauf der Dinge gegenüber leicht sehr ungleich. Wer
selbst auf die strengste Ordnung hält, wird auch unwillkürlich sehr

übel von der Unordnung Anderer berührt und hat vorzugsweise
ein Recht darauf, dass in seinen Angelegenheiten dem eignen ge-
wissenhaften Verhalten auch andererseits etwas Annäherndes ent-
spreche. Er wird aber wohlthun, sich derartige Ansprüche nach
Kräften abzugewöhnen und die Umgebung wie eine Maschinerie
zu betrachten, die eben nicht besser laufen wird, als sie eingerichtet
ist. Eine gewisse Summe von Verlogenheit, Ungerechtigkeit und
allerlei Niedertracht muss eben vorausgesetzt werden und darf,
namentlich in einer verderbten Uebergangsepoche, ebensowenig
geniren, als etwa der Umstand, dass Giftpflanzen wachsen und gelegentlich auch gröbere oder feinere Giftmischerei betrieben wird.
Es giebt zweierlei Arten von Anpassung an die Welt; die ver-
worfene besteht in der thätigen Theilnahme an ihrem Schlechtig-
keitsgehalt, während die edle sich selbst rein hält, aber dem
Schmutz gegenüber entsprechende Vorkehrungen trifft und ihn
eben als Schmutz behandelt. In der letztern Verrichtung kann es
nun sehr schädlich werden, wenn die heuchlerischen Anempfehlungen
einer Moral, die nur bei besserer Gegenseitigkeit gelten könnte, in
gutem Glauben hingenommen werden. Sie gehen fast nur von
denen aus, die in Bezug auf Gerechtigkeit sicherlich nicht mit den
verderbten Elementen von Gesellschaft und Staat in Conflicte gerathen, da sie sich durch den ethischen Grundsatz, fünf nicht blos
bei Andern gerade sein zu lassen, sondern lieber gleich selbst frech
für vier auszugeben, passiv anzubequemen und activ einzurichten
wissen. Misstrauen ist überall in grossem Maasse am Platze, wo
das moralische Verhalten sich zersetzt und so durch Auflösung der
unhaltbaren Bindemittel die Gesellschaft wenigstens zum Theil in
lüderlich umhertreibende Atome zersplittert. Auch ohnedies ver-
schliesst man seine Thüren; aber man muss noch andere Sicherungs-
mittel brauchen, sobald der fraglichen Corruption gegenüber Stellung
zu nehmen ist. Es ergiebt dies unvermeidlich einen moralischen
Kriegszustand, in welchem der Mensch dem Menschen, abgesehen
von genauerer Kenntniss und Erprobung als möglicher, ja unter
gewissen Umständen und Anzeichen als wahrscheinlicher Schurke gilt.
Wo die Verderbniss vorherrscht, ist eben im einzelnen Fall die Ver-
muthung nicht gegen, sondern für ihr Vorhandensein gerechtfertigt, und
es bleibt sogar schon die Milderung bedenklich, die in einer blos gleichgültigen, zunächst weder in der einen noch in der andern Richtung
urtheilenden Verhaltungsart besteht. Allerdings kann nur die corrupte Verwirrung der Begriffe, wie sie bei dem übrigens wegen

seiner naiven Aufrichtigkeit und sonstigen Gedankenschärfe acht-
baren Macchiavelli in dem Hauptpunkte platzgriff, darauf gerathen,
aus der fremden das Recht zur eignen Schlechtigkeit ableiten und
beispielsweise den Wortbruch damit begründen zu wollen, dass die
Menschen ja überhaupt schlecht wären und auch uns nicht Wort
hielten. Aus der Corruption folgt nicht, dass auch wir uns zu cor-
rumpiren, sondern im Gegentheil, dass wir unser edles Verhalten
nur um so mehr zu bewahren und gegen Schädigungen unseres
eignen Bewusstseins auf der Hut zu sein haben. Wohl aber müssen
wir uns in den Kriegszustand finden, und in diesem ist zwar durchaus nicht die Bekämpfung der Corruption mit corrupten Mitteln,
die ein hochkomisches, weil arg widerspruchsvolles Schaustück zum
Besten giebt, jemals am Orte, — dagegen eine Behandlung des
Encanaillirten nach seinen Eigenschaften unumgänglich. In dieser
Behandlung liegt wahre Gerechtigkeit, und Niemand hat sich beispielsweise über Misstrauen und gegen ihn gerichtete Vorkehrungen
zu beklagen, solange er einer gesellschaftlich corrupten Gruppe mit
entsprechendem Thun und Treiben angehört, ohne Bürgschaften
dafür gegeben zu haben, dass er persönlich besser geartet ist, als
der Durchschnitt seiner Corruptionsgenossen. Hiezu kommt noch,
dass die besondern individuellen Corruptionsblüthen mit ihren äussersten Leistungen sogar nöthigen, im einzelnen Falle nicht blos
den Durchschnitt zu vermuthen, sondern auch das höchste Maass
der Abnormität als möglich vorauszusetzen. Wie eine Handvoll
frei umherlaufender Räuber, gegen welche Polizei und Justiz nichts
thun, eine Gegend äusserlich unsicher macht, so wird auch
das moralische Medium der Gesellschaft dadurch gefährlich, dass
sich in ihm schlechte Elemente ohne sonderliche Gegenwirkung
tummeln können, und dieser Zustand ist eben das Hauptgepräge
der Corruption. Gegen diesen Zustand waffnet sich der Einzelne
mit einer Anpassung der Moral an die Erfordernisse des sittlichen
Kriegszustandes. Der Jammer darüber, dass auf diese Weise das
Vertrauen und der wohlthätige Verkehr in die Brüche gehen, ist
hier schlecht angebracht; denn das Vertrauen und das freundliche
Verhalten gehören nur dahin, wo die Vorbedingungen dazu gegeben
sind. In allen andern Bethätigungen würde es nur schaden und
den Besseren ungesichert zu einer Speise für den Schlechteren
zurichten.

Nicht die Thatsache, dass Einzelne in der Gesellschaft unverschämt
spitzbübisch handeln, sondern dass sie im Falle des juristischen Ver-

gehens oft unverfolgt bleiben und im Falle einer blos durch die öffentliche Meinung zu ahndenden Schändlichkeit von ihrer Gruppe oder
Coterie geschützt und dem Publicum weiter als Ehrenmänner auf-
gespielt werden, erst solche verallgemeinerte Hintansetzung der
guten Grundsätze wird das entscheidende Merkmal sittlicher Auflösung. Unter solchen Umständen nützt es nicht einmal mehr, den
Gauner öffentlich durch zwingende Beweise zu überführen; ja selbst
gelegentlich abgenöthigte gerichtliche Verurtheilungen haben alsdann
keine moralische Tragweite; denn die saubere Genossenschaft sorgt
dafür, dass trotzdem das ehrenwerthe Mitglied, falls die Sache nicht
völlig grobfädig, nämlich eines der gemeinen, allem Volk geläufigen
Verbrechen greifbarster Art ist, in bestem Ansehen und äusserlich
womöglich noch mehr geehrt als zuvor seine gesellschaftliche Rolle
fortspiele. Wenn keine moralische Gemeinschaft einige Bürgschaft
dafür bietet, dass Jemand halbwegs im Sinne von Treu und
Glauben handeln werde, so sind Zerfall und Ohnmacht der ver-
trauenslos gewordenen Verkehrsbeziehungen die nothwendige Folge.
Der Einzelne, wäre er auch noch so gut gesinnt, ist nicht im Stande,
dem Fremden und persönlich Unerprobten gegenüber etwas Anderes
als die schlimmste Möglichkeit zur Richtschnur zu nehmen. Er
kann im Allgemeinen keine auch nur leidliche Gesinnung voraussetzen, und doch ist ein friedlicher und freundlicher Verkehr, ja
überhaupt ein solcher, der zu einem gedeihlichen Maass des Zusammenwirkens führen soll, nur auf Grundlage der beiderseitigen
Anerkennung moralischer Verbindlichkeiten möglich. Hieraus folgt,
dass nur ein Gemeinschaftsband, welches innerlich die Gesinnungspflege zur Pflicht macht und äusserlich durch Gefahr der öffentlichen Missbilligung eine Bürgschaft gegen schlechtes Verhalten
bietet, die Menschengruppen in besserer Gegenseitigkeit miteinander
verbinden kann. Auch wird hiemit allein jene vollkommnere Moral
möglich, die zwischen Mensch und Mensch nicht blos auf der
einen, sondern auf beiden Seiten gute Bestrebungen zur Voraussetzung hat. Erst mit dieser, nicht mehr bei dem Einzelnen isolirten
sondern allseitigen Moral werden Misstrauen, Feindschaft und sittlicher Kriegszustand grundsätzlich ausgemerzt und thatsächlich
wenigstens insoweit beschränkt, als das Bindemittel für die besondern Fälle wirklich maassgebend bleibt. Der Einzelne vermag
auch isolirt und inmitten der Corruption in seinem eignen Bereich
moralisch weit mehr, als man anzunehmen geneigt ist, wenn man
einmal, unter Verwerfung der heuchlerischen Zumuthungen der

gemeinen Moralprediger alten Stils, das Augenmerk vorzugsweise
auf die Gesetze des Ganzen und die entsprechenden Nöthigungen
der Individuen gerichtet hat. Die Abhängigkeit des Einzelnen von
den allgemeinen Einrichtungen ist nicht gering und er wird hier
über maassgebende Hindernisse des Guten und Förderungen des
Schlimmen in wesentlichen Punkten nicht hinaus können. Wohl
aber ist er auch innerhalb dieses verengten Spielraums der Träger
von viel Kraft und Gelegenheit zum Besseren oder Schlechteren,
und die Thorheit, ihn im Hinblick auf allgemeine Ursachen allzu
leichtfertig von individueller und persönlicher Verantwortlichkeit
loszusprechen, ist nicht geringer und vielleicht noch gefährlicher, als
diejenige, alles Erdenkliche als durch sein moralisches Belieben
abänderlich darzustellen und an ihn Ansprüche zu machen, die nur
mit der Aenderung der Einrichtungen und vermöge des planmässigen
Zusammenwirkens bei voller Gegenseitigkeit zu befriedigen sind.

10. Die Gesinnung, die wir gekennzeichnet haben, schliesst •
das Streben nach Verallgemeinerung und Gesammtverkörperung in
sich. Die That ist also etwas, was aus jener Gesinnung für den
Einzelnen und für das Gruppenleben der Menschheit von selbst
folgt. Ohne Bethätigung in der Gestaltung der Wirklichkeit würde
die Gesinnung keine beruhigende Ausgleichung mit der Weltordnung
ergeben; denn, wie schon oben gesagt, kann ein blosses Wissen,
welches müssig bleibt und die Dinge im Wesentlichen sich selbst
überlässt, nicht dazu verhelfen, die Unruhe zu beseitigen, welche
mit dem Bewusstsein der Uebel verbunden ist. Diese Unruhe ist
eine Art Naturstachel und wird so die Ursache des Strebens nach
Veränderung und nach Entwicklung grösserer Vollkommenheit.
Das erste Grundgesetz ist das der Arbeit, und das Gefühl der
Ueberwindung der Hindernisse, die der vollkommneren Befriedigung
der Lebensreize entgegenstehen, ist selbst eine Genugthuung. Arbeit
und Thätigkeit müssen aber den aufsteigenden Weg einschlagen
oder, mit andern Worten, es muss über den roheren und niedrigeren
Bekundungen der Kräfte die Stufenfolge der höhern Energien und
edleren Genüsse errichtet werden. Die Schichtungen, die sich auf
diese Weise immer neu bilden, indem das vom Einzelnen oder von
der Gesellschaft Erreichte der Ausgangspunkt eines neuen noch
höhern Strebens wird, schützen das Leben vor Langerweile, Ausschweifung und Versumpfung. Ueberdies ist die Arbeit natürlicher
und gesunder Weise aus innern und äussern Gründen die Vorbedingung des Genusses, gegen dessen einseitige und dann stets

ausartende Erprobung sie ein heilsames Gegengewicht physiologischer und wirthschaftlicher Art bildet. Sie lenkt aber den Menschen nicht blos von einem ausschliesslichen und in dieser Ausschliesslichkeit verderblich werdenden Genusscultus, sondern auch von den Neigungen zur Befehdung des Nebenmenschen ab. In dem Maasse, als die Völker ihre Kräfte auf die Bezwingung der Natur richten, werden sie allmälig von der versklavenden Vergewaltigung zurückkommen, die der Mensch gegen den Menschen ausübt.

Die Entwicklung zu grösserer politischer, gesellschaftlicher und wirthschaftlicher Vollkommenheit, mit alledem, was ich in einem engeren Sinne des Worts in meiner Socialitätslehre die freie Gesellschaft genannt habe, als deutlich absehbarem Ziel, — diese Entwicklung zu allseitig edlerer Gestaltung des menschlichen Zusammenlebens und seiner verschiedenen Gebiete kann hier nur in Erinnerung gebracht, aber nicht näher auseinandergesetzt werden. Sie hat im Hinblick auf die damit verbundenen fortschreitenden Steigerungen des Lebenswerths die Bedeutung einer sich entsprechend vollziehenden Ausgleichung gegen das, was an den jedesmaligen Zuständen unzulänglich oder verkehrt ist und daher ergänzt, gewandelt oder abgethan werden muss. In dieser Richtung sind Zukunftsbilder und unter ihnen auch beispielsweise dasjenige einer moralischen Ordnung, die der von uns gekennzeichneten Gesinnung entspricht, durchaus nothwendig, wenn nicht eine nebelhafte Undeutlichkeit der Ziele oder gar völlige Abwesenheit stichhaltiger Gedanken jeden bessern Aufschwung des Strebens gefährden soll. Es würde aber auch nicht minder verkehrt sein, sich ausschliesslich in Zukunftsgedanken und hiemit die unmittelbare Gegenwart zu verlieren. Unsere Wirklichkeitslehre verträgt sich mit keiner falschen Zukünftelei. Wie sie im Daseinsverlauf des Einzelnen kein früheres Lebensalter einem späteren geopfert, also nie als blosses Mittel zum Zweck, sondern stets auch als eine Selbständigkeit von eignem Werth angesehen wissen will, so fällt es ihr auch nicht ein, im öffentlichen Dasein oder gar im privaten Verhalten die Gegenwart ohne Weiteres preiszugeben und auf unmittelbarste Einwirkung ohne Noth zu verzichten. Das Gleichgewicht des Lebens wird nur bewahrt, wenn die freie und aufrechte Haltung des Kopfes den gehörigen Ausblick in die Ferne mit sich bringt, aber zugleich ein falsches Ueberbeugen nach dem Abgrund einer bodenlosen Unwirklichkeit ausschliesst.

Nur das Krankhafte oder sonst Verderbte an einem Zustande

lässt ausschliesslich auf die Zukunft ausblicken und weist in der Gegenwart nur auf die Erprobung der Heilmittel hin. Wie schon oft erwähnt, ist eine solche Zeit, die vorzugsweise eine mit Zersetzungshergängen und Auflösungserzeugnissen angefüllte Uebergangsepoche darstellt, allerdings mehr als andere Zeiten dazu angethan, den Menschen auf die Zukunft zu verweisen. In diesem Sinne haben wir auch in den verschiedenen Hauptrichtungen die Umrisse des heranreifenden Besseren und Haltbareren hingezeichnet, soweit wir für den besondern Gegenstand dieser Schrift dazu Veranlassung hatten. Indessen bleibt die gegenwärtige Wirklichkeit trotzdem auch da das Entscheidende, wo sie ihren höheren Werth nur durch den Ausblick auf Späteres und durch die theils gedankliche theils sachliche Vorbereitung der Zukunft erhält. Für unheilbare Uebel ist die schliesslich vollständige Auflösung des von ihnen betroffenen Lebens · der natürliche Ausgang, und diese Zukunft ist für Einzelne wie für Völker doch wenigstens etwas Verlässliches, was inzwischen gestattet, sich mit Ruhe an die gesund gebliebenen Theile der Lebensregungen zu halten und sich an den übrigen missliebigen Verlauf als an etwas Bemessenes und Unabänderliches zu gewöhnen. Auch mag ja unter bestimmten Voraussetzungen der bewusste Wille noch besonders eingreifen und die Vernichtung der ohnedies lebensunfähigen Bestandtheile beschleunigen. Die Bahnung des Weges zur Zukunft ist hiebei stets eine Genugthuung für die Gegenwart.

Der Denker aber hat in einem solchen Uebergangszeitalter vorzugsweise den Beruf, mit seinen Begriffen einen Theil der Zukunft vorwegzunehmen, damit es den in der Gegenwart sachlich an der Umgestaltung arbeitenden Kräften nicht an einem klaren Verständniss der einzuhaltenden Richtung und des anzustrebenden Ziels fehle. Die Gedanken selbst sind sogar die höchsten Mächte, und ein Denker, welcher nicht auf diese Wahrheit baute und sie wohl gar mit dem Gegentheil vertauschte, würde sich hiemit selbst abdanken. Die Gedankenmacht ist es, welche mit dem Wissen von der Natur auch die technische Leitung der Naturkräfte und hiemit den materiellen Hauptfortschritt zu Wege gebracht hat. Sie ist es, welche mit der Erkenntniss der Naturgesetze, die im Verhalten zwischen Mensch und Mensch obwalten, auch die möglichen vollkommneren Ordnungen und Einrichtungen entwirft und so die bewusste Kunst der Gesellschaftsgestaltung in das Leben ruft. Sie ist es endlich auch, welche mit dem Wissen von den

Vorbedingungen der Gesundheit und Wohlgestalt des Menschen, bei ernsthafter Entwicklung der Kenntnisse in dieser Richtung, unvergleichlich mehr als bisher zu leisten und von vornherein eine bessere leibliche Beschaffenheit und hiemit die letzte sachliche Grundlage eines befriedigteren Daseins zu sichern hat. So liegt denn in der vom Gedanken geleiteten Arbeit an der Lebensgestaltung eben das, worin alle sonstige Ausgleichung mit der Weltordnung ihren letzten regelnden und entscheidenden Antrieb und eine dem Wirksamkeitsbewusstsein entsprechende Zufriedenheit findet.

Pierer'sche Hofbuchdruckerei. Stephan Geibel & Co. in Altenburg.